陈支平 著

史学的思辨与
明清的时代探寻

博闻自选文丛·史学

中西书局

# 博闻自选文丛·史学

## 学术委员会名单

（以姓氏笔画为序）

李伯重教授（北京大学）

刘志伟教授（中山大学）

陈支平教授（厦门大学）

陈　锋教授（武汉大学）

范金民教授（南京大学）

赵世瑜教授（北京大学）

赵轶峰教授（东北师范大学）

常建华教授（南开大学）

# 编辑则例

1. "博闻自选文丛"遴选出生于 20 世纪 50 年代的人文科学研究者的自选集。

2. 作者自选学术论文和学术批评结集,文责自负。

3. 入选文集经学者推荐、评议产生。

4. 本丛书不设主编,由作者自序,不强求体例统一。

5. 本丛书提倡学术的自主性、严肃性、多样性。

# 前　言

去年，中西书局的伍珺涵编辑约我出一本自选集，这是十分令人高兴的事情。我赶紧搜集旧作，从中挑选出28篇，凑成1册。从这些挑选出来的文章看，大体可以分为四个部分的内容。其一是关于中国历史学的若干纵向思考；其二是明清社会经济史的专题研究论文；其三是有关"中国海上丝绸之路"历史与文化的论说；其四是中国东南沿海区域，特别是福建与台湾两地区域社会经济与文化史的研究论文。

1979年，我追随傅衣凌先生学习中国经济史，研究的范围基本限定在明清社会经济史领域，毕业之后留校当助教、讲师。老师健在，恪守老师的教诲，继续从事明清社会经济史的教学和研究工作。1980年代中期之后，正值国家改革开放进入大踏步前进的时代，我所服务的厦门大学，为了适应新时代的发展大势，高瞻远瞩的学校领导为厦门大学的发展指定了新的方向，美其名曰"侨（华侨）、台（台湾）、特（厦门特区）、海（海洋）"。作为厦门大学的一员，领导的话自然是要顺从的，于是从这个时候开始，我的学术研究走向，就不能不融入一些关于"侨、台、特、海"的货色。具体而言，就是从事一些有关中国东南地区，特别是福建与台湾的区域历史与文化的研究工作。后来，"中国海上丝绸之路"的前进号角日渐响亮时髦起来，顺着我校卓有远见的"侨、台、特、海"的余音，我在这方面居然也可以凑上不少的文字。

这样两三条腿走路下来，到了21世纪的新世纪、新时代，我的年龄也逐渐攀升到了知天命、望花甲的阶层。此时热爱中华优秀传统文化的爱国人士，大力倡导"国学"。学校领导们看我年龄够分量，素来听话，便把我调到厦门大学国学研究院这清冷而又"高大尚"的衙门中去守门侍奉。但是这种"高大尚"的行当，对我来说就相当麻烦了。因为我以往所从事的所谓"学

1

问"——中国经济史者,"形而下"也;如今忽然飞上天,摸索"形而上"的东西,着实为难。可怜我这花甲零落人,不得不另起炉灶,写些儒家孝道与朱熹朱子学相挨边的文章,以示自己在国学研究院并没有白吃学校的干饭,没有"尸位素餐"。如果假以时日,说不定就还真成了你吹我吹的"国学大师"了。

我的这本自选集里的文章,大体就是按照这四个方面编排的。但是不管是哪个部分的内容,骨子里面还是摆脱不了经济史的影子,这或许可以攀附上一句十分堂皇的古训:师门的教诲不可忘。这个集子里面的文章质量如何,由不得我自己来说,须由大家来评判。但是从我自己的立场来看,这些文章都是认真写作出来的,都是对得起自己的。当然,这本集子出来之时,也无须写一些诸如"敬请方家批评指正"的客套话,因为即使我再谦虚,吸取了方家的批评意见,无奈年龄作怪,也长进不起来了。所以,我现在所要说的一句话是:对中西书局和伍珺涵编辑的盛情美意,深致谢忱!

陈支平

2020 年元旦

# 目　录

# 中国历史的纵向思考

# 跨越时空论"封建"

中国人使用"封建社会"一词,已经将近一百年的历史。时至今日,"封建社会"不仅成为中国历史学以及相关人文社会学科的一个基本定义词,而且也演化成为一个约定俗成的社会名词。近年来,学界对于"封建社会"一词有了新的认识与讨论。我是基本上赞同继续使用"中国封建社会"这一历史时代名词的,理由在《历史学的困惑》中有所提及。[①]然而任何一种可以在社会上形成"约定俗成"的名词,其背后一定有其理论上的某种合理因素,否则它就无法为人们所广泛接受。那么"封建社会"这一历史时代名词的理论合理因素在哪里呢?

## 一、近现代西方历史学家对于人类文明发展历史的不同解读

以往我们对于"封建社会"这一历史时代名词的讨论,似乎过于执着纠缠于中国"封建社会"与外国,特别是西欧"封建社会"的比较研究。这种比较研究将不知不觉地把中国"封建社会"的研究引入"对号入座"的狭窄空间。其实,"封建社会"作为人类文明发展历史长河中的一个重要阶段,是不能仅局限于就"封建社会"来讨论"封建社会",而是应该超越"封建社会"的时段限制,从整个人类文明发展的广阔空间和历史进程来考察"封建社会",这样才有可能得到比较宏观的合理的理论因素。

时至今日,人们对于以往世界人类文明发展史的解读,众说纷纭,其学术流派可谓多矣。然而,大多数学术流派基本上赞同这样的看法:在地球上

---

① 陈支平:《历史学的困惑》,北京:中华书局 2004 年版,第 51 页。

的人类文明发展史上,不论是哪个国家、哪个民族,都经历了一个从低级文明向高级文明演化迈进的整体趋向,尽管由于国家、民族的不同,这种演化迈进历程的曲折艰难程度与方式有所不同,但是这种整体的发展趋向是无法否定的。

近现代的历史学家们,正是基于这样的一个较为共同的"历史发展"的认识思维,试图对于人类文明发展史的演化迈进历程,进行各自认为比较合乎科学的发展趋向以及发展阶段的描述。其中,影响最为广泛的马克思主义唯物史观对于人类文明发展史的解读和分析,已经为我们所熟知。崇信马克思主义唯物史观的历史学家认为人类文明演化迈进的历史,"生产关系"本身适应于而且随着生产力的发展的不同阶段发生变更,经济基础的每次变更或快或慢地带来整个上层建筑的变革。社会的发展一般经历了"原始社会""奴隶社会""封建社会""资本主义社会"的历史阶段。①我们所讨论的"封建社会"一词由此而来。

除了马克思主义唯物史观之外,近代以来试图对人类文明历史进行发展阶段分析的历史学家大有人在。受到达尔文进化论影响的学者尝试参照自然进化的理论来理解历史进步的观点,提出了"社会进化论"。中国近代著名学者梁启超先生,受到西方"进化论"理论的影响,就曾经把中国的五千年文明,划分为"上古"(从黄帝至秦朝)时期、"中世"(从秦汉迄清代乾隆)时期和"近世"(乾隆以降)时期;又把欧洲关于国家思想的变迁,划分为"家长主义""酋长主义""帝国主义""民族主义""民族帝国主义""万国大同主义"等六个时代,以表明历史的进化和制度的演变历程。

再如被称为"近代历史哲学的奠基者"的著名学者维柯(Vico,意大利,1688—1749 年),对人类文明发展历史提出了三个共同的发展阶段。他认为"每个民族在出生、进展、成熟、衰微和灭亡过程中的历史,也就是在时间上经历过的一种理想的永恒的历史"。维柯第一次论证了人类历史的运动过

---

① 事实上,马克思本人对于人类社会文明史发展阶段的较为严格的表述是:社会的发展"大体说来"可以划分为四个主要时代,即"亚细亚的、古代的、封建的和现代资产阶级的生产方式"。见《马克思恩格斯选集》第 2 卷,北京:人民出版社 1972 年版,第 82—83 页。同时马克思对于"封建社会"的时代,则在不少场合使用了"中世纪"的名词。

程具有普遍的规律性,即世界诸民族的历史一致地经历了几个演进的时代而发展着。他把他所了解到的世界诸民族纳入三个共同的发展阶段(时代)中,称之为"神的时代""英雄时代"和"人的时代"。而"人的时代"是每个民族发展的最高阶段,接着就是衰微和灭亡,再经历各种制度的复演过程。这种复演过程不是周期性的单纯的循环,而是螺旋形式的前进。①

出身稍晚的孔多塞(Condorcet,法国,1743—1794 年),也是极力探求人类历史发展的阶段性和规律性的一位学者。他把历史的进步看成是人类精神(心灵)的进步,归根到底是理性的发展。虽然他也重视经济、政治等因素在社会发展中的作用,而理性发展的阶段是历史时代前进的先决条件。人类是始终向上发展的,因为理性的发展是无止境的。因而他把人类历史的历程划分为十个时期:"第一,狩猎与渔业(家庭、语言);第二,畜牧业(家畜、原始工艺、奴隶制、不平等);第三,农业(比较发达的工艺、字母);第四,古典的希腊(哲学、早期科学);第五,希腊化时代的希腊和古代罗马(进一步的各种知识);第六,'黑暗时代'、中世纪到十字军(无创新);第七,后期中世纪到1450 年从科学的复兴到印刷术的发明;第八,从印刷术的发明到科学的全面胜利;第九,从笛卡尔到法兰西共和国的形成;第十,人类精神未来的进步。"孔多塞的这一历史进步的划分,显然是欧洲中心式的,但是他认为一切其他民族都将进入先进民族所开辟的道路,进步是自然的趋势。②

即使到了现代,仍然有不少历史学家热衷于寻找世界历史的发展模式及其发展阶段。威廉·麦戈伊(William McGaughey,美国)在《文明的五个纪元——以五个文明划分世界历史》一书中又以自己的思考标准,把人类文明历史划分为五个纪元,也可以说是五个阶段:从人类文明起源于公元前4000 年之后的 3 000 年里,是第一纪元;公元前 1000 年中叶至公元后第二个千年的中叶,是第二个纪元,在这个纪元里,一群伟大的哲学家、预言家和宗教思想家闻名于世;第三纪元开始于与文艺复兴相关的欧洲文明在地域和文化上的爆发,以及对于世界资源的争夺,最终发生了两次世界大战,整个

---

① 参见朱本源《历史学理论与方法》,北京:人民出版社 2007 年版,第 317—318 页。
② 参见朱本源《历史学理论与方法》,第 335—336 页。

世界都卷入了这个欧洲人的冒险游戏之中;在第四个纪元里,人们从世界大战的阴影中摆脱出来,将兴趣转向大众娱乐,这一文明纪元与所谓的"大众传媒"联系起来;第五纪元是与电脑技术联系在一起的,电脑技术促成了这一文明的兴趣,其历史的大部分还存在于未来,可知于推测之中。①

近现代以来历史学家们对于人类文明发展历史的规律性及发展阶段的论述,虽然各家的立足点和理论依据各自不同,甚至不乏持否定观点的学者,但是人们从人类文明发展历史的整体趋向而言,各家几乎都看到世界历史发展过程中近代工业化进程的重要性,承认在近代工业化社会之前,存在着一个与近代工业化社会明显不同的中古社会。尽管当近代西方国家率先进入工业化社会的时候,世界上还存在着许多十分落后甚至处在野蛮状态中的国家、民族或部落,但是工业化的社会无情地打破了地球上所有国家、民族或部落之间的隔阂,在短短数百年的时间里,促使那些较为落后的国家、民族与部落,不得不放弃其原有的社会形态与生活方式,跟上世界近现代前进的步伐,从而形成了世界一体化的多元联系的现代格局。

我们今天处身于现代文明的立场来回顾人类文明发展历史的这个历程,自然就会比较清晰地看到近现代文明与此前文明的诸多差异。特别是当历史学家们用不同的视野和方法来解读以往的文明发展历史时,人们对于人类文明发展史历程的阶段性考察,自然也会得出不尽相同的结论。信奉进化论学说的历史学家,根据世界或各个国家文明社会进化的不同阶段来划分历史进程的不同阶段;从文化精神层面来观察世界历史的学者,不能不更多地侧重于精神宗教及理性思维等在人类文明发展历史上的重要作用;而注重经济基础最终决定世界人类文明发展进程的学者,则坚信生产力的发展与经济形态的变迁将是影响人类社会历史向前发展的真正动力。

近现代历史学家对于以往人类文明发展历史的解读,虽然不尽相同,甚至差异很大,但是我们应当承认这一系列的学说,都有其各自的优点。然而在另一方面,各家的学说,又不可避免地在不同的程度上存在着各自的缺

---

① 参见威廉・麦戈伊著、贾磊等译《文明的五个纪元——以五个文明划分世界历史》,济南:山东画报出版社 2004 年版。

陷。即使是马克思主义唯物史观,毋庸讳言,也同样存在着某些诸如过于线性分析的弱点。然而,我们假如期盼一种十全十美的解读人类文明发展历史又能适用于世界各地的学说,来满足所有对于历史学深怀兴趣的现代人的意趣,无疑是一种极为不现实的学术追求。正因为如此,我们回到"封建社会"的命题之上,任何对于"封建社会"这一时代名词进行近乎完美式的对号入座、毫厘不爽,也同样是极为不现实的。从人类文明发展的整体趋向来观察以往的这段历史,所谓"封建社会"也好,"宗教社会"也好,都只能是近现代世界工业化以前人类文明所必须经历的一个历史时段而已。我们有了这样更为宏观和更为宽容的认识之后,那么约定俗成于我国学界及社会上的"封建社会"一词,自然就比较容易解释和为人们所接受了。

## 二、马克思唯物史观对人类文明发展历史的解读

尽管我们承认近现代历史学家们对于人类文明发展历史的整体趋向和发展阶段的解读学说各具优点而又各怀缺陷,然而相互比较而言,我们又不能不承认马克思主义唯物史观的理论与方法论,具有更多接近科学的合理因素在内。

我们现在所认知的"封建社会",实际上是一种以"生产方式"所体现的社会形态。为了论证中国的"封建社会",以往学者们用力最勤的一项工作,就是试图构建中国的封建社会生产方式以及比附于欧洲的封建社会生产方式。其实,这多少有些曲解了马克思主义唯物史观所建构的"封建社会"的整体面貌。

与同时代的历史学家们相比,马克思主义唯物史观是一个更为全面和严密的理论和方法论体系。我们引用英国历史协会主席杰弗里·巴勒克拉夫(Geoffrey Barraclough)在《当代史学主要趋势》中的论述,就可以清楚地看到这一点。他说:

> 马克思主义作为哲学和总的观念,从五个主要方面对历史学家的思想产生了影响。首先,它既反映又促进了历史学研究方向的转变,从

描述孤立的——主要是政治的——事件转向对社会和经济的复杂而长期的过程的研究。其次,马克思主义使历史学家认识到需要研究人们生活的物质条件,把工业关系当作整体的而不是孤立的现象,并且在这个背景下研究技术和经济发展的历史。第三,马克思促进了对人民群众历史作用的研究。……第四,马克思的社会阶级结构观念以及他对阶级斗争的研究不仅对历史研究产生了广泛影响,而且特别引起了对研究西方早期资产阶级社会中阶级形成过程的注意,也引起了对研究其他社会制度——尤其是奴隶制社会、农奴制社会和封建制社会——中出现类似过程的注意。最后,马克思主义的重要性在于它重新唤起了对历史研究的理论前提的兴趣以及对整个历史学理论的兴趣。马克思认为,历史既是服从一定规律的自然过程,又是人类自己写作和上演的全人类的戏剧。……在马克思主义史学中没有唯心主义史学家任意选择来作为标准的"诸如自由、个性、民族和宗教等乱糟糟的主观主义概念",而是以一切社会——无论是原始社会还是先进社会——的首要职能,即满足人们生理需要,提供食、住、衣、安全和生活的其他必需物质条件,作为自己的起点。……人们的观念、观点和概念,一句话,人们的意识,随着人们的生活条件、人们的社会关系、人们的社会存在的改变而改变。①

马克思主义唯物史观作为一个比较全面而严密的理论和方法论体系,它又是辩证的。它既强调历史发展的普遍性,同时也强调历史发展的特殊性;既强调"经济因素"是历史发展的决定性因素,同时也指出"不是唯一的决定性因素",政治观念、法律、宗教和哲学在适应于某种经济状况下一旦形成,便会演化出自己的逻辑,而且对经济基础发生反作用。②马克思主义唯物史观的这种相对全面而严密的理论和方法论体系,显然比起同时代的历史学家们或从单纯社会进化理论的角度,或偏重于精神理性的演化,或执着于政治

① [英]杰弗里·巴勒克拉夫著、杨豫译:《当代史学主要趋势》,上海:上海译文出版社 1987 年版,第 27 页。

② 参见[英]杰弗里·巴勒克拉夫著、杨豫译《当代史学主要趋势》,第 28—29 页。

体制的变迁的种种模式,要具有更加整体性的思考和观察能力,从而使它能够超越同时代的其他历史学学派,保持比较旺盛的学术生命力。时至今日,马克思主义唯物史观影响下的历史学家,依然是世界历史学大家园中的重要成员。

我们回顾了马克思主义唯物史观是一个比较全面而又严密的理论和方法论体系之后,再来重新审视对于中国封建社会生产方式的比附式的纠缠不清的讨论,就不能不惊叹我们的视野是很有局限的。世界历史的发展虽然将服从一定规律的方向演进,然而不同国家与民族的各自发展道路,依然存在着诸多的差异,显示出各自的特殊性。这种特殊性导致我们对于不同国家和民族发展历史的考察,只能是长时期而粗线条的,而不是锱铢必较式的比附,尤其是不能在比附之前预设一个"封建社会"的典型样板。我们所应该做的,是从历史的发展长河中去发现不同国家和民族间的带有普遍规律性的特征。

那么,从马克思主义唯物史观的原理出发,我们必须用什么样的标准来审视中国的"封建社会"呢?马克思主义唯物史观虽然是一个比较全面而严密的理论和方法论体系,但是这一理论和方法论的最核心部分,也可以说这一理论和方法论所建构的基石,无疑是"经济因素是社会历史发展的决定性因素"。生产方式也好,上层建筑也罢,都必须从最基石的社会经济发展的水平去寻找其演化进步的原因。

判断一个历史时期的经济发展水平和生产关系形态,我认为最根本的标准是看它的生产力发展水平。马克思曾经在《哲学的贫困》中这样说过:"社会关系和生产力密切相联。随着新生产力的获得,人们改变自己的生产方式,随着生产方式即保证自己生活的方式的改变,人们也就会改变自己的一切社会关系。手推磨产生的是封建主为首的社会,蒸汽磨产生的是工业资本家为首的社会。"①恩格斯在《致卡·考茨基》的信中说:"正如蒙昧人和野蛮人的工具同他们的生产分不开一样,轮作制、人造肥料、蒸汽机、动力织机同资本主义的生产也是分不开的。正如现代工具制约着资本主义社会一

---

① 见《马克思恩格斯选集》第1卷,第108页。

样,蒙昧人的工具也制约着他们的社会。"①

马克思主义唯物史观的这种最核心、最基本的理论,即生产工具与科学技术进步对于社会变迁及思维模式将产生深远影响的论点,大概是马克思主义理论体系中最少受到非议的一个部分。法国年鉴学派的创始人之一、现代历史学大师马克·布洛赫(Marc Bloch)就曾经说过:"(现代)持续不断的技术革命已难以估量地扩大了几代人之间的心理差距。"②即使是近现代以来的非马克思主义史学家们,也不能不赞同这一点,"今天任何对历史进步持怀疑态度的人,也不能否认科技的进步和劳动生产率的不断提高是争取广大人民的幸福生活的物质前提"③。

从马克思主义唯物史观的这一最基本的核心理论出发,我们应该知道衡量工业化之前即资本主义生产方式产生之前的生产力发展水平,固然有多种因素,但是其中最主要和最活跃的无疑是包含了生产工具和人本身的两大要素。就生产工具而言,它大概是在工业化之前的世界里不同国家、民族的形态各异的生产关系中最具可比性的一种社会经济因素了。因为在相对落后的"封建社会"里,经济生产的手段是比较单一的,生产工具的发明与使用也是比较粗糙的。我们可以从比较单一的经济生产手段和粗糙的生产工具中窥见不同国家、不同民族所处的社会时代的共同点。尽管不同国家与不同民族的社会形态存在种种的差异,但是只要它们的经济生产手段和生产工具使用水平处在相对可比的一个水平之上,那么我们就可以认同这些国家与民族可能处在一个比较相近的生产方式之中了。

中国从先秦以来就标榜"以农立国",农业生产的耕作制度渐趋成熟,然而遗憾的是,这种耕作制度延续了两千多年,到了宋元明清时期,虽然农业生产有着精耕细作化的进步,但是始终未能出现根本性的生产技术的质的变革。在这长达两千余年的历史长河里,中国的经济生产手段和生产工具使用水平,固然没有出现如欧洲15、16世纪开始的那种工业化生产形态,但

---

① 见《马克思恩格斯全集》第36卷,第169—170页。
② [法]马克·布洛赫著、张和声等译:《为历史学辩护》,北京:中国人民大学出版社2006年版,第30页。
③ 朱本源:《历史学理论与方法》,第190页。

是与欧洲的中世纪即所谓的"封建社会"时代的经济生产手段和生产工具使用水平相比,却是丝毫也不逊色。因此,我们从马克思主义唯物史观的最基本的原理出发,把中国自先秦以至明清的历史时期划分为"封建社会",完全是合理的,是具有一定的历史可比性的。

我们再来讨论"人"本身的因素。在马克思主义唯物史观里,"人"的概念至少具有两个方面的含义:一是作为"生产力"要素的"人";二是构成社会生产方式以及生产关系主体的"人"。作为"生产力"要素的"人",随着社会文明的不断进步,人们可以创造出越来越进步的生产工具,推动社会经济向前发展。而作为构成社会生产方式以及生产关系主体的"人",却往往由于生产关系和社会形态的不合理,社会上的少部分"人"势必严厉地控制和剥削更多的另一部分人,从而严重地限制甚至扼杀着作为"生产力"要素的"人"的经济创造力和科学技术创造力。这也是我们通常所熟知的"落后的生产关系阻碍了社会生产力发展"的定理。

正因为如此,世界上的任何一个国家与民族,社会文明的进步、生产力的提高,首先必须保障"人"的自由权程度。只有"人"从不合理的生产关系和社会形态中解放出来,"人"的本能、智慧、创造力才有可能得到比较自由的发挥,从而推动社会经济以及生产方式向更高的文明前进。在欧洲的"封建社会"里,社会形态对于人权的限制是相当残酷的,因而有了"黑暗中世纪"的恶谥。而在我们中国,长期的专制体制造就了"家国不分"的政治与社会经济格局,专制制度对于人性和人权的摧残,至今还让我们心有余悸。中国近现代史上的许多有识之士如梁启超、鲁迅等,曾经对于中国的专制体制予以猛烈的抨击。虽然,这些抨击言论不乏偏激之词,但是他们敏锐的洞察力,却始终值得我们深思与参考。梁启超先生在《中国积弱溯源论》中指出,造成中国衰弱的根源之一,是不知国家与国民之关系。"盖我国民所以沉埋于十八层地狱,而至今不获见天日者,皆由此等邪说,成为义理,而播毒种于人心也。数千年之民贼,既攘国家为己之产业,絷国民为己之奴隶,曾无所于怍,反得援大义以文饰之,以助其凶焰,遂使一国之民,不得不转而自居于奴隶,性奴隶之性,行奴隶之行。"①可以说,自先秦以迄明清的两千多年历史

---

① 参见白寿彝主编、陈其泰著《中国史学史·第六卷·近代时期(1841—1919年)·中国近代史学》,上海:上海人民出版社 2006 年版,第 226 页。

里,中国的社会形态与生产方式对于"人"的自由权的限制和扼杀,与同时期的欧洲相比,只能是有过之而无不及。

我们从马克思主义唯物史观最基本的原理来考察中国的社会形态与生产方式,就不难得出中国从先秦至明清的两千余年历史,其社会生产力发展水平,基本上与西方欧洲甚至印度、日本、朝鲜等国没有本质上的过多差异。因此,现代以来,中国的部分学者把中国的这段历史称为"封建社会",并且得到学界以至社会的普遍认可,这无论是从理论上,还是实践上,都是有所根据的,因而也是比较合理的。

## 三、运用唯物史观审视中国的"封建社会"

我们依据马克思主义唯物史观的最基本原理,以超越人类文明发展历史长河的视野,粗线条地考察中国的所谓"封建社会"与欧洲各地的"封建社会"这一时代名词存在的合理性,人们也许认为这种论证未免过于疏阔。事实上,马克思主义唯物史观对于人类文明历史发展规律的论述,本来就是疏阔与粗线条的。因为马克思主义从不否认历史过程或历史认识的特殊性,抽象的原理只是研究的指南,而不能代替具体的研究,"绝不提供可以适用于各个历史时代的药方和公式"①。马克思曾根据经济基础的每次变革"或快或慢"地带来整个上层建筑的急剧变革的推论,认为世界历史的发展,"大体说来"可以划分为四个主要时代,即"亚细亚的、古代的、封建的和现代资产阶级的生产方式"②。可以看得出,马克思的这种表述,是十分审慎而又疏阔与粗线条的。倒是我们自己一开始就认定中国的"封建社会"矮了欧洲"封建社会"一大截,引经据典,非得把中国的"封建社会"与欧洲的"封建社会"来个斤斤计较、对号入座的比附不可。

即使是欧洲的"封建社会",马克思和恩格斯也从来没有把不同的国家与民族之间的表现形式混为一谈,而是根据不同的时空作不同的分析和论

---

① 见《马克思恩格斯选集》第1卷,第31页。
② 见《马克思恩格斯选集》第2卷,第82—83页。

述。如马克思、恩格斯论述中世纪早期的法兰克王国形成封建社会的过程时称，土地制度的建立基本上是经过战争征服的途径而来的。恩格斯在《家庭、私有制和国家的起源》中说："就拿法兰克王国来说，在这里，胜利了的撒利法兰克人不仅完全占有了广大的罗马国有领地，而且完全占有了一切不曾分配给大大小小的区域公社和马尔克公社的大片土地，特别是全部较大的森林地区。从一个普通的最高军事首长变成了真正君主的法兰克国王的第一件事，便是把这种人民的财产变为王室的财产，从人民方面把它盗窃过来而以礼物或恩赐的方式分给他的扈从队。……所有这些人都得到了大片的人民的田地。这些田地起初多半是作为礼物送给他们，后来就以采邑的方式赐给他们。"①而在这种采邑制下的农民，他对其处境是这样说的："全民族中大多数被剥削的群众——农民，压在农民头上的是整个社会阶层：诸侯、官吏、贵族、僧侣、城市贵族和市民。无论农民是属于一个诸侯，或是属于一个帝国直属贵族，或是属于一个主教，或是属于一个寺院，或是属于一个城市，总之到处都被当作一件东西看待，被当作牛马，甚至比牛马还不如。如果他是一个农奴，那么他就完全听从主人支配。如果他是一个依附农，那么契约规定的法定负担已经压得他透不过气了。"②

我们从马克思与恩格斯对于中世纪波兰及罗马尼亚土地制度的论述中，又看到了另外的一种形式。马克思在《资本论》中是这样谈论这里的土地占有形式及农民的处境的："古代土地公有制的残余，在过渡到独立的农民经济以后，还在例如波兰和罗马尼亚保留下来。这种残余在那些地方成了实现向比较低级的地租形式过渡的借口。土地一部分属于单个农民，由他们独立耕种。另一部分则共同耕种，形成剩余产品。它部分地用于公社的开支，部分地作为歉收时动用的储备等等。剩余产品的最后这两部分，以及最终全部剩余产品连同生长这个剩余产品的土地，都逐渐为国家官吏和私人所掠夺；原来的自由农民，有义务共同耕种这种土地的土地所有者，这样就变为有义务从事徭役或交纳产品地租的人，而公有地的掠夺者则变为

---

① 见《马克思恩格斯选集》第 4 卷，第 148—149 页。
② 见《马克思恩格斯选集》第 7 卷，第 397 页。

不仅是被掠夺的公有地的所有者,并且也是农民自有土地的所有者。"①此外,农民阶层也有与德意志等封建制下农民的不尽相同之处,马克思于1856年时给恩格斯的一封信中说:"'民主的'波兰格密纳的命运是必然的:原来的土地所有权被国王和贵族等等所篡夺,土地所有权和农民公社之间的宗法关系导致农奴制;随意分割土地造成一种农民中间等级,即骑士等级。农民只有在侵略战争和殖民化继续下去的时候才有可能上升到这个等级,但是,此二者又正是加速他们灭亡的条件。一旦达到这个界限,这个不能起真正中间等级作用的骑士等级,就会变为贵族的流氓无产阶级。莫尔达维亚和瓦拉几亚等地罗曼语居民中的土地所有权和农民有同样的命运。这种发展是很有趣的,因为在这里可以说明农奴制是纯粹按经济的途径产生的,没有侵略和民族的政合国等中间环节。"②

我们再来看看中世纪俄国的情景。马克思与恩格斯对于俄国封建制的论述相对少些,但是从列宁的论述中,我们同样可以看到俄国封建制度与西欧封建制度的许多差别:"俄国地主土地占有制,……必然使俄国绝大多数居民即农民贫困、受奴役、受折磨,必然使全国各方面的生活处于落后状态。俄国农民土地占有制,无论是份地(村社的或个体农户的)或私有土地(租佃的和购买的),自下至上被旧的半农奴制的关系错综复杂地束缚着,农民还象农奴制时代那样分成各种等级,土地非常零散等等。"③从这些论述中,我们约略可以了解到中世纪俄国的农民,其占有土地的形式是多种多样的,并不完全是我们以前所认知的西欧"封建社会"里采邑制下的农民的那种状况。

不仅在西欧中世纪的不同国家和民族里,其封建制下的土地占有形式互有差异,即使是在同一个国家或民族之内,封建制下的土地占有形式与生产关系也不是一成不变的。随着时间的推移,同一国家里的封建生产关系往往会随着社会经济与政治的变迁,而呈现出前后不尽相同的特点。如早期的法兰克王国,封建社会的形成是通过采邑制的形式表现出来的。恩格

---

① 见《马克思恩格斯全集》第 25 卷,第 905—906 页。
② 见《马克思恩格斯选集》第 29 卷,第 78—79 页。
③ 见《列宁全集》第 24 卷,北京:人民出版社 1972 年版,第 257 页。

斯曾经说过："法兰克的国王们,作为民族的代表,把属于全体人民的辽阔土地,尤其是森林,占为己有,并把它们当作礼物,慷慨地赠送给他们的廷臣、将军、主教和修道院院长。这就构成了后世贵族和教会的大地产的基础。"①然而到了中世纪的中后期,封建制度下的生产关系产生了诸多的变化。如在法国,小农成了国民的主要组成部分,"小农人数众多,他们的生活条件相同,但是彼此间并没有发生多种多样的关系。……一小块土地,一个农民和一个家庭;旁边是另一块土地,另一个农民和另一个家庭。一批这样的单位就形成一个村子;一批这样的村子就形成一个省。这样,法国国民的广大群众,便是由一些同名数简单相加形成的,好像一袋马铃薯是由袋中的一个个马铃薯所集成的那样。既然数百万家庭的经济条件使他们的生活方式、利益和教育程度与其他阶级的生活方式、利益和教育程度各不相同并互相敌对,所以他们就形成一个阶级"②。

中世纪后期的社会变迁是多方面的,在封建制度下的军事体制领域,原先由贵族组成的骑兵是军队的核心,但是到了十三世纪以来,"在城市和自由农民中间(在还保留着自由农民或重新出现自由农民的地方),形成了建立能作战的步兵的基本条件。……在封建制度继续繁荣时期,即十三世纪末以前,进行和决定一切战争的是骑兵,从这以后,情况改变了,而且各地是同时改变的"③。城市市民和自由农民对于军事体制的渗透,势必在一定程度上提高市民与农民的社会地位。与此相适应,封建贵族各个领域的垄断地位随之受到削弱。恩格斯说:"在中世纪后期的社会里,封建贵族是怎样在经济方面开始成为多余,甚至成为障碍;它是怎样在政治上也阻碍着城市的发展,阻碍着当时只有在君主制形式中才有可能存在的民族国家的发展。"④至于中世纪后期商品生产的进步,以及商品生产对于以自然经济为特征的封建社会的瓦解作用,更是近代资本主义生产方式产生的重要前提。"产业资本的萌芽早在中世纪就已形成,它存在于以下三个领域:航运业、采

---

① 见《马克思恩格斯全集》第19卷,第362页。
② 见《马克思恩格斯选集》第1卷,第693页。
③ 见《马克思恩格斯全集》第21卷,第454—455页。
④ 见《马克思恩格斯全集》第21卷,第455页。

矿业、纺织业。"①列宁曾经高度评价农奴制度下发展起来的工商业,他说:"由于交换和贸易关系有更大的发展,农奴制日益解体,农民解放的机会也日益增多。农奴制社会总是比奴隶制社会更复杂。农奴制社会有发展商业和工业的巨大因素,这在当时就导致资本主义。"②

我在这里之所以反复地引用马克思、恩格斯和列宁的论述,无非在于说明马克思主义唯物史观从来就没有把"封建社会"生产方式看成是一个固定不变的僵化模式,或者是一个样板式的模式,而是根据不同国家和民族的不同情况,探索其各自发展道路的特殊性。从人类历史发展的长河中进行整体规律性的粗线条考察,人类社会无疑都经历了社会生产力低下、人身自由权受到严重束缚的"封建社会"历史阶段,但是各个不同国家与民族在"封建社会"里的表现形式,无疑又是多种多样的,任何试图以某一个国家或民族为样板模式作为参照系而对号入座于其他国家与民族的比附方式,显然都是不合适的。

当然,从学术概念的严格意义上讲,"封建社会"一词显然也有其一定的局限性。"封建社会"一词毕竟是产生于欧洲、适应于欧洲中世纪生产方式的一个时代名词,对于欧洲之外的国家、民族来说,相互之间的差异是理所当然的。即使是在欧洲,现代的一些历史学家也同样对于"封建社会"一词持有异议。尽管如此,我们从人类文明发展历史长河的整体趋势来考察"封建社会",那么"封建社会"一词所存在的某些局限性,就不难为人们所理解了。

# 四、"中国封建社会"一词不便替代

通过以上的叙述,我可以对基本赞同继续使用"中国封建社会"一词的理由作一简要的归纳:"中国封建社会"一词之所以为大部分中国学者乃至民众所接受,成为"约定俗成"的时代名词,这是因为它是符合马克思主义唯

---

① 见《马克思恩格斯全集》第 25 卷,第 1024 页。
② 见《列宁选集》第 4 卷,北京:人民出版社 1972 年版,第 50 页。

物史观的最基本的原理的,即社会生产力的发展水平是形成生产方式的最决定性的因素。在近代工业化之前,中国的社会生产力发展水平与欧洲以及亚洲许多国家的发展水平基本相同,它们各自由此而产生的生产方式也理所当然地是在同一个历史阶段里。虽然地域的不同与文明发展道路的差异,导致了各自"封建社会"生产方式的表现形式有所不同,但是其社会本质是基本一致的。我们只有以超越时空的广阔深邃视野,以粗线条的规律性的探索归纳,才能从更为理性化的角度来辨识"中国的封建社会",从而避免过去那种对号入座式的纠缠不清的繁琐讨论。

退一步说,即使是从名词的社会适应性上来比较"封建社会"一词与其他"历史进步"理论关于历史阶段的表述名词的优与劣,无论是社会进化论者的定义,还是维柯的三个发展阶段与孔多塞的十个时期以及威廉·麦戈伊的五个纪元,都在一定程度上缺乏构建名词的表述逻辑与凸显主旨的简洁性,从而也就限制了这些时代名词在学界乃至社会上得以广泛传播的学理基础。反观马克思主义唯物史观的"原始社会""奴隶社会""封建社会""资本主义社会",辞正意赅,简洁明了,朗朗上口。这就无怪乎"封建社会"一词在中国得以使用之后,很快就为学界和社会所接受。理论上的适应性和名词上的简洁意赅,不能不使"封建社会"一词成为中国"约定俗成"的一种学术与社会名词相结合的特定名词。这种名词已经超越了我们学术讨论的范围,我们又何必一定要遗弃它呢!

# 史学理论探索与命题话语权的建构

史学理论的探索，是一个让近代以来中国的历史学家们既感到无比有兴趣而又十分头疼的永恒问题。中国的历史学家们之所以对史学理论的探索有着无比的兴趣，是因为从近现代以来，大家深感老祖宗留给我们的治史之道，过于陈旧呆板，不能适应时代进步的需求；而西方学界层出不穷的人文社会科学理论及方法论，往往可以让人产生耳目一新的效果。于是，借助西方等海外史学理论来充实或改造自己，成了20世纪以来中国历史学界的学术潮流。然而，这种借助于海外史学理论来充实或改造自己的理论重构，却往往又有削足适履的不良反应，这当然让中国的历史学家们感到十分头疼。笔者试就中国社会经济的理论与方法论问题谈三个方面的想法。

## 一、理论探索必须与中国历史学的实际相结合

近二十年来，中国的社会经济史学研究，在专门经济史、区域经济史以及断代经济史领域取得了众多的成果，值得自豪。然而毋庸讳言的是，学者们对于中国社会经济史学的理论与方法论方面的探索总结，似乎滞后于中国社会经济史实的研究，未能引起足够的重视。

理论和方法论的探索，对于推动中国经济史学的研究，其作用是不言而喻的。20世纪中国的历史学家运用西方的人文社会科学理论与方法论来研究中国的历史，当然首先是运用马克思主义的唯物史观。唯物史观的运用，可以说完全改变了中国历史学的传统思维模式，为中国历史学重构与进步发挥了毋庸置疑的作用。然而与此同时，全搬这种理论的学术后遗症，同样

也是十分明显的。譬如,近年来学界反复讨论而纠缠不清的"封建社会"一词,就是这种后遗症的显著体现。

改革开放之后,中国的一部分学者,开始对于全盘照搬西方的人文社会科学理论来研究中国的历史文化,进行重新的审视与反思。20 世纪 80 年代初,吴承明先生就中国经济史研究的一系列理论方法论问题,进行了具有开创性的思考探索。特别是发表于《中国经济史研究》1992 年第 1 期的《中国经济史研究的方法论问题》一文,全面地阐述了中国经济史研究方法论的新发展以及自己对于方法论的深刻解读和思考。吴承明先生在这篇文章中指出:中国的马克思主义史学建立以来,我们的失误,多半是在教条主义上。外国通用的一些经济学方法,在我国都有一个先是否定、然后肯定的过程,而且都是在研究社会主义现实经济上应用以后,才引起史学家的注意。在方法论上,史学家是比较保守的。正因为如此,吴承明先生对一些重要的研究方法进行了前瞻性的介绍,这其中包括经济计量学、发展经济学、社会学、系统论、区域经济史方法以及我们耳熟能详却又理解有所偏颇的历史唯物主义和史料学与考据学方法。吴承明先生关于中国经济史学理论与方法论的一系列思考探索,对于这二十年来中国经济史研究摆脱陈旧的思维模式、摸索新路子,起到了有益的指导作用。

研究中国社会经济史,我们不能断然排斥国外的人文社会科学理论,而是应该予以消化吸收。傅衣凌先生早在半个世纪之前,就开始了跨越社会学、历史学、经济学、民俗学等多学科的学术研究。傅先生早年在日本受过社会学的训练,在研究中特别注重从社会史的角度研究经济史,在复杂的历史网络中研究二者的互动关系;注重地域性的细部研究、特定农村经济社区的研究;把个案追索与对宏观社会结构和历史变迁大势的把握有机地结合起来;强调注意发掘传统史学中所轻视的民间文献如契约文书、谱牒、志书、文集、账籍、碑刻等史料,倡导田野调查、以今证古,等等。他提出的中国传统社会"弹性论""早熟又不成熟论""公私体系论"以及"中国传统社会多元结构论"等一系列著名论点,在中国历史学界,特别是中国经济史学界产生了重要而深远的影响。著名经济学家吴承明先生认为傅先生在晚年所提出的"中国传统社会多元论"和"明清社会变迁论",是自梁启超提出"近世"概念以后,对中国近代史最精辟的看法。①"傅衣凌晚年提出'明清社会变迁论',提出'从 16 世纪开始,中国在政治、社会和文化方面发生一系列变化',但因种种原因,这些变化有中断以至倒退,但最后仍未脱离世界经济发展的共同规律,我深佩其说。"②傅衣凌先生在消化吸收海外人文社会科学理论与方法论上的探索,无疑值得我们学习。

20 世纪 90 年代初,方行、魏金玉、经君健诸位先生在《中国经济史研究》上对中国封建社会的自然经济和商品经济结构等一系列问题开展热烈的讨论。这是一次更有针对性的经济史理论探索,其意义不仅在于对以往的封建社会经济结构研究进行深刻的梳理反思,而且试图探讨开拓新的理论思维方向,为新世纪的中国经济史研究夯筑更为坚实的学术基础。这次经济史理论问题的讨论,其成效也是显而易见的:人们已经不能习惯于用单线的思维来考察中国传统社会的所谓自然经济和商品经济问题了;从不同的层面和视野来分析中国传统社会的多元经济结构,已为新一代的经济史学者所普遍认同。

老一辈学者对于中国社会经济史学理论方法论的重视以及他们不懈的思考探索,固然是我们中国社会经济史学界的宝贵财富,但是如果我们年轻一代的经济史学者对于中国经济史学理论方法论的思考探索缺乏兴趣,不能很好地将其继承下去,那么中国的社会经济史研究,势必失去了其不断发展的理论依据与强盛后劲。中国社会经济史是根植在中国这块土地上的社会经济发展史,中国经济史学理论方法论,必须与中国历史发展的实际历程相结合,这才是真正扎根下来的理论方法论。希望我们年轻一辈的经济史学者,能够有志于像前辈学人那样,在经济史学理论和方法论的思考探索上,走出新的路子。

## 二、加强宏观研究与命题话语权的建构

大概是受到 20 世纪 50—70 年代历史学界的某些以论代史、泛论空谈之

---

① 吴承明:《要从社会整体性发展来考察中国社会近代化——在"纪念傅衣凌逝世十周年学术座谈会"上的讲话》,载《北京商学院学报》1998 年第 2 期。
② 吴承明:《传统经济·市场经济·现代化》,载《中国经济史研究》1997 年第 2 期。

风的负面影响吧,这二十年来,中国社会经济史学界的研究方向,有意无意地回避对于中国社会经济史问题的整体宏观审视,而更多地热衷于具体专题与区域问题的研究,特别是区域经济史的研究,参与的学者不少,成果也很多。深入开展具体专题的研究和区域性的研究,固然有助于推动中国经济史的细部考察,进而以小见大,剖析中国社会经济史的方方面面,但是如果中国的社会经济史学者都把主要精力用于细部的考察,终究无法完全代替对中国社会经济历史的整体宏观审视,而中国社会经济史学的构建,也将缺乏其应有的完整性。

笔者一直比较感兴趣于区域经济史的研究,也曾经为推动区域经济史研究呼吁倡议过。但是近年来的一些研究成果,却不能不让我对于中国社会经济史的宏观研究有所反思。举两个例子。一是美国学者麦迪森(August Maddison)的一部著作《世界经济二百年回顾》近年在中国出版。该书声称在清代嘉庆末叶的 1820 年,全世界的 GDP 大约是 7 150 亿美元(1990 年国际美元),而中国占有 2 190 亿美元,将近全世界的三分之一。这个经济史的数据立即在国内引起了高度重视,许多政府官员和新闻媒体纷纷向国内的经济史学家求证,甚至责怪中国的经济史学者何以如此愚钝落后,中国在一百多年前有如此辉煌的成就为何视而不见? 例子之二是我们的同行好友秦晖教授,就中国历史上的农民赋税负担问题提出了所谓的"黄宗羲定律"。这一"定律"的提出十分引人瞩目,其在经济学界、政治学界的影响似乎远远大于历史学界,据说连某些国家领导人都感叹不已,更不用说许多地方官员将之奉为口头禅,时加引述。

老实说,美国学者的所谓 1820 年的世界 GDP 数据是怎么算出来的? 其可靠性如何? 在严谨的经济史学者眼里,都是需要认真考虑印证的。"黄宗羲定律"既然命名为"定律",似乎也还有许多值得认真论证说圆的地方。尽管如此,这些论点的提出,毕竟为我们的社会,包括我们的经济史学界提供了一个可以相互讨论的命题。假如我们经济史学界的同仁都不太关心类似的宏观问题的研究,提出相应的带有普遍意义的讨论命题,那么我们的中国经济史研究就将逐渐失去其共同关注的前进方向和学术意义,更遑论对于社会现实产生应有的借鉴价值。这些年来,我们的经济史学者也许以为只有扎扎实实地作好经济史细部探索之后,才有可能综合各种细部的研究成果,进行宏观的整体考察。但在实际上,这是一个永远不能够达到的目标。经济史的细部研究与整体的宏观考察应当是并行不悖的,二者的关系是相辅相成、互为补充、互为促进的,不存在孰先孰后的问题。中国经济史是发生在中国人身上的社会经济历史,在中国经济史的整体宏观研究上,作为中国的学者,理应拥有更多的命题话语权,不应当老是跟在外国人后面团团转,而不管外国人讲得是对还是错。

近二三十年来,中国的有些学者之所以热衷于跟在西方学者的论说后面,模仿学步,除了因为受到 20 世纪 50—70 年代历史学界的某些以论代史、泛论空谈唯物史观之风的负面影响而望而却步之外,在一定程度上也反映了这个时代从封闭走向开放过程中所产生的某种浮躁学术心理。人们急于摆脱旧框架的束缚而寻求新的突破,最便捷的道路,莫过于引进搬弄一些可以引人瞩目的新概念。于是,所谓的"与国际接轨"的醒目标签就大量出现在中国的各行各业,包括我们的历史学界。

现在回头看起来,这些年来引进搬弄的一些西方史学理论与方法论,并没有在中国的历史学界产生什么太大的学术影响力。无论是法国的"年鉴学派"也好,还是威廉·施坚雅的六边形市场理论也好,等等,大体如此。事实上,所谓的"与国际接轨",本身就存在着一个重心的问题。至今人们所热衷言谈的"与国际接轨",似乎其接轨的重心是在西方,而不是中国。与国际接轨,就是委屈自身,接他人之轨。这种接轨,归根到底,还是与 20 世纪 50 年代以来照搬西方的唯物史观从而造成的某些"削足适履"的情景并无本质上的差异。我们为何不能让外面的人来接我们的轨呢?

傅衣凌先生和法国年鉴学派的第一代学者几乎是同时代的人。傅先生在中国社会经济史领域所进行的注重基层社会的细部考察与宏观审视相结合,以及跨学科的学术探索,与同时代的法国年鉴学派的学人们所秉持的将传统的历史学与地理学、经济学、语言学、心理学、人类学等多种社会科学相结合,把治史领地扩展到广阔的人类活动领域,特别是社会生活史层面,使得历史学研究与其他社会科学联系更加紧密的学术意趣,实有许多相通之处。然而,由于 20 世纪下半叶中国社会的封闭状态,和外国学界缺少应有的交流,因此,与年鉴学派在欧洲史学取得主导地位的发展情况相比,这一时期的中国社会经济史研究显得沉寂。但是傅衣凌先生在如此艰难的学术环境里,开创出深具学术生命力和国际影响力的中国社会经济史学,这一事实无疑是不应该被抹杀的,是应该让我们倍加自豪和珍惜的。如今,在国际学术界,"科际整合"已成为不可阻挡的潮流,历史学与其他人文科学的边界更加模糊,在互相渗透和融合中产生了许多新兴学科生长点。中国年轻一代的史学家们对于法国年鉴学派产生了浓厚的兴趣,而傅衣凌教授所开创的中国社会经济史学,特别是区域社会经济史学,也已引起了学术界的广泛兴趣。美国、加拿大和我国港台地区的一些人类学家,也受到中国社会经济史学派的影响,注重民间文献的解读和阐释。可以预见,中国社会经济史学将随着我国改革开放的不断深化而在国际的学术交流中显露出应有的互动与影响力。

20世纪50年代至70年代,中国的历史学界围绕着生产关系的演变而开展了一系列的问题讨论,其中最为著名的是所谓的"五朵金花"的讨论。固然,这种历史学命题的产生,在一定程度上受到了当时政治命题的影响。然而我们应该看到,这些命题的提出与讨论,吸引了国内众多历史学家的积极参与,开拓了许多中国传统史学所未曾涉及的研究领域。更有甚者,由于这种命题讨论的话语权掌握在中国的历史学家手里,反而吸引了许多海外学者,包括欧美学者的参与。20世纪80年代,中国的历史学家们对于"五朵金花"及资本主义萌芽问题逐渐失去了应有的兴趣,而海外的一些学者,却仍然久久兴犹未尽。如美国的黄宗智、王国斌,加拿大的赵冈等人,陆续出版了许多很有学术影响力的相关议题的研究成果。即使是上面所提到的麦迪森的《世界经济二百年回顾》,恐怕也不能完全排除他的研究在某种程度上受到20世纪中国历史学界关于明清时期社会经济,特别是商品市场经济史研究的影响吧。第二次世界大战之后,西方的政治家及大部分的知识分子们,已经对于马克思主义失去了正面的兴趣,甚至视之为洪水猛兽;此时的中国又处在与世界基本隔绝封闭的状态,但是这种掌握命题讨论话语权的学术研究,依然产生了非凡的影响力。这种状态,难道不应该引起我们自身的深思吗?

中国的历史学家对于中国历史学的进步,应该起到引领性的主导作用。而这种主导作用的发挥,显然必须不断地建构和更新我们自己的命题话语权。只有这样,我们才不至于永远地跟随在外国人的后面,围绕着别人设定的命题争论不休。当然,我们这样说,并不等于就要否定甚至排斥引进和借鉴国外先进的人文社会科学理论与方法论。笔者始终认为,马克思主义唯物史观,即使从今天的学术角度看来,它的正确性与普世性依然无法让我们忽视。同样地,国外的许多现代人文社会科学理论与方法论,都在不同程度上具有其学术上的合理性与借鉴价值,值得我们去关注和吸取。任何闭门造车、固步自封而沾沾自喜的学术态度,都是与现代社会文化进步的多元化趋向不相适应的。

## 三、中国社会经济史的重要问题必须旧事重提

那么,我们应该如何在中国社会经济史的学术研究上不断地树立自己的命题话语权,从而起到引领性的学术主导作用呢?试图完整地回答这一问题,几乎是不可能的。但是,这里要着重指出的是,从中国社会经济史的角度来思考,有关国计民生、社会变革与时代进步的结构性问题,无疑是我们不断建构和更新我们自己的命题话语权的主要领地。20世纪50年代至70年代,中国历史学界围绕着生产关系的演变而开展了一系列的问题讨论,这些讨论之所以至今仍然产生着学术影响,其秘密正在于此。

中国的历史学研究必须构建自己的命题话语权,这需要具备较为敏锐的时代变迁感,随着时代变迁及多元文化的前进而不断开拓新的研究领域。而与此同时,一些具有反映中国历史文化发展基本特征的主题领域,也是需要不断追求探索、持之以恒加以充实的。这就像西方学者对于文艺复兴与民主宪政史的不懈研究一样,不断开拓中国社会经济史研究的新领域固然是我们经济史学界的一项重要任务,但是作为中国社会经济史的基本核心问题,我们同样有必要予以一如既往的高度重视。

中国的人文社会科学界往往有着"因噎废食"的通病。许多学者记取了20世纪历史学研究过于政治化和概念化的教训,对于20世纪历史学界所热

心讨论的命题,有些畏缩情绪,甚至于不屑一顾。近二十年来,中国社会经济史的学者们,特别是年轻一辈的学者们,都在努力开拓经济史研究的新领域,这无疑是一种可喜的现象。但不可否认的是,人们在寻求开拓新的研究领域的同时,中国社会经济史的一些重要问题,而且是在20世纪一度成为研究热点的课题,却正在为人们所遗忘。这其中最突出的例子,就是中国传统社会农村经济与农民问题的研究,以及商业、商人及市场问题的研究。

中国农村经济与农民问题的重要性,这是众所周知而又不容置疑的。学者们之所以在新时期里缺失对于这一极为重要的经济史问题的研究,在很大程度上与20世纪经济史理论教条主义的偏颇以及学界的一窝蜂有所关系。然而无论如何,作为中国两千年来经济史的基础核心,农村经济与农民问题不仅直接关系到历代中国人的繁衍生息,而且还对国家的兴衰、政权的更替以及思想文化的承袭演变,都产生了不可估量的原动力式的广泛影响。即使到了今天,农业经济及农村经济在全社会的国民生产总值中的比重大大下降,但是超规模的农民群体与广阔的农村社会,依然在时时地散发出她的巨大的潜在影响力。农村与农民问题已经成为现代中国的一个最为重要的社会经济改革关键点,是任何一级政府部门都不敢忽视而又必须认真解决的紧迫问题。

同样地,中国传统社会里的商业及商人,是以农民经济为核心的中国传统多元经济结构中的一个重要组成部分,因而这一问题也曾经在20世纪中叶引起学术界的热烈讨论。由"资本主义萌芽"讨论所引申出来的中国传统市场等问题,以吴承明先生为代表的中国经济史学派作出了重大的学术贡献。但是21世纪以来,大概是人们对于当时的"中国资本主义萌芽"问题讨论有了某种程度的反思与检讨,而商业及商人在内的所谓商品经济是研究中国资本主义萌芽产生的最主要前提,因噎废食,年轻的学者们对于这一问题的探索,也就缺少兴趣,较少有人问津了。

但是,中国商业及商人问题的重要性,并不会因人们的研究兴趣的增减而有所变化。事实上,以往学界对于中国商业及商人问题的许多认识,都有重新讨论的必要。20世纪,学者们过于执着于中国传统社会属于"自给自足的自然经济体制"的认知,往往自觉不自觉地把商业经济及商人的发展与农业经济对立起来。这种把农业经济与商品经济对立起来的思维模式,并不十分符合中国传统社会的实际。根据笔者的分析,中国传统社会里的农业经济与商品经济,基本上是属于多元经济结构的共生体,它们之间有着比较密切的依存关系。当然,这两种经济成分间的某些不和谐现象也是存在的。而这种既和谐又不和谐的经济关系,正是我们今后有必要进行深入研究的一个不可或缺的重要领域。

近年来,笔者在明清时期的家族商人方面作了一些探索。[①]在他们的发展演变历程中,我们可以清楚地看到家族组织、乡族组织在商人们的经济经营活动中所起到的某些促进作用。这说明中国的传统家族制度及其组织,是可以在一定程度上跟随着时代的步伐,逐渐融入社会经济变迁的进程中,并且在其间发挥某些积极作用的。中国传统的家族、乡族制度及其组织,作为明清以来社会基层的基本构造,其文化观念已经与社会经济的变迁和发展息息相关,融为一体。因此,我们如果从传统家族文化发展的层面来考察,则传统的家族制度可以容纳商业经济的事实,就不足为奇了。中国的家族制度所具有的比较广阔的包容性和自身修复与适他功能,使得中国的家族制度可以不排斥时代的新生事物,而一旦在社会环境允许和经济形态变迁的情况下,家族组织也可能在一定程度上接受或适应时代所催生的各种新事物,包括家族组织适应商业市场经济的运转模式。中国传统家族制度完全有可能在近现代的社会经济变迁历程中,发挥比较积极的适应和促进工商业市场经济进步的作用,从而保持与时代潮流的共同前进。

从中国近现代企业的发展历程看,无论是海外的华人华侨企业,还是当代的私营企业,都有着一个共同的显著特征,即这些企业都在不同程度上带有家族经营的色彩。这种家族经营的特征,往往受到学者们的诟病。但是如果我们从中国家族制度具有包容性和自身修复与适他功能的文化角度来思考,则中国私营企业的这种特征,就不难为人们所理解。而更为重要的是,不管人们对于中国私营企业带有家族经营色彩理解与否,这种社会经济现实却是始终存在,而且还必然存在于一个相当长的历史时期里。甚至可

---

① 参见拙著《民间文书与明清东南族商研究》,北京:中华书局 2009 年版。

以说,中国近现代企业带有一定程度的家族、乡族经营的色彩,也许正是中国商品市场经济及中国工商业企业家有别于西方社会的一个重要特征。

显然,这些带有中国社会基本特征的历史学研究,是不可能毕其功于一役的,需要我们从事历史学研究的同仁们,薪火相传,不断地发现问题、解决问题,从而推动学术的前进,引领中国历史学的前进方向。举一个经济史之外的例子。前些年,中国的历史学界及考古学界组织了多学科的力量,从事"夏商周断代工程",一度引来一部分国外学者的批评之声。我以为,中国学者所从事的"夏商周断代工程"的研究,就是一项具有建构命题话语权意义的重要工作。只要我们自己能够扎扎实实地完成这项研究,对于学术有所推进、有所创新,无论是受到国际上学者的赞扬也好,批评也罢,都是这一学术命题话语权已经确立起来的一种表现。夏商周断代年表的重新编定,只要是科学的,国际上的历史学者就不能不采用。其最终的学术地位,在于其学术命题话语权能否经得起时间的验证,而不是其他的口舌之争。

在过去的一百多年时间里,中国的历史学,也包括中国的其他人文社会科学,在国际社会上的声音十分微弱。随着国家改革开放的不断进步,包括历史学家在内的中国人文社会科学家们急迫地希望自己的学科能够在国际上有比较强烈的展示声音,这是十分正常的。然而我们应该清醒地认识到,西方文化霸权主义已经在这个地球上横行了很长的时期。作为后进的国家,任何的文化表述,都习惯性地被视为低劣的产品;更不用说西方的相当一部分人还对发展中的中国带有莫名其妙的政治与文化偏见。在这样的处境下,中国的历史学以及其他的人文社会科学,需要的是我们自身的坚持与自信,而不是过分地对西方的理论与方法论亦步亦趋。只要我们自己能够对于中国的历史学作出坚实的贡献,那么随着我国国力的增强以及国际地位的提升,中国的文化学术影响力必然随之提升,任何的急于求成和邯郸学步,都不是我们推进中国历史学前进的根本之道。希望我们年轻一代的经济史学者们,能够在中国社会经济史学的理论探索、宏观研究、命题建构以及中国社会经济史的基本问题的深入研究探索上,发挥聪明才智,开创出崭新的局面。

# 20 世纪中国历史学的三大情结

　　当 21 世纪来临的时候,人文科学界在热忱展望未来、准备大展宏图的同时,也在纷纷回顾上一世纪所走过的历程。总结成果、体味经验、吸取教训,以便在新的世纪里,把人文科学推向一个崭新的层次,从而更好地发挥人文科学的社会作用。

　　就历史学界的情景而言,值此新旧世纪交替之时,迄今已经发表的与此相关的论文,不下于 50 篇。学者们对历史科学宏观的理论方法、中西史学的不同门类、断代王朝的不同时段以至各个专门化的学科范围,都进行了比较深入的剖析与反思。这些论述,有益于人们从各个不同的层面和角度,来了解上一世纪中国的历史学家们所走过的艰辛道路,以及他们对于人文科学所作出的可贵贡献。然而,20 世纪的中华民族是在苦难深重的沼泽中步履艰难地走向未来的,处身于这样曲折时代的中国人文科学家们,自然难以超然物外,他们所从事的科学研究,必然带有无法抹去的时代烙印。他们既背负着沉重的传统文化包袱,又力图在新的时代里汇入当下的历史潮流。这样,就不能不使得人文科学家们、历史学家们,在传统扬弃与时代创新的艰难磨合中,身不由己地形成许多自身难以摆脱的甚至于有所偏执的人文情结。这些人文情结对于 20 世纪历史科学乃至整个人文科学界产生了极为重要的影响。在此,我仅就其中最为重要的政治、道德、洋人三大情结作一简要的论述。

## 一、20 世纪历史学的政治情结

　　中国史学有一个十分悠久的传统,那就是史学必须为治国教化服务,即所谓"以史为鉴"。正因为如此,宋代著名学者司马光在撰写编年体中国史学巨著时,把他的这部著作起名为《资治通鉴》。然而,到了 20 世纪,中国史学的这一传统,得到了空前的发挥。

20 世纪中国史学与现实政治结下不解之缘,这是与这一时期的世界格局以及中国所处的特殊困境紧密联系在一起的。自秦汉唐宋以来,中国以其优越的地理环境和较为进步的经济文化而超然屹立在世界的东方,形成了以"自我表现"为核心的世界观和文化观。但是到了 18、19 世纪,西方资本主义国家迅速崛起,并于 19 世纪中叶用坚船利炮打开了古老中国的大门;紧接着,素来被视为"蕞尔小国"的东邻日本,也在仿效西方列强之后,加入欺凌、瓜分中国的行列。从此,一贯以"天朝上国"自居的古老中国,面临着前所未有的悲痛剧变。到了 19 世纪和 20 世纪之交,中国已经沦为外国列强竞相蚕食的半殖民地国家。

"天朝上国"的自我陶醉之梦虽然破灭了,但是传统文化所造就的对于国家民族的责任感和忧患感,却深深地根植在绝大多数的中国人,特别是知识分子的意识之中。外侮固然给中国带来了深重的苦难,但是也激起了中国人民不屈的抵抗和自强的决心。辛亥革命的胜利,为中华民族的救亡复兴创造了一个崭新的契机。在这样的世界环境和政治格局之中,中国大部分的历史学家们以及其他的人文科学家们,于 20 世纪来临之际,自然而然地把历史学的研究和其他人文科学的研究,与自强救国的政治抱负联系在一起。梁启超在 20 世纪前期倡导"新史学",其中一项最重要的内容,就是力图把传统的为帝王服务的贵族史学,改造成为"国民""民族"服务的史学。虽然这些从前清走过来的历史学家们,由于各自的社会、政治、文化背景有所不同,其所形成的学派意旨也各有差异,但是他们中的大部分人,都在不同程度上认同史学研究与国家、民族兴亡大计的依存关系,并且也在不同程度上为着这一信念而努力。20 世纪二三十年代中国历史学界所掀起的"社会史大论战",吸引着不同学派的学者以及其他人文科学家的积极参与。"社会史大论战"提出了许多新颖的史学观点,但这场大论战的最终实质,却在于中国的新史学究竟应该为什么样的现实政治服务,中国社会究竟应当走向何方? 这场论战是 20 世纪上半叶史学与政治相结合的一次集中体现,也是 20 世纪上半叶中国历史学家们抒发各自政治情结的一次理想性的宣泄。

在这场"社会史大论战"中,最引人注目的是马克思主义史学家的崛起。辛亥革命的胜利,固然为古老中国的救亡复兴带来了崭新的契机,但是在传统旧势力的笼罩下,中国的救亡复兴事业显得步履维艰。中国的各个不同利益集团,都在纷纷寻求不同的救国之路。俄国十月革命的胜利,使中国许多有识之士认识到只有马克思主义才能救中国。中国共产党的成立,更是团结了一大批热忱救国的知识分子。以李大钊、蔡和森、郭沫若、吕振羽、邓初民、范文澜、翦伯赞、侯外庐等人为核心的史学家们,为马克思主义史学在中国的传播作出了积极的贡献。这批新崛起的马克思主义史学家们,也同许多有志于救亡复兴的中国知识分子一样,把建立中国的马克思主义史学当作实现自己政治理想的一种路径。因此,他们在批评其他史学理论学说的同时,不知不觉中已经与政治革命结下了不解之缘。他们坚信人类社会历史以及中国社会历史的发展进程,必定由原始社会、奴隶(古代)社会、封建社会、资本主义社会走向社会主义社会。他们满怀信心地憧憬着未来社会主义革命的到来,告诉人们"中国社会发展史的前途是光明灿烂的","中国社会发展史的伟大前途,决不能袖手坐待,需要我们努最后必死之力,加以争取"①。从这些论述中,我们可以看到马克思主义史学家们在从事历史研究的背后,蕴藏着极为充沛的政治革命热情。

1949 年,以马克思主义作为理论指导的中国新民主主义革命取得基本胜利,中华人民共和国成立,中华民族基本上摆脱了一百年来遭受外国列强欺凌压迫的耻辱历史。中华人民共和国成立初期的新中国,到处呈现出一派欣欣向荣、和谐向上的蓬勃景象。这一系列划时代的变化,给中国绝大部分背负着沉重救亡复兴政治情结的知识分子们带来了无限的希望。他们由衷地为新中国的诞生而欢呼,为马克思主义在中国的胜利而祝福。这种爱国的政治情怀,鼓舞他们自觉地融入以马克思主义为理论指导的史学研究中去,同时也促使他们更为自觉地把史学的研究作为为现实政治服务的一种有效工具。大家都希望自己的史学研究,能够为新中国的社会主义建设

---

① 邓初民:《中国社会史教程》第 2 版,桂林:文化供应社 1949 年版,第 291 页。

添砖加瓦,贡献一份力量。

然而,新中国建立初期那种欣欣向荣、和谐向上的社会政治环境并没有能够得到长期的延续。20 世纪 50 年代中期以后,政治领导阶层的极左路线日益抬头,政治对于学术的影响也越来越严重;而在另一方面,由于中国共产党革命的成功,得益于"俄国十月革命一声炮响给我们送来了马克思主义",这就造成了中国学术界的一个普遍现象——向苏联学习。因此,新中国成立后中国人文科学的理论构建,十分明显地受着苏联人文科学理论的影响,特别是斯大林极左革命理论的影响。在中国学术界这内外两种因素的夹攻下,中国的人文科学包括历史科学,从 50 年代后期起逐渐演化为现实政治的附庸。为了服从政治的需要,史学研究的选题,主要围绕着不同时期的政治路线及其政治运动而开展不同命题的讨论,学术研究的领域日益狭窄。从 50 年代到 60 年代中期"文革"前夕,中国历史学界有所谓盛极一时的"五朵金花"的讨论,其核心内容,一是为了进一步论证斯大林的历史发展五个阶段论和毛泽东同志的关于"中国封建社会内部出现资本主义萌芽,中国最终也要进入资本主义社会"的命题;二是为了给当时日益扩大化的阶级斗争理论寻求史学上乃至整个人文科学学术上的注解。而在这"五朵金花"之外,史学的研究就显得相当的冷落与无助。

尽管从 20 世纪 50 年代中后期始至"文革"前夕,历史学研究的自由空间不断缩小,历史学家们的学术思想发挥受到了很大的限制,但是,由于传统的遗传和现实的造就,与生俱来的政治情结,使得大部分的历史学家们,非但没有感觉到学术限制的不适,反而往往认为这是清理有别于社会主义的政治异端和学术异端的必要手段。因此,在这些有限命题的论争中,历史学家们仍然释放出饱满的学术热情;而由于学术讨论与政治意识的密不可分,在学术论争中不时出现试图以政治强势服人的趋向,历史学家甚至可能因为学术观点的不同而导致政治前途的不幸。

到了"文革"期间,历史学研究已经完全沦落为政治、阶级斗争的工具。满怀政治热情的史学家们,大多成为政治阶级斗争的牺牲品。史学的政治情结,使得史学非但未能如所预想的那样,为祖国民族的兴盛、为社会主义事业的繁荣起到指导借鉴作用,反而使史学家自身被政治与阶级斗争的旋涡抛弃于异端另类之中。

就学术本身而言,20世纪50年代至70年代历史学与政治、阶级斗争的紧密结合,以至于历史学沦落为政治的附庸和工具,无疑大大地制约了学术研究领域的百花齐放和百家争鸣。历史学家们的施展和想象空间,大多被引导进入所谓的"五朵金花"的讨论之中,而且,随着现实政治的变幻莫测,对现实政治亦步亦趋的史学研究,也很快失去了它的学术生命力。曾几何时,许多名噪一时的历史论著,如同过眼云烟,消失在人们的记忆之中。但在另一方面,中国的大部分史学家们纷纷浸淫于"五朵金花"及其相关命题的研究,这就不能不使得这些命题的研究深度得到空前的发掘,从而形成这个时期中国史学成就的一个显著特色,尤其是中国古代生产关系史、农村社会经济史、商品经济史的研究,为后人的学术进步打下了坚实的基础。这大概是这一时期中国史学因为紧随政治而"失之东隅,收之桑榆"吧。

"文革"结束后,即20世纪80年代以来,政治对于学术的制约状况得到显著的缓解,史学研究有了较为自主发挥的空间。然而,随着改革开放的深入和社会政治的变迁,史学家们遇到了新的困境。一方面,由于学术与现实政治之间以往那般紧密或者说是亲密的关系不复存在(这种较为疏离的关系也许是比较正常的关系),许多与生俱来背负着政治情结的史学家们,反而感到一种莫名的失落;而在另一方面,改革开放与社会变迁带来了社会分配制度的变化,原来大锅饭制度下知识分子工资略优于农工阶层的局面被打破了,知识分子们在社会分配比例上陷入了社会的下层。在此政治与经济的双重困境下,中国的历史学界,发出了"史学危机"的感叹。事实上,根据近年来的资料统计,在80年代所谓"史学危机"的这个时期内,中国的史学论著在数量上还是大大超过了50年代至70年代的平均数量,"史学危机"只是一种心理的莫名感受,而不一定是客观的事实。而这种"史学危机"的心理感受,正是史学家们满怀政治情结而遭受社会政治失落感的一种无可奈何的反映。

这一时期内,年轻一代的史学家们,虽然从传统文化的潜意识中,仍然遗传着无法断然决裂的政治情结,但是与老一辈的史学家们相比,这种政治与传统的包袱,无疑要轻松许多。而许多老一辈的史学家们也痛定思痛,在不同程度上摆脱了政治情结的困扰,在学术的研究上更上一层楼。历史学的研究,日益出现了百花齐放和百家争鸣的良好局面。当然,不可否认的是,也有一部分史学家,仍然热衷于为现实政治作简单而缺乏说服力的注解。如经济建设需要建造大楼,马上就有所谓最早发明摩天大楼的是商代的纣王;政府要发展教育,有关中国早在两千年前就创办大学的论著随之出现。诸如此类的所谓史学研究,从学术上看也许是极为荒唐的,但从作者一方来思考,除了有某些小名小利的因素驱动之外,他们也未尝没有"学术为现实服务"的良好动机在内。等而下之,某些地方政府为了招商引资,往往举办一种"文化搭台、经济唱戏"的活动。地方政府希望学者们论证宣传当地历史上的名人、名物及名事,扩大知名度,促进经济建设,这本来也是无可厚非的。然而可悲的是有些所谓的历史学家,不顾历史的本来面目,一味盲目吹捧拔高,胡乱论证,甚至假造文物,混淆学术与宣传的界限。这样的史学研究,可能有着立竿见影的为现实服务的效能,然而这已经与老一辈史学家们那种忧国忧民的政治情结和为现实政治服务的良好初衷不可同日而语了。

## 二、20 世纪历史学的道德情结

中国传统的政治统治是与道德标榜紧密联系在一起的,20 世纪历史学的政治情结必然伴随着相互依存的道德情结。中国古代的政治家们和知识分子们都认为治理天下与教化天下是不可分割的。知识分子,特别是史学家们,一旦为人师表,便有"传道"的责任;而撰书立说,就应当"以文载道"。

史学家们既然有着"传道"和"以文载道"的社会责任,那么,他们便自然而然地把自己当作"道德的拥有者",或者说是有了"传道者"的身份。这种优越而严肃的自我感觉,造就了史学家们相互矛盾而又相互依存的双重性格:一方面,史学家们认为自己应当作为而且本来就是历史的裁判者,善于用自己认定的道德标准,特别是当世主流的道德标准来评判以往的历史;而在另一方面,由于道德的标榜终究是要服从于当世的政治需要,这又使得宋明以来的史学家们,往往屈服于现实的政治,从而多少丧失了史学家在学术领域的某些独立的性格。虽然这二者貌似难以和谐，但是中国传统社会里的史家往往兼有官僚的身份，二者基本上是合二为一的。在这种体制下，读书、入仕、修史、升官，以至于修齐治平、青史教化，就相容得比较和谐了。

20世纪前期，是中国社会由传统体制走向近现代体制的重要转折时期，历史学家们虽然已经不复有以往那种修撰官史的环境，但是这种长期遗存下来的史家道德情结，以及学者官僚合二为一的某些幻觉，依然在意识文化中得到了延续。其影响所及于20世纪的史学家们，至少体现在如下的几个方面。

其一，历史学的学术论争，比较缺乏宽容和实事求是的心态。由于史学家们多少存在着道德或真理拥有者的心态，就不能不给自己正确的学术判断蒙上天然的障碍。史学家们每当进行学术论争时，往往在不同程度上戴着政治和道德的有色眼镜，总以为自己是正确的，而对方是错误的异端。20世纪前期，许多历史学以及人文科学的论争，都有着十分浓厚的政治背景，学术的争论经常演化成意气之争，为了击垮对方，往往把对方说成一无是处。然而我们在反思这些史学的论争时，从学术的层面平心而论，恐怕也还是有许多论点值得双方相互借鉴甚至学习的。可惜的是，在当时史学家们正值意气风发之际，大家都把自己当作道德与真理的化身，这就不能不欲把对方置之败地而后快了。50年代至70年代，史学研究与政治现实的结合更加"天衣无缝"，这种缺乏学术宽容和实事求是的心态依然存在。许多本来十分正常的学术讨论，每当政治风向有了微妙的变化之后，大批的史学家们马上就会领悟其中意旨的所在，群起声讨少数被认为是学术异端的分子。从现在的观念来评说这一怪异的史学史发展过程，或许后人感到这大批的论争者是如此不可思议，但是我们应当记住的是，从悲痛的传统中走过来的老一辈史学家们，他们所背负的政治情结和道德情结，是何等天真与沉重。

其二，教化史学与影射史学的走向极端。历史科学具有一定的教化社会的功能，这是毫无疑问的。然而中国的史学家们所固有的那种用现实政治道德标准来评判历史的传统，往往导致史学的教化功能走向极端。宋代的知识分子官僚们，不满于唐朝五代历史著作缺乏道德规范感，纷纷重修唐代和五代的史书，他们自以为用宋代的道德标准升华了这些史书，但后人的评判未免让他们失望。20 世纪的史学家们,同样有着这种教化社会乃至影射社会的责任感。著名学者陈垣先生在谈到他于 30 年代的一段为史经历时说过:"九·一八以前,为同学讲嘉定钱氏之学。九·一八以后,世变日亟,乃改顾氏《日知录》,注意事功,以为经世之学在是矣。北京沦陷后,北方士气萎靡,乃讲全榭山之学以振之。……此时作品,以为振国之道止此矣。所著已刊者数十万言。言道,言僧,言史,言考据,皆托词,其实斥汉奸,斥日寇,责当政耳。"①陈垣先生在抗战期间的这一史学经历,较为典型地反映了老一辈史学家满怀爱国热情、诚恳教化社会、抨击当道恶政的史学道德情结。然而不可否认的是,也有一部分史学著作,却为了某些政治集团以及个人恩怨等原因,把史学的教化功能和责恶功能滥加发挥,使影射史学走上了极端。这种状况在"文革"期间达到了极致,中国的历史科学也因此受到了空前的蹂躏,失去了她本来所应有的学术尊严。

其三,历史学家的道德情结在一定程度上导致了史学研究的概念化倾向。由于中国的史学家们过于执着史学研究的教化功能,并且希望收到立竿见影的作用,这就在不知不觉中造成了史学选题的宏观化和史学价值判断的单线化。从史学选题上说,为了使史学的研究能够发挥最大限度的道德教化功能,越是关乎国家前途命运、关乎民族兴衰荣辱的大题目,越是容易取得显著的效果。因此,从 20 世纪前叶至 70 年代,史学家们的研究课题,比较多地集中于诸如社会发展规律、生产力与生产关系等宏观问题的讨论,而许多值得深入探讨的微观专题性研究和实证性研究,则往往为人们所忽视。这种宏观性的讨论,确实给人们提出了许多值得深思和富有启迪意味的论点,但是伴随而来的是史学研究的重复劳动以及不厌其烦的连篇空话和套话。当学术研究充满着空话和套话的时候,学术研究的成果就失去了她的原创性价值。尤其是在 50 年代至 70 年代,史学研究逐渐演化为现实政治的附庸,史学研究的主题论点已经确定并且毋庸置疑,那么史学研究的空话、套话以及相互模仿抄袭就成了十分正常的现象。近年来,学术界所深恶痛绝的学术不规范以及相互抄袭等问题,固然有贪图不义名利的驱动,然

---

① 转引自白寿彝《史学概论》,银川:宁夏人民出版社 1983 年版,第 325 页。

而,20世纪以来学术界长期对空话、套话以及相互重复模仿抄袭等习以为常,不能不说是造成现在这种恶劣学风的一个重要源头。

就史学价值的判断而言,道德情结所引发的先入为主的评价标准,就自然而然地沿袭着古人"善善""恶恶"的传统治史准则,单线性地把人们所要评价的历史人物、事件、制度等,或是神化,或是鬼化,简单机械地划分入如"好与坏""忠臣与奸臣"的界限之中。这种中国史学的传统准则,演化至20世纪,则是出现了诸如"爱国英雄与卖国贼""主战派与投降派""改革派与保守派""进步派与反动派""推动历史前进与阻碍社会发展"等的盖棺论定式的论断。而且,这种单线性的史学价值评判标准,为了提升其教化社会和警示世人的作用,往往形成了与政治互相吻合的正统主流"话语",从而使学术研究超出了其自身的范围,变成了一种宣传,这就必然使历史研究在不同程度上失去她的科学性和严肃性。这正如有些史学家所感叹的那样:"在性理名教走向崇高之后,事实真情,反显得不那么重要,往往处于从属的地位。"①

## 三、20世纪历史学的洋人情结

如果说20世纪历史学的政治情结和道德情结是在一定程度上沿袭了中国人文科学的某些传统准则,那么,随着近代西方资本主义的入侵以及伴随而来的各种西方人文社会科学思潮,中国的历史学以及整个人文科学,就不能不在这些思潮的冲击下而产生激烈的变化。

近代中国在西方列强面前确实失败了。一部分知识分子在探求中国失败的原因时,清醒地认识到文化与人文科学的落后。于是富有爱国心而又比较激进的知识分子们,从20世纪前期提倡"新史学"的那一刻起,就有人主张学习西方的人文科学。梁启超曾经猛烈抨击中国的传统史学,认为旧史学只知朝廷而不知有国家,只知有个人而不知有群体,只知有陈迹而不知有今务,只知有事实而不知有理想;能铺叙而不能别裁,能因袭而不能创新。

---

① 茅海建:《天朝的崩溃:鸦片战争再研究》第2版,北京:生活·读书·新知三联书店2005年版,第354页。

因此,他极力把当时西方一些流行的史学理论方法介绍进来并运用于自己的历史研究中。虽然在这一时期内,中国的历史学家由于各自的社会出身、政治地位等有所不同,各自对于史学所秉持的思维方式也差异较大,但是到了二三十年代"社会史大论战"的时候,运用西方理论方法来分析中国历史问题的史学家逐渐占了上风。到了 50 年代,马克思主义唯物史观更是成了新中国历史学研究唯一的指导思想。

西方史学思潮对于推动中国史学的进步,无疑起到了积极的作用。梁启超所倡导的"新史学"革命,直到今天仍有她的学术地位,这在相当程度上得益于借鉴了历史进化论、地理环境决定论、文化决定论等西方学说。而马克思主义唯物史观的引进,对于促进中国现代历史学的发展,更是产生了划时代的学术变革作用。尽管近年来有些学者对于马克思主义史学的历史地位有所怀疑,但是抛开政治上的歧见,马克思主义唯物史观无论是在世界史学理论发展史上,还是现代中国史学的建构上,都有着不可磨灭的贡献。1978 年,联合国教科文组织编辑了一套《社会和人文科学研究主要趋势》,其历史学卷由曾任英国史学会主席的巴勒克拉夫(Geoffrey Barraclough)主笔,并邀请列宁格勒大学(现圣彼得堡国立大学)及哈佛大学的两位教授参加,撰写出版了《当代史学主要趋势》一书。书中指出:"当代著名历史学家,甚至包括对马克思的分析抱有不同见解的历史学家,无一例外地交口称赞马克思主义历史哲学对他们产生巨大影响,启发了他们的创造力","在历史研究的发展过程中,马克思主义的重要性首先在于,当历史主义就其唯心主义和相对主义的词义上说,困于本身的内部问题而丧失早期的生命力时,马克思主义为取代历史主义而提供了有说服力的体系。……马克思主义提供了合理地排列人类历史复杂事件的使人满意的唯一基础"①。这一评价,用于说明马克思主义唯物史观对中国 20 世纪史学的贡献,一点也不过分。

然而,正如我在前面所论述到的,20 世纪西方史学思潮,特别是马克思主义史学理论的引进,一开始就与政治结下了不解之缘。马克思主义史学

①  [英]杰弗里·巴勒克拉夫著、杨豫译:《当代史学主要趋势》,上海:上海译文出版社 1987 年版,第 261、26—27 页。

理论也好,其他西方史学思潮也好,往往也会成为图解政治的一种有效工具。举生产关系史的研究为例。50 年代至 70 年代,中国的政治路线极力鼓吹阶级斗争,而阶级关系的理论,是马克思主义唯物史观的一个重要组成部分。政治家们和史学家们为了寻求历史上的解说来为现实服务,中国史学界掀起了一场空前规模的农民战争史大讨论。在这场大讨论中,固然不乏许多富有创见的优秀成果,但是也有大量的论著把中国历史上的地主、农民的阶级关系简单化、绝对化,从而使史学的学术讨论走上了概念化、比附化和影射化的死胡同。中国自古以来就是一个以农立国的大国,农村与农民问题始终是历史学界应予充分重视的研究课题。然而可悲的是,由于 50 年代至 70 年代的概念化研究,致使 80 年代以来,年轻一代的史学家们因噎废食,愿意继续从事农村与农民历史研究的人寥寥无几。这种非正常现象的出现,显然是当时庸俗化地运用马克思主义唯物史观来图解政治所结下的恶果。

20 世纪引进马克思主义唯物史观研究中国历史,从学术的层面上说,还出现了因果和主客体倒置的错位。本来,所谓引进西方的理论和方法,是要用来改进和变革中国的史学研究,中国历史学应当始终处于主体的地位。对于外国的理论和方法,也有一个学习、吸收、消化和扬弃的过程,只有把外国史学理论方法中最优秀的部分运用到中国史学的研究中去,才能有效地促进中国史学这一主体飞跃并走向新的层次。然而,由于在 20 世纪相当长的一个时期内,历史学术始终处于政治附庸的地位,学术的主体地位被颠倒了。史学家们往往不是运用马克思主义唯物史观来思考中国的历史,而是对号入座式地用中国的历史事实来证实马克思主义是"用之四海而皆准"的真理。这样一来,中国的史学家们好像研究的不是中国的历史,而是研究马克思主义唯物史观史。在这种因果和主客体倒置的错位中,中国的史学研究出现了大量削足适履的论证,而这种论证,在相当程度上损害了历史学的科学性和严肃性。

20 世纪中国历史学家对于西方史学理论与方法的执着迷恋,恐怕在相当程度上是由于近代以来中国的失败所引发的对于自身文化传统的疑虑和缺乏自信心。自信心的衰弱,必然导致对于强势文化的崇拜心理。正因为如此,撇开 20 世纪学术与政治道德说不清道不明的关系不讲,仅就学术的心理而言,中国历史科学应当仿效于西方的学说,也是一种较为普遍存在的意识。80 年代改革开放以来,中国的学术环境已经大大宽松,西方的各种学术思潮更是蜂拥而来。西方学术思潮的大量引进,对于 20 世纪后期中国历史科学的进步,确实具有积极的借鉴和促进作用。但是我们应当看到的是,也有一部分热衷于引进、做作甚至炒作西方洋人理论的学者,其心理上是否仍然有着浓厚的崇洋尊外与借洋吓人的意识在里面?

## 四、简单的结语

无论是历史学,还是其他人文科学,它们与政治和道德都有着千丝万缕的联系,这是毋庸置疑的;历史学以及其他人文科学应当为国家、民族的现实服务,这也是历史学家和其他人文科学家所责无旁贷的。然而,正如马克思主义者所指出的那样:真理跨出一步就是谬误。当我们回顾过去的历程而展望新世纪的时候,史学家们所应秉持的是优良的文化传统精神和开拓未来的信心;史学家们所要奉献给新世纪的社会责任感,就是恪守历史科学真理的界限,遵循严正的学术道德。可以预见,在新的世纪里,任何带有功利性的所谓"学术"研究,无论是政治的功利性,还是经济的功利性,都将很快被世界化的学术潮流所遗弃。我谨以此祝愿新世纪的中国史学之树傲立常青、不折不挠。

# 《孝经》释义及其变迁

孝道是中国传统伦理道德的基础,孔子说:"夫孝,德之本也,教之所由生也。"①《孝经》一书因而成为中国儒家的经典之一。古往今来,诠释和解说《孝经》的人与著作,多得不计其数,今天忽然由我来重新诠释《孝经》,未免十分可笑?

长期以来,人们对于"孝道"的解释,基本上是指子女善待父母长辈。这里举当今较有代表性的论述为例:

> 孝是中国古代子女善待父母长辈的伦理道德的称谓。《尔雅》中说:"善事父母曰孝。"《说文解字》"老部"中解释:"孝,善事父母者。从老者,从子,子承老也。"儒家礼书《礼记·祭统》中也说:"孝者,畜也。顺于道,不逆于伦,是之谓畜。"都把赡养父母作为孝的基本内容。但是孔子却批评这种观点,在《论语·为政》中驳斥道:"今之孝者,是谓能养。至于犬马,皆能有养,不敬,何以别乎?"孟子也在《孟子·万章上》中言:"孝子之至,莫大于尊亲。"孔子和孟子给孝赋予了崇敬父母的内容,以便与一般动物的照料其上代相区别。孔子的后学,更对孝进行了全面的定义。在《礼记·祭义》中,曾参说:"孝有三:大孝尊亲,其次不辱,其下能养。"这样,所谓孝有三等:最上是尊亲,即爱戴和崇敬父母,立身行道以扬名显亲和传宗接代;其次是不辱,即不亏身体不辱自身和为亲复仇;最后是养亲,即养口体,侍疾病,顺其意,乐其心,重其衾。②

---

① 《孝经·开宗明义章第一》。本文所引《孝经》,均引自朱熹《孝经刊误》,清代《钦定四库全书》本。

② 汪受宽、金良年:《孝经·大学·中庸译注》,《前言》,上海:上海古籍出版社 2012 年版,第5页。

当今,我们党和国家领导人大力倡导继承和弘扬中国优秀传统文化,"孝道"的传承再次为社会所重视,而人们对于孝道的解释,基本上都是涵盖在后辈子女对于上辈父母等的尊敬、奉养和传宗接代、光宗耀祖的范畴之内。

事实上,这种从古到今具有代表性的对于中国传统"孝道"的诠释,并没有全面地诠释《孝经》之中的内容。"孝道"所涵盖的内容,并不仅止于子女对于父母的关系,而是包含了君主、诸侯、士大夫以及百姓庶民的各个层次。下面,我就针对《孝经》中所述,分别叙述如下。

# 一、孝道所涵盖的五个层次

《孝经》中所涵盖的不同层次共有五,分别记述在《孝经》之《开宗明义章第一》之下,即《天子章第二》《诸侯章第三》《卿大夫章第四》《士章第五》《庶人章第六》。我们上面所引述的人们对于"孝道"的一般解说,基本上只在《孝经》中的所谓"庶人之孝"的范围之内,而绝少涉及《孝经》之中的前四个层次的内容。

《孝经》中对于"天子之孝",是这样表述的:

> 子曰:爱亲者,不敢恶于人;敬亲者,不敢慢于人。爱敬尽于事亲,而德教加于百姓,刑于四海,盖天子之孝也。《甫刑》云:一人有庆,兆民赖之。①

这也就是说,作为管理天下的天子,不仅仅只是爱自己的父母亲人,也必须兼爱天下所有的人,为天下所有的人做出有德行的表现,表率天下,以道德教化于天下万民百姓之中,以之作为四海各方的榜样法则,这种爱及天下的行为,才称得上是"天子之孝"。

显然,《孝经》中所说的"天子之孝",与我们一般所认知的"孝道"是很不

---

① 《孝经·天子章第一》。

同的。同样,《孝经》中的"诸侯之孝",也是有其特定的含义的。《孝经·诸侯章第三》云:

> 在上不骄,高而不危;制节谨度,满而不溢。高而不危,所以长守贵也;满而不溢,所以长守富也。富贵不离其身,然后能保其社稷,而和其民人。盖诸侯之孝也。《诗》云:战战兢兢,如临深渊,如履薄冰。

《孝经》告诫高居诸侯之位的贵族们,不能自高自大,要始终保持生活节俭,慎行礼法典章,凡事应该自我约束,时刻怀抱畏惧之心,不敢奢侈腐化,与治下的百姓始终保持和谐的状态。只有这样,才能永久地保持自己的疆域与富贵;只有这样,才称得上是所谓的"诸侯之孝"。《孝经》中所论述的"诸侯之孝",奉养父母亲人更是次要的事情,而约束自己、和谐民众成了诸侯施行"孝道"的主要内涵。

《孝经·卿大夫章第四》专门论述卿大夫所应执行的"孝道",该章记云:

> 非先王之法服不敢服,非先王之法言不敢道,非先王之德行不敢行。是故非法不言,非道不行;口无择言,身无择行,言满天下无口过,行满天下无怨恶。三者备矣,然后能守其宗庙。盖卿大夫之孝也。

《孝经》中所论述的卿大夫之孝,在意旨上与上述"诸侯之孝"基本相同,是以谨慎行事、检点约束自己为主要内涵的。卿大夫的日常行为,包括服饰、言语等,都是应当遵照"先王"所制定的规定来执行的,不能有丝毫的逾矩胡乱作为。卿大夫的言语,都是需要经过深思熟虑合乎礼义的话,不能说出令人厌恶的话;做出来的事情都应该是经过认真思考合乎礼义的事情。卿大夫在服饰、行为和言语这三个方面都合乎礼仪,做得很好,就能够长久地守住自己宗庙的祭祀,也就是世代保住了卿大夫的高贵地位,这才是卿大夫所应该施行的孝道。

《孝经》在阐述了卿大夫之孝之后,接着是阐述"士之孝"。《孝经·士章第五》是这样论述士人之孝的:

> 资于事父以事母,而爱同;资于事父以事君,而敬同。故母取其爱,而君取其敬,兼之者,父也。故以孝事君则忠,以敬事长则顺。忠顺不失,以事其上,然后能保其禄位,而守其祭祀。盖士之孝也。《诗》云:夙兴夜寐,无忝尔所生。

《孝经》中所论述的"士人之孝",与上述的天子之孝、诸侯之孝、卿大夫之孝,已经有着较大的差异。作为天子、诸侯、卿大夫这样高贵的身份与门第,他们的父母亲人也基本上是高贵之身。再者,在这样的门第之内,隶仆佣人不乏其众,奉养父母亲人一般是没有问题的,因此《孝经》中所谈到的天子之孝、诸侯之孝、卿大夫之孝,奉养父母亲人是相当次要的事情,而以天下苍生为念,才是这些层次所应施行的"孝道"的主要内涵。但是"士"这一阶层则有所不同。中国古代的"士"是一个介于大夫和庶民之间的阶层。"士"既要服从于天子、诸侯、卿大夫,服务于国家与社会,同时又要养家糊口,维持自己家族高于一般民众的社会地位与生活水准。因此,"士"所应施行的"孝道",其双重的意味就相当明显了。一方面,"士"必须奉侍自家的父母,另一方面,又要侍奉君主、诸侯及卿大夫等上级之尊。所以《孝经》说:士人尽孝,必须以侍奉父亲的爱戴之心去侍奉母亲,必须以对父亲的崇敬之心去侍奉君主,使君主受到与为人父者同样的崇敬。士人以侍奉父亲的孝心去侍奉君主,就能做到忠诚、尽心尽力。将侍奉父兄的敬勉用来侍奉自己的上司如诸侯、卿大夫等,就能做到忠诚于顺从。只有这样,"士"才能永久地保有自己的禄位官爵,守护好家族的祭祀不断,不至于使自己的父母亲人蒙受不必要的羞辱。

《孝经》所涵盖的最后一个层次,即是"庶人之孝",也就是适用于一般民众百姓的孝道。《孝经》写道:

> 用天之道,分地之利,谨身节用,以养父母,此庶人之孝也。故自天子至于庶人,孝无终始,而患不及者,未之有也。[①]

---

① 《孝经·庶人章第六》。

《孝经》中所论述的"庶人之孝",就是要一般的民众百姓充分利用天时、地利,勤勉劳作,取得好收成;同时还要谨慎遵礼,节省用度,以此来赡养自己的父母,尽身为子女的家庭本分。能够做到这一点,就可以称得上是"庶人之孝"了。

我们从《孝经》的论述中,可以十分清晰地看到这里所指出的"孝",远不止于一般所认知的"赡养父母"的内涵。所谓的"赡养父母"的"孝",基本上指的是"庶人之孝"的范畴。而在"庶人之孝"之外,还有天子之孝、诸侯之孝、卿大夫之孝、士之孝这四个更高的层次。

## 二、"孝"是一种义务,更是一种社会责任

从《孝经》所论述的"孝"的五个层次所涵盖的内容看,不同层次所应遵循的"孝"是不同的。天子之孝主要强调的是身为天子,应该担负其安定国家民族的重大责任。诸侯之孝与卿大夫之孝,主要强调的是应该如何慎行礼法典章,凡事自我约束,不得奢侈腐化,与管辖之下的民众百姓保持和谐的社会关系,使得民众百姓安居乐业。而作为政治与社会地位不断变化的"士人"而言,既要谨慎忠诚地为天子、诸侯、卿大夫服务,为治理社会做出奉献,同时又要自我约束,侍奉自己的父母与亲人,依礼依规保持自己的禄位,使家族的祭祀得到延续。至于面对广大社会基层的"庶人之孝",则劝告民众百姓勤恳劳作,尽可能做到丰衣足食,从而赡养侍奉自己的父母长辈。显然,《孝经》中所论述的五个层次的"孝",既是一种家庭义务,更是一种社会责任。与"庶人之孝"相比,"天子之孝""诸侯之孝""卿大夫之孝"各自承担着更为重要的国家、民族与社会的责任。孔子曰:"武王、周公,其达孝矣乎!夫孝者,善继人之志,善述人之事者也。践其位,行其礼,奏其乐,敬其所尊,爱其所亲,事死如事生,事亡如事存,孝之至也。"[1]

孔子认为西周时期的武王、周公称得上"达孝",而"达孝"的主要内容,则是能够做到"善继人之志,善述人之事者也。践其位,行其礼,奏其乐,敬

---

① 江先忠译注、朱熹著:《小学·稽古第四·明伦》,北京:中华书局 2015 年版,第 88 页。

其所尊,爱其所亲"。换言之,武王、周公能够继承其先祖,特别是周文王的遗志,把国家的事情做好,把天下的百姓治理好,不坠祖先的大业,对得起先祖,所以是"达孝"。

然而要把天下的事情做好,把天下的百姓治理好,让天下百姓都能安居乐业,身为天子就必须全身心地投入,宵衣旰食、任贤惕厉地为天下事操劳。既然承担着如此重大的政治与社会责任,那么所谓的"养亲""顺亲"之孝,就不能不退而占据着次要的地位。明代著名学者兼士大夫黄道周在其所著的《书孝经别本后》中指出:"五孝俱引诗者,当以聿修厥德,系于天子之前。庶人不引诗者,当以能养,为孝之末节,故其语意抑扬。思曰天子、诸侯、卿大夫、士之孝,不言养,而庶人之孝独言养,故曰此庶人之孝也,此之者微之也。"①黄道周在《孝经集传》中进一步申论"天子之孝"当以天下之事为己任,把上天视为自己的父母亲人,把天下万民视为自己的身体,他说:"天子者立天之心,立天之心则以天视其亲,以天下视其身。以天视亲,以天下视身,则恶慢之端,无由而至也。故爱敬者,礼乐之本,中和之所由立也。"②

正因为所谓的"天子之孝"并非仅指侍奉血缘上的父母亲人的微末之孝,勇于承担治理天下的重担才是天子所应时刻记住、须臾不得忽视的大孝,所以我们在秦汉以来的一些典籍中,可以看到当天子皇帝忽略自己"以天下为己任"之责而没有尽到"天子之孝"的时候,有些臣下就以《孝经》中所赋予的"天子之孝"的礼制来规劝皇帝。举唐代大臣崔日用规劝唐玄宗的记述为例:

> 崔日用,滑州灵昌人。擢进士第,为芮城尉。大足元年,武后幸长安,陕州刺史宗楚客委以顿峙,馈献丰甘,称过宾使者。楚客叹其能,亟荐之,擢为新丰尉,迁监察御史。……帝崩,韦后专制,畏祸及,更因僧普润、道士王晔私谒临淄王以自托,且密赞大计。王曰:"谋非计身,直纾亲难尔。"日用曰:"至孝动天,举无不克。然利先发,不则有后忧。"及

---

① 黄道周:《黄石斋先生文集》卷12,清康熙五十三年刻本。
② 黄道周:《孝经集传》卷1《天子章第二》,清文渊阁《四库全书》本。

韦氏平，夜诏权雍州长史，以功授黄门侍郎，参知机务，封齐国公，赐实户二百。……坐与薛稷相忿竞，罢政事，为婺州长史。历扬、汴、兖三州刺史。由荆州长史入奏计，因言："太平公主逆节有萌，陛下往以宫府讨有罪，臣、子势须谋与力，今据大位，一下制书定矣。"帝曰："畏惊太上皇，奈何？"日用曰："庶人之孝，承顺颜色；天子之孝，惟安国家、定社稷。若令奸宄窃发，以亡大业，可为孝乎？请先安北军而后捕逆党，于太上皇固无所惊。"帝纳之。及讨逆，诏权检校雍州长史，以功益封二百户，进吏部尚书。①

崔日用在唐中宗、唐玄宗年间，两次参与平定宫闱专权的政治事变。崔日用赞襄鼓动都是搬出"天子之孝"的理由，所谓"天子之孝，惟安国家、定社稷。若令奸宄窃发，以亡大业，可为孝乎？"天子承担着国家天下的重任，是不可以计较皇亲国戚的私家"孝道"的。而为国家、社稷之计，才是"至孝动天，举无不克"。

这里再举宋代的例子。朱熹在其文集中，载有《少师保信军节度使魏国公致仕赠太保张公行状》，该行状略云：

公（张浚）与赵鼎当国，时议徽宗在沙漠，当遣信通问。遂遣问安使何薛等行。是年正月二十五日，薛归，报徽宗皇帝、宁德皇后相继上仙。上号恸擗踊，哀不自胜。公奏：天子之孝，与士庶不同。必也仰思所以承宗庙、奉社稷者。今梓宫未返，天下涂炭，至仇深耻，亘古所无。陛下挥涕而起，敛发而趋，一怒以安天下之民，臣犹以为晚也。数日后求奏事，深陈国家祸难，涕泣不能兴，因乞降诏谕中外。上命公具草以进，亲书付外。其词曰：朕以不敏不明，托于士民之上，勉求治道，思济多艰，而上帝降罚，祸延于我有家，天地崩裂，讳问远至。呜呼！朕负终身之戚，怀无穷之恨，凡我臣庶，尚忍闻之乎？今朕所赖以宏济大业，在兵与民，惟尔小大文武之臣，早夜孜孜，思所以治兵恤民，辅朕不逮，皇天后

---

① 《新唐书》卷121《崔日用传》，北京：中华书局1975年标点本。

土,实照临之,无或自暇,不恤朕忧。……公退又具奏待罪曰:仰惟陛下时遇艰难,身当险阻,图回事业,寝食不遑,所以思慕两宫、忧劳百姓,未尝一日忘也。臣之至愚,获遭任用,在诸臣先,每因从容语及北狩事,圣情恻怛,泪必数行,臣感慨自期,愿歼房仇,十年之间,亲养阙然,爱及妻孥,莫之私顾。其意亦欲遂陛下孝养之至,拯生民涂炭之难,则臣之事亲保家,庶几得矣。[①]

根据以上朱熹所记,当宋高宗得知宋徽宗逝世时,"号恸擗踊,哀不自胜",张浚奏言规劝:"天子之孝,与士庶不同。必也仰思所以承宗庙、奉社稷者。"他希望宋高宗及时奋起,更加努力于国家大计与天下苍生事务,"敛发而趋,一怒以安天下之民","勉求治道,思济多艰",这样才对得起逝世于沙漠之中的先帝,对得起天下苍生百姓。而张浚自己,也是这样身体力行,与天子分忧,"十年之间,亲养阙然,爱及妻孥,莫之私顾。其意亦欲遂陛下孝养之至,拯生民涂炭之难,则臣之事亲保家,庶几得矣"。对于张浚的上言规劝宋高宗以及张浚自己的作为,朱熹是相当欣赏的,认为是天子与臣下所应施行的孝道。

朱熹本人在给宋孝宗所上的《壬午应诏封事》中,同样表达了皇帝所应遵循的孝道并不是对于先帝的言行亦步亦趋,而是要以国家大事及天下苍生为重,及时更张,他说:

愚臣所虑,独患议者不深惟其所以然之故,以为其间不免有所更张,或非太上皇帝之意者,陛下所不宜为,以咈亲志。臣窃以为误矣,恭惟太上皇帝至公无心、合德天地,临御三纪,艰难百为,其用人造事,皆因时循理,以应事变,未尝胶于一定之说。先后始末之不同,如春秋冬夏之变,相反以成岁功,存神过化,而无有毫发私意凝滞于其间。其所以能超然远引,屣脱万乘而不以为难者,由是而已。本其传位陛下之

① 朱杰人、严佐之、刘永翔主编:《朱子全书》(修订本)《文集》卷95下,上海:上海古籍出版社、合肥:安徽教育出版社2000年版,第4294—4295页。

志,岂不以陛下必能缉熙帝学,以继迹尧、禹乎?岂不以陛下必能复仇启土,以增光祖宗乎?岂不以陛下必能任贤修政以惠康小民乎?诚如是也,则臣之所陈,乃所以大奉太上诒谋燕翼之圣心,而助成陛下尊亲承志之圣孝也。①

朱熹认为凡事始末之不同,如春秋冬夏之变,应当顺时应势,缉熙帝学,这样才能"复仇启土,以增光祖宗","能任贤修政以惠康小民",从而成就皇帝"尊亲承志之圣孝"。可见天子皇帝所应奉行的孝道,是一种极为神圣的侍奉国家、民族、天下苍生的孝道,这种孝道与我们现在所认知的承顺颜色、奉养父母的所谓孝道是不可同日而语的。

诸侯之孝、卿大夫之孝与士之孝,同样是以奉行国家、天子的礼制规则,谨身守己,为天下民众百姓作出忠义诚信的典范从而化育社会,来作为遵循孝道的核心的。朱熹在《小学》一书中引述曾子的话云:"曾子曰:身也者,父母之遗体也。行父母之遗体,敢不敬乎?居处不庄,非孝也;事君不忠,非孝也;莅官不敬,非孝也;朋友不信,非孝也;战陈无勇,非孝也。"②明人黄道周在《孝经集传》中屡屡指出卿大夫、士人的言行规则,如在卿大夫条目之下写道:"长民者衣服不贰,从容有常,以齐其民,则民德壹。《诗》云:彼都人士,狐裘黄黄,其容不改,出言有章,行归于周,万民所望。""为上可望而知也,为下可述而志也,则君不疑于臣,臣不惑于其君。《伊诰》曰:惟尹躬及汤咸有一德。夫是则有恒矣,可以言孝乎!有恒而不可言孝,则是孝无恒也。《易》曰:风自火出,家人君子以言有物而行有恒,仁人孝子不过乎。""王言如丝,其出如纶,王言如纶,其出如綍,故大人不倡游言,可言也不可行,君子弗言也。可行也不可言,君子弗行也,则民言不危行,而行不危言矣。《诗》云:淑慎尔止,不愆于仪。夫是则淑慎矣,可以言孝乎?而见夫孝不淑慎者乎?人臣而为王者之言,传之百世,行之四方,礼乐以成。兵戎以兴,上下相危,则祸乱难平。"③

---

① 朱杰人、严佐之、刘永翔主编:《朱子全书》(修订本)《文集》卷11,第579页。
② 江先忠译注、朱熹著:《小学·明伦第二·父子之亲》,第30页。
③ 黄道周:《孝经集传》卷1《卿大夫章第四》。

卿大夫是介于天子与民众百姓之间的负有重要政治与社会责任的阶层,正如上面所引述的那样,天子的德政要得到真正的施行,卿大夫们起到不可或缺的承上启下的关键作用,因此卿大夫们所奉行的孝道,必须是严厉约束自己,为民众作出表率,让天下百姓感受到天子和卿大夫的诚信和恩惠,这样才能使得天下安平,万众臣服。同样地,作为卿大夫之下的士人阶层,也是负有相当重要的社会责任的,所以黄道周在《孝经集传》中也对士人的孝道作出了注释,他说:"君子虑胜气思而后动,论而后行,行必思言之,言必思复之,复之必思无悔,亦可谓慎矣。人信其言,从之以行,人信其行,从之以复,复宜其类,类宜其年,亦可谓外内合矣。""君子之言信于家,则行信于国;家国之言行,各以类合。《易》曰:父父、子子、兄兄、弟弟、夫夫、妇妇。《诗》曰:其类维何,室家之壶,君子万年,永锡祚胤。""士患失其忠顺,不患失其禄位;士患失其禄位则不足以为士矣!"①

由于天子之孝与诸侯之孝、卿大夫之孝、士之孝都建立在对于国家、民族、天下苍生负有保国安民的重大社会责任上,因此在一定程度上说,这种孝的责任是带有双向性的。卿大夫、士人没有尽到社会责任、没有尽到孝的责任时,天子等上司固然可以运用礼制、法制来加以惩罚;同样地,天子等上司荒嬉失责,卿大夫、士人也应当对于天子的不当不孝行为,予以严厉规劝与驳斥。《孝经·事君章第十七》云:"子曰:君子之事上也。进思尽忠,退思补过,将顺其美,匡救其恶,故上下能相亲也。""君使臣以礼,臣事君以忠。""大臣以道事君,不可则止。"《孝经·谏诤章第十五》中特别强调了"诤臣"在实行孝道时的重要性:"曾子曰:若夫慈爱、恭敬、安亲、扬名,则闻命矣。敢问子从父之令,可谓孝乎? 子曰:是何言与? 是何言与! 昔者天子有争臣七人,虽无道,不失其天下。诸侯有争臣五人,虽无道,不失其国。大夫有争臣三人,虽无道,不失其家。士有争友,则身不离于令名。父有争子,则身不陷于不义。故当不义,则子不可以不争于父,臣不可以不争于君。故当不义则争之,从父之令,又焉得为孝乎!"孔子在这里严厉地指出,当遇到天子等上司及父亲有不当言行时,臣下以及子辈奋起争执规劝,才是真正的孝道。而

---

① 黄道周:《孝经集传》卷1《士章第五》。

一味地顺从天子上司以及父辈的不当言行,实际上是一种不孝的行为。"是何言与? 是何言与!"孔子认为这种一味顺从阿谀奉承父辈上司的言行,是不值得一谈的。

至于孟子,他对天子上司的失德不当,更加深恶痛绝,言辞甚为激烈。他说:"上无礼,下无学,贼民兴,丧无日矣。……事君无义,进退无礼,言则非先王之道者。犹沓沓也。故曰责难于君谓之恭,陈善闭邪谓之敬,吾君不能谓之贼。"①"孟子告齐宣王曰:君之视臣如手足,则臣视君如腹心。君之视臣如犬马,则臣视君如国人。君之视臣如土芥,则臣视君如寇仇。"②如果天子或上司实在不听规劝谏言的话,孟子认为是可以拂袖而去的。"有官守者,不得其职,则去;有言责者,不得其言,则去。"③

孟子如此激烈地指责君主的失德,以及主张臣下要敢于诤谏天子上司,这恐怕是先秦时期"孝道"生态与后世"孝道"生态的某些不同之处吧。

# 三、"孝"的含义的变迁

《孝经》一书出自先秦。自秦始皇统一中国以来,中国的国家体制,基本上延续着中央集权的政治格局。皇帝天子成为中央集权政体下的至高无上的统治者,而先秦时期的诸侯、卿大夫、士的不同阶层已经不复存在。一般的"士大夫",演化成为中央集权体制下的"官僚阶层"。在这种政治体制下,适宜于先秦时期的《孝经》,特别是《孝经》中反复强调的五个层面的"孝"的不同含义及其义务与责任,在不少方面就不能适应秦汉以来中央集权的政治体制,特别是不能适应作为至高无上国家统治者的天子皇帝威权的维护与发挥。在这种新的政治体制的变局中,"孝"的含义就不能固守先秦时期的五个不同层次的意涵及其所应担当的义务和责任,而是应当有所变通。

另一方面,即使是在先秦时期,昏君、暴君、懒君也是时有出现,不以国家苍生为重、为所欲为的诸侯、卿大夫、士人也是层出不穷。换言之,《孝经》

---

①② 朱熹:《孟子集注》卷4,《钦定四库全书》本。
③ 江先忠译注、朱熹著:《小学·明伦第二·君臣之义》,第37页。

里面所设计的天子、诸侯、卿大夫、士的"孝"所应承担的义务和责任,还是有许多人做不到。至于到了秦汉以后,政治体制的变化使得所有的"士大夫"都成了皇帝直接管辖下的臣子官僚。官僚臣子们的主要义务和责任是向皇帝和上司负责,社会责任反而退居到次要的地位。这样一来,欺上瞒下、营私舞弊、违法乱纪、挥霍奢靡的官场习气,成了中国中央集权政体下的痼疾,无法消除。虽然说,秦汉以来的官僚阶层,绝大部分是读书人出身,他们对先秦的儒家经典十分熟悉。但是在政治现实和社会现实面前,他们也就逐渐淡忘了《孝经》中关于施行"孝道"必须承担自己应有的社会义务与责任的本意。

在以上两种因素的作用下,"孝"的含义就在不知不觉中从五个层次的含义变成了一种含义,即"庶人之孝",也就是相对单纯的"养亲"之孝了。《论语》中云:"其为人也孝弟,而好犯上者,鲜矣;不好犯上而好作乱者,未之有也。君子务本,本立而道生。孝弟者也,其为仁之本与。"①《孝经》中说:"君子之事亲孝,故忠可移于君;事兄悌,故顺可移于长;居家理,故治可移于官。是以行成于内,而名立于后世矣。"②这样的"孝道"正是秦汉以后国家统治者以及士大夫所期望的"孝"的最高境界。"移孝作忠"是汉唐以来统治者所宣扬的"孝道"的重中之重,而先秦时期《孝经》中所论述的"孝"的五个层次及其担负的国家与社会的重大责任,就逐渐淡出了人们对于"孝道"的认知。

秦汉之后,国家与社会的统治者要把"庶人之孝"作为"孝道"的典范,这是需要某些制度的保障的。这一制度保障,就是源于西汉汉武帝时期的"举孝廉"政策。国家政府把"举孝廉"作为社会的榜样,赋予一定的政治社会地位。这样就使得"庶人之孝"在"孝道"的施行过程中,确立了核心的地位。请看汉武帝时期关于"举孝廉"的两则记载:

> 元光元年……冬十一月初,令郡国举孝廉各一人。师古曰:孝谓善

---

① 《论语·学而第一》,见金良年《论语译注》,上海:上海古籍出版社 2012 年版,第 1 页。
② 《孝经·广扬名章第十四》。

事父母者,廉谓清洁有廉隅者。①

　　在上位而不能进贤者退,此所以劝善黜恶也。今诏书昭先帝圣绪,令二千石举孝廉,所以化元元、移风易俗也。不举孝、不奉诏,当以不敬论。张晏曰:谓其不勤求士报国。不察廉,不胜任也,当免。张晏曰:当率身化下,今亲宰牧而无贤人,为不胜任也。奏可。②

汉武帝关于"举孝廉"的诏令,重要之处有二:一是关于"孝"的含义,即是"谓善事父母者";二是之所以要举孝廉,是为了"化元元、移风易俗也"。让天下所有的人明白"孝"就是"善事父母"。而"善事父母",在《孝经》中属于"庶人之孝"。

　　汉武帝时期及其之后的"举孝廉",其在政治经济上所发挥的作用相对有限,即使是在当时,"举孝廉"的弊端也经常为人们所诟病。如在诏令天下"举孝廉"之后不久的汉武帝中期,《盐铁论》中就有人指出:"御史进曰:太公相文武以王天下,管仲相桓公以霸诸侯,故贤者得位,犹龙得水、腾蛇游雾也。……博士褚泰、徐偃等,承明诏,建节驰传巡省郡国,举孝廉,劝元元,而流俗不改。招举贤良、方正、文学之士,超迁官爵,或至卿大夫,非燕昭之荐士,文王之广贤也。然而未睹功业所成,殆非龙蛇之才,而鹿鸣之所乐贤也。"③因此,汉代以及后世所相沿的"举孝廉",其真正的目的及其所能发挥的作用,就在于从制度的层面,让天下人认识到"孝"就是"孝顺父母",并且由此及忠,移孝作忠,顺从于皇帝及上司。这与《孝经》中所阐述的五个层次的"孝"的含义,显然相去甚远了。

　　自从汉代"举孝廉"以来,"孝"的含义就逐渐为"庶人之孝"所笼罩。到了宋元时期,理学家们注重社会的教化工作,民间私塾教育有所发展,一些以社会教化为目的的少儿启蒙读本不断涌现。于是,以宣扬"孝道"为宗旨的《二十四孝》等读物开始出现。《续文献通考·节义考》记云:"(元代)郭居敬,尤溪人,性至孝,事亲左右,承顺得其欢心。尝摭虞舜而下二十四人,孝

① 班固:《汉书》卷6《武帝纪第六》,北京:中华书局1973年标点本。
② 班固:《汉书》卷6《武帝纪第六》。
③ 王利器校注:《盐铁论校注》卷2《刺复第十》,北京:中华书局1992年版,第144页。

行之概序而诗之,名《二十四孝诗》,以训童蒙。"①同书《经籍考》亦记云:"《二十四孝诗》,尤溪郭居敬撰以训童蒙。"②

元代郭居敬的《二十四孝诗》出现之后,不断有人仿效,相继又有了《二十四孝图》《二十四孝二集》《二十四孝三集》《二十四孝四集》,又有《日记故事大全二十四孝》《女二十四孝》《男女二十四孝》等,以至于编辑二十四孝的热潮,至今犹然,有所谓的《新二十四孝》一类的劝孝范本。

不论是元代初始的《二十四孝诗》,还是今天流行的《新二十四孝》,其中所宣扬的典型,完全是属于养亲善事父母的"庶人之孝"的内容。在这众多的"孝道"典型之中,有两位是天子皇帝,即三代时期的虞舜和汉代的汉文帝。从《二十四孝》的故事叙述中,已经看不到《孝经》中所论述的"天子之孝"所应承担的国家责任与社会责任,而仅仅是奉养父母,特别是舜帝,对于不贤的父母,逆来顺受、以德报怨。如舜帝,"虞舜大孝,竭力于田。象鸟相助,孝感动天。虞舜,姓姚名重华,父瞽瞍顽,母握登贤而早丧。后母嚚,弟象傲,常谋害舜,舜孺慕号泣,如穷人之无所归,自罪引慝,孝感动天。尝耕于历山,象为之耕,鸟为之耘。帝尧闻之,妻之二女,历试诸艰,天下大治,因禅焉。"③关于汉文帝的记述就更为简单:"汉孝文帝,母病在床。三载侍疾,汤药亲尝。"④且不说民间流传的《二十四孝》事迹如舜帝,与先秦典籍中所描述的舜帝事迹并不完全相同,仅仅把天子所奉行的孝道局限在侍奉父母这一层次上,就大大违背了《孝经》的本来意旨。根据《孝经》的原旨,天子及士大夫等执政者所体现出来的最大孝道,是对于国家、民族、天下苍生所担负的巨大责任,而"奉养父母"之孝,对于这些"肉食者"而言,本来就不是什么问题。换言之,对国家、民族、天下苍生的不负责任,是天子、士大夫等执政者的最大不孝。

在政府"举孝廉"制度的保障、诱惑和民间启蒙教化的双重作用下,先秦《孝经》中所论述的"孝"的五个层次以及不同层次所承担相对不同的国家、社会与家庭责任的原旨,逐渐为人们所淡忘。延至宋元明清以来,"孝"的含

---

① 王圻:《续文献通考》卷71《节义考》,明万历三十年松江府刻本。
② 王圻:《续文献通考》卷183《经籍考》。
③④ 民国年间出版《二十四孝图》第3页,著者佚名,未注出版者。该书现藏厦门大学图书馆。

义,就基本上被规范在"养亲善待父母"的这个狭隘的"庶人之孝"的范畴中。虽然是从汉代以来,一些儒者、经生在考释论述《孝经》的时候,还是会按照《孝经》的章节对五个层次的内容予以解说,但是这种书生式的学术论说,对于社会的影响力是相当有限的。而民间,在以上两种作用的影响下,"庶人之孝"的观念已经深深地扎根在社会文化的建构之中,形成了全社会的文化共识。这一演化过程,或许是历代统治者们为了推卸自己所应担负的国家、民族、社会责任,而极力推波助澜出来的吧?

# 唐宋变革与明清实践

## ——以朱子学、理学为例

## 一、突破哲学的思维来思考朱子学

"理学"的形成可以说是宋代最为重要的历史特征之一,然而到了近现代,"理学"竟然成为最为人们诟病的文化传统。无论是笃信"理学"的,还是研究"理学"的人们,可以从宋代"理学"的庞大体系中找出许多值得世人敬佩和践行的文化精神因素,甚至奉为治国之本;而近现代许多思想敏锐、富有救国救民抱负的学人们,却往往痛责理学家的"以理杀人""以礼吃人"。其差异之大,实在令人诧异。

从学术的层面来思考,时至今日,人们依然容易把宋代"理学"的研究引入两个极端。这一方面是因为随着近现代西方人文社会科学的引进,"理学"的研究被划入"哲学"研究的专业范围,"理学"的形而上思维成了哲学家们思考和探究的核心内容。从理学家们的"文本"到研究者们的哲学结论,似乎成了现当代对于"理学"研究的必经之路。而另一方面,历史学的研究,又往往被断代史的分割无端阻隔,研究宋代的历史学家们,着眼于宋代的"思想史"特征;而研究明清史的历史学家们,注重于生长、生活于这一时代的"思想家"们,各自欣赏,分别陶醉。

21世纪初,历史学家余英时先生撰写了《朱熹的历史世界》。根据夫子自道,他撰写这部著作,就是有鉴于理学的哲学化使它的形上思维与理学整体分了家,更和儒学大传统脱了钩。因此,撰写此书,就是"企图从整体的观点将理学放回到它原有的历史脉络中重新加以认识"[①]。《朱熹的历史世界》

---

① 余英时:《朱熹的历史世界》,《总序》,北京:生活·读书·新知三联书店2004年版,第3页。

的出版,也正如作者本人所预示的那样,为学术研究"提供另一参照系,使理学的研究逐渐取得一种动态的平衡"①。

然而遗憾的是,余英时先生从历史学家的视野思考宋代朱熹理学的整体动态的演变过程,还是未能突破断代史的阻隔。以朱熹为代表的宋代理学家们,固然全力重新建构"政治文化"与自身"内圣"修养的尊严而可贵的"道统",但是,我们还是不能否认,这种尊严而可贵的"道统",确确实实给后世带来了诸多的负面影响。正是这些负面的影响,让现当代许多思想敏锐的学者们,产生了对"理学"弃之而后快的激愤心态。那么,从宋代到近现代,这中间,即明清时期,究竟发生了什么变故?这就不能不引起我们的好奇和思考。而这种思考,无疑应该首先打破断代史的人为阻隔,从长时段的演变历史来解读这一"理学"过程,或许是相当有益的事情。

## 二、宋代理学的倡导及其演变

宋代的理学家们为当时的国家、社会和个人,都设计了深具儒家传统的道德标准,他们中的许多人,也试图把这些道德标准实践于现实政治、社会与个人。然而实事求是地讲,宋代理学家们所设计的这些道德标准,基本上没有在宋代形成制度化的实践。这种制度化的实践,经历了元、明时期的不断演化。

元朝以游牧民族入主中华,他们亟须借助汉人的道统来稳定统治、治理天下。因此忽必烈即位之后,就"大召名儒,辟广庠序",修造孔庙,翻译和学习儒家经籍。其中兴学校之举,影响至巨。在许衡、耶律有尚等人的推动下,宋代朱熹等人所倡导的教育体制,在元代得到了实行。"自京师至于偏州下邑,海陬徼塞,四方万里之外,莫不有学。"②从中央到地方,所有学校,所教皆朱子之书。③元朝以朱子理学为知识范本的教育体制的推行,对于明清时期朱子学、理学演化成为国家政治统治的意识形态,起到了过渡桥梁的重

---

① 余英时:《朱熹的历史世界》,《总序》,第3页。
② 黄溍:《金华黄先生文集》卷10《邵氏义塾记》。
③ 以上参见周良霄、顾菊英《元代史》,上海:上海人民出版社1993年版,第468页。

要作用。

明清时期以朱子学为核心的"政治文化"的实施,单靠个人的努力是不行的,它必须要有制度上的推行与保障。朱元璋推翻元朝建立明朝之后,以恢复汉官威仪为己任,宋代的道德标准自然成了恢复汉官威仪的最直接和最可行的政治、社会范本。于是,科举制度的重建,就自然而然地沿袭元代的理念,虽然说"驱逐胡虏、恢复中华"是他起兵反元的鲜明口号,但是要想稳定统治,特别是官僚队伍的培养,就不能不追随于元朝之后,把宋代理学家们,特别是朱熹的著作,确定为学子们进身仕途的必读、必考法定教科书。①换言之,朱熹等宋儒们的道德主张,很快占据了明代意识形态领域的制高点。

为了强化这一意识形态,朱元璋还对天下的教化理念采取了一系列的制度化措施。以最为近现代诟病的宋代"理学"的"节孝"观为例,朱元璋在建国伊始,即洪武元年(1368 年)就颁布了表彰节孝行为的法令:"洪武元年令,今凡孝子、顺孙、义夫、节妇,志行卓异者,有司正官举名,监察御史、按察司体核,转达上司,旌表门闾。"②洪武二十一年(1388 年)为防止官员敷衍不行奏报,再次榜示天下,广为推行:"本乡本里,有孝子、顺孙、义夫、节妇,及但有一善可称者,里老人等,以其所善实迹,一闻朝廷,一申有司,转闻于朝。若里老人等已奏,有司不奏者,罪及有司。此等善者,每遇监察御史及按察司分巡到来,里老人等亦要报知,以凭核实入奏。"③洪武二十六年(1393 年)再次强调颁令:"礼部据各处申来孝子、顺孙、义夫、节妇,理当旌表之人,直隶府州咨都察院,差委监察御史核实,各布政司所属,从按察司核实,着落府州县,同里甲亲邻保勘相同,然后明白奏闻,即行移本处,旌表门闾,以励风俗。"④从明初洪武年间颁发的这些法令中可以看出,明朝政府对于"节孝"的重视与强化。

从历史演变的历程来考察,宋代理学家们提倡的"节孝"观念,其实并不是他们的首创。至少从汉代以来,国家政府都曾经对社会上的节孝行为进

---

① 参见《明史》卷 70《选举志二》,北京:中华书局 1974 年版。
②③④ 申时行等:《大明会典》卷 79《旌表》。

行过表彰和奖励。到了宋代,一方面政府基本上仍然持续着历代政府对旌表节孝的重视;另一方面,理学家们为了强调士大夫注重气节的道德标准,于是对于"节孝"观也作出了更为明确的表述。然而直至宋元时期,国家政府对于旌表节孝的行为,更多地是停留在倡导个案"典型"的层面上,尚未能从政治制度上形成一整套完整的表彰政策。费丝言的研究表明:"即使自汉代以降,历代政府皆订有贞节表扬的制度,但就施行状况来看,因'个例'而制宜的情形仍然相当多。也就是说,在处理上,虽然立有一个大致的模式可供依循,但仍以皇帝的裁示为主要依归;对妇女贞节的奖励,既是国家既定的制度,也是皇帝个别的恩赐。但是,在明代,政府却开始意识到皇帝的施恩于制度运作上可能出现的矛盾,在对请旌的流程与资格加以清楚地规定后,即在政策上维持旌表颁赐的定例,极力降低旌表颁赐因个别恩宠所造成的例外,让旌表的呈请与颁赐得以完全纳入制度中运作。"①因此,费丝言把明代以前政府的旌表贞节行为与明代时期的旌表贞节行为的演变过程,形象地描述为"由典范到规范"。典范是为倡导所致,而成为规范,则必须要有一整套严格的制度化设计来加以保障和推行。"(明代)旌表制度的运作已完全除去了传统旌表制度中因'个例'而起的随机性之后,更进一步地常态化为定期的官僚系统作业:在固定的审核标准下,对来自全国各地大量的旌表案件,予以定期、集体和分类的处理。"从而形成了明代旌表节孝的制度化、规律化和等级化乃至演变至激烈化的特质。②

与这种政策制度相伴相行的是以朱熹为核心的理学成为明代国家政府所认可推行的政治意识形态范本,这就促使明清时期的许多士大夫、知识分子们从"理学"的角度来诠释和欣赏政府的旌表节孝的制度。这样一来,明代政府所推行的节孝行为,就不仅仅是一种制度政策,同时也成为一种社会道德的教化行为。于是,在制度与教化的双重作用下,明清时期的节孝行为,越来越多地出现超越人性、违反人性的激烈化行为。《儒林外史》中所描

---

① 费丝言:《由典范到规范:从明代贞节烈女的辨识与流传看贞节观念的严格化》,台北:台湾大学出版委员会 1998 年版,第 113 页。
② 参见费丝言上引书第一章《明代国家贞节表扬制度》。

述的父亲眼睁睁看着女儿自尽殉夫并且大赞"死得好"的故事①,在明清两代的历史文献中并不罕见。在朱熹悟道、传道的福建地区,清代竟有胁迫寡妇殉节的风气,连有些地方官府也都感到这种胁迫寡妇殉节之风有悖人性而予以示禁。所谓"民间当妇女不幸夫亡之日,见其跄地呼天、迫不欲生之状,亲族人等苟有人心者,自应恻然动念,从旁劝慰。乃闻闽省有等残忍之徒,或慕殉节虚名,或利寡妇所有,不但不安抚以全其生,反怂恿以速其死。甚或假大义以相责,又或藉无倚以迫胁。妇女知识短浅,昏迷之际,惶惑无措,而丧心病狂之徒,辄为之搭台设祭,并备鼓吹舆从,令本妇盛服登台,亲戚族党皆罗拜活祭,扶掖投缳。此时本妇迫于众论,虽欲不死,不可得矣!似此忍心害理,外假殉节之说,阴图财产之私,胁迫寡妇立致戕生,情固同于威逼,事实等于谋财。……乃愚民陷于不知,自蹈显戮,殊堪怜悯,合行出示晓谕。为此示仰所属军民人等一体知悉"②。

"孝道"本来是中华文化中的一个极为优秀的传统,但是经过明清时期的制度化推进之后,"孝道"同样也在不同程度上走上了泛政治化的极端道路。在皇帝及统治者眼里,"孝道"的体现就是臣下、属下的"死忠",所谓"以孝治天下",实际上就是天下应该服从于一尊,任何人不可以下犯上。就一般的士庶之家而言,争取"孝行"的褒奖是可以获取一定的社会地位和实际利益的。正因为如此,明清时期的"孝道",使得背离人性和科学常识的所谓"割股疗亲"行为,大行其道,愈演愈烈。有人统计,明清两代,人身上的绝大部分器官,包括眼珠、肝肾、生殖器等,竟然都有人进行割取来疗亲的。③为了博得孝名而导致明清时期惨不忍睹、惨无人道的"割股疗亲"行为盛行,显然也都是政府将"节孝"制度化与教化灌输下的畸形产物。

我们从宋代"理学"对于"节孝"的倡导到明清时期国家政府对于"节孝"行为的实践过程中不难看出,宋代"理学"所倡导的"节孝",更多地是强调士人、士大夫自身的道德气节与行为准则,而到了明清时期,经过专制政府的

---

① 吴敬梓:《儒林外史》第 48 回《徽州府烈妇殉夫,泰伯祠遗贤感旧》。

② 《禁止殉烈》,《福建省例》三十四《杂例》。

③ 参见邱仲麟《不孝之孝:隋唐以来割股疗亲现象的社会史考察》,台湾大学历史学研究所博士学位论文,1997 年。

制度化、规律化之后，传统的"节孝"观被引入到极端化的歧途。正因为这样，我们通过宋以来跨越王朝断代的历史考察，或许应该对于宋代"理学"要有一个更为客观的解读。

宋代的理学，特别是朱子之学到了明清时期演化成为统治者的政治意识形态之学，这对理学、朱子学本身而言，并不完全是件好事。统治者需要理学、朱子学来维护自己政权的统治，势必对原有的理学、朱子学有所取舍、有所改造。特别是随着明清时期皇权专制体制的强化和官僚阶层奴庸化的加剧，朱子及理学家们所提倡的勇于坚持士人气节的义理观，基本没有被实施实践的可能性。朱子学、理学的"义理""气节"主张，基本上成了政治上的一种"摆设"。而某些被强调而形成制度化的部分，诸如"贞节""孝道"，则根据统治者的需求和爱好而经过了新的改造和诠释，这种经过改造和诠释的"贞节""孝道"，就不能不与宋代理学家们的设想存在很大的差距。正因为如此，我们现在反观宋代朱子及理学家们所倡导和坚持的"至理""人心"等命题，虽然经过历史的长期冲洗，但是它在尤为纷错之世象变迁中显现出久远的道德价值，却还是应当引起今天的我们的重视与继承。

# 三、朱子学与理学的社会管理理论

宋明"理学"研究的"哲学化"，学者们过分注重理学家们形上思维的"义理"之辩，恰恰又冷落甚至丢失了宋代"理学"的另外一个重要组成部分，即关于基层社会的设计与管理的方面。事实上，宋代理学家们所倡导的"理学"，并不完全只是道德与政治的上层意识形态方面，他们还极力为民间社会的行为礼仪和社会组织进行了重新构建。

众所周知，唐宋时期社会转型及其变革的一个重要方面，是整个社会的"平民化"或"市场化"程度的推进，汉唐及之前的诸侯门阀士族的社会结构已经不复存在，与之相适应的"宗法"世袭体制也分崩离析，失去了其存在的社会基础。面对宋代以来这种新的社会重构组合历程，宋代许多有着强烈社会责任感的知识分子，特别是理学家们，根据这一新的时代特征，为宋代的社会重构和组合设计出了一系列的蓝图。这其中最具代表意义的莫过于民间的宗族制度与乡族组织了。根据冯尔康等先生的研究,宋明时期的宗族、家族制度是从上古时期的"宗法制"演变而来,汉晋时期则演变为门阀士族制度。这种深具统治特权的制度演化至宋代,已经失去了它的社会基础,基本衰败。科举制度在宋代进一步完善,成为最主要的选官制度,大批平民通过科举改变其社会地位。官僚成为社会的中坚力量,以官僚和士绅为主体建立起新的宗族制度。①

在唐宋的社会变迁过程中,宋代许多士大夫和知识分子,如张载、程颐、程颢、欧阳修、苏洵、范仲淹、司马光、陆九韶等,都积极参与其间,适时提倡建构具有平民色彩的民间宗族制度与乡族组织。

北宋著名的学者张载在论证重建家族对社会和国家的重要意义时说:"宗法不立,既死遂族散,其家不传。宗法若立,则人人各知来处。朝廷大有所益。或问朝廷何所益? 公卿各保其家,忠义岂有不立? 忠义既立,朝廷之本岂有不固? 今骤得富贵者,止能为三四十年之计,造宅一区,及其所有,既死则众子分裂,未几荡尽,则家遂不存。如此则家且不能保,又安能保国家?"②因此,重新建构家族组织,实行新的"宗法制",是稳定社会秩序、重树良好社会风俗的必由之路,"管摄天下人心,收宗族,厚风俗,使人不忘本,须是明谱系世族,与立宗子法"③。

宋代的社会现实,使家族制度的重建不可能与古代宗法制度完全相同,因此,重建必须因地因时制宜地对古代礼制有所更新。朱熹以其对古代礼制的深入研究为基础,结合当时的民俗,为宋代社会礼仪,特别是重建家族制度设计了新的规范。他在《朱子家礼》的开篇位置,就阐明了建立祠堂的最具创造性的举措。朱熹说:"今以报本反始之心,尊祖敬宗之意,实有家名分之首,所以开业传世之本也。故特著此,冠于篇端,使览者知所以先立乎其大者。"④在倡导敬宗收族的同时,朱熹在《家礼》中对于民间社会的诸如冠婚丧祭等各个方面的习俗规范都进行了比较详尽的描述,以期社会有所遵行。

① 参见冯尔康等著《中国宗族社会》,杭州:浙江人民出版社1994年版。
②③ 张载:《经学理窟·宗法》,《张载集》。
④ 朱熹:《家礼》卷1《通礼·祠堂》。

朱熹和宋代理学家们的努力，在宋代以及后世产生了重大与深远的影响。张载、程颐、朱熹等人极力倡导的重建民间家族制度和建立祠堂的主张，在宋以后的社会里已经成为推行家族制度的理论依据；欧阳修、苏洵等人创立了民间私家修撰族谱、家乘的样式，为后代所沿袭；《朱子家礼》的设计，至今还在不少地方影响着我们的日常行为。宋代所提倡的敬宗收族、义恤乡里以及"义仓""义学""义冢"等，一直为后人所津津乐道。我曾经对闽台一带的民间族谱进行过统计分析，朱熹所撰写的族谱序言，至少在三十个不同姓氏的族谱中出现过。①在宋以后的许多民间族谱与相关文献的记载中，时时可见朱熹等宋儒们对于这些家族制度及其组织的影响，所谓"冠婚丧祭，一如文公《家礼》"，"四时祭飨，略如朱文公所著仪式"②。

宋代朱熹等士大夫和理学家们所倡导的具有平民色彩的民间宗族制度与乡族组织，比起他们的"义理"学说来，从宋代开始就显得幸运得多。在他们的设计、倡导以及亲自实践之下，具有一定平民化色彩的新型家族制度及其组织，已经在宋代的许多地方出现。到了元代，平民化的家族制度又有新的进展，举祠堂之设为例，当时人说："今也，下达于庶人，通享四代"③，"今夫中人之家，有十金之产者，亦莫不思为祖父享祀无穷之计"④。一些具有祭祀始祖及列祖十余世、二十余世以上的大宗祠也不断出现。⑤当然，从上层建筑的层面来讲，对于民间宗族制度与乡族组织的兴起，国家政府始终处于一种被动的状态。延至明朝初期，政府对于民间出现的这种家庙祭祀现象，在一定程度上予以法律上的认可，规定贵族官僚可以建立家庙以祭祀四代祖先，士庶不可立家庙，只能在坟墓旁祭祀两代祖先。嘉靖年间大礼仪之争以后，明朝政府允许绅衿建立祠堂、纂修族谱以祭祀祖先。在大礼仪之争后，老百姓纷纷效仿，在家中修建祠堂，朝廷也因此修改律例，允许百姓修建祠堂祭

① 参见陈支平《福建族谱》第五章《族谱的装饰与炫耀》，福州：福建人民出版社2009年修订版。
② 参见冯尔康等著《中国宗族史》第三章第二节，上海：上海人民出版社2009年版，第172—177页。
③ 吴澄：《吴文正集》卷46《豫章甘氏祠堂记》。
④ 李祁：《云阳集》卷7《汪氏永思堂记》。
⑤ 参见冯尔康等著《中国宗族史》第三章第二节，第173—177页。

祀祖先,这一变革逐步演变成一套有序的、足于维持基层社会稳定平衡的宗族模式。随着民间宗族祭祀制度的确立与扩散,宗族制度与乡族组织也日益向民间生活化和民俗化转变。宗族的首要任务是祭祀祖先,繁衍宗族子嗣,在此之外,族产的管理也是宗族的重要任务。特别是在明清时期社会经济比较发达的中国南方地区,宗族通过集体控制财产来维持宗族的祭祀活动,同时也通过对族人招股集资进行商业活动,如进行借贷、扩张田产、经营店铺等,以此来为宗族创造经济利益。①可以说,到了明清时期,宗族制度与乡族组织成为中国民间最为重要和坚固的社会结构形式。

到了现当代,特别是解放以后,有些学者从阶级演变与社会进化的角度来讨论中国的宗族制度与乡族组织,指摘了不少关于中国宗族制度与乡族组织的负面因素,并且预示中国的宗族制度与乡族组织必将随着社会的进步而逐渐衰落消亡。我却认为学者们的这种预测未免过于脱离中国的实际情况。当前中国乡村社会发展中出现的两种倾向值得引起注意,一方面,不少地方的家族组织和乡族组织得到不同程度的恢复甚至有所发展;另一方面,在许多传统宗族制度和乡族组织受到严重破坏又一时未能寻找到可以替代的社会组织的乡村里,普遍出现了一种道德混乱以及社会无序的现象。这两种倾向的出现,正好从两个不同的角度说明了宋明以来中国宗族制度与乡族组织长期存在于民间基层社会的文化合理性。

这里需要再次强调指出的是,宋明以来中国宗族制度与乡族组织的这种文化合理性,基本上是在宋代理学家们倡导下、由民间社会自行施行并得以发展兴盛起来的。国家政府不但始终处于一种被动应付的状态,甚至在不少的场合,予以禁止和干扰。政府往往从强化专制统治的思维出发,认为民间宗族制度与乡族组织的发展坐大,很有可能危及政府的社会治理,从而屡屡试图予以控制和限制。尽管如此,在强大的民间社会面前,这种不具有制度化的控制和限制,毕竟无法有效地影响明清时期宗族制度与乡族组织的发展,明清时期中国的宗族制度与乡族组织的兴盛,一直延续到 20 世纪

---

① 参见科大卫著、卜永坚译《皇帝和祖宗:华南的国家与宗族》,南京:江苏人民出版社 2009年版。

中叶。

宋代"理学"所倡导设计的以宗族制度和乡族组织为核心的基层社会管理与民间礼仪的层面,正是由于较少受到专制政府的制度化约束,宋代"理学"的这一部分文化精神,被比较正常地延续了下来,并且得到了社会的基本认同。虽然到了现当代,有一部分学者从政治学术的视野在一定程度上批判了中国的宗族制度与乡族组织,但是它并没有像被制度化的"节孝"行为那样,引起社会的强烈反感,反而在很大程度上成为民间社会的生活方式,蕴涵着顽强的生命力。

宋代朱子学、理学演变到近现代,往往被人们讥讽为迂腐不堪、毫无实用的道德标榜,而注重实用的学人们,对于明清以来的所谓"经世致用"之学甚为欣赏。实际上,宋以来中国思想界所出现的"经世致用"之学,说到底仍然是一种形上思维,并没有真正实施的内涵与可能性。倒是宋代朱熹及其他理学家们所提倡的重构社会基层组织的设计与实践,在近千年的中国大地上,得到全面的实施与推广,甚至延伸到海外的华人群体之中。因此,抛开学术与政治上的偏见,如果要在宋以后中国的思想家里寻找真正实施于世的"经世致用"之学,那么,大概就只能是朱熹等宋儒们的这一主张了。

## 四、朱子学、理学必须进行跨时空的重新思考

从以上对于宋代"理学"到明清时期演变过程的历史考察,我们或许可以得出以下几点认识。

一、近现代以来偏重于"哲学"化的对于宋代"理学"的分析,往往把宋代以来的"理学"引向"形上思维"的文化精神的层面或意识形态的层面,而忽视了宋代"理学"所倡导设计的基层社会管理与民间礼仪的层面。从完整的意义上说,宋代"理学"应该包含道德倡导与社会构建两个部分的内容体系。

二、宋代"理学"在宋代并没有得到较为广泛的实践,特别是经过政府的制度化的实践。经历元、明、清时期,以皇权为核心的政府统治者根据自己的需求,对宋代"理学"中的一部分,进行了制度化的实践与推广。在这制度化的实践推广过程中,宋代"理学"中所拥有的可贵的社会批判精神逐渐消

失，而作为皇权政治的附庸文化角色则得到空前的加强。

三、被明清时期政府制度化的宋代"理学"的部分内容，尤其是被政府改造过的所谓"气节"观、"节孝"观等，不仅越来越偏离了宋代"理学"的本意，同时也越来越违背了人性的天真自然以及社会的进步，从而导致了近现代人们的诸多反感。与此相对照的是，宋代"理学"中的另一个重要组成部分，即关于基层社会管理与民间礼仪的层面，较少受到政府制度化的影响，有些方面甚至还受到政府的指责和压制，反而在明清以来的民间社会得到比较良好的实践与传承。时至今日，我们仍然不能对于宋代"理学"所提倡的具有社会和谐意义的家族制度等，予以视而不见和全盘的否定。

四、从上面的三点认识延伸出来，我们或许还可以这样说：从中国长远的历史发展过程来考察，无论是孔子的儒学，还是以朱熹为代表的宋代"理学"，以及法家、兵家等诸子百家，在其形成之初，都不乏各自的优秀而积极的社会与文化意义，特别是从孔子到朱熹的儒家传统，在其倡导之时，其所包含的强烈的社会批判精神与社会监督意义，给中国历史的发展注入了极为宝贵的文化精神内涵。但是，这种文化精神内涵一旦被社会当政者纳入其制度化的轨道，则必然逐渐沦落为专制统治的附庸角色，从而日益显露出保守与阻碍社会进步的性格。相反地，那些没有被专制统治者纳入政治制度化当中去的儒学传统，则有可能长时间地保持其合理的本质，在中国的历史长河中显示出文化精神的生命力。这种十分粗糙的结论，不妨作为我本人尝试打通宋代以来断代史界限来思考历史问题的一点心得吧。

# 朱熹的社仓设计及其流变

朱熹设立社仓,是中国救荒史上的一件大事。自南宋之后,人们对于社仓的践行,大多声称源仿于朱熹的社仓之设。因此,我们对于朱熹对社仓的设计与实践过程以及朱熹社仓对后世的深远影响的分析,无疑对于进一步了解朱熹关注民生的儒家情怀以及南宋以来社仓的演变过程,具有一定的学术意义。

## 一、朱熹对于社仓的设计与实践过程

朱熹于乾道年间在福建建宁府崇安县率先创立社仓,根据其后来撰写的《建宁府崇安县五夫社仓记》中的记述,大致经过是这样的:

> 乾道戊子,春夏之交,建人大饥。予居崇安之开耀乡,知县事诸葛侯廷瑞以书来,属予及其乡之耆艾左朝奉郎刘侯如愚,曰:"民饥矣,盍为劝豪民发藏粟,下其直以振之?"刘侯与予奉书从事,里人方幸以不饥。俄而盗发浦城,距境不二十里,人情大震,藏粟亦且竭。刘侯与予忧之,不知所出,则以书请于县于府。时敷文阁待制信安徐公嚞知府事,即日命有司以船粟六百斛溯溪以来,刘侯与予率乡人行四十里,受之黄亭步下。归,籍民口大小仰食者若干人,以率受粟,民得遂无饥乱以死,无不悦喜欢呼,声动旁邑,于是浦城之盗无复随和而束手就擒矣。
>
> 及秋,徐公奉祠以去,而直敷文阁东阳王公淮继之。是冬有年,民愿以粟偿官贮,里中民家将辇载以归有司,而王公曰:"岁有凶穰,不可前料。后或艰食,得无复有前日之劳,其留里中而上其籍于府。"刘侯与

予既奉教,及明年夏,又请于府曰:"山谷细民无盖藏之积,新陈未接,虽乐岁不免出倍称之息贷食豪右,而官粟积于无用之地,后将红腐不复可食。愿自今以来,岁一敛散,既以纾民之急,又得易新以藏,俾愿贷者出息什二,又可以抑侥幸、广储蓄。即不欲者,勿强。岁或不幸,小饥则弛半息,大祲则尽蠲之,于以惠活鳏寡,塞祸乱原,甚大惠也。请著为例。"王公报皆施行如章。

　　既而王公又去,直龙图阁仪真沈公度继之。刘侯与予又请曰:"粟分贮民家,于守视出纳不便,请放古法,为社仓以储之。不过出捐一岁之息,宜可办。"沈公从之,且命以钱六万助其役。于是得籍坂黄氏废地,而鸠工度材焉。经始于七年五月,而成于八月。为仓三,亭一,门墙、守舍,无一不具。①

根据以上记载,乾道四年(1168年)由于当地发生饥荒,朱熹受知县诸葛廷瑞的委托,与在地的士绅刘如愚等,主持乡里的发粟赈灾。经过这次赈灾的实践,朱熹意识到民间缺乏救灾储备的弊病以及民间配合官府救灾赈济的重要性。于是,朱熹与刘如愚等一方面向当地官府建议,应该如何充分发挥官府储备仓廪的具体措施;另一方面则策划由当地民间自行建设救荒仓库,配合官府常平义仓的米粮散敛制度,实行灾荒时期的自救活动。最终在当地官府的资助之下,"沈公从之,且命以钱六万助其役"。经过四个月的努力,终于于乾道七年八月竣工,"为仓三,亭一,门墙、守舍,无一不具",是为"社仓"。

　　朱熹和刘如愚等士绅所创立的崇安县开耀乡的社仓,至少在朱熹在世之年,是十分成功的。根据朱熹在晚年的追述,社仓不仅较好地起到赈济灾荒的作用,而且由于管理得当、维持有术,其积谷也不断更新,时有增益。如朱熹在《常州宜兴县社仓记》中说:"始予居建之崇安,尝以民饥,请于郡守徐公嚞,得米六百斛以贷,而因以为社仓,今几三十年矣。其积至五千斛,而岁

---

① 朱杰人、严佐之、刘永翔主编:《朱子全书》第24册,上海:上海古籍出版社、合肥:安徽教育出版社2000年版,第3720—3721页。

敛散之里中，遂无凶年。"①

淳熙八年（1181 年），朱熹在浙江任上的时候，适逢浙江发生严重的自然灾害。在全力组织救灾救荒的同时，朱熹意识到储粮救荒的重要性和紧迫性。他向朝廷上报自己在十年前举办社仓的经过、所定事目条款及其效应，该上奏文约有两千余字，兹摘引如下：

宣教郎、直秘阁、新提举两浙东路常平茶盐公事朱熹，今具社仓事目如后：

一、逐年十二月，分委诸部社首、保正副将旧保簿重行编排。其间有停藏逃军及作过无行止之人隐匿在内，仰社首队长觉察，申报尉司追捉，解县根究。其引致之家，亦乞一例断罪。次年三月内，将所排保簿赴乡官交纳。乡官点检，如有漏落及妄有增添一户一口不实，即许人告，审实申县，乞行根治。如无欺弊，即将其簿纽算人口，指定米数，大人若干，小儿减半，候支贷日，将人户请米状拖对批填，监官依状支散。

一、逐年五月下旬，新陈未接之际，预于四月上旬申府，乞依例给贷。仍乞选差本县清强官一员，人吏一名，斗子一名前来，与乡官同共支贷。

一、申府差官讫，一面出榜排定日分，分都支散。先远后近，一日一都。晓示人户，产钱六百文以上及自有营运，衣食不阙，不得请贷。各依日限，具状，状内开说大人小儿口数。结保，每十人结为一保，递相保委。如保内逃亡之人，同保均备取保。十人以下不成保不支。正身赴仓请米。仍仰社首、保正副、队长、大保长并各赴仓识认面目，照对保簿，如无伪冒重叠，即与签押保明。其社首、保正等人不保而掌主保明者，听。其日监官同乡官入仓，据状依次支散。其保明不实，别有情弊者，许人告首，随事施行。其余即不得妄有邀阻。如人户不愿请贷，亦不得妄有抑勒。

一、收支米用淳熙七年十二月本府给到新漆黑官桶及官斗。每桶受米五省半。仰斗子依公平量。其监官、乡官人从，逐厅只许两人入中门，其

---

① 朱杰人、严佐之、刘永翔主编：《朱子全书》第 24 册，第 3808 页。

余并在门外,不得近前挨拶,搀夺人户所请米斛。如违,许被扰人当厅告覆,重作施行。

一、丰年如遇人户请贷官米,即开两仓,存留一仓。若遇饥歉,则开第三仓,专赈贷深山穷谷耕田之民,庶几丰荒赈贷有节。

一、人户所贷官米,至冬纳还。不得过十一月下旬。先于十月上旬定日申府,乞依例差官将带吏斗前来公共受纳,两平交量。旧例每石收耗米二斗,今更不收上件耗米。又虑仓敖折阅,无所从出,每石量收三升,准备折阅及支吏斗等人饭米。其米正行附历收支。

一、申府差官讫,即一面出榜,排定日分,分都交纳。先近后远,一日一都。仰社首、队长告报保头,保头告报人户,递相纠率,造一色干硬糙米,具状,同保共为一状,未足不得交纳。如保内有人逃亡,即同保均备纳足。赴仓交纳。监官、乡官、吏斗等人至日赴仓受纳,不得妄有阻节。及过数多取。其余并依给米约束施行。其收米人吏斗子要知首尾,次年夏支贷日不可差换。

一、收支米讫,逐日转上本县所给印历。事毕日,具总数申府县照会。

一、每遇支散交纳日,本县差到人吏一名,斗子一名,社仓算交司一名,仓子两名。每名日支饭米一斗。约半月。发遣裹足米二石,共计米一十七石五斗。又贴书一名,贴斗一名,各日支饭米一斗。约半月。发遣裹足米六斗,共计四石二斗。县官人从七名,乡官人从共一十名,每名日支饭米五升。十日。共计米八石五斗。已上共计米三十石二斗,一年收支两次,共用米六十石四斗。逐年盖墙并买蒿荐、修补仓廒约米九石,通计米六十九石四斗。……

一、社仓支贷交收米斛,合系社首、保正副告报队长、保长,队长、保长告报人户。如阙队长,许人户就社仓陈说,告报社首,依公差补。如阙社首,即申尉司定差。

一、簿书锁钥,乡官公共分掌。其大项收支,须监监官签押。其余零碎出纳,即委乡官公共掌管,务要均平,不得徇私容情,别生奸弊。

一、如遇丰年,人户不愿请贷,至七八月而产户愿请者听。

一、仓内屋宇什物仰守仓人常切照管,不得毁损及借出他用。如有损失，乡官点检，勒守藏人备偿。如些小损坏，逐时修整。大段改造，临时具因依申府，乞拨米斛。

具位朱熹奏节文：

一、臣所居建宁府崇安县开耀乡有社仓一所，其法可以推广，行之他处。欲望圣慈行下诸路州军，晓谕人户，有愿置立者，州县量支常平米斛，责付本乡出等人户主执敛散，随宜立约，实为久远之计。其建宁府社仓见行事目谨录一道进呈，伏望圣慈详察，特赐施行。①

朱熹关于社仓的上奏文，很快就得到朝廷的批复，准予施行天下。《晦庵先生朱文公集》卷99附有朝廷"饬命"云：

行在尚书户部准淳熙八年十二月二十八日饬中书、门下省：尚书省送到户部状，准淳熙八年十一月二十八日尚书省送到宣教郎、新提举两浙东路常平茶盐公事朱熹札子奏："臣所居建宁府崇安县开耀乡有社仓一所，系昨乾道四年乡民艰食，本府给到常平米六百石，委臣与本乡土居朝奉郎刘如愚同共赈贷。至冬收到元米，次年夏间，本府复令依旧贷与人户，冬间纳还。臣等申府措置，每石量收息米二斗，自后逐年依此敛散。或遇小歉，即蠲其息之半；大饥，即尽蠲之。至今十有四年，量支息米，造成仓廒三间收贮，已将元米六百石纳还本府。其见管三千一百石，并是累年人户纳到息米。已申本府照会，将来依前敛散，更不收息，每石只收耗米三升。系臣与本乡土居官及士人数人同共掌管，遇敛散时，即申府差县官一员监视出纳。以此之故，一乡四五十里之间，虽遇凶年，人不阙食。窃谓其法可以推广，行之他处。而法令无文，人情难强。妄意欲乞圣慈特依义役体例，行下诸路州军，晓谕人户，有愿依此置立社仓者，州县量支常平米斛，责与本乡出等人户主执敛散。……其有富家情愿出米作本者，亦从其便。息米及数亦与拨还。如有乡土风俗不同者，更许随宜立约，申官遵守，实为久远之计。其不愿置立去处，

---

① 朱杰人、严佐之、刘永翔主编：《朱子全书》第25册，第4596—4600页。

官司不得抑勒,则亦不至搔扰。"①

为此,朝廷户部还规定了比较详细的常平仓、义仓存米的敛散办法,所谓"本部今检准绍兴重修常平免役令下项,诸州常平钱谷及场务钱不足,申提举司,通一路之数移用,仍听互相兑便支拨。诸义仓附常平仓监专兼管,敖屋以转运司仓充其积藏,而应兑换者准常平法。诸义仓计夏秋正税,每一斗别纳五合。同正税为一钞,不收头子、脚乘钱及耗,限一日先次交入本仓。即正税不及一斗,并本户放税二分以上,及孤贫不济者,免纳诸义仓谷唯充赈给,不得他用。县遇灾伤,当职官体量,自第四等以下阙食户给散。若放税七分以上,通第三等给。并预申提举司审度,行讫奏。诸灾伤计一县放税七分以上,第四等以下户乏种食者,虽旧有欠阁,不以月分,听结保贷借。即谷不堪充种子者,纽直以钱,各成贯石,给限一年,随税纳,仍免息。……如愿依上件施行,仰本乡土居或寄居官员有行义者具状赴本州县自陈,量于义仓米内支拨。其敛散之事,与本乡耆老公共措置,州县并不须干预抑勒"。②

综合以上朱熹的上奏文及朝廷的饬命文,大体可以知道朱熹所倡导的社仓,是一种官府与民间协作运行的粮食救荒形式。民间出资在自己的乡里建造社仓,而官府从常平义仓中拨借米谷给社仓,或借出钱文给社仓籴买米谷,从而改变以往常平仓米、义仓米只能赈济州县城郭附近灾民的被动局面,而把常平米向穷乡僻壤散发,惠及全境的贫困百姓;社仓根据春夏借出、秋冬纳还的原则,向需要借贷的乡民接济度荒的粮食。如此则官粮、官钱不亏,民间则可比较平稳地度过青黄不接的时光。

为了达到这一目的,朱熹所设计的社仓,有着一系列相互配套的事目条款。首先,为了防止民间社仓的舞弊行为,民间在设立社仓的同时,必须先清理当地的户口,重新编排保簿:"逐年十二月,分委诸部社首、保正副将旧保簿重行编排。其间有停藏逃军及作过无行止之人隐匿在内,仰社首队长觉察,申报尉司追捉,解县根究。……次年三月内,将所排保簿赴乡官交纳。

---

① 朱杰人、严佐之、刘永翔主编:《朱子全书》第25册,第4600—4601页。
② 朱杰人、严佐之、刘永翔主编:《朱子全书》第25册,第4602页。

乡官点检,如有漏落及妄有增添一户一口不实,即许人告,审实申县,乞行根治。"在落实了当地的实际户口之后,才能指定米数,纽算人口,实施赈给。

其次,对于管理社仓的人选,即社首、保正副、队长、大保长等,必须差使"本乡土居官员、士人、有行义者","敛散之事,与本乡耆老公共措置"。这也就是说,主持社仓的人选,基本上是以乡居的士绅为主,加上一些在乡里著有声望的"有行义者"。如当时朱熹和刘如愚主持崇安县开耀乡的社仓建造之后,朱熹所推荐的管理社仓人选,大多是刘如愚的族人。朱熹在《建宁府崇安县五夫社仓记》中说:"既成,而刘侯之官江西莫府,予又请曰:(刘)复与得舆皆有力于是仓,而刘侯之子将仕郎琦尝佐其父于此,其族子右修职郎玶亦廉平有谋,请得与并力。府以予言悉具书礼请焉,四人者遂皆就事。方且相与讲求仓之利病,具为条约。"①"系臣与本乡土居官及士人数人同共掌管。"②朱熹认为社仓管理人选关系到社仓及救荒事宜能否得以成功及承继的大事,必须有德高望重的士人们主持。他在《常州宜兴县社仓记》中说:"常平者,独其法令簿书筦钥之仅存耳,是何也?盖无人以守之,则法为徒法而不能以自行也。而况于所谓社仓者,聚可食之物于乡井荒闲之处,而主之不以任职之吏,驭之不以流徙之刑,苟非常得聪明仁爱之令如高君,又得忠信明察之士如今日之数公者,相与并心一力,以谨其出纳而杜其奸欺,则其法之难守,不待已日而见之矣。"③

社首等管理人员名单的确认,最后还要经过官府审核批准,"即申尉司定差"。每次敛散社仓米谷之时,一般都有官府派下的吏员监督,"簿书锁钥,乡官公共分掌。其大项收支,须监监官签押。其余零碎出纳,即委乡官公共掌管,务要均平,不得徇私容情,别生奸弊"。

为了确保官府借出的常平义仓米谷不致损失缺额,社仓事目中还规定了米谷借出后至秋冬纳还时所应当加收的息米或耗米:"臣等申府措置,每石量收息米二斗,自后逐年依此敛散。"但是如果遇到严重灾年之时,一般贫民百姓交纳息米相当困难,事目又规定在这种情况之下,息米可以酌情减

---

① 朱杰人、严佐之、刘永翔主编:《朱子全书》第24册,第3721页。
② 朱杰人、严佐之、刘永翔主编:《朱子全书》第25册,第4601页。
③ 朱杰人、严佐之、刘永翔主编:《朱子全书》第24册,第3809页。

免:"人户所贷官米,至冬纳还。……旧例每石收耗米二斗,今更不收上件耗米。又虑仓廒折阅,无所从出,每石量收三升。""将来依前敛散,更不收息,每石只收耗米三升。"由于规定了比较合理的还纳加息条款,不仅可以基本保证官米的不失,还有可能不断增加社仓的存谷,储蓄日丰。朱熹的五夫社仓就是一个十分成功的例子:"臣等申府措置,每石量收息米二斗,……或遇小歉,即蠲其息之半;大饥,即尽蠲之。至今十有四年,量支息米,造成仓廒三间收贮,已将元米六百石纳还本府。其见管三千一百石,并是累年人户纳到息米。"

朱熹的社仓设计,由于是官府与民间协作办理的体制,他所设计的社仓事目中,既考虑到官府对于社仓的监督作用,又规定了社仓的管理人选必须是当地的士绅及有行义者,两者相互配合、相互牵制;同时还得兼顾到官府和民间的经济效益问题,既要使社仓发挥赈济贫困、储蓄备荒的功能,又不能让官府的常平义仓缺额亏本。朱熹的这种社仓设计,可以说是充分考虑到了社会的各个方面效果与功能,难怪乎自从它成立之日起,就一直受到历代人们的关注和效仿。这一设计,充分反映了朱熹在民生理念上的前瞻性。

然而值得注意的是,朱熹向朝廷奏请把自己的社仓模式推广于天下诸路州军时,其社仓设置之初的米谷来源,是政府的"常平仓",但是到了户部批复时,则变成了"义仓"。南宋时期"常平仓"与"义仓"的存谷来源是有区别的。根据李华瑞的研究,常平仓米,"其籴本主要是留用地方上供钱支出:'以逐州户口多少,量留上供钱一二万贯,小州或二三千贯,付司农司系帐。三司不问出入,委转运使并本州委幕职一员专掌其事。每岁秋夏加钱收籴,遇贵减价出粜。'"[1]这就是说,常平仓米是由上供财政款中截留地方使用的份钱中支用,属于政府财政预算内的开支。但是义仓米则不同。"义仓粮食的来源是各州属县于'两税每石别输一斗贮之'……义仓令主户于'夏秋正税外每一石别纳一斗,随常赋以入'。"[2]这也就是说,义仓内的米谷存储,是属于正税之外的附加。如此一来,朱熹原先的设计是由官府财政钱谷中出

---

[1]　李华瑞:《宋代救荒史稿》,天津:天津古籍出版社 2014 年版,第 648 页。

[2]　李华瑞:《宋代救荒史稿》,第 646 页。

借社仓的"元本",而到了户部的批复"饬命"中,则成为以"义仓"的名义向愿意设置社仓的乡村加收额外的税款,"诸义仓计夏秋正税,每一斗别纳五合。同正税为一钞,不收头子、脚乘钱及耗,限一日先次交入本仓"。户部堂而皇之地把原先应属政府财政支出的常平仓米转化为加收额外税的义仓米支借给社仓,试图最终将社仓赈济的重担转嫁给社仓所涵盖的一般民众。而从地方官的角度看,义仓加收社仓本米,不啻是加赋。担负加赋之名是一般地方官员比较忌讳的事情,于是大多数地方官员对于设置社仓的态度是多一事不如少一事,还不如作壁上观,省得招惹麻烦。即使从老百姓的角度看,多收税额总是坏事,灾害是否来临尚未可知,眼前就要多交税额,心理不好承受。由此看来,淳熙八年朝廷批准朱熹的社仓奏请,准其推广于天下,基本上是表面文章,口惠实不惠。

## 二、南宋时期社仓实施的基本情况

朱熹对于宋孝宗批准自己的社仓建议,十分高兴,他在抄录朝廷饬命文之后所撰写的《跋语》中说:"往岁里中妄意此举,所以收恤隐民者,盖偶合其微指。顾以国家未定著令,是以不能远及,且惧其弗克久。今乃得蒙上恩遍下郡国,将遂得与阖宇之间含生之类均被仁圣之泽于无穷,固已不胜大幸。而荒陬下里,斗升之积,又得上为明诏之所称扬,下为四方之所取则,抑又有荣耀焉。"①因此,他又发动管辖之下的州县,赶紧施行,亲自写了《劝立社仓榜》,告示属下官府及民间,该榜文云:"当司恭奉圣旨,建立社仓,已行印榜,遍下管内州县劝谕。寻据绍兴府会稽县乡官、新嘉兴主簿诸葛修职名千能状,乞请官米置仓给贷。而致政张承务名宗文、新台州司户王迪功名若水、衢州龙游县袁承节名起了等又乞各出本家米谷置仓给贷。当司契勘前件官员心存恻怛,惠及乡间,出力输财,有足嘉尚。除已遵依所降指挥具申朝廷外,须至再行劝勉,量出米谷,恭禀圣旨,建立社仓,庶几益广朝廷发政施仁

---

① 朱杰人、严佐之、刘永翔主编:《朱子全书》第 25 册,第 4603 页。

之意,有以养成闾里睦姻任恤之风。再此劝谕,各请知委。"①

然而朱熹的社仓设计,虽然于淳熙八年十二月由朝廷批准向全国推广,但是其实际施行的效果似乎不是很理想。关于这一点,朱熹曾经多次提到。如他在《建昌军南城县吴氏社仓记》一文中说:"淳熙辛丑,熹以使事入奏(社仓),因得条上其说。而孝宗皇帝不以为不可,即颁其法于四方,且诏民有慕从者听,而官府毋或与焉。德意甚厚,而吏惰不恭,不能奉承以布于下,是以至今二十年,而江浙近郡,田野之民犹有不与知者,其能慕而从者,仅可以一二数也。"②《常州宜兴县社仓记》中亦云:"始予居建之崇安,尝以民饥,请于郡守徐公嚞,得米六百斛以贷,而因以为社仓,今几三十年矣。其积至五千斛,而岁敛散之里中,遂无凶年。中间蒙恩召对,辄以上闻,诏施行之,而诸道莫有应者,独闽帅赵公汝愚、使者宋公若水为能广其法于数县,然亦不能远也。"③

其实,朱熹所创立的社仓法,虽然有朝廷予以推广的谕令而不能在当时的各个地区施行,是与南宋的社会经济及政府的财政状况联系在一起的。由于朱熹的社仓法是一种由官府和民间相互协作而成的救荒形式,这就需要具备两种基本条件:一是全国各地的社会经济发展状况较为良好,民间有较为宽裕的粮食剩余以济储备;二是政府的财政状况比较良好,各地官府能够在上供财政和日常财政支出之外,尚有余钱余谷来向民间出借,从而保障民间社仓的正常运转。但是在朱熹所处的时代,这两个方面都处于比较困难的境地。由于宋代实行着基本上"不抑兼并"的土地政策,社会诸等级对土地的占有是极为悬殊的。根据漆侠先生的研究,宋代经历了三次土地兼并的高潮。其中南宋时期的第三次兼并高潮,是在南宋初年就出现了。这次兼并土地的高潮,从宫廷到民间,从临安到地方,到处兴起,而官僚士大夫又起了推波助澜的作用。不少州县寓官,候补等缺之余,以兼并土地为事。④从各阶级阶层对土地的占有中,"占人口不过百分之六七的地主阶级占全部

---

① 朱杰人、严佐之、刘永翔主编:《朱子全书》第 25 册,第 4604 页。
② 朱杰人、严佐之、刘永翔主编:《朱子全书》第 24 册,第 3814—3815 页。
③ 朱杰人、严佐之、刘永翔主编:《朱子全书》第 24 册,第 3808 页。
④ 参见漆侠《宋代经济史》,北京:中华书局 2009 年版,第 232—283 页。

垦田的百分之六七十,甚至 70% 以上。而其中占总人口千分之四五的大地主占田竟达百分之四五十,而占总人口百分之八十几的农民阶级占有的土地不过是垦田的百分之三四十,甚至 30% 以下"①。

严重的土地兼并造成官府册籍混乱、经界不清,贫苦的一般农民虽然占地很少,但是政府的各种赋税,却大部分转嫁到他们身上,痛苦不堪。我们在前面所论述到的朱熹一直以清经界为己任,就是深刻地认识到南宋时期土地兼并对于社会经济的严重破坏。当然,在南宋的大环境之下,朱熹的这一愿望是很难实现的。社会资源占有的严重不公平,加上南宋朝廷所管辖的地域比较狭小,经济发展的空间受到限制,这些都在一定程度上遏制了社会经济的顺利发展。

从另一个方面看,南宋时期的政府财政始终处于困难之中。"南宋是在兵荒马乱中建立起来的,又是在硝烟弥漫中被摧垮的。"兵连祸结,靡有已时。因而财政开支浩大有其客观原因,"但更加主要的是,财政开支之滥是由于南宋统治的腐败"②。为了缓解财政上的压力,南宋政府基本上是在两税征收中采取了压榨广大自耕农民的财政政策,两税征收大幅度地增加,特别是名目繁多的附加税,更是让贫民百姓不胜其扰。

在这种一般下层百姓穷困潦倒、政府财政窘迫的困境之中,政府要实施有效的社会救助措施,就不能不显得相当困难。宋代设有"常平仓""义仓"等制度,原意是政府储备一定数额的余粮,在发生自然灾害等不时之需时,政府散发常平仓、义仓中的粮食,救济受灾民众。从制度上说,这类属于应急灾荒的常平仓、义仓储备粮食,是"不得他用"③的。但是到了朱熹的时代,常平仓、义仓中的存粮,经常被官府的其他通途所挪用。朱熹为此一再上奏朝廷,谴责那些挪用常平仓米和义仓米的官员,要求朝廷予以惩治,但是朝廷深知这些常平仓米、义仓米的所谓用于"赈济",只不过是有名无实而已,因此对于朱熹的上奏文,基本上装聋作哑,不予批复。如朱熹在浙江任上,对于地方官员把常平仓米作为"官兵米"散给,相当气愤,他在《奏衢州官吏

---

① 漆侠:《宋代经济史》,第 347 页。
② 参见漆侠《宋代经济史》,第 397—455 页。
③ 朱杰人、严佐之、刘永翔主编:《朱子全书》第 25 册,第 4602 页。

擅支常平义仓米状》中云：

> 照对臣昨据衢州知州、朝奉大夫沈宓一申，今年二月二十一日到任，适当荒歉之后，财计匮乏，别无可以措置，已申明朝廷，乞于丰储仓内更给助米二万石，以济支遣。本州四月合散官兵米四千余石，未有指拟，遂急于常平义仓米内权行借兑，合有擅支之罪。除已具奏，乞赐处分施行外，申本司照会。……去后又据衢州申，再行借兑义仓米，支散五月分官兵粮米。……臣伏缘在法义仓谷唯充赈给，不得他用，即擅支借移用，以违制论。……意谓朝廷必须薄行责罚，以戒后来。今乃一无所问，亦不略行戒约，即在本司，何以约束诸郡？①

然而让朱熹更为气愤的是，上奏文呈递上去之后，擅自借兑常平仓米的官员不但没有受到处罚，反而越支越多，朱熹只好再次上呈《再奏衢州官吏擅借支常平义仓米状》云：

> 衢州沈宓一违法擅行借兑过常平义仓米八千石，充四月、五月官兵俸料，臣已一面行下衢州，督催补还元旧窠名，及具录奏闻，乞将本州当职官略行责罚，以戒将来，未得回降。今来再据衢州沈宓一申，又于常平米内借支三千五百石，充六月分军粮，三个月共擅借过一万一千五百石。并本州申，先借支过常平米一万九千五百八十一石五斗六升四合，亦系充官兵俸料，未曾拨还。及称目下盘量折欠米一万七千七百一十五石五斗一升三合三勺，三项共计四万八千七百九十七石七升七合三勺。……臣照对在法义仓谷唯充赈给，不得他用，擅支用者以违制论。……而本州略无忌惮，甚非朝廷置立常平之意，窃虑必有情弊。……欲望圣慈先将衢州违法擅支常平义仓米当职官吏特行责罚，以警诸郡，为擅用常平义仓米者之戒。②

---

① 朱杰人、严佐之、刘永翔主编：《朱子全书》第 20 册，第 782—783 页。
② 朱杰人、严佐之、刘永翔主编：《朱子全书》第 20 册，第 788—789 页。

不仅衢州如此，在婺州也是同样如此，经过数次支借之后，常平仓内存米仅剩七千余石，但是挪用的官员，还向朝廷申请再挪二万石，并且竟然得到朝廷的批准。地方掌管财政的官员，为了应付军需，又不得不东挪西借，把其他方面的开支钱谷暂时拿来应付"支遣军粮"了。朱熹在《乞降旨令婺州拨还所借常平米状》中说：

> 臣伏准尚书省札子，备据知婺州钱佃奏，乞于本州见管常平义仓米内支借二万石支遣军粮。八月三日，三省同奉圣旨，许支借二万石，限至岁终拨还。臣除已恭禀施行外，臣窃见义仓米在法唯充赈给，不许他用。今岁婺州诸县例皆旱伤，将来细民必致阙食。……先来本州已曾借过一万七千石，元降指挥，候秋成先次拨还，尚未还到颗粒。今来再借二万斛，止存七千余石，已是不足支遣。……欲望圣慈，特降指挥，令婺州将两次借过米三万七千石趁此秋成，尽数先行拨还，庶几可以添助赈济。[1]

朱熹的这些奏请，基本上没有取得他所预期的效果，常平仓米、义仓米被地方官府挪作他用的情景不断发生。[2]这就不能不大大降低常平仓、义仓原先所设计的基本功能，常平仓、义仓逐渐沦为政府应急财政的一个储备口。再加上有些地方官吏不负责任的怠政行为，加剧了常平仓、义仓的某些弊病。如有些官吏对于常平仓疏于日常管理和运作，致使常平仓内的存谷、存米腐败变质、无法食用；有些常平仓常年关闭，无人问津，无法惠济灾民。朱熹在江西任上以及在福建等地，都看到了这种情景。其中，他说江西的情景为：

> 所有本军（南康军）城下常平仓见桩管□□米八千八百九十三石二斗六升五合二勺，除今年八月内盘量，欠折米一千六十石三斗二升四合

---

① 朱杰人、严佐之、刘永翔主编：《朱子全书》第20册，第812页。
② 参见李华瑞《宋代救荒史稿》，第627—699页；李华瑞《宋代仓储制度的发展与变化》。

外,实管见在米七千八百三十石九斗四升一合二勺。系是乾道八年以
后逐年收籴到数目,价钱不一。其米经年在敖,内有结冒陈损。兼照今
年七月内,管属建昌县阙少米斛出粜,所支拨义仓米估价应接民间食
用,每升计价钱一十文足。已具收报提举使衙门照会去讫。所有见管
和籴米,本军今追到牙人沈先等供具,其米经年陈损,与受纳到人户义
仓米陈损色样一同,依市价每一升估计价钱一十文足。本军照得上件
米系是当来委官和籴到数目,且虑亏损元价,未敢擅便出粜。①

在福建的情景为:

> 常平义仓,尚有古法之遗意,然皆藏于州县,所恩不过市井惰游辈,
> 至于深山长谷,力穑远输之民,则虽饥饿濒死,而不能及也。又其为法
> 太密,使吏之避事畏法者,视民之殍而不肯发,往往全其封镝,递相付
> 授,至或累数十年不一省。一旦甚不获已,然后发之,则已化为浮埃
> 聚壤,而不可食矣。夫以国家爱民之深,其虑岂不及此?然而未之有改
> 者,岂不以里社不能皆有可任之人,欲一听其所为,则惧其计私以害公;
> 欲谨其出入,同于官府,则钩校靡密,上下相遁,其害又必有甚于前所云
> 者,是以难之而有弗暇耳。②

由于无法保障常平仓米、义仓米的充足供给支借,再加上朝廷对于朱熹
的社仓建议所采取的是"口惠实不惠"的敷衍态度,将义仓所存米谷的责任
推还给基层百姓,设置社仓,须先加赋,造成许多地方百姓对于建立社仓的
意愿相当低下,许多地方官就只能对于淳熙八年推广社仓的谕令置若罔闻、
不予理睬了。因此,朱熹的社仓设计虽然得到宋孝宗的批准推行于全国,但
是并没有在当时形成行政制度上的施行。

梁庚尧曾经广泛搜集南宋时期的社仓资料,统计出朱熹的社仓建议在

---

① 朱杰人、严佐之、刘永翔主编:《朱子全书》第 25 册,第 5025 页。
② 朱杰人、严佐之、刘永翔主编:《朱子全书》第 24 册,第 3721—3722 页。

朱熹之后有很大发展,共有记载 64 处之多。"社仓广布于福建、两浙、江西、湖南、四川、广南、淮南各地,可说是几乎遍布南宋各区。"但是这些社仓的出现,主要不是由于政府的行政制度促成的,而主要是一些地方人士和官员仰慕朱熹的道德理念促成的。梁庚尧显然注意到了这一点,他说:"各社仓的创办人,如诸葛千能、张洽、李燔、赵师夏为朱熹门人,真德秀、赵景纬为朱熹再传弟子,万镇为三传弟子,魏了翁、李道传、李大有则为私淑朱熹之学者;其他如陆九韶为陆九渊的家兄,和朱熹是时相论学的好友,丰有俊为陆九渊门人,刘宰为张栻再传弟子,潘景宪为吕祖谦门人,也都是理学同道。可知社仓的推广,朱熹门人和理学同道出力甚多。"①而从社仓的地理分布上看,以朱熹长期讲学的福建以及朱熹的过化地区最多,仅福建就有 11 个州县施行,几占南宋各地社仓的五分之一。因此,从梁庚尧的统计数字中,我们看不出当时政府在行政制度上对于社仓施行的保证与推行,南宋社仓的设置,基本上是个案性的、道德性的传播。我们在上面引述朱熹本人对于当时社仓难于推广的叹息,即所谓"至今二十年,而江浙近郡,田野之民犹有不与知者,其能慕而从者,仅可以一二数也","今几三十年矣。……诏施行之,而诸道莫有应者,……然亦不能远也",可能更为接近南宋社仓的基本事实。

当然,社仓难于在南宋推广,归根到底在于社会经济的不振与政府财政的困窘。南宋朝廷即使有意愿从行政制度上在全国推行社仓,也只能通过"义仓"加税的办法来施行。然而这种加税的办法,恰恰又阻碍了从行政制度上推行社仓的可能性。不仅南宋如此,即使是到了明清时期,凡是救荒政策实施得比较得力的年代,基本上是社会经济的繁盛时期,如康雍乾时期号称"盛世",也是社仓等比较繁盛的时期;②反之,到了清代后期,随着社会经济的停滞不前、国家财政的入不敷出,社仓之举也就逐渐沦入名存实亡的状态。

---

① 以上参见梁庚尧《宋代社会经济史论集》(下),台北:允晨文化实业股份有限公司 1997 年版,第 447—454 页。
② 参见常建华《乾隆朝整饬社仓研究》,朱诚如、徐凯主编《明清论丛》第 15 辑,北京:故宫出版社 2015 年版。

## 三、朱熹社仓的影响与流变以及清代社仓的繁盛

朱熹所提倡的社仓,虽然在南宋时期未能得到较为广泛的施行,但是它的历史影响却是十分地深远。迄至明清时期,凡举办置仓救荒之策,大多要提到朱熹的社仓设计。特别是到了清代的康熙、雍正、乾隆三朝,农业等社会经济得到较快的恢复与发展,国家财政相对宽裕,民间也往往有所盈余,于是,在三位皇帝的推动下,朱熹所设计的社仓模式,在这个时代得到了空前发展。可以说,朱熹的社仓设计,未能在南宋时期得到有效的施行,在明代也是时有时无,无法形成整体性的社仓氛围。唯有在清代的康雍乾时期,朱熹的社仓设计才得到比较全面的践行。然而,如果进一步对朱熹设计的社仓制度与明清时期的社仓实施情况作更深入的比较,还是可以看到二者之间存在的一些差异。

朱熹在崇安县开耀乡设置五夫里社仓时,社仓设置之初的米谷来源,正如我们在上面所论述的那样,是从官府的常平仓或义仓中支借出来的:"请于郡守徐公嚞,得米六百斛以贷,而因以为社仓。"淳熙八年朱熹向朝廷奏请向天下推广社仓设置时,提出了以向官府支借米谷为主,而辅以富家捐助的兴建社仓的建议。所谓"本府给到常平米六百石,委臣与本乡土居朝奉郎刘如愚同共赈贷。至冬收到元米,次年夏间,本府复令依旧贷与人户,冬间纳还。臣等申府措置,每石量收息米二斗,自后逐年依此敛散。……其有富家情愿出米作本者,亦从其便。息米及数亦与拨还"[①]。

我们现在可以根据南宋时期有限的关于社仓的记载,证实当时社仓开设之初的米谷来源,是以向官府支借为主、民间捐助为辅作为基本形式的。如朱熹在《建宁府建阳县大阐社仓记》中说到的大阐社仓,最初的米谷来源是官府。由于原仓地址设置不合理,更改位置,使得散敛更为方便:

招贤里大阐罗汉院之社仓,新候官大夫周君某之所为,而长滩之别

---

① 朱杰人、严佐之、刘永翔主编:《朱子全书》第 25 册,第 4601 页。

贮也。始,祕阁魏君之筑仓于长滩,……仓之所在,极里之东北,而距西南之境远或若干里,贷者多不便之。而是时率常数岁乃一往来,则犹未甚以为苦也。淳熙甲辰,周君始以常平使者宋公之檄,司其发敛之政,而以岁贷收息之令从事。既为之,更定要束,搜剔蠹弊而以时颁焉。……而有以道里不均之说告者。……周君于是白之宋公,而更为此仓,以适远近之中,且令西南境之受粟者即而输焉。来岁遂以远近分土,使各集于其所以待命。民既岁得饱食,而又无独远甚劳之患,于是咸德周君。①

福建浦城县的永利社仓也是如此,“移县庾之粟若干斛以贮焉”。朱熹在《浦城县永利仓记》中说:

浦城县迁阳镇永利仓者,故提举常平公事黄侯某之所为也。闻之故老,某年中黄侯以乡人奉使本道,奏立是仓其里中,岁时敛散,以赈贫乏,且使镇官兼董其事。行之累年,近村之民,颇赖其利。后以兵乱废熄无余,岁或不收,民辄告病,于今若干余年。……今知县事括苍鲍君恭叔之来,乃复有请,而使者吴兴李侯沐深然之,于是鲍君得致其役。营度故壤,筑仓若干楹,不日告成,略如旧制。遂移县庾之粟若干斛以贮焉,夏发以贷,冬敛以藏,一以淳熙某年社仓制敕从事。②

福建邵武军光泽县社仓,也是由官府支给,不过不是直接从常平仓中拨给米谷,而是从县财政的盈余之中,用于籴米充实社仓以及购置田产、籍没僧田等,以每岁所入米谷充实社仓。朱熹在《邵武军光泽县社仓记》云:

光泽县社仓者,县大夫毗陵张侯诉之所为也。……适会连帅赵公亦下崇安、建阳社仓之法于属县,于是张侯乃与李君议,略放其意,作为此仓。而节缩经营,得他用之余,则市米千二百斛以充入之。夏则捐价

---

① 朱杰人、严佐之、刘永翔主编:《朱子全书》第 24 册,第 3779—3780 页。
② 朱杰人、严佐之、刘永翔主编:《朱子全书》第 24 册,第 3804 页。

而粜,以平市估;冬则增价而籴,以备来岁。又买民田若干亩,籍僧田、民田当没入者若干亩,岁收米合三百斛,并入于仓,以助民之举子者如帅司法。既又附仓列屋四楹,以待道涂之疾病者,使皆有以栖托食饮,而无暴露迫逐之苦。盖其创立规模,提挈纲领,皆张侯之功。而其条画精明,综理纤密者,则李君之力也。①

朱熹曾撰写《常州宜兴县社仓记》,其中所谈到的社仓,也都是由官府设置给谷而由邑之贤者主持管理事宜:

> 绍熙五年春,常州宜兴大夫高君商老实始为之于其县善拳、开宝诸乡,凡为仓者十一,合之为米二千五百有余斛。择邑人之贤者承议郎赵君善石、周君林、承直郎周君世德以下二十有余人,以典司之。……会是岁浙西水旱,常州民饥尤剧,流殍满道。顾宜兴独得下熟,而贷之所及者尤有赖焉。……明年春,高君将受代以去,乃复与赵、周诸君皆以书来趣予文,且言去岁之冬,民负米以输者犹属争先,视贷籍无龠合之不入。予于是益喜高君之惠,将得以久于其民,又喜其民之信爱其上,而不忍欺也。……所谓常平者,今固行之其法,亦未尝不善也。然考之于古,则三登泰平之世,盖不常有,而验之于今,则常平者,独其法令簿书笑钥之仅存耳。是何也? 盖无人以守之,则法为徒法而不能以自行也。而况于所谓社仓者,聚可食之物于乡井荒闲之处,而主之不以任职之吏,驭之不以流徙之刑,苟非常得聪明仁爱之令如高君,又得忠信明察之士如今日之数公者,相与并心一力,以谨其出纳而杜其奸欺,则其法之难守,不待已日而见之矣。②

朱熹在这里高度赞扬了常州宜兴县知县高商老设置社仓,把官府常平仓的作用充分发挥于民间救荒之中。

---

① 朱杰人、严佐之、刘永翔主编:《朱子全书》第24册,第3798—3799页。
② 朱杰人、严佐之、刘永翔主编:《朱子全书》第24册,第3808—3809页。

在朱熹所撰写的社仓记中,也有两篇是关于社仓所存米谷是由民间士绅富户捐助的。《婺州金华县社仓记》云:

> 淳熙二年,东莱吕伯恭父自婺州来访余于屏山之下,观于社仓发敛之政,喟然叹曰:"……吾将归而属诸乡人士友,相与纠合而经营之。使间里有赈恤之储,而公家无敛合之费,不又愈乎!"……是时伯恭父之门人潘君叔度感其事而深有意焉,且念其家自先大夫时已务赈恤,乐施予,岁捐金帛,不胜计矣,而独不及闻于此也,于是慨然白其大人出家谷五百斛者,为之于金华县婺女乡安期里之四十有一都,敛散以时,规画详备,一都人赖之,而其积之厚而施之广,盖未已也。①

《建昌军南城县吴氏社仓记》云:

> 是时南城贡士包扬方客里中,适得尚书所下报可之符以归,而其学徒同县吴伸与其弟伦见之,独有感焉。经度久之,乃克有就。遂以绍熙甲寅之岁,发其私谷四千斛者以应诏意,而大为屋以储之。……其为条约,盖因崇安之旧而加详密焉,即以其年散敛如法。乡之隐民,有所仰食,无复死徒变乱之虞。②

由此我们可以大体断言,南宋时期设置社仓之初的米谷,基本上是以官府支借常平仓、义仓米以及利用财政盈余的款项籴米或购置田产等官出为主,而以民间捐助为辅。根据王文书研究,"从(梁庚尧)统计的数字可以看出,官方出资社仓占总数的 52.3%,私人出资社仓占总数的 23.1%,众人集资占总数的 12.3%,官、众合资社仓占总数的 6.2%,出资情况不详的占总数的 6.2%。官方出资和官、众合资相加占到 58.5%。虽然并不是所有的社仓都经营借贷,但是从这一不完全抽样调查中可以找出这样一个规律:官方直

---

① 朱杰人、严佐之、刘永翔主编:《朱子全书》第 24 册,第 3775—3776 页。
② 朱杰人、严佐之、刘永翔主编:《朱子全书》第 24 册,第 3815 页。

接出资的社仓占有很大的比例"①。

这里所说的官方出资,基本也是沿袭朱熹的支借常平仓米以及支借地方财政的盈余部分。至于户部提出的义仓存谷加收赋税的做法,地方官员普遍担心遭受加赋的谴责,目前很少有看到这种做法的记录,致使当时的社仓未能得到行政制度上的普及,也就不可能成为社仓设置之初支借米谷的主要来源。

到了明清时期,则有不同。社仓所存米谷,基本上是以民间捐助为主。《明史·食货志》记云:

> 弘治中,江西巡抚林俊尝请建常平及社仓。嘉靖八年乃令各抚、按设社仓。令民二三十家为一社,择家殷实而有行义者一人为社首,处事公平者一人为社正,能书算者一人为社副,每朔望会集,别户上中下,出米四斗至一斗有差,斗加耗五合,上户主其事。年饥,上户不足者量贷,稔岁还仓。中下户酌量振给,不还仓。有司造册送抚、按,岁一察核。仓虚,罚社首出一岁之米。其法颇善,然其后无力行者。②

明代是施行社仓比较薄弱的朝代,即使是从这有限的试行过程的记述中,我们还是知道当时社仓的存谷,全部来自民间,"别户上中下,出米四斗至一斗有差,斗加耗五合"。到了清代,康熙、雍正和乾隆皇帝,对于社仓之设都比较重视,加上这三朝的社会经济总体状况比较良好,所以朝廷推行社仓制度,比较容易得到施行。但是从社仓设置之初的存谷情景看,也是以民间捐助为主要途径。如康熙四十二年(1703年)上谕云:

> 谕于各村庄设立社仓,以备饥荒。如直隶设立社仓,果有益于民生,各省亦照此例。嗣廷臣等议定,社仓之谷,于本乡捐出,即贮本乡,令诚实之人经管。上岁加谨收贮,中岁粜借易新,下岁量口发赈。③

① 王文书:《宋代借贷业研究》,保定:河北大学出版社2014年版,第193页。
② 《明史》卷79《食货三》,北京:中华书局1974年标点本,第1926页。
③ 《清朝文献通考》卷34《市粜三》,杭州:浙江古籍出版社2000年"十通"影印本,"考"第5173页。

康熙五十四年议定直省社仓劝谕之例：

> 凡富民能捐谷五石者，免本身一年杂项差徭，多捐一二倍者，照数按年递免。绅衿能捐谷四十石，令州县给匾；捐六十石，知府给匾；捐八十石，本道给匾；捐二百石，督抚给匾。其富民好义，比绅衿多捐二十石者，亦照绅衿例，次第给匾。捐至二百五十石者，咨部给以顶带荣身。凡给匾民家，永免差役。[①]

康熙年间社仓存谷源于民间捐助的办法，一直延续到雍正年间依然如故。但是在少数地方也出现了犹如南宋义仓加税派征的情况。对此，雍正皇帝于雍正二年(1724年)特地下了道谕旨，强调社仓由民间捐助而不得于正税之外滥派的宗旨：

> 备荒之仓，莫便于近民，而近民则莫便于社仓。前谕尔等，劝导建设，盖专为安民起见也。尔等自应转谕属员，体访各邑士民中，有急公尚义之心者，使主其事。果掌管得人，出纳无弊，行之日久，谷数自增。至于劝捐之时，须俟年岁丰熟。输将之数，宜随民力多寡。利息从轻，取偿从缓。如值连年歉收，即予展限，令至丰岁完纳。一切条约，有司毋得干预。至行有成效，积谷渐多，该督抚亦只可具折奏闻，不宜造册题报，使社仓顿成官仓，贻后日官民之累。朕初意如此，孰料该督抚欲速不达，令各州县应输正赋一两者，加纳社仓谷一石。且以储谷之多少，定牧令之殿最。近闻楚省谷石现价四五钱不等，是何异于一两正赋外加收四五钱火耗耶！是为裕国乎？抑为安民乎？谕到该督抚速会同司道府等官确商妥议，务得安民经久之法以副朕意。
> 嗣复奉谕旨：社仓之设，原以备荒歉不时之需，然往往行之不善，致滋烦扰。朕以为奉行之道，宜缓不宜急，宜劝谕百姓听其自为之，而不当以官法绳之也。是在有司善为倡导于前，留心稽核于后，使地方有社

---

[①] 《清朝文献通考》卷34《市籴三》，"考"第5175页。

仓之益,而无社仓之害。尔督抚当加意体察。至是议定社仓之法,一令地方官开诚劝谕,不得苛派米石。①

由上可知,清代的康熙、雍正年间,朝廷对于社仓的政策,都是以民间捐助米谷并由民间自主管理为主的。虽然也有少数地方官员试图通过正赋之外加派的方式,筹集社仓的存量,但是被雍正皇帝发现之后,于雍正二年明令予以禁止。除此之外,在雍正年间,也有少量像朱熹当年设置社仓那样,由官府的常平仓内支借部分米谷作为民间社仓本谷的,如云南省于雍正十三年定云南社仓之法:

> 云南设立社仓,通计一省所捐谷麦七万余石,其中十(千?)石以上者仅二十余处,此外皆数百石、数十石,亦有全无社谷者。至是议准云南各属皆有常平仓及官庄等谷存贮尚多,可酌量暂拨以作社本,将社仓存贮未及千石者,按地方之大小计存贮之多寡,于该处常平、官庄等谷内拨动五百石或八百石,作为社本,令社长一并经管出借穷民。秋成加一还仓,小歉免其取息,归于社仓项下积贮,俟积有千石,仍将原动常平等谷归还原款。②

再如雍正三年,川陕总督岳钟琪请求借用陕省火耗银八万两采买社仓谷麦,奉旨与甘肃巡抚石文焯商酌为之。③陕西地方志的记载也说:"社仓,陕省向无社谷,雍正七年督院岳钟琪奏准,将应免五分耗羡银积存买粮,以作社本。"④不过就康熙、雍正年间的整体情景而言,这种官借社本的形式,在清代前期只是作为一种辅助形式而已。

乾隆朝是清代最鼎盛的时期,乾隆皇帝对推行社仓制度特别用心,特别

---

① 《清朝文献通考》卷35《市籴四》,"考"第5177页。
② 《清朝文献通考》卷35《市籴四》,"考"第5186页。
③ 《川陕总督岳钟琪奏陈社仓积贮管见折》,张书才主编《雍正朝汉文朱批奏折汇编》第6册,南京:江苏古籍出版社1989年版,第590页。
④ 乾隆《临潼县志》卷4《赋役志·仓储》。

是强调在行政制度上予以保障和施行。在他的推动下,乾隆朝成为清代施行社仓最为繁盛的时期,①也是宋代以来施行社仓最为繁盛的时期。为了使社仓的设置、管理以及敛散制度更为完善,乾隆皇帝于乾隆四年(1739 年)下谕直省督抚地方官,开展对于朱熹《社仓事目》的大讨论。是年年底,御史朱续晫请将朱熹《社仓事目》发交各省督抚悉心讲究。十二月初一日上谕要求:"着各省督抚悉心详议具奏。"乾隆五年正月,户部咨文发给各省督抚。②于是在这一年,各省督抚纷纷把讲究的意见上折奏覆朝廷。这里,兹举闽浙总督德沛于七月初一日的奏覆为例。德沛按照朱熹《社仓事目》中的主要十一条目逐次检讨福建社仓的实施情况(在此略去朱熹《社仓事目》中的原条款)云:

一,《事目》内开逐年十二月分委诸部社首、保正副将旧保簿重行编排,……等因。查此条与保甲之法实相为表里,今保甲屡经严饬地方官实力遵行,其甲排甲册即事目所载保簿也。现行保甲烟户之下,原令开填户丁数目并作何生理字样,凡借贷给赈查照甲牌大小口核给,责成保甲长开报缴县察对,无伪给发,社长、社副依状支散,其逃军无行之人以及增添漏落之处,均难弊混。至所云乡官即今之社长、社副,名异实同,似可毋庸再设乡官,及编甲排甲册,应照现在条规遵行。

一,《事目》内开逐年新陈未接之际,预于四月上旬申府乞依例给贷。……等因。查委员监贷,原恐乡官蒙混而设,如果查系立品端方、乡间推重之人,充为社长、社副,又经立有劝惩之条,有过即惩,有善即奖,是劝惩明而赏罚昭,则支贷自必公平,如再另委员役未免繁扰。况小县仅设一知一典,更难分身遍为监贷。此即朱子原札所云风土不同、随宜立约、申官遵守也。

一,《事目》内开申府差官讫,一面出榜排定日分,分都支散,……等因。……臣思欲收实效于日后,莫若立法于事先,应请先于造册时,细

① 参见常建华《乾隆朝整饬社仓研究》,朱诚如、徐凯主编《明清论丛》第 15 辑,第 249 页。
② 参见常建华《乾隆朝整饬社仓研究》,朱诚如、徐凯主编《明清论丛》第 15 辑,第 255 页。

加区别,于人户之下注明士、农、工、商、不事生业五项,又于士、农、工、商之下注明需贷、不需贷,于不务生业下注明不、准贷各字样,支贷时即以此册为据,则扶同冒领之事无待临时稽查,互保自无弊混。

一,《事目》内开支收米用官斗,仰斗子依公平量。等因。查社谷出入原令均用官斗,兹应再饬令社长、社副各置升斗一副,送县较准,印烙发用,俾出入自可均平。

一,《事目》内开丰年如遇人户请贷官米,即开两仓,存留一仓,……等因。……应请酌量年岁之丰歉,计算人口之多寡,随时呈报上司,斟酌举行,庶事无拘泥而缓急有济。

一,《事目》内开入户所贷官米,至冬纳完,……等因。……至闽省息谷现准部咨,议准前署抚臣王士任条奏丰岁收息一斗,歉岁免息,已经通饬遵照在案,于仓谷、民生两便,其免二斗加三升之处毋庸再议。

一,《事目》内开申府差官讫,即一面出榜排定日分,分都交纳,……等因。……应令该州县于收放时剀切再行示禁,则自无守候、需索之弊。

一,《事目》内开收支米讫,逐日转上本县所给印簿,事毕具总数申府县照会。……等因。……今再设印簿稽考,更为周备,亦当一体遵行,以重积储。

一,《事目》内开排保式甲户内开明大人若干口、小儿若干口,……等因。查此条应即于保甲册内逐一编明,事属简便,可无弊混,似无庸重复编造,以免纷扰。

一,《事目》内开队长阙社首依公差补,社首阙即申尉司定差。等因。查昔有队长、社首等项名目,今设社长、社副,酌古而不泥于古,虽今昔异名,其实总署一致,如有阙额,公择端方有品之人即行充补,以专责成。

一,《事目》内开簿书锁钥乡官公共分掌。等因。查收散社谷,州县设有印簿二本,一付社长收执,一缴州县存查,出入既有所稽,不经胥吏之手,自无滋扰之弊。互相稽查,深属得宜。再,查康熙十九年钦奉圣祖仁皇帝谕旨,义仓、社仓永免协济外郡,实为劝谕备赈之至要,自应敬谨遵守奉行。如地方官有抑勒、那借等弊，许社长、副以及捐输人户赴上司衙门呈控参处。庶官吏知儆，积贮充盈，俾严疆要地实有备而无虞矣。①

乾隆四年、五年朝廷与地方督抚所进行的关于朱熹《社仓事目》的讨论，一方面可以看出朱熹社仓设计对于后世的深远影响，另一方面也确实推进了乾隆时期社仓的发展。综合各省督抚的讨论奏折来看，乾隆时期的社仓在各省已经普遍设立，社仓的设置与管理制度也较为完备。各省督抚在遵循朱熹《社仓事目》条款的同时，也会因地制宜适当调整某些措施，使得社仓的运行更为适合清代的实际情况。②

在乾隆皇帝的大力倡导之下，乾隆时期的社仓有了空前发展。特别是在乾隆前中期，随着社会经济的繁荣和国家财政的许可，各省督抚及地方官员也都努力在各地规划推动社仓的建设与施行。社仓几乎遍布全国各个行省，官府向民间社仓，尤其是向一些边远地区和穷困地区社仓支借官本的现象有所增加，社仓的存谷数量也都较以往有所增加，有些地方的增加数量甚至相当可观。但是从整体上看，清代的康雍乾时期，来自民间的捐助，依然是社仓之谷来源的主要渠道。乾隆三十年六月二十七日，广西巡抚宋邦绥在谈到该省的社仓存谷时说："前任抚臣李绂题明动拨常平谷石借民收息，立为社仓谷本，嗣后酌定大、中、小州县分贮，自四千石以至三千石不等，名为社谷，实与常平无异，非如他省民自捐输者可比。"乾隆三十二年，江西巡抚吴绍诗也在奏折中说："江西社谷向系捐自民间，现在每州县本息社谷，查据各属册报，自二三万石至六七千石，最少亦二三千石不等，通省共计七十五万八千七百六十余石，不为不多。"③从这些奏折中，我们不难看到乾隆年间社仓存谷来源的大致趋势。当然，清代是所谓"捐输"名目最多的时代，各种花样的"捐输"，带有强迫性的意味很明显。清代社仓存谷以民间捐助为

① 以上奏折转引自《乾隆朝整饬社仓档案（上）》，《历史档案》2014 年第 3 期。
② 参见常建华《乾隆朝整饬社仓研究》，朱诚如、徐凯主编《明清论丛》第 15 辑，第 255—261 页。
③ 以上奏折转引自《乾隆朝整饬社仓档案（下）》，《历史档案》2015 年第 1 期。

主,其中带有强迫性的因素在所难免。与此同时,在一些比较偏远以及穷困的地区,政府借本、出本设立社仓的现象也有所增加。无论是民间捐助,还是政府借本、出本,清代乾隆年间社仓的兴盛,都与政府在行政上的大力推行有着直接的因果关系。

乾隆年间的社仓设置与运作虽然达到宋代以来的最高峰,但是由于乾隆皇帝的好大喜功,一部分地方督抚及地方官员,往往投其所好,夸大地方设置社仓的实际效果,虚报社仓的数量以及社仓存谷的数量,致使在清查的过程中,时有发现社仓存谷与实际盘点数额不符的现象。如乾隆五十一年五月,朝廷派员核查社会经济较为发达的浙江嘉兴等地的社仓,就发现其中缺额者甚多,管理不善,"据窦光鼐奏,盘查过嘉兴、桐乡、海盐等六县仓谷,有缺谷数百石及百余石者。……桐乡县仓内实无储谷,所有之谷乃借自折仓;又借米三千石开报平粜,掩饰一时。嘉兴县折仓空虚,呈控纷纷,是该二县社仓办理皆不妥协"①。乾隆三十五年,清查苏州等富庶地区的社仓存谷,也发现册上之额与实际存粮数额的较大差距,"经查核苏州、松江、常州、镇江、太仓五府州属各社仓,应储之额虽有二十六万九千余石,严饬核实清厘,内中存价未买者有六万数千石,社长侵亏者六百余石,历年出借在民者一十六万三千余石,稽其实存在仓仅四万余石。……责成巡道严行督催稽查,务必令悉归实储"②。这些流弊,越到乾隆晚年及其后,就越发严重。

再者,乾隆年间社仓的发展得益于乾隆皇帝及朝廷的强力推行,但是在另一方面,也就存在政府过多干预社仓日常运作的情景。康熙、雍正年间,社仓的运行情况一般不必题报政府,如上举雍正二年的谕令,"该督抚亦只可具折奏闻,不宜造册题报"。但是在乾隆年间,社仓数额及存谷数额不仅要题报朝廷,而且在散敛等诸多环节,都得经过官府的允许,"社仓既有报部之议,则经理须归有司之手"③。当地方官府在其他财政支出上出现困难时,就难免挪用社仓米谷来应急。如乾隆二十六年安徽省就想把社仓息谷挪用来修筑常平仓库,"安徽省现需修建仓厫,无款可动,请酌拨社仓息谷,变价

---

① ② ③ 参见《乾隆朝整饬社仓档案》(下),《历史档案》2015年第1期。

以济工需"①。乾隆四十四年九月,江西巡抚郝硕奏请循福建等省成例酌变社仓息谷以充地方公用,他依据乾隆三十九年、四十年间安徽、福建二省奏请,将社仓息谷变价解司,以充地方公用,俱经部议准行。"按其所存息谷数目,照依时价出粜,将价解司贮库。遇有农田、水利等务为民间必需工作势不可缓者,奏明动用,报部核销。"得到乾隆皇帝的批准。山西也是如此,乾隆四十年布政使黄检为变通社仓义仓息谷变价解贮司库事上奏,"其余息谷三十五万八千七百余石,请令各州县于粮价稍昂之时详请价值,酌量售粜,事竣即将谷价解贮司库,……并于要事公费均有预备动用之款"②。这样的变通,是朱熹当年设计社仓时所万万未能想到的事情,它已经超出了社仓备荒、救荒的初衷范围了。

我们通过以上对朱熹社仓设计及其流变的分析,不难看出:朱熹当年设计并亲自实践的五夫社仓,起到了备荒、救荒的社会功能,宋孝宗把朱熹的社仓建议批准推行于天下时,由于执政部门即户部等规定了社仓设置之初的官本必须在正税之外附加征收,大多数地方官员虚与应付,碍难施行,致使朱熹的社仓设计,并没有在当时得到行政上较为普遍的普及,而只有一些道德上的模仿。尽管如此,朱熹的社仓设计,对于后世即明清时期却影响深远,特别是清代的康雍乾时期,当政者每每以朱熹的《社仓事目》为指南,大力推行社仓制度,在行政制度上予以相应的保障与施行,以致清代乾隆年间成为朱熹之后践行其社仓理念最繁盛的时期。换言之,南宋时期朱熹所设计的社仓制度,是在清代的康雍乾时期才得到行政上的真正施行。但是由于时代的变迁,清代的社仓制度在具体施行过程中,还是存在一些与朱熹原先设计条款不甚一致之处。我们通过从南宋时期以至清代社仓的变迁历程,更可体会到朱熹所具有的长远文化精神。

---

① 《清朝文献通考》卷 37《市籴六》,"考"第 5201 页。
② 以上奏折参见《乾隆朝整饬社仓档案》(下),《历史档案》2015 年第 1 期。

# 想象与现实的背离

## ——明清国家体制异论

　　研究明清历史的中国学者,都经常谈论明清时期的两个问题:一是所谓在 17 世纪以前,中国的发展在世界史上仍然处于先进水平,从 17 世纪以后,才逐渐落后于西方世界;二是明清时期中国是一个中央集权专制的国家,这种中央集权专制的政体,阻碍了中国历史的顺利发展。

　　学者们的这种研究,当然是有一定的道理。然而我的疑问是:所谓中国在 17 世纪以前仍然处于世界发展的先进水平,这实在是一个很模糊的概念,是否有些像鲁迅先生在《阿 Q 正传》中描写的"我的祖先比你阔多了"的意味在内? 再者,在世界史的中世纪时代,中央集权专制的政体,是否就一定会阻碍国家历史的顺利发展? 中国历史上的所谓中央集权专制,究竟实施到什么样的程度?

　　中国是否在 17 世纪以前处于世界历史发展的先进水平,这是一个需要认真论证的问题,同样也可能是一个永远讲不清的问题。然而清代以来的历史事实是:中国确实越来越落伍于世界文明前进的步伐。中国近现代以来,革命家和学者们都不断地在探索造成中国落后的诸多内部和外部的因素。如果我们从中国自身的角度来探讨,就不能不触及这样的一个问题:至少从明清以来,中国国家的统治体制是否出了毛病,甚至到了病入膏肓的地步?

　　探讨明清时期国家的统治体制,这显然是一个十分庞大的题目,断非以一己之力所能胜任。在此,我只能就自己在学习和研究明清历史的过程中所产生的一些感受,即明清时期国家制度的设想与其施行现实之间的相互背离现象,发表四点私人的异论。

# 一、政治制度与现实的背离

中国现在通行的历史教科书中，人们对于明清时期中央集权专制的描写，实际上是指政治制度的中央集权专制，尤其是皇权的高度集中。这一点是毋庸置疑的，从明初废置宰相到清代的军机处，都充分地说明了这种政治制度的演袭历程。换言之也可以这样讲：明清时期国家政治制度的核心，就是确保皇权的至高无上。任何对于明清两代皇权构成威胁的行为，哪怕是些微的妨碍行为，都是这种政治制度所不能容忍的。在这种政治制度下受到残酷极刑的往往不是一般的民众，而是与皇帝及其体制最为密切的人。我们只要看一看明太祖、明成祖诛杀大臣和明万历年间大学士张居正的下场，以及清代雍正年间的年羹尧事件，就可以大体领会到这种中央集权政治制度的矛头所向。因为这些与皇帝及其体制最为密切的臣子，也就最有可能侵犯到皇帝的权力。而一旦真的侵犯到皇帝的权力，哪怕勤政爱国功盖世，也是非死不可。至于皇帝对于最有血缘亲情的兄弟们，只要这些兄弟出现了威胁其皇位的倾向，那么其所施予的残忍恐怖的刑罚，又非一般臣下的处刑可以比拟。有关明成祖朱棣及其儿子明仁宗朱高炽处置其骨肉兄弟叔侄以及清代前中期皇阿哥们勾心斗角的史书记载，至今读起仍令人发指。

皇帝的权力地位既然是不可侵犯的，那么明清两代所设立的政治上的典章制度，大多都是为了如何使臣下安分守己、听命于皇帝的号令；皇帝的主要职能，就是如何把臣子们控制和摆布得服服帖帖。皇帝们应当是"睿智天纵"，一呼百诺，指挥着从中央到地方的一级一级的官员；而下级的官员又一级一级地服从于上级的官员，最高级的官员服从于皇帝，中央专制集权的政治行政指令，就这样得到了彻底的执行和有效的发挥。正因为如此，现在许多研究明清政治制度史的学者，把各级官僚和皇帝主子联为一体，统称为"统治阶级"或"剥削阶级"，他们共同构成明清时期中央集权专制的政治体系，并为这个政治体系发挥各自的效能。这种观点如果仅仅从明清两代政治制度的层面上讲，是有道理的。

这种金字塔似的政治统治体制，必须是以皇帝拥有非凡的智慧和能力为前提的。因此这种政治制度往往在每个王朝的前期所发挥的效能较为差强人意。但是在世袭而又养尊处优的环境里，皇帝们的延续，多少有着一代不如一代的趋势，皇权的发挥和国家体制的运作，就不能不在一定程度上依赖于臣下的忠诚和勤政。而即使皇帝本人有着非凡的智慧和能力，他也不可能对事无巨细的朝政一概亲自决定，更不要说有效地控制着从中央到地方的每一位官吏的所作所为。这样，皇帝们也就不得不需要一个可以掌控而又可以代为管理日常行政要务的中央权力核心。虽然说明初的朱元璋皇帝自以为可以万机独断，废置丞相，但不久就出现的内阁制度以及演变至清代的军机处等，都说明这种中央权力核心的存在事实及其必要性。

明清时期政治制度的运作，皇帝既然无法在事实上独揽一切事务，必须在不同程度上依靠中央权力核心的作用，那么，各级官员的荣辱升降，更多地还是通过从中央权力核心逐级以下的考核管理。这就造成一个十分明显的现实：下级官员要想仕途通达、步步高升，全都依仗于顶头上司对自己怀有好感并且愿意加以提携；假如得罪了上级官员，即使自己有优秀的行政素质和良好的政绩，也就不一定能够得到正常的升迁。各级大小官员的制度考核与其实际政绩并没有很必然的联系，品质低劣的官员，可以通过巴结、献贿等手段讨得上司的欢心，从而使自己得到不断的升迁。如此一级奉承一级，一级讨好一级，一直到达中央的权力核心，如六部长官、内阁大学士、军机处大臣等。同样地，由于上一级的官员大多处于被奉承的尊贵地位，自然而然地形成一种居高临下、颐指气使的态势，把下级官员的阿谀奉承视为天经地义。当然，下级官员的这种出于利益考量的奉承讨好绝不可能是自愿的，而是在权势的无形压抑下不得不然的行为。于是出于逆反的心理，一旦手中握有某些权力，也就如法施用于自己的下属；对下级官员有怠慢之处，甚至是对上司正常的公务批评，往往不能接受，记恨在心。在这种政治体制和官际关系之下，那些掌权的上级官员，特别是身处中央权力核心的大僚们，其在位时的情景真可谓炙手可热。

然而，明清时期政治制度的另一个现实特征是官僚地位的不稳定性。在位时的上级官员及大僚们的权势固然是炙手可热，但是这种炙手可热的权势是很难得到永久延续的。皇帝们固然不可能一个个精明强干，独断而高效地控制整个政治体系和官僚队伍，一些昏庸荒嬉的皇帝也可能出现权力旁落而被架空的状态。但是长期以来，制度和道德日益赋予皇帝至高无上的权力，他们可以随意罢免或处置自己认为不合适的官员，哪怕是位极人臣的大僚。因此到了明清两代，即使再昏庸的皇帝，都不可能出现像汉代至魏晋南北朝那样皇帝被权臣完全制约以至于被废黜的情况，他们的权力随时可以得到恢复和行使；并且越是昏庸的皇帝越是反复无常，对于臣下的任用和罢黜愈加缺乏理性。同时，明清时期的官僚制度基本上不是世袭的，士绅的社会地位和政治地位不是一成不变的。科举制度的延续，本身就在不断地为皇帝制造更多的官僚后补力量。皇帝如果残酷地处置一大批官员，自然有另一批仰慕权力的后备者源源而上。再者，皇帝们为了有效地控制官僚队伍，也采取了许多制度上或凌驾于制度之上的措施，如以宦官牵制外廷、设立锦衣卫等特殊侦察机构、密折制度等。这样就使整个官僚队伍的变动比较频繁，缺乏职位的稳固性。各级官员地位稳定与否，往往不是由制度决定的，而是由皇帝及以下的各级上司的个人意志所决定。

官僚地位的不稳定，一方面使得在位的当权者有强烈的危机感；但是在另一方面，权势的效能实在过于诱人，这又造成许多暂时尚未登上高位的人无时不在窥视更高的权力和地位。这样，官僚队伍内部的勾心斗角就必然与王朝的兴衰相始终。当权者为了保住皇帝的恩宠和既得的权势利益，大肆培植党羽；而窥视高位者，也会运用各种利害关系，暗中组织力量，扩展势力。至于那些下级官僚以及那些暂时下台的候补官僚们，从自身的利益前途着想，也大多必须依附于那些自己认为可以靠得住的官场人物，以希冀自己的前途官运亨通。因此，在明清两代的官僚队伍里，联结党派和各立门户的现象还是比较普遍的。官僚体系在现实上已经脱离了"食君之禄，忠君之事"的制度。各级官僚从制度表面上看应当是皇帝的"忠臣"，但实际上却往往成为当政大僚们的私人。因为官场上的切身利益毕竟比虚幻的"忠君"更为重要。

明清时期官僚地位的不稳定和依附权势的现实，又使得整个官场形成了这样的两种恶劣的习气：一是唯利是图，缺乏对国家政治和平民百姓的责任感。许多官僚在决定自己的行为时，首先考虑的是是否对自己的仕途升迁和切身利益有用，国家和百姓的利益，反而放在其次的地位。而有些勇于任事的官员，则往往成为众矢之的，难得善终。因此，就造就了许多官僚庸庸碌碌、逢迎拍马、尸位素餐的性格。如明代中叶官居大学士的万安、刘吉等人，有"纸糊三阁老""泥塑六尚书"之称。史载万安上朝议政，只知连连磕头呼万岁，一时传笑京中，谓之"万岁阁老"；而刘吉"善附会，自缘饰，锐于营私"，官运亨通，时人称之为"刘绵花"。①像万安、刘吉等人这种典型的善于钻营而又不负责任的官僚，在明清以来的中国政治体制上可谓比比皆是。而官僚们勾心斗角之时，更是经常把国家正事抛到一边。明代中后期的朋党之争延续了近百年，各位官僚都振振有词，但是对内忧外患的加剧，不是齐心协力去治理，反而成了相互攻击的借口。当清代后期西方殖民者入侵时，国事的处置也经常与派系的利益纠缠在一起，致使国家积贫积弱，越战越败。从整体上看，明清时期官僚的设置不可谓不完善，官僚的文化修养也不可谓不高，但由于其体制内存在着自身所无法克服的弊端，缺乏名符其实的政治凝聚力，整个官僚体系反而经常处于涣散的状态。这种涣散的官僚体系是与中央集权专制，特别是与皇权专制的政治制度相背离的。而当这种背离达到一定的状态，王朝的统治也就必然走向灭亡。

　　明清时期官场的第二种恶习是善于见风使舵。由于官僚地位的不稳定，许多当权的官僚一不小心就有被罢黜或者处置的可能。当权的官僚，特别是那些在中央权力核心执政的大僚一倒台，就会出现一荣俱荣、一败俱败、树倒猴狲散的局面，那班依附于这一权势的官员们，经常跟着倒楣。于是，如何恰如其分地把握政治动向，随时寻求新的政治权势作为靠山，成了许多官员最为关心的事情。在明清两代，这种随风倒向的例子举不胜举，像明代夏言、严嵩、徐阶、高拱、张居正，以及清代的年羹尧、和珅这些著名的权臣自不必说，即使是下品之如宦官、佞幸们当政，同样也有大批官僚投靠拥戴。明代的魏忠贤和清末的李莲英，就是其中最典型的例子。而当宦官倒运之后，这许多曾经投靠过的达官贵人，往往摇身一变，改换了新的门庭。

　　官僚们善于见风使舵，随时改变和寻求新的政治权势靠山，尚可解释为

---

　　① 见张廷玉等《明史》卷 168《刘吉传》，北京：中华书局 1974 年版。

他们贪图王朝的官禄,希冀权势。然而中国的官僚对于权势的追求,大多是不择手段的,也是不顾及道义的。因此可悲哀的是,当整个王朝出现危机的时候,更是到了官僚们见风使舵最关键的时刻。明清时期,固然有一部分官僚能够在王朝鼎革的时刻,与自己所服务效忠的旧王朝相始终,但是更多的官僚,则首鼠两端,希望能够投靠新的王朝,继续保住自己的仕途,升官发财。明末李自成的农民军进北京城之后,大批原明朝的官员并没有纷纷仓皇逃命,而是留在京城,希乞新的真命天子登基之后,在官途上将有新的气象。清军入关之后,马上也有大批明朝的原官员改身投靠新皇帝,并且打出为崇祯帝报仇的旗号,为新主作前驱。清朝虽然以东北强悍的民族入主中原,但不久就把汉族的圣教礼制形态全盘承继了下来。统治两百多年之后,内忧外患,土崩瓦析。清代末年试图"驱逐鞑虏"的革命志士们,虽然亡命四方,一腔热血化碧涛,但是他们一时还未能直接推翻清王朝的统治。倒是那班被清王朝视为磐石的自家臣子,看准时机,见风使舵,一哄而上,把自己的主子赶了下来。而这班见风使舵的官僚,果然也成了革命家的新贵。

明清以来所设计的这种政治制度,表面上,国家的权力高度集中于政权的中央即皇帝手上,但政治官僚体系的运作,只能使所谓的中央集权制日益涣散,最后导致政令难行,积弊艰深。而每逢国难当头的时候,这种政治体制,是最会滋生出诸如"贰臣"和"汉奸"一类的变节人物的。这一点无论如何是想象设计这种权力高度集中的政治制度的皇帝们所预料不到的吧。

## 二、经济制度与现实的背离

明清时期政府经济制度的核心是财政制度。学者们对于这一财政制度进行了多方面的论述,毁誉不一。但是学者们似乎忽视了明清时期政府在制定这些财政赋役制度时所继承的传统精神及其不切实际的动机。

中国是一个以农立国的国家,自古以来有着一种深受儒家影响而形成的极为顽强的传统精神,即有道之君不能对天下百姓课以重赋。就明清两代而言,清代的财政赋役制度基本沿袭于明代,而制定明代财政赋役制度的朱元璋,出身于农民加流民,对农民百姓尚有一定的同情。因此,在他所制定的经济制度里,有两种主旨是很值得重视的:一是赋役征收的标准要低微,二是政府官员的俸禄也要低微。政府官员俸禄的低微,可以减少财政支出,从而有效地保证轻徭薄赋制度的实施。

然而许多研究者都着重地指出明清时期农民百姓承受着沉重的赋役负担,其实这是一种混淆的误解。根据《明史》的记载,政府在制度上所规定的田赋税率,是相当轻微的:"凡官田亩税五升三合五勺,民田减二升,重租田八升五合五勺,没官田一斗二升。"①以当时亩产二至三石的生产水平,则民田的税率差不多仅有百分之一,即使是没官田,税率也即二十分之一。当时江南号称重赋之区,亩征五斗,以江南的亩产量,亦不过七八分之一以至十分之一税,仍然算不得重税。美国的王业键先生曾经把清代中国制度上所规定的赋税负担与同时期西欧、日本的情景进行比较,结果发现中国的赋税负担明显轻于西欧和日本的赋税负担,西欧和日本的田主所交纳给政府的赋税量,有时达到中国田主交纳给政府的赋税量的一倍甚至数倍之多。

从明清两代官员所享受的俸禄待遇看,也是十分让人不可思议。皇帝制定官员俸禄时,大概是认为官员们应当克己奉公为民吧,一个中下层官员的年俸禄收入,只有数十两银子,差不多与一个无恒产的店雇员和挑夫的年收入没有太大的差异。明清时期政府从制度上规定赋税低微和官员俸禄低微,这不能说其用心不好。然而,这种财政赋税俸禄制度的制定是不现实的,因而也是行不通的。首先从观念上讲,所谓"士农工商",士为四民之首,其经济收入的低微,直接影响到其尊贵的政治和社会地位。再者,如果官员的经济收入达不到使其家庭维持一种较为优裕的生活,那么官员的为官入仕就显得没有意义。像明代著名的清官海瑞,依靠俸禄过日子,就经常捉襟见肘,穷酸逼人。在这种情况下,明清时期的绝大部分官员,就不能不践踏自己为之效忠的制度,而大肆从事贪污搜刮、中饱私囊的勾当。所以这一点连清朝的康熙、雍正皇帝都看得十分清楚,康熙皇帝曾经在与臣子交谈时说过这样的话:官员们收入太低,苛责他们彻底清廉也办不到,希望官员们不可过于贪心,应当取之适度。

---

① 张廷玉等:《明史》卷78《食货二》。

我们再从赋税轻微的角度来评估,其可行性也是非常令人怀疑的。国家体制的运转,需要一定的财政收入作为支柱,这是古今中外概莫能外的事实。特别是国家为了应付诸如战争、灾荒等突然事变,需要比较雄厚的财政积累,这是理所当然的。过于低微而又一成不变的赋税政策,本身就给后来的当政者制造了制度上的难题。这一方面使得那些遇到突然事变的当政者在政策的施行上名实不符,无法名正言顺地加税。如明代后期的内忧外患,政府的适当加赋也是无可厚非。然而每亩仅加九厘银的"辽饷"等加派,却似乎成了天大的苛政,为后来的许多人所口诛笔伐。而清代基本上延续了这种加派,就不得不吸取明末败亡的教训,采取一些偷偷摸摸的办法,以免引起新的骚动。①特别是当明清时期社会经济有着较快发展的情况下,国家税收应当随着经济的发展而增长,这才是一种正常的制度。但是明清时期的经济制度过于注重道德上的标榜,而在实施过程中又无法始终如一,不时有许多额外的暗增加派,这又不能不使农民百姓逐渐失去对于国家政府的尊重和信任感。

另一方面则问题更为严重。明清时期国家政府的财政赋税制度,是必须通过从中央到地方的各级官吏来执行的。各级官员诚实尽责而廉明地推行国家的财政赋税政策,国家就能尽可能多地控制天下的人口和田地,从而征收到更多的赋税,使得中央集权制的经济基础坚实雄厚。反之,贪污舞弊的官僚政治,势必使国家的赋役收入大大减少。不幸的是,正像我们在前面所论述的那样,明清时期各级官僚与国家皇帝在政治上存在着一定的离心倾向,这种离心倾向在经济上表现得更为明显。

官僚阶层之所以成为官僚阶层,是因为这些人依附在中央集权的政体之上,通过国家皇帝取得程度不等的政治势力。在中国的传统体制下,政治势力是可以转化为经济势力的,并且政治势力越大,转化成的经济势力也就越大。因此,明清时期各级官僚的私家土地和财富的积累,在很大程度上是依靠政治势力而获得的,即所谓"有权有势,升官发财"。从这层意义上讲,中央专制政体是各级官僚们发家致富的坚实靠山,一旦失去这一政治背景,

---

① 参见本书第二部分中的《明末辽饷与清代九厘银沿革考实》一文。

官僚们发家致富的美梦就无从谈起。这也正是中国人在"仕途险恶"的情景下依然热衷于当官出仕的秘密所在。

然而,官员们通过制度上的正常途径不但发不了财,而且将永远是一个穷人。于是,绝大部分的官员,就不得不运用自己手中所掌控的那一部分政治权力,在不同程度上对国家的经济赋税制度进行营私舞弊。他们或是对赋役征收上下其手,私增暗派,奴役下民;或是吞并大量土地人口,规避赋役;或是横买强占,欺行霸市,等等。官僚们所赖于致富的这些途径,是与中央集权专制政体的巩固不相容的。无论是哪一朝中央集权制,它们所赖以维持和巩固的经济支柱,都是来自以天下百姓和田地所交纳的赋税徭役。中央政权所控制的人口和土地越多,就意味着赋税的征收量越大,但是这些执行国家经济制度的官员们大肆舞弊,侵吞钱粮、隐瞒赋税,这就不能不使国家政府所能控制的人口和土地的数量不断减少。就明代的情景而言,国家政府所掌握控制的土地数量,以明朝建立初期即饱经战乱之后的一段时期为最高,而历经明代社会的长期安定,政府所控制的土地数量反而减少了将近一半。这一事实在当时就已经成为许多财经官员经常讨论而始终无法解谜的焦点问题之一。根据何炳棣先生的研究,至少从宋代以来,中央政府就已经无法掌握全国的实际土地和人口数字了。明清时期是中国人口增长和土地开发的高峰时期,"但是乾隆 1752 到咸丰 1851 这百年间的土地数字完全不能反映国史上空前的人口爆炸、长期的超省际的移民和大量的开山垦荒"①。这种情况导致国家赋役征收的基础日益薄弱,财政状况愈加入不敷出。而一般没有政治背景的平民百姓,更要受到官员们的种种额外加派以及转嫁来的赋税负担,从而出现长期贫困化的倾向。其结果是大大小小的官僚们都发家致富了,而国家政府与一般民众却日益走向衰微,最终是国穷、民穷,导致王朝走向崩溃。因此,许多学者们所念念不忘的明清时期中央集权制度,至少在经济体制上是无法施行的。换言之,明清时期国家政权对于经济的控制,是低效能的。中央集权制的经济基础也同其政治体制一

---

① 何炳棣:《中国历代土地数字考实》,台北:联经出版社 1995 年版,第 127 页。又参见何炳棣《南宋至今土地数字的考释和评价》,《中国社会科学》1985 年第 2、3 期。

样,主要是被依附和拥戴这种体制的官僚阶层所瓦解的。所以我一贯认为:至少在明清时期的经济体制上,国家政府并不能对社会经济的控制和管理实施真正意义上的中央专制集权。

当然,明清时期的某些最高当权者似乎也看到了这种经济制度上的缺陷,试图进行某些针对性的改革。例如清代的雍正皇帝,就曾针对官员低俸而导致贪污舞弊的现象进行"耗羡归公"和"养廉银"制度的改革。时至今日,仍有许多政治家和学者们对于这种养廉银制度消除官场腐败给予很高的评价和期望。应当承认,这种制度在其实施的一个短时期内,确实起到了一定的作用。然而,官僚们的利欲是一个无底的洞壑,在整个政治、经济以及法律、道德体制缺乏有效社会监督的环境里,这种改革的效能是相当有限的,清代雍正以后被揭露出来的官僚贪污腐败案件,并不见得就少于雍正以前。乾隆年间被揭露出来的贪污案件,其贪污的数额之多以及所牵涉的官员数量之多,往往不是清代前期的贪污案件所能比拟的,清代最有名的贪官和珅就是在乾隆、嘉庆年间当政的。寄希望于这种制度与现实相互背离的体制内的自身改革,只能是一种不切实际的梦呓。而耐人寻味的是,明清中央集权专制依靠广大的官僚阶层来维护其体制,官僚阶层依仗政权的优势来营私发财,官僚阶层营私发财的最后结果是王朝的覆灭,王朝的覆灭则使这般政治寄生虫似的官僚阶层一起垮台。官僚阶层们虽然费尽心机地损害国家和民众的利益来达到自身发家致富的目的,但他们中大部分人的最终命运,还是必须跟随着政治的起伏而一荣俱荣、一衰俱衰。这样的发家致富,对于社会经济的发展,起不到多大的推进作用。

## 三、法律制度与现实的背离

法律制度是一个国家的政治制度、经济制度得以贯彻实施的保障。虽然许多研究中国法制史的学者都十分乐观地指出,中国的法律制度有着非常悠久的传统,法律条文的制定也相当详细。然而恰恰正是这种传统悠久的法律制度及其法律条文,造成了明清时期法律的徒具形式和背离现实。

至少从唐代以来,每个王朝在其新成立之初,都必须煞有介事地组织一班人马制定新朝的法律,以示天下大事小事有法可依,"王子犯法与庶民同罪"。然而我们只要稍微仔细一点来观察这些新朝法律的制定过程,就不难发现两个问题。一是这些制定法律的官员,往往不是有着丰富的法律知识修养和执法阅历的专门人才,而是由临时被皇帝指派来的具有一定儒学修养的秀才文士们拼凑而成的。二是由这些人匆匆制定出来的法律条文,有较大的部分是抄袭前朝的。明朝修订的《大明律》在体例上比前朝有所革新,清朝基本承继明朝。但其法律条文的实质内容,沿袭前代法律的痕迹还是相当明显的。这种情况本身就表明了每个新王朝对于法律制度的建立,其意在标榜的作用要大于实际运用的效果。并且,在当政者的意识里,往往把法律制度的专门知识与儒家的四书五经基本等同起来。法律制度的制定和道德的标榜相互混淆,这就不能不使法律制度在许多场合失去专业的严肃性,变成貌似重要而实际上又是可有可无的空泛角色。

明清时期法律失去严肃性的另一个方面,是这种制度不但不能有效地监督政治制度,反而受到政治制度的牵制。明清时期法律制度的施行,也如经济财政制度一样,是要由各级官员来实现的。在这种国家体制里,各级官员似乎是政治、经济以及法律、军事的全才,诸种制度均可管理运作。这样,严肃的法律就全依仗这班熟读儒家典籍出身的书生们来操纵了。其次,也像我们在前面所论述的那样,中国的官僚体制是一个依附权势和编织官场关系网的人治的体制,官员们在运作执行法律制度时,不能不受到权势和官场关系网的影响。这就造成了明清时期在法律制度的施行过程中,法外施恩和法外用刑的现象十分普遍。那些有权有势以及与各级官员有某种良好关系的人,往往可以躲避法律的规范。而一般的平民百姓,却经常要承受许多制度之外的国家和政府的负担。

权势超然于法律的现实,势必使大部分的当权者养成这样的一种心态:只要保住官位和权势,法律只是针对别人而不是针对自己的。举明清两代的《户律》为例。《户律》中关于户口田地的登报和交纳钱粮赋役的条文,规定不可谓不详细;明初皇帝朱元璋为了防止官吏们贪污钱粮和欺瞒赋税,还在《大明律》之外公布了诰、榜等,以加强对于官吏舞弊法律侵吞钱粮的惩治。但是天下大部分的官员们都在贪污钱粮和欺瞒赋税,这就是因为这些官员们认为相关的法律大半对他们是无效的,而事实往往又是如此。虽然明清两代也有一些官员因贪污钱粮和欺瞒赋税而受到惩处,但一方面是这些被惩处的官员人数在整个官僚队伍中仅占极少的一部分,而另一方面,这种惩处是突发性而不是经常性的。对于整肃整个官僚阶层的普遍贪污舞弊现象,起不到根本有效的作用。于是,许多官僚们就把贪污钱粮和欺瞒赋税当作理所当然的平常事。而政府或某些地方官员有时真要清查赋税处置违法,反而成了一件不正常而又艰难万分的事情。

大量的官员都有程度不等的违法行为,法律在流为形式的同时,也出现了法不责众的局面。明代初年在制定惩处官吏贪污律例的时候,十分严厉,官员贪污数斗粮食,可能要受极刑。随着官员贪污现象的普遍增多和贪污数额的不断扩大,以往的惩处律例很快就不能适用了。但是不论是皇帝还是官僚们,往往都不肯正视和承认这种现实的存在,对此类的惩处律例自然也不愿意认真加以修订,这就使得法律更加失去它的尊严性和可行性。其后的当政者们,有时想起清除腐败和整顿吏治,各级执法者只好根据上面的旨意和自己的感觉与好恶来审判此类的案件。而一般被惩处的官员所贪污侵吞的数额,早已经是法律制定之初的同等量刑的数十倍、数百倍乃至数千万倍之多;并且越是到了王朝的中后期,贪污案件所涉及的官员人数就越多。每当揭发出一名贪污的官员,清查的结果背后肯定就是一大群。各级官僚体制的相互关系往往与经济的利益关系结合在一起,从而形成了错综复杂、荣败与共的官员贪污网络。

法律失去尊严和法不责众,其影响所及,不仅仅只是官僚阶层,而是波及社会的各个阶层。官僚阶层即所谓的士大夫阶层,本来应当是整个社会的表率。士大夫所秉持的道德标准和行为规范,将直接关系到整个社会对于国家政治、法律的尊重程度。但是明清时期的官僚阶层基本上是一个执法犯法的阶层,这对整个社会起到了一个极为恶劣的示范作用:法律及其执法的官员都是可以藐视和融通的。于是在一般老百姓的认知中,各级官员可以做的事情,老百姓也是一定可以做的。官员们可以贪污腐败和欺隐赋税,老百姓也可以隐瞒人口田地和拖欠赋税。官员们可以巴结贿赂上司以求得升官发财,老百姓也可以通过贿赂关说等手段来获得执政执法官员的法外开恩和变通。这样就在整个社会形成了普遍违法的现象,尤其是那些与一般老百姓的日常生活密切相关的户口田地钱粮等法律制度,更是变为法外变通的渊薮。明清时期国家政府逐渐失去对于天下人口土地赋税的有效控制,其中原因固然是那些有权有势的各级官员在无时无刻地贪污舞弊、中饱私囊,从而造成大量的国家赋税流失;但是一般的老百姓藐视制度法律,想尽办法隐瞒土地赋税,同样也是一个不可忽视的重要因素。在某种程度上甚至可以说,明清以来中国各阶层之不惯于遵守制度法律及其偷税漏税的行为,几乎成了日常生活中不可缺少的一个组成部分。

法律既然已经到了这种田地,回到执法的层面:即使有些官员抱负强烈的社会责任心,但是他所遇到的各类案件和日常政务,往往是那些似合法又违法的事情,那么法律的坚持也就不能不大大地被打了折扣,甚至成为一句空话。从明清时期地方官员对于民间事务和刑事案件的处理方式看,比较通常的做法是,既参照国家的有关律例条文,又根据当地的传统习惯及风土民情,进行折中变通的处理。近年来美国的黄宗智教授曾经对于清代的地方案件判例进行分析,他看到了清代法律条文与实际判案之间存在着很大的差距。因此,他把他的这部新著起名为《民事审判与民间调解:清代的表达与实践》①。许多研究中国法制史的学者,都十分重视对于中国民间习惯法的研究。但是我们从另外一个角度讲,中国民间习惯法的盛行,不正是说明了中国国家法律制度与社会现实的严重脱离吗?

## 四、道德标榜与现实的背离

中国自春秋战国以来就一直注重道德的标榜,现代的新儒家们对于中国士大夫的所谓"内圣外王"的修齐治平之道尤为欣赏。就明清时期的情景而言,明朝的开国皇帝朱元璋出身于下层流民,清朝的皇帝们更是关外民族,他们原本对于中国传统的儒学道德所知甚少。但是他们一旦登上皇帝

---

① 黄宗智:《民事审判与民间调解:清代的表达与实践》,北京:中国社会科学出版社 1998 年版。

的宝座,立刻就领会到标榜这种道德的高妙之处,屡屡下旨应以儒家的圣贤之道治天下。

这种道德标榜的意旨,除了体现在我们上面所说的政治、经济等制度的制定上,如强调忠君、士大夫应当克己为国为民等之外,其对明清两代国家体制最为直接的影响,在于对士大夫的培养和选拔的制度之上。明朝初年,朱元璋下令在全国各府、州、县普遍设立官学,此外还有社学、宗学、武学等,学校之盛,号称"唐宋以来所不及也"。学校里的功课,是指定以四书五经和《御制大诰》《大明律令》为范本的。至于科举考试,更是要服从上面所严格规定的样本格式,考试的内容专取宋儒朱熹等人注说的四书五经作为命题,不得自由发挥,时称八股文。清代的制度沿袭明代,科举体制以及对于儒学、道学的尊崇一脉相承。

明清时期对于道德的标榜及其对于士大夫的灌输,一方面当然是为了更好地维护皇权,让每一个臣子从自身的内心来进行道德的约束,从而更尽忠尽责地为国家和皇帝效力。然而,道德的过分标榜本身就蕴含着口是心非,难以实现。特别是由于明清时期政治制度与现实的严重背离,残酷的政治现实迫使士大夫官僚们或是随波逐流、服膺于权势的驱使,或是默默甘穷,老死乡间。而政治权势所能带来的社会地位和经济地位又实在太过于诱人了,在现实的权衡之下,大部分人选择了前者,以保护自家的利益作为为人处世的主要准则。因此,士大夫官僚阶层虽然从小都系统地接受儒家道德的教育,个个满腹经纶,四书五经倒背如流,但是对这些倒背如流的儒家道德经典,只好随着政治现实的需求而各取所需。当政治现实需要攻击异己的时候,就搬出修齐治平的大道理来教训他人,如明代中后期的党争,个个都好像道德理学的化身,把对方攻击得一无是处;而当自己需要营私发财或做一些其他见不得人的勾当的时候,则把这些大道理抛至一边,大道理也同法律条文一样,是针对别人的。

当然,明清两代最高统治者极力地进行道德的标榜,可能还有希望能够营造一个有着良好道德风尚和统治秩序的社会环境的另一方面考量。因此许多研究中国道德史的学者,都指出宋代的理学家们虽然提出了许多规范社会道德行为的崇高设想,但是真正有效地得到实践施行的是在明清两代,如制定民间孝行、节行的表彰制度,民间受到这种制度表彰的节行、孝行人物的急剧增多等都充分地说明了这一点。然而这种制度性的崇高道德表彰的实践施行,与整个社会的政治、经济体制现实距离太远、反差太大。这样的道德标榜往往会造成社会的逆反心理,其所能起到的风化社会的效果相当有限。而且这种道德标榜的实施,还要受到政治权势的影响。与官府较有关系的人家,通过关说托人情,申报表彰孝行、节行获准的机会就大些;相反,一般的下层穷苦民众,即使真有孝行、节行,也不一定能够得到彰扬。这种现实更是使道德的标榜失去它的社会感召力。更有甚者,当王朝更替的时候,许多变节的官员,反而把"家有八十老母须尽孝道"作为苟且偷生的有力借口。这样的道德标榜,已经流为卑鄙勾当的挡箭牌。

口是心非的道德标榜,使得明清时期士大夫官僚们的人格变得扭曲起来。标榜忠孝的同时是见风使舵,提倡廉耻的同时是贪墨舞弊,讲求仁爱的同时是鱼肉百姓,宣扬信义的同时是欺下瞒上。此类记载在明清两代可谓举不胜举。这些能屈能伸、能说大话又擅长于卑躬钻营的士大夫官员们,反过来对于弱者,则是唯我独尊,顺我者昌,逆我者亡。对于国家和人民的事情,得过且过,虚与应付;而对于自家的经营,则是排场十足,架子非凡,声色犬马,万物皆备于我。当时民间用众所周知的谚语来描写明清时期士大夫官僚们的这种扭曲的人格云:"满口仁义道德,满腹男盗女娼""三年清知府,十万雪花银"。这并非完全是过激之言。在这种社会的浑浊主流之中,或有少数洁身自好的官吏如明代的海瑞之流,在当时则往往被视为不通人情的偏执怪物,而当这些"怪物"去世之后,又往往被树为道德的典范。

道德标榜与现实的背离,导致了社会价值取向的混乱。研究中国历史的学者都注意到中国农民战争和社会动乱的频繁,并把这种频繁的下层动乱归其原因为阶级压迫和官逼民反。这种动乱的起因当然是毋庸置疑的。但是如果我们从社会道德的层面去寻找,则道德标榜与现实的背离所导致的社会价值取向的混乱,未尝不是一个深层次的文化背景和有着传统延续性的重要因素。

# 结　语

　　明清时期政治、经济、法律、道德等制度与其施行的现实之间的背离,使得国家体制内的生命力与毁坏力相互抵消,阻碍了社会经济与文化的进步。中国历史上的所谓中央集权专制,从表面上看似乎是这样,但是在实施层面的各个领域,都与事实产生了很大的差距,甚至在某些领域是徒有虚名,缺乏实效。当然,世界上任何一种国家体制都存在着不同程度的制度与现实施行的差距。问题的关键在于这种差距发展到什么程度,其体制内部是否有自我调节这些差距并且尽可能不使之继续扩大的能力。就中国的情景而言,这种由制度与现实施行相互背离产生的对国家体制的毁坏力,已经基本超过了国家体制的生命力。明清两个王朝,都有着将近三百年的发展时间。在没有十分严重的外敌侵害的情况下,社会环境基本安定,良好的国家体制将维护这个社会走向繁荣,且自身不断调整其体制内的缺陷,从而更有效地发挥这个国家体制的生命力。然而明清时期的情况不是这样。政治的相对清明和社会经济发展的良好秩序,往往是在战乱之后的王朝之初。而随着政治的稳定和人民百姓的安居乐业,国家体制内的各种制度与现实施行之间的背离逐渐扩大,官僚阶层普遍贪污腐败,各种政治问题和社会问题日益尖锐,国家的赋税财政状况也日益混乱。国家的衰败继续下去,即使其内部有极少数有识之士试图针对这种颓势进行改革,但其体制内的毁坏力过于强大,这种改革一定趋于失败。最后整个国家不是亡于外患,就是被自己的人民所推翻。这里还应当着重指出的是,明清时期的国家体制主要被官僚阶层所毁坏,当然不是指所有的官僚。鲁迅先生曾经说过,中国自古以来就有舍生取义、为民请命的人,这些人是中国民族的脊梁。可惜的是这种脊梁太少了,这些脊梁在国家体制内所产生的生命力,最终被贪官污吏的毁坏力所淹没。这些能够坚持道德标准、恪守职责的官员,是无法挽救这种国家体制的。

　　当然,从中国历史的延续性看,虽然改朝换代是不可避免的,但是一千多年来的国家体制和文化传统还是得到一定的延续。同时,明清两代也一度形成了社会经济发展的某些高峰。这是否可以说明明清时期的国家体制具有良好的合理性？事实上，明清时期社会经济的进步以及国家体制的延续，更主要地应该归功于中国地理环境的优越与民间经济的勤劳性格和顽强的适应性。中国所处的地理环境，有着无与伦比的适合于农业生产的肥沃土地，中国国家体制正是建立在这一基础上的所谓"以农立国"。即使是在天灾人祸的双重冲击下，一旦有了比较安定的社会环境和风调雨顺的时光，可以在很短的时间内恢复社会元气，从而保障了社会的稳定与国家统治的延续。历数中国历代政府对于社会经济发展的实质性措施，无非就在于招徕人口与鼓励垦荒。这种政策措施正是建立在维护社会统治的构想之上的。这个目的一旦达到，我们就很难再看到政府对于推动社会经济的发展有着如何切实积极的措施了。因此明清时期中国社会经济的发展，更多地依靠民间经济的自身活力以及它的适应内部与外部变化而变化的可塑性，从国家体制那里取得动力的因素实在是微乎其微。不但如此，明清时期民间经济拓展私人海上贸易之时，还经常受到国家政府的强烈压制。纵观明清时期的国家体制，特别是政治体制，在一定程度上阻碍了社会生产力的向前发展。

明清时期国家体制内制度与现实施行之间所产生的背离现象，当然不是明清两代所固有的，而是经历了前代历史的演变积累所形成的。这种历史的延续性，特别是文化的延续性，不仅可以追溯到先秦以前的某些源头，而且还延续到中国近代以来的很长的一段历史时期。因此，本文的论述虽然限定于明清两代，但是这种国家体制内制度与现实施行背离现象的继承性和延续性，在这里是不能不予着重指出的。

# 中国商人历史研究中的制度与文化：
## 一个新的路径

关于中国古代商人及商业资本历史的研究，是 20 世纪中国历史学研究的一个重点领域，成果很多。学者们对于中国古代商人及商业资本的考察，大多集中在商人阶层的形成、发展与经营活动范围上，特别是由商人及其资本所引发的商品运销和市场网络，即所谓的商品经济发展模式，以及与此相对应的社会经济与政治环境、商人及其资本在其中所扮演的角色等问题，曾引起长时间的热烈讨论。学者们一方面为中国古代所出现的一次又一次的商品经济发展高潮而感到自豪，另一方面又不能不为中国古代社会商品经济的发展最终未能突破旧体制的束缚而形成新的生产方式备感惋惜。这种两极化的矛盾格局，至今依然困扰着研究中国社会经济史的学者。于是，人们近年来又试图从社会经济基础、思想文化传统以及国家政治制度等上层建筑的各个层面来探询这种矛盾格局形成的内部和外部因素，这当然对推进中国社会经济史的研究是十分有益的。然而，如果我们换一种视角来思考，是否有可能从这一历久常新而又令人困扰不已的问题中得出新的认识呢？

## 一、预设的理论前提与中国历史事实之间的差异

20 世纪以来，学界对于中国古代商人及商业资本的研究，虽然成果众多，但是不可否认的是，这种研究基本上已经预设了一个理论与方法论的前提，这就是把欧洲中世纪或者说欧洲封建社会里的商品交换历史以及商人与商业资本的历史作用，作为中国古代商人及商业资本发展历史的参照标本。由于有了这样一个预设的参照标本的研究前提，人们普遍认为中国古

代商人及商业资本,应该同欧洲中世纪的商人及商业资本一样,具备如下的两大基本特征。其一,在欧洲中世纪,由此推及中国的古代封建社会,自给自足的自然经济占统治地位,商品的交换是相当原始甚至是不存在的。我们所熟知的恩格斯的著名论断是这样描述的:

> 在中世纪的社会里,特别是在最初几世纪,生产基本上是为了供自己消费,它主要只是满足生产者及其家属的需要。在那些有人身依附的地方,例如在农村中,生产还满足封建主的需要。因此,在这里没有交换,产品也不具有商品的性质。……以交换为目的生产,即商品生产,还只是在形成中。因此,交换是有限的,市场是狭小的,生产方式是稳定的,地方和外界是隔绝的。①

特别是在古代中国,以自给自足的自然经济为特征的生产方式,集中体现在地主经济与小农经济之上。其二,从古代封建社会自给自足的自然经济占统治地位的基本特征出发,商品生产、商品交换以及由此而产生的市场关系,势必成为自给自足的自然经济生产方式的对立物,二者难以相容;商品生产发展到一定的程度,必然导致封建社会生产方式的瓦解,从而催生出新的生产方式即资本主义社会。

把欧洲中世纪的社会经济发展变迁历史作为中国社会经济发展变迁历史的参照标本,其实并不吻合中国古代商业及商人历史的发展轨迹。首先,中国古代商业及商人的产生历史很早,至少可以溯源到商、周时期(大约公元前16世纪—前475年),更遑论所谓的中国封建社会的初始阶段——战国时期(公元前475—前221年)。即以中国封建社会的前期阶段西汉时期而论,私营商业的发展,民"皆背本趋末"②,已经在很大程度上影响了国家政府的赋役财政体制,出现了"商与君争民""市与野争民"的现象。唐宋时期,商业的进步使得区域间的商品流通日益扩大,南方的商人远涉于塞北之外,而

---

① 恩格斯:《社会主义从空想到科学的发展》,见《马克思恩格斯选集》第3卷,北京:人民出版社1995年版,第746页。
② 班固:《汉书》卷24《食货志》。

"北界商旅辄入内地贩易"①。至于与海外各国的商贸往来,也都到达相当繁荣的程度,正如诗人们所描写的那样:"草市迎江货,津桥税海商。"②这种情况,在欧洲中世纪的前期阶段,是不太可能出现的。

其次,中国古代商人的身份界限是比较模糊不清的,并不像欧洲中世纪的商人与封建主、农奴那样有着比较严格的区别。在中国古代有些王朝的户籍制度中,虽然在"民户"中或有"市户""行户"等的差异,但其划分的依据,基本上是按照居民所居住的地点,而较少是按照居民的不同阶层分类的。所谓的"市户",主要是规范居住在城市里坐堂贩卖的"坐贾"以及游街串巷的小商贩。这种"坐贾",绝大部分是资本少,买卖小。而那些经营长途贩运的富商大贾,则往往是在市列管理之外的豪民,③较少受到"市户"等户籍制度的限制。特别是"市籍"法与"市户"在唐代中后期即基本废弛了,以后虽然间有回光返照,但未再有全面实行。换言之,宋、元、明、清时期,虽然有市场管理制度,但"市籍"在制度上已不存在了,列贩坐商也不再受市籍的限制了。这就使得中国古代商人往往可以变换自己的身份与职业。中国古代商人,尤其是宋代以来的商人,大多是多重身份的组合,既是商人,又是农户,同时也可能是士绅官僚。他们既关注于经商从工的经济收入,同时也着眼于经营土地的经济所得,农业经济和工商业经济可以在中国古代商人身上得到比较和谐的结合与互补,那种完全脱离农业经济的中国商人是很少数的。特别是那些经营工商业经济比较成功的富商们,由于有了经营工商业的财力支持,往往又能成为拥有大片土地的地主。在中国传统的古代社会里,商品经济与农业经济在更多的场合里,是作为经济的共生体而长期存在的。我们甚至可以这样描述:中国古代社会里的大地主不一定是商人,但是绝大多数的富商大贾,一定会成为大地主。即使是学者们最关注的商人们参与商品生产领域的活动,从中国古代的社会制度与法律习俗诸方面看,

---

① 脱脱等:《宋史》卷186《食货志》。

② 王建:《汴路即事》,见《全唐诗》卷299。关于宋代草市镇的发展和繁荣,可参考傅宗文《宋代草市镇研究》,福州:福建人民出版社1989年版。

③ 参见张一农《中国商业简史》,北京:中国财政经济出版社1989年版,第100—101页;许敏《明代商人户籍问题初探》,《中国史研究》1998年第3期。

也并不存在硬性限制的因素。因此，商人们参与商品生产的活动，在自汉唐以至明清时期的文献记载中也是时有所见。

虽然说在中国封建社会前期，有些政府曾经对部分商人实行诸如不得入仕等的身份限制，但是，一方面是这些限制政策的执行时断时续，难于长远而严厉地规范整个商人阶层；另一方面，中国古代社会基本没有限制商人购买土地的禁令，这就为商人们利用自己的经济实力而转换身份，提供了十分有利的方便之门。商人们一旦拥有土地，其身份就更具不确定性，因为奔忙于四海的商人，可以摇身一变成为农户，更不用说他们的子孙们，可以各随所愿地读书、食租、经商以获取其他的社会身份。从政府管理的角度看，对于商人们如此善变的身份的确定也是一道难题。正因为如此，中国古代社会里所谓"士、农、工、商"身份的形成及其转换，相对而言比较没有严格的制度限制。即使是在西汉武帝时期实行比较严厉的抑商、勒商措施的关头，政府还特意为一部分商人进入官员阶层开启了制度上的某些通达的途径。北宋中期之后，尤其是南宋之后，历代政府已经基本上放松了商人入仕的限制，①特别是当中国古代政府有了捐纳入仕的制度之后，商人们通过这一途径进入士绅阶层的高比例，是任何其他社会阶层所无法比拟的，更不要说是一般的贫困农民可以与之相提并论的。

其三，为了证实在中国古代自给自足的自然经济中占统治地位的农业经济与商业经济之间关系的矛盾及相互排斥，学者们往往都十分强调中国古代历朝政府的重农抑商政策。事实上，我们只要认真地分析中国古代政府所施行的某些"抑商"政策就不难发现：中国古代政府所推行的"抑商"政策，绝大多数是出于财政收入与社会控制上的考虑，而不是出于所谓维护"自给自足的自然经济"生产方式的需要。因为中国古代社会的所谓"自给自足的自然经济"生产方式，本身就是一个变异了的想象形态，并不真正符合中国古代社会的历史实际。以中国古代政府施行"抑商"政策最为严厉的西汉时期为例，著名的贾谊、晁错提出"抑商"的建议，其出发点既有传统观念中的"天下均平"的意识，同时又主要是出于对当时弃农经商者众而导致

---

① 参见朱瑞熙《论宋代商人的社会地位及其历史作用》，《历史研究》1986 年第 2 期。

"市与野争民""商与君争民"的忧虑。因为商人们东跑西闯,政府对其管理与控制相当困难;商人们可以买卖土地又经营商业,身份也变幻不定,让政府十分为难。而不像地道的农民,耕种田地,不离乡土,政府稽查起来一目了然,管理方便,政府的赋役征收也就有了固定的来源。这种出于社会控制和财政收入的两大考虑目标的模式,始终是中国古代政府及一部分士大夫知识分子试图实行"重农抑商"政策的基本模式。而这样理想化的模式在实施的过程中,自然是阻碍良多,甚至是托诸空言,在当时并没有收到十分明显的社会效果。西汉武帝时期,政府实行"算缗令",大概可以说是中国古代最为严厉而且具有实效的"抑商"行为了。但是,汉武帝实施"算缗令",最直接的诱因是迫于当时为了抗击匈奴的侵扰所造成的财政困难。从实施的后果看,严厉的"算缗令"同样也是短暂的,并没有形成长期的抑制商人的经济政策制度。中国封建社会国家财政体制的一个重要特点,是非制度性的临时额外征派经常会跨越制度的门槛而肆意泛滥,这种非制度性的政府财政等方面的勒索殊求,并不仅仅针对商人。作为中国封建社会基础的农民经济,其所受到的历代政府的额外搜刮,更是不绝于书,时有发生,丝毫也不少于社会的其他阶层。中国古代的政治议论中,经常有所谓"重农抑商""重本抑末"的主张,近现代学者们据此将其作为古代政府排斥商人及商品经济的证据,实在是有些过于注重形式而忽视其实效性。如果我们从另一个侧面来思考,古代社会的这种议论形式的标榜与政策措施的落实之间的不相称,不也正说明了商人阶层的经济优越性吗?

毫无疑问,国家体制对于生产形态以及行业经济的扶植与限制,主要地应该从制度性的层面去考察。而非制度性的强制措施,往往掺杂着许多不确定的因素,难于得到长期的延续。从长时段的制度层面上来考察,大概是受到儒家以民为本的"轻徭薄赋"观念的影响,从唐宋以降,政府对于商业的课税和限制要比对农业宽松许多。北宋初年,政府实行恤商政策,各地对于商税的征收不得擅自增损及创收,小商小贩交易细碎物品,不得收其税。明王朝建立后,基本延续这样的商业政策,明太祖时期,曾一度下令罢天下抽分竹木场,"军民嫁娶丧祭之物,舟车丝布之类,皆勿税"①。虽然在其后的政

---

① 张廷玉等:《明史》卷 81《食货五》。

策实施中,商税有所增加,但是明代是中国封建社会晚期商品经济发展的一个高峰期,商税的征收始终处于低水平的状态。在一个制度化健全的政府里,财政赋税的征收,应当随着经济总量的增长而同步增长。然而,无论是宋代还是明代,都未能做到这一点。明代商业税收的布局,基本延续着宋代的原例。而当明代中后期中国南方广大区域的商品经济迅速发展起来的时候,政府的税收政策显得十分迟缓与冷漠。明代后期为祸一时的矿监、税使,一方面固然是中国传统的非制度化搜刮的再次肆虐,而另一方面,却也从逆态中反映出商税征收与当时的商品经济发展实际水平是不相适应的。

所以,我们纵观中国古代商业及商人的历史遭遇,大体可以这样表述:在国家政府的制度性和非制度性政策的管理和约束下,中国古代商业及商人的发展轨迹,基本上是与历代政府的清明与贪酷程度成正比,同时也是与社会环境的基本稳定与战争动乱程度成正比的。在清明政府时代,制度性的政策得以比较正常地执行,商业及商人可以得到较快的发展;而当政府堕落至贪酷虐民的时代,各种非制度性的搜刮层出不穷,商业及商人也会受到一定程度的摧残。同样地,每当王朝政治所导致的社会环境相对稳定时,商业及商人也同农业和农民经济一样,可以得到稳步的进步;而当战乱蜂起、王朝更替之时,商业及商人也往往玉石俱焚,再次受到严重挫折。贪酷政治所引起的民众暴乱或王朝更替,并不能推动社会经济向前稳步发展。再者,无论是国家政府的制度性管理还是非制度性约束,每当政权对于民间社会的控制能力有所衰落下降的时候,其效率势必出现相对混乱的状态,商业及商人也有可能突破各种制度性和非制度性的限制,而得到某种程度的发展与进步。如此不断地经历着周期性的制度性与非制度性的重复,中国古代商业及商人也就呈现出波浪式的发展轨迹。这一发展轨迹,其实是与历代农民的遭遇基本吻合的,农民身份与土地占有形式的管理控制的严厉与宽松程度,农民经济的发展与衰败,同样也是经历了这样的波折,二者没有太多的差异。正因为如此,在中国古代时间延续较长的王朝里,商品经济及商人的发展历程,一般都经历了王朝前期随着社会经济复苏而复苏,王朝中期社会经济发展而发展甚至形成一个高峰,王朝末期政治腐败加剧、社会动乱蜂起而遭受严重挫折,由低到高、再由高到低的循环。尽管从长远的时段来考察,这种循环有着逐渐从低级向高级进步的趋向。但是这种波浪式的循环进步,毕竟大大地削弱了社会经济,特别是商品经济向前快速发展的势头,从而使得中国历史上的商品经济虽然出现了诸如盛唐、两宋、明代中后期、清代中期的发展高峰,但它始终无法形成直线上升的局面。中国历史上商品经济及商人历史的这一发展轨迹,是建立在中国特定的地理环境、经济格局以至社会制度、文化传统等基础之上的。我们要解释中国历史上商品经济及商人历史的这一发展轨迹,无疑还是应该从中国本土自身的体制中去寻求其内在的因素。

## 二、商品经济兴衰的多元制约关系

商品交换、商业经济与商人的形成和发展,自有其自身演变的内在规律,中国古代商业与商人的表现形式,在一定程度上与欧洲中世纪的商业及商人存在着许多相同之处,这是毋庸置疑的。然而,由于中国与欧洲的地理区位不同,各自的社会经济发展历程和政治体制、文化价值观的演化历程均有着诸多的差异。因此,假如我们在考察研究中国古代商业及商人的发展历史时,一定要按照欧洲中世纪的商业及商人发展模式作为参照标本,那么就难免存在许多不相吻合的地方,从而也就难于对中国的商业及商人的本来面目作更为精确而深入的了解。再者,我们以往在研究中国传统社会商人及商品市场经济演变历史时,较多地关注所谓经济基础对于社会进步、政治体制改革以及思想观念等所谓上层建筑的推动影响力。从长远的历史发展进程而言,这种推动影响力当然是毫无疑问的。然而,如果过于单纯地从经济学的层面来考察经济史的发展历程,恐怕是远远不够的,这种单线的理论思维尚不足以全面地解释错综复杂的时代现象。事实上,经济史所表现的发现轨迹及其特征,只是整个时代社会整体构架的一个多面体之一。历史时代的进步与变迁,应该是由经济、政治、文化、社会、精神观念等诸多层面与因素组合而成。这诸多的层面与因素之间相互关联、相互促进而又相互牵制,形成共同的合力,从而决定这个时代的地域历史将往哪个方向前进。

就中国古代的情景而言,早在两千多年前,以儒家为核心的文化伦理观念已经形成，它成为规范中国政治、社会、文化等各个领域走向的固定模式，一直延续到近代社会而无所改变。从国家政治体制来看，大一统中央集权专制的社会控制格局，尽管经历了大大小小王朝的不断更替，但是两千多年来也是万变不离其宗，甚至其专制的程度愈演愈烈，鲜有改变。在这样的近乎一成不变的文化伦理与国家政治体制之下，经济史的变迁，只能基本上被规范在比较稳固的体制之内，经济基础的推动影响力就不能不被大打折扣。这种规范，既有严厉的一面，也有自由的一面。从传统的文化伦理观念出发，所谓"天下为公""溥天之下，莫非王土；率土之滨，莫非王臣"，无论士、农、工、商，至少在统治观念上说，身份是平等的，是可以自由转换的。中国传统社会里，商人与其他社会阶层身份界限的模糊与可变性，为中国古代商人及商品市场经济的发展提供了比欧洲中世纪更为自主的空间。但是，中国古代商人如果试图突破这种传统体制的规范，却是十分艰难的。而只有当其体制内自觉或不自觉发生变化的时候，经济史才有可能同时也是自然而然地脱颖而出，显露出崭新的面貌。正因为如此，我们在这里对于学术界以往的中国古代商业及商人历史研究作一基本的反思，就显得很有必要了。

讲到这里，人们不禁要问：中国社会怎样才能形成有助于商品市场经济顺利发展，甚至促进商品市场经济发生从量变到质变飞跃的社会环境与制度保障呢？事实上，从 20 世纪中期中国学界的"中国资本主义萌芽"讨论，到后期的"早期工业化"讨论，学者们都一直无法忘怀对这一遗憾命题的思索。学者们遵循着经济基础的发展，特别是商品经济的发展将推动历史社会向前迈进的理论思维模式，期盼着中国的所谓"资本主义萌芽"或"早期工业化"能够在中国的土地上开花结果，而遗憾的结果不能不引起学者们的众说纷纭、莫衷一是。学者们对于遗憾命题的讨论，往往导致一种无解的结局。但是如果我们暂时抛开经济基础与社会进步的固定单向的思维模式，或许也可以为我们更广泛地讨论这些问题，提供一个新的探索空间。

中国商业及商人的悠久发展历史，已经在明清时期积累创造了规范宏大[①]、

---

[①]　美国学者麦迪森(August Maddison)的一部著作《世界经济二百年回顾》近年在中国出版，该书声称，在清代嘉庆末叶的 1820 年，全世界的 GDP 大约是 7 150 亿美元，而中国占有 2 190 亿美元，将近全世界的三分之一。这一估计可能过于夸大中国当时的经济规模，但是由此亦可见 17、18 世纪时期中国的社会经济发展在世界中的地位。

具有一定的全国性联系甚至与国际联系的商品市场经济。①同时,这种历史悠久的商业及商人发展历程,以及宋明以来商品经济高峰期的市场磨练,也在中国人的文化意识中培植和滋长了容纳多元经济成分,特别是商品经济与传统农业经济相辅相成的价值观念。因此,我们或许可以说,到了明清时期,中国社会的经济基础及文化观念等领域的上层建筑,都已经在一定程度上具备了社会进步与转型的基本条件。但是,中国的社会终究未能进入人们所期待的这种进步与转型。我们就不能不从国家体制与政治体制上去寻找原因了。

中国的专制国家与政治体制已经有了两千多年的历史了,随着时代的变迁,专制体制日益完善,国家政治成了主宰与引导社会一切的唯一核心。这正像我们在论述中国古代商业及商人发展历程时所说的那样,商业及商人的发展与兴衰,基本上是由各个时代的政治清明与贪虐程度所决定的。即使中国古代社会里的各种经济成分、文化成分如何地能动与活跃,但是其最终都将屈服于国家体制与政治体制。这种极为强势的专制国家与政治体制,决定了中国传统社会的改革进步,必须走着自上而下的道路,自下而上的改革之路在中国是没有前途的。自明清时期的社会经济变迁以及近代以来直至当今的社会转型,其所走过的道路,充分地说明了这一点。

那么,中国承继传统的国家与政治体制,是否存在这种自上而下实行社会经济改革的内在动力呢? 从文化观念上讲,并不存在过多的障碍,因为中国文化的发展具有相对宽容的包容性,与时俱进、自强不息一直是中国文化核心的信条之一。再者,中国基本上没有出现保守排他的宗教意识以及政教合一的政治管理体制,社会的弹性发挥存在着一定的可变空间。然而,从大一统的皇权统治上看,皇帝及其所属的政府,首先必须考虑的是政治上的稳定,尽可能多地控制人口和田地是保障政治稳定的首要前提。其次,在与西方近代国家接触之前,国家与政治体制缺乏危机感,保成守旧是维持统治的最简便稳妥的办法。因此,延至清代后期,中国的社会经济,特别是商品

---

① 傅衣凌:《明清社会经济变迁论》,北京:人民出版社 1997 年版;吴承明:《市场·近代化·经济史论》,昆明:云南大学出版社 1996 年版。

市场经济虽然有了重大的发展，经济体制内的某些变革也已出现端倪，然而它基本上无法形成足以推动商品市场经济顺利发展甚至促进商品市场经济发生从量变到质变飞跃的社会环境与制度保障。而当传统的体制遭遇前所未有的困境时，情况就有所不同了。进入近代以来，一方面是西方帝国主义的入侵给传统的中国社会和政治统治带来了空前的危机意识；另一方面，西方帝国主义入侵所带来的各种新的经济组织和管理体制随之而来，诸如近现代企业的资本集中与管理制度、企业经理制度、企业会计制度、企业风险投资制度、企业监督制度，等等。在这种情况之下，中国文化传统中的能动包容性格，明清时期所形成的社会经济，特别是商品市场经济的意识积累，逐渐得到了释放与发挥，中国传统的经济经营方式开始了显著的变化。改革开放以来，国家政府为社会经济变革创造了前所未有的良好环境，中国的现代化企业，包括民间的家族式企业，迅速壮大，走出本土、走出世界。回顾数百年来中国商品市场经济所走过的道路，我们不能不再次认识到，自上而下的变革，是迄今为止中国社会经济向前推进的最重要的动力。

## 三、自上而下变革的社会适应性

从中国历史上商品经济、商人阶层自身的发展历程及其文化价值观念形成的层面上看，至少到了明清时期，社会经济发展的内部构造中，已经滋长了某些适应于自上而下变革的社会基础。

众所周知，明代中后期是中国传统社会经济发展的一个新的高峰。在这一高峰期里，以农村经济的新变化为背景，国内外贸易的繁荣、城镇经济的发达、商品货币流通的拓展、社会行业及其分工的扩大，促进手工业生产的发展及其经营方式的变化，社会经济走上了以往各个历史时期都未曾出现过的带有某种"近代以前的工业化"的历史进程，从而引发了社会习尚乃至思想文化领域的一系列变化。毫无疑问，明代中后期商品经济及商人历史的高度发展，一方面是中国历经两千多年商品经济及商人演化发展的历史积淀；另一方面，尽管这个时期的商品经济发展已经形成了一个空前的高度，但是它也逃脱不了再度衰落的命运。到了明末清初之际，中国商品经济及商人阶层的发展又一次进入低潮。入清以后,商品经济及商人阶层虽然在清代中期得到一定程度的复兴,具有全国性意义的商品经济运销网络再度活跃,然而也是好景不长。随着清代后期政治的腐败及社会动乱的加剧,商品经济的发展也随之有所衰落。①

明代中后期社会经济变迁及其新因素发展进程的中断,固然令人扼腕叹息,然而我们也不能不乐观地看到,中国古代商业与商人历史的源远流长,明代中后期社会经济的变迁与发展在一定程度上改变与滋长了人们对于中国传统社会经济模式的重新审视。尤其是明代中后期社会经济的变迁发展对于当时思想文化与民间社会习尚所产生的冲击,已经在中国人的文化意识中培植和滋长了容纳多元经济成分,特别是商品经济与传统农业经济相辅相成的价值观念。学术界在研究中国传统社会,特别是明代社会经济史的时候,往往忽略了对于这一价值观念的重视。实际上,一种社会价值观念的形成,比起一种社会的经济生产模式往往更具有历史的长远意义。因为这种容纳多元经济的价值观念,一旦有了适应的社会环境与社会制度相匹配,价值观念将很快地发挥其潜在的社会功能,为社会经济的转型起到极为强劲的推动作用。入清以来,中国的社会环境与社会制度更趋保守,虽然说清代中期曾经兴起一个新的经济发展高峰,但是从社会经济的结构格局来观察,这一时期的社会经济发展模式并没有对明代中后期的经济发展模式有丝毫的突破。因而清代的社会经济,也必然难于寻找到更为有效的发展途径,它的逐渐衰败也是必然的。近代以来,中国历经苦难,明代中后期所滋长的这种多元经济的价值观念,依然无法得到正常的发挥。尽管如此,我们从这数百年来的经济发展轨迹中还是不难看出,中国人对于多元经济,特别是商品市场经济的追寻与实践从未间断过。正因为如此,我们在探讨中国社会经济发展演变历程的时候,千万不能再度忽视中国传统文化中所包含的特别是明代中后期滋长起来的多元经济价值观念的作用。任何一种经济政策的推行,无法得到社会普遍价值观念的呼应,那么这种政策的实施势必是步履艰难的。

---

① 参见陈支平《明代后期社会经济变迁的历史思考》,《河北学刊》2008 年第 1 期。

两千多年来,中国强势的国家大一统专制体制基本上决定了各个时期商品经济及商人发展历史的兴盛衰败,也导致了中国历代的商人们逐渐地在潜意识中形成了依附于国家政治的服从心态。而悠久的商品经济及商人的发展演化历史,特别是中国封建社会后期商品经济及商人的高度发展,又使得中国民众在社会心理上已经普遍形成了容纳多元经济成分,特别是商品经济与传统农业经济相辅相成的价值观念。这两者因素的相互结合,自然而然地营造了适应自上而下实施变革的社会基础。这也正是中国近现代以来社会经济自上而下变革得以逐步实行的重要内在机制之一。

当然,市场或商业活动的规律,毕竟与国家行为是不一致的,有其自身的运行方式。比如,国内市场体系的形成与有效运作,固然有赖于统一国家的存在与相对稳定的政治社会局面;对外贸易的发展,必须以广阔的国内生产基地和消费区域为前提。而商品经济的发展,又往往在一定程度上腐蚀着国家政治体制的稳固性。中国地方商人集团的形成,兼及地理自然环境、民风性格、区域文化传统的多种因素。以中国地域之广大、社会经济区域之多元性,市场或商业经济的发展固然需要一个统一的国家和制度,局部的发展不足以带动整个国家的进步,然而,商品市场经济的多元化趋向以及地区发展的不平衡因素,都将在中国古代的商品与市场经济的演变历程中发挥各自的影响力。尽管如此,我们从国家政权的制度性与非制度性的角度来思考数百年来中国商品市场经济所走过的自上而下变革的道路的历史经验教训,应当不无学术上与现实上的意义吧。

# 明清社会经济史的细部考察

# 明代前期福建户籍的民间重构

　　学者在论述明代黄册制度及政府基层户籍管理制度时,都注意到这些制度在明代前期的财政税收和社会控制等方面所发挥的重要作用,以及明代中叶以后这些制度的逐渐瓦解。但是由于明代疆域广阔,地区社会经济发展不平衡,不同的地区存在着不同程度的地域性差异,各地区在推行黄册制度时也必然出现许多不同的情况。就福建的情景而言,明代前期推行黄册制度和进行基层户籍管理时的实际情景,就与上述的全国情况很不相同。本文试就明代前期福建户籍管理的变动以及民间户籍的重构等问题,作一初步的分析,并希望借此加深对于明代黄册制度以及民间户籍管理诸制度的研究。

## 一、明初福建地区推行黄册制度的虚假性

　　以往论者都认为明代初期,特别是洪武年间,政府推行黄册制度时是十分严厉的,成效也比较显著。明初法律为了保证黄册制度的确实推行,曾经在《户律》中规定:

　　　　凡一户全不附籍,有赋役者,家长杖一百;无赋役者,杖八十,附籍当差。若将他人隐蔽在户不报,及相冒合户附籍,有赋役者,亦杖一百;无赋役者,亦杖八十。若将另居亲属隐蔽在户不报,及相冒合户附籍者,各减二等。所隐之人,并与同罪,改正立户,别籍当差。……若隐漏自己成丁人口不附籍,及增减年状,妄作老幼废疾,以免差役者,一口至

125

三口,家长杖六十,……所隐之人与同罪,发还本户附籍当差。①

这就是说,法律规定天下所有的民众户丁,必须登记在黄册之上,凡是有意规避在黄册之外的户丁,就必须受到法律的制裁。正因为如此,许多记载对于明代前期黄册制度推行的成效颇为赞赏,如《明史·食货志》说:

> (太祖)即位之初,定赋役法,一以黄册为准。……府州县验册丁口多寡,事产厚薄,以均适其力。②

弘治时期的官僚丘濬也说:

> 今世之黄册也,……民以此定其籍贯,官按此以为科差。……版籍既定,户口之或多或寡,物力之或有或无,披阅之顷,一目可尽。官府遇有科差,按籍而注之,无不当而均矣。③

然而,明代前期福建地区黄册的制定,并没有如《明史》诸文献中所记载的那般富有成效。从明代福建地区的许多地方志资料看,当朱元璋平定了福建之后,曾经采取了"令民以户口自实"的户籍申报方式,嘉靖《惠安县志》记云:

> 国初定闽中,即令民以户口自实。至洪武十四年始颁黄册式于天下,令军、民、盐、匠等户各以本等名色占籍。唯民户丁多许开析自为户。十年则核其老幼生死而更造之。④

---

① 薛允升撰,怀效锋、李鸣点校:《唐明律合编》卷12《明律卷第四·户律一》,北京:法律出版社1999年版,第270—271页。

② 张廷玉等:《明史》卷78《食货志二》,北京:中华书局1974年版,第1893页。

③ 丘濬著,林冠群、周济夫校点:《大学衍义补》上册,北京:京华出版社1999年版,第286—287页。

④ 嘉靖《惠安县志》卷6《户口》,上海:上海古籍书店影印天一阁嘉靖本,1963年版。

明代初期福建以民户自实的形式进行户籍整顿和制定黄册,虽然没有按每户每丁的实际情况来落实登册,但是洪武后期所登记在册的户籍丁口数,还是比元代有所增长。据何乔远《闽书》的记载,元代福建有户 700 817(宋代福建有户 1 458 697),口 2 935 014;而明初洪武二十六年有户 815 527,口 3 916 806 。[1]洪武年间福建的这一户籍人口数,是整个明朝福建户籍人口的最高数。明代后期的万历六年,福建的户数已降到 515 307,口数降到 1 738 793,丁口数尚不及洪武年间的一半。[2]可见洪武年间福建的户籍登记和黄册编制,虽然不是按当时的实际情况进行登录,然而其总数,基本上还是参照了宋元时期福建的户籍人口数量而编制成册的。

由于明代初期福建进行户籍登记和编制黄册与民间的实际情况有相当的距离,这就不能不使得日后的户籍统计及重编黄册产生了很大的变动。根据韦庆远先生的统计,明代初期与中期、后期全国黄册所载户口数量差别不多,洪武二十四年(1391 年)全国有户 10 652 789,口 60 545 812;弘治十五年(1502 年)全国有户 9 691 548,口 61 416 375;嘉靖二十一年(1542 年)全国有户 9 972 229,口 62 530 195 。[3]明初的户口数量与明中期、后期的户口数量基本相同,这本身就是一个极不合理的现象。嘉靖年间官员霍韬就对此产生了莫大的疑问。他说:

> 天下户口,洪武初年……甫脱战争,户口凋残,其寡宜也。弘治四年,承平久矣,户口蕃且息矣。乃户仅九百一十一万,视初年减一百五十四万矣;口仅五千三百三十八万,视初年减七百一十六万矣。国初户口宜少而多,承平时户口宜多而少,何也?[4]

明代户口管理和黄册编制之所以出现这种非正常现象,其原因不外两种:一

① 何乔远:《闽书》卷 39《版籍志》,福州:福建人民出版社 1994 年版,第 958 页。
② 何乔远:《闽书》卷 39《版籍志》,第 959 页。
③ 韦庆远:《明代黄册制度》,北京:中华书局 1961 年版,第 248—249 页。
④ 霍韬:《修书陈言疏》,载《明经世文编》卷 187,北京:中华书局影印本,1962 年版,第 1920 页。

是明初编造黄册时好大喜功,胡乱凑数,致使册籍上的数字大大超过民间的实际人口数,其后实际户口虽有增长,但编制黄册时却无法再增加数量;二是明初编制黄册时的户口量基本与实际数量相符,其后因编制黄册时出现种种弊端,黄册制度逐渐瓦解,终致名存实亡,政府虽然还是按时编造黄册,但完全是虚应故事,户籍、田地、赋税等只能力求保持明初的原额而已。近现代以来的明史学者们,大多认为明代的这一不正常的户口统计数量,是由后一种原因造成的,即由黄册制度的败坏和瓦解造成的。

然而明代前期福建的情景并非如此。根据上述韦庆远先生的统计,明初全国户口数量与明中期、后期的户口量大致是相同的,其中有的地区是增长了,而有的地区是减少了,总数基本上是持平的。值得注意的是,福建地区恰是其中户口数量减少较为明显的地区之一。洪武二十四年,福建有户815 527,口3 916 806;弘治十五年,户减至508 649,口2 062 683;嘉靖二十一年,户519 878,口2 111 027。①到了明代中叶以后,福建地区在黄册上的户口数量,比明代初期的数量减少了40%左右。福建地区自明初至明中期,社会环境也是基本稳定的,民众得到休养生息,人口增长是不言而喻的。但是体现在黄册上的这种不升反降的户口数字,显然不是所谓黄册制度逐渐瓦解所能完全说明的。

我们再从明代福建各地的地方志记载看,明初以来福建各地户口的锐减情景就更加耐人寻味:②

| 县　　别 | 洪武二十四年 | 永乐十年 | 景泰三年 | 弘治五年 |
| --- | --- | --- | --- | --- |
| 建阳县 | 户 31 244 | 户 29 812 | — | 户 24 103 |
| | 口 124 277 | 口 94 905 | | 口 83 238 |
| 建宁县 | 户 10 506 | 户 7 123 | 户 6 620 | — |
| | 口 43 655 | 口 19 464 | 口 20 566 | — |

① 韦庆远:《明代黄册制度》,第248—249页。
② 以下户口数字见嘉靖《建阳县志》卷4、嘉靖《长泰县志》卷2、弘治《将乐县志》卷2、嘉靖《尤溪县志》卷4、嘉靖《清流县志》卷2、嘉靖《建宁县志·田赋志卷第三》以及嘉靖《建宁府志》卷12(该府志所记洪武年间户口数是洪武十四年的)。

| 县　别 | 洪武二十四年 | 永乐十年 | 景泰三年 | 弘治五年 |
|---|---|---|---|---|
| 长泰县 | 户 5 623 | 户 4 788 | 户 2 013 | — |
| | 口 18 399 | 口 15 660 | 口 16 518 | — |
| 清流县 | 户 12 570 | 户 12 570 | 户 12 383 | — |
| | 口 51 068 | 口 49 030 | 口 48 608 | — |
| 将乐县 | 户 18 742 | 户 15 062 | 户 10 447 | 户 8 254 |
| | 口 68 444 | 口 45 728 | 口 42 450 | 口 34 682 |
| 尤溪县 | 户 22 282 | 户 18 331 | 户 17 741 | 户 15 861 |
| | 口 70 317 | 口 54 460 | 口 52 704 | 口 48 181 |
| 建宁府 | 户 140 089 | — | — | 户 120 382 |
| | 口 537 024 | — | — | 口 403 496 |

从上表数字中可以看到一个十分明显的变动趋势,即明代福建地区黄册户口锐减不是在所谓黄册制度逐渐败坏的明代中期,而是从洪武年间黄册制度推行伊始不久就出现的。明代福建地方志关于明代户口记载的最早年月大多是洪武二十四年(1391 年)①,这一年可以看作福建地区实行黄册制度后的第一个最为准确的户口统计年。但是刚过 20 年,永乐十年(1412年),福建各县的户数和口数普遍减少。到了景泰三年(1452 年),各县户数、口数减少的现象更为突出,有些县份的户口数量已降至洪武年间的半数甚至半数以下。然而从景泰年间以后,福建各地的户口量就不再大幅度下降,而是保持在一个相对稳定的延续水平。

明代前期福建地区户口数量登载的这一变异情景,只能说明洪武年间福建地区推行黄册制度时,根本就没有严格贯彻以实在户口田地进行登记的原则,而是胡乱凑数,把元代福建的户口数量基本延续下来,从而得以确保明代福建赋税徭役的征收来源,使福建赋役征收不至于出现大幅度的变

---

　　①　洪武十四年初颁黄册时福建的户口数字,在《明太祖实录》中有记载,共有户 811 369,口 3 840 250。然而《明太祖实录》的记载与《闽书》等福建地方的记载有所出入。洪武二十四年《明实录》记载福建的口数是 3 293 444。据此,则《明实录》中记载洪武二十四年福建的口数比洪武十四年的口数减少了 50 余万,约 15%。

动。但是由于这种胡乱编制出来的黄册户口与民间实际户口存在着较大的差距,民间对于赋役的负担过于沉重,黄册制度的贯彻也就难于取得名副其实的效果。在这种情况下,明初福建地方政府才不得不赶快对黄册中所登载的户口进行较大的改动,册籍中的户口数量在第二次编制黄册即永乐年间就很快锐减了下来,而不似其他一些省份那样,户口的负增长或未增长是在明代中叶黄册制度逐渐败坏之后才出现的。景泰年间以后,福建地区民间户口的实际增长和黄册上登载的户口数达到了一个可以相互容忍的交会点,官府所能控制的黄册户口就开始基本维持在一个较为稳定的水平线上。其后,虽然福建地区的民间实际户口仍在不断增长,但是由于黄册制度的败坏和政府对于基层社会控制力的下降,明代福建地区户口数量和全国的情景一样,再也无法出现较大幅度的增长,有些地方甚至继续出现下降的趋势。这就难怪有的地方志作者对这种现象大惑不解:"承平既久,生齿宜繁,然稽之版籍,则递减于前,而聚庐顾亦如旧,岂客户多而土著者寡邪?"①因此,就明代福建的情景而言,黄册制度从推行那天起就没有得到认真按户登录的实施,随着黄册制度的败坏,册籍上的户籍与民间实际情况的差距就更加遥远和模糊不清了。

## 二、明代前期福建民间对于黄册户籍的应对措施及其后果

明代前期福建地区的黄册户口既然是一种不切实际的虚拟数字,政府的赋役负担强加在数量有限的民户之上,这就必然引起民众的反抗,或逃亡,或匿税,致使政府的黄册更加不实,赋税徭役的征收更加困难。基层民众为了应付政府的赋税徭役,也就不能完全听命于黄册的摆布,比较普遍地采取了隐瞒户产丁口的方法,使自家的实际人口、田地数量不能在黄册中如实地反映出来,从而在一定程度上规避了政府的控制。而地方政府方面,只要每年比较固定的赋役数量能够得以征收,他们对于黄册上面的户籍田地是否与民间实在的户口田产相同,以及民间的人口、田地是否仍在增长,就

---

① 嘉靖《建宁府志》卷 12《户口》,上海:上海书店影印天一阁嘉靖本,1964 年版。

显得不是那么重视了。在这种情景之下,民间的户口、田产及其相互转移就和官府的黄册记载编制存在着较大的距离。民间对于户籍的交易转移乃至重新构成组合,在许多场合就完全脱离了政府的制度管理,形成了民间自行认可的习惯规范。我们曾见到一些明代的民间契约文书,就十分清楚地反映了这一点。在此,试举成化年间永春县的契约文书如下为例:

> 安溪感化里民人康福成,因本处田土稀少,后来永春县六七都住耕田土,今蒙造册,情愿供报六七都九甲里长陈宅班下甲首。三面言议,将伊洪山门口垅秧蔗等段计田粮八十亩,该年租一百二十硕,载米四硕二斗,并废寺地山林,一尽送与康福成兄弟承管。或是现当,约定协当两个月日。或差遣远近长解,路费依照班下丁米科贴。若间年杂唤使费,约贴银八钱。不敢反悔。如是出办不前,或子孙不能承当粮差,累负里长,将业退还,不敢变卖;如有变卖,执合同当官告理,甘当情罪。
>
> 恐口无凭,立合同一纸付里长收执者。
> 成化七年十二月　日
> 承当甲首人:康福成
> 作中人:谢智明
> 代书人:欧尾发

这张契约说的是原住安溪县的民人康福成,因无地可耕,迁至永春县六七都居住,为了取得当地的认可,与当地里长签订自愿承担甲首义务合约字,从而得到八十亩土地和在当地立籍的资格。康福成只要认真履行为当地里长纳税当差的义务,他就可以永远耕种这些土地;而一旦没有认真履行这些纳税服役的义务,土地便为里长收回。由于康福成从安溪迁来永春时还携带了两名兄弟,家中劳动人口颇多,耕种八十亩土地尚有余力,纳税服役如期如数完成,得到当地里长甲首们的认可。于是,里长又与他们签订顶替其他绝亡甲首户纳税当差的契约,该契约如下:

> 立送田字人六七都里长陈贵等,愿将绝甲首陈佛成户租民田六十

亩,坐落洪山,年收租九十一硕,声载秋粮正耗米三硕二斗一升,自情愿央本都民谢智明为中,出送甲首康福成前去十年冬下为头管掌,递年随业理纳。并厝基一所,坐落土名美安,的系绝户甲黄伯孙屋基,许令居住,仍中间欲要米一硕,连耗七升,坐落八坑前后等段,计租三十硕,粮米俱在里长名下。日后但遇均徭,随时征贴里长派科粮派,及带征赔米五斗。此系二比甘愿,日后各分无悔。恐口无凭,亲交文契付本人收执者。

计开田段:洪山十二埕租十二硕,门口垅租十六硕,院前十硕,尾墩八硕,坑尾塝八硕,深柄七硕,南山大墩二十六硕,坝坑后头秧蔗五硕,前坂二十硕,横洋五硕。

成化十年二月　　日

送田人:陈贵

作中人:谢智明

知证:苏一观

以上契约中,不论是拨划荒地给康福成立籍当差还是顶替绝户钱粮,都是与当地的里长签订合约而在民间私下进行。这种户籍田地的转移以及纳税服役义务的承继,无须经过官府的认定和正式登入黄册之中。正因为如此,明代的许多记载都认为户籍黄册制度的破坏,是由于那些担任基层户籍黄册管理编造的"里胥""巨猾"们在上下其手。如万历《泉州府志》云:

田土在民间有券契,官司有册籍,券契可伪作,册籍可弊改,而巨豪宿猾率表里舞文,据为左验,所由来日久,或告开垦,或告受产,其名可喜,而弊窦争端伏焉。①

嘉靖《延平府志》亦云:

----

① 万历《泉州府志》卷6《版籍志上》,明万历四十七年(1612年)刊本。

人户以籍为定,今之籍果足凭乎?余知之矣!富者家联数十丁,籍之所入者惟数丁耳。贫者家实无一二丁,籍之所载乃与富者等。兹因里胥之弊耳已。凡有赋若役,上之人唯其籍之多寡以定其差之轻重,里胥岁坐取其漏丁之钱以私于己,而贫者之差乃算至毫发,缕缕不遗。……斯固天下之通弊焉耳。①

里胥、巨猾们利用编制黄册及催征过户等之便营私舞弊,固然是明代黄册制度败坏的重要原因,但是我们应当看到这种民间基层的舞弊,是有着一定的社会基础的,许多民户也希望通过这种舞弊以及户籍的重构来达到隐瞒户口田地和赋役的目的。饶有意味的是,当康福成去世后,康家便把这种冒名顶替的产业阄分管业,该家庭立有分家合约如下:

立合同人康福瑞,有兄福成,弟福清,原籍安溪县人,移居永春六七都洪山村住耕田土。九甲里长陈贵,招兄福成随地立户伊管下甲首,顶当伊甲首陈佛成户额,承管伊户地二所。因兄福成身故,嫂吴氏寡守侄宽养。今共议均分前地:一所坐落洪山尾安,并鱼池仔一口及山母前后等处山场,付侄宽养管掌;一所土名洪山废寺院蔗地基,并门口大池一口及山母前后等处山地,分在福瑞、福清二人管掌,各自行起盖居住。其废寺米一硕,均作三份,每人得米三斗三升三合零,永为子孙理纳户役,不许侵夺地界。其原籍安溪并无产米户籍,告明册除外,今后子孙如有反悔争占,执合同向官治罪。恐口无凭,故立合同二纸,各收执永远为照者。

成化十七年八月

立合同人:康福瑞、侄宽养、嫂吴氏、福清

代书里长:陈贵

见证人:林荣②

---

① 嘉靖《延平府志》卷5《户口》,上海:上海古籍书店影印天一阁嘉靖本,1961年版。
② 以上三纸契约均见于永春县佚名《桃源凤山康氏族谱·契抄》,影印件,由本人收藏。

康福成去世后,康福瑞兄弟侄儿等人把这些冒名顶替的田产户额立阄均分,并请来里长作证代书合约。然而这几位兄弟侄儿分家之后,也不用到官府那里去重新登记立籍,而是私下把这个绝户陈佛成的户役保存下来,特地留下部分共管的产业,让子孙们永远共同管业理纳户役,所谓"其废寺米一硕,均作三份,每人得米三斗三升三合零,永为子孙理纳户役,不许侵夺地界"。正因为明代福建基层社会的许多里长、甲首以及各个家族经常无须经过官府的核定查验便自行对户产赋役等进行私下的重构组合,这就使得官府黄册上面所记载的户籍田地与民间的实际情况益加遥远。官府册籍中登记的户籍是甲,而民间参与纳税服役的实际户名可能是乙或丙或丁。官府册籍中登记的户名是一人,而民间实际参与纳税服役的可能是数户人家、数十户人家,甚至是一个村落、一个家族。事实上,上面所引述的这个康氏家族,随着其后代子孙的繁衍,人丁户口日众,但是一直到清初,也还是以绝户陈佛成的名义在与官府发生联系。[①]我们曾在永安县见有一部《余氏家谱》,记载其家族自明初洪武年间入籍于永安六甲,子孙繁衍虽经历了 200 余年,族众不下数百人,但终明之世,这个家族也一直是以原有的户名在六甲纳税当差。[②]

闽东柘荣县(明代属福宁州)的孔氏家族,明初从江南丹徒县随军队入闽,始迁祖孔克伴、希顺父子于永乐年间在东峰乡定居屯耕,该姓族谱称:明初有孔氏"之裔孙讳克者隶汤(和)将军麾下,随征福州,有功官至总旗,镇抚浦东,爱东峰山水之胜、田园之美、风俗之淳,遂卜居焉"[③]。孔克伴、希顺父子初徙东峰之时,曾带领韩、刘、尹、谈、汤、贺等姓一道前来。为了便于领屯立户,他们"以结拜金兰兄弟的形式"[④],共同起用了以"际"为排行的名字代号,一方面与官府联络登册,另一方面则私下重组各自的屯田产业。该家族保存有永乐四年(1406 年)孔姓与其他六姓签订的"合同约",全文如下:

---

① 参见永春县佚名《桃源凤山康氏族谱·卷首》。

② 参见拙作《近 500 年来福建的家族社会与文化》,上海:三联书店上海分店 1991 年版,第 95 页。

③ 同治九年杨明晋《小修东峰孔氏族谱序》,见孔毓田等修《东峰孔氏宗谱》,第 9 页。

④ 刘康华、陶孝通:《孔子后裔在柘荣》,载柘荣县政协文史资料研究委员会《柘荣文史资料》第 4 辑,1992 年版,第 56 页。

　　立合同约韩际德、孔际殿、尹际金、贺际章、汤际贤、谈际思等，缘于永乐二年迁所□□宁一载，后于三年更迁福宁州三十一都柘地东峰境。韩迁垅里，刘迁□面前垅傍山仔，孔迁垅头，尹迁上厝园，贺迁后井，汤迁□家山垮，谈迁南安。所有山场壹□，坐落本都三座院，南至大岭丫林家山，西至岩厝下边坑大垮至陶家山及臣降官前路，东至柴朹圹，北至事记岩降直下田。又号坐落官仓园，南至谈宅后门山田，西至谈厝地，北至歇平，东至宫前垅田。又号坐落三二都溪里院坪降，南至圹路，西至龙井林家山，东至里洋坑尾大溪。又号坐落三二都黄竹坪，南至长蛇□降袁家山，东至拖□□□□□□□□□坑陶家山，西至大溪。又号坐落三二都东家山上至山分水，下至厝基田，共三垮四降，东至吴家山。又号坐落三二都后□，南至袁家山厝基，东至山分水陶家山，西至田，北至大路。四至载明。与七姓同众商议约分掌管。面约三座院里官仓园，分与韩、刘、孔、尹、谈五姓前去共管外，东家山分与汤家掌管，后井分与贺家掌管。今立合同约七纸，各执壹张前去永远照约管业。向后子孙不得□□□□□，如有此情，取出原约，经公理论。此系各情愿，各毋反悔。今欲有凭，立合同约永远为照者。

　　永乐四年三月　日

　　立合同约：韩际德、刘际昌、孔际殿、尹际金、贺际章、汤际贤、谈际思

　　代笔：李朝金

　　内改"东"一字①

　　明初政府为了防止沿海寇乱，曾在福建驻扎了不少军队，军户数量几占全省户籍的三分之一。

　　《闽书》云：

　　（福建户籍）军、民为重，军户又视民户几三之一，其丁口几半于民

---

① 本合同约复印件承蒙柘荣县宣传部李旺平先生提供，特此致谢。

籍。夫军户何几？民籍半也。盖国初患兵籍不足,民三丁抽一丁充之,有犯罪者辄编入籍,至父子兄弟不能相免也。乃今多耗矣。①

明代制度规定军户是不能随便更籍的,军户按理是最不易消耗的。但是福建的军户及其屯田的实际情景正如何乔远所说:"今多耗矣。"军户的流失和屯田的混乱成了明代中期以来福建地方管理的一个突出问题。

《德化县志》云:

> 迩来军无实伍,屯没世家。臣等僻居山邑(德化),田土军民参半,力作聊生。讵意势豪张威,恃屯酷剥。有泉州卫逆弁某等……各冒屯三十余户,遇清查则匿名,奉税契则隐漏,年享数十万子粒并不纳粮。②

《建宁县志》云:

> 国初民少田荒,多未开垦,宣德年间始调拨邵武卫旗军四百名,永安千户所旗军八十名,来县屯种。……经今一百四十年,其间生养蕃息,又不知几千百人,以几千百人坐享安逸而独劳吾民(民户),于事体深未便。③

明代福建军户及其屯田的混乱,其中一个重要的成因,无疑就是军户登记中册籍户名与实际户名的不相吻合,像上引福宁州孔、刘、谈、汤、贺等姓的虚拟户名,以及众姓合户、匿丁不报的现象,在明代军户的登录上似具有一定的代表性。泉州福全千户所有一座全氏宗祠,是当地诸多军户共立的宗祠,并撰有宗谱。宗谱中记载有明末清初诸姓军户的姓名,也是犹同柘荣

---

① 何乔远:《闽书》卷 39《版籍志》,第 958 页。
② 万历九年邑民周姓奏状载民国《德化县志》卷 7《民赋屯粮》,上海:上海书店出版社据 1940 年铅印本影印,2000 年版,第 237 页。
③ 嘉靖《建宁县志·田赋志第三》,上海:上海书店据嘉靖刻本影印,1990 年版,第 558—559 页。

的军户一样,采用同一排行的虚拟名字,如"詹奕灿、张奕铨、刘奕伯、卓奕弼、曾奕从、洪奕龙、吴奕盛","叶世春、翁世瑞、尤世祥、张世正、曾世都、何世德、赵世坦",等等。①现存东山县(铜山)关帝庙的一块碑文,记载了明代军户入清之后转为民户时共同商议众姓合户的事情,该碑文如下:

> 考之上世,吾铜乃海外岛屿,为渔人寄居,民未曾居焉。迨明初江夏侯德兴周公沿边设立,以此壤接粤境,为八闽上之要区,所以铜山名之,调兴化莆禧众来守此城。官与军咸袭封,是为军机,里甲丁粮,世莫之闻。至国(清)朝定鼎,凡天下卫所,……将铜山户口编入黄册,而铜自此有丁粮之事焉。然泛而无宗,傍人门户,实非贻燕善策。因闻诏(安)邑有军籍无宗者,共尊关圣帝君为祖,请置户名曰:关世贤,纳粮输丁,大称其便。五十年审公议此例,亦表其户名:关永茂,众咸为可,遂向邑侯汪公请立户,批准关永茂顶补十七都六图九甲,输纳丁粮,不但得画一之便,且幸无他户相杂,散而复聚,无而又有,将来昌炽可甲于前。……于是公诸铜人,当神拈阄,分为七房,小事则归房料理,大事则会众均匀,叔伯甥舅彼此手足,并无里甲之别,终绝大小之分,不得以贵欺贱,不得以强凌弱,有异视萌恶,许共鸣鼓而攻,故此方为无偏无党,至公至慎。爰立石以垂不朽。②

铜山岛的这些军户,虽然是在清代前期正式合户的,但是他们的合户,是参照了诏安县军户的做法,而且他们的这种做法,可以"公诸铜人",得到县政府的认可,可见这种现象在当地早已成为一种习惯。而一种民间习惯的形成,是要经过长时间的演变而逐渐得到基层社会的接受的,特别是这种民间习惯是与政府的户籍管理制度相为冲突的,它能够得到地方官府的默认并进而堂而皇之地在官府的黄册中登载,其中要经过相当长的磨合期,这是可以想见的。同时,这种民间重构的户籍,一旦成为一种民间较为流行的习

① 佚名:《全中谱》第1页,不分卷,光绪三年(1877年)。全总伊:《新撰全中谱序》。
② 碑文立于东山县武庙内,影印件由本人收藏。

惯,它也就被赋予了顽强的生命力。我们从清代后期的文献中,竟然还可以看到这块碑文中所提到的军籍合户关世贤的记载。

曾任诏安县地方官的陈盛韶在其《问俗录》中说:

> 国家维正之供,全重鱼鳞实征册一书。诏邑不然,官坡廖氏,附城沈氏,及为许、为陈、为林,田不知其几千亩也,丁不知其几万户也。族传止一二总户口入官,如廖文兴、廖日新、许力发、许式甫是也。更有因隐避役徭数姓合一户,如李、林等户合关世贤,叶、赵等户合为赵建兴是也。①

明清以来福建民间这种联姓合户现象的演变与延续过程,反映了政府对于民间基层社会控制能力的低下及其逐渐衰退,政府对于民间的户籍重构往往处于一种无奈和被动的状态。维持既往形成的现状成了地方官员治理地方事务的基本追求,许多地方官员也不希望自己管辖区域内的户口出现大幅度的变动,以免给自己增添许多不必要的麻烦。

《泉州府志》有一则记载十分值得注意:

> 嘉靖以来煦育日久,黎庶蕃殷,逮季年倭夷入寇,兵火疠疫之余,户口十损六七。有例并户除丁,晋江、南安、惠安、德化四县户丁虽稍得除减,而户以花分开折,反增于旧。至于同安、安溪、永春三县,则有司漫不加意,里书得肆为奸,户口皆增。非惟上方德意,抑亦下重民害焉。②

这就是说,泉州地区虽然遭受倭寇的摧残,人口十减六七,但是其残留数量仍然比官府册籍中的数字还多。嘉靖之后,泉州各地进行户口整理,晋江、南安等县的地方官员把当地的户口数编造得与以往的数字相差无几,民间与官府皆大欢喜;而同安、安溪等县在造册时把当地的户口数增加了一些,

---

① 陈盛韶:《问俗录》卷4《诏安县》,载陈盛韶著、刘卓英标点《问俗录》,北京:书目文献出版社1983年版,第92页。

② 万历《泉州府志》卷6《版籍志上》。

却受到了人们的非议。这个事例表明政府试图如实地在黄册册籍上登记户口财产等，已经是不容易办到了。这也正是我所一贯主张的观点：明清时期的国家体制，在政治上固然是一个中央集权专制的制度，但是这种体制是无法有效地掌握控制民间基层社会及其经济等方面的运作的。而政府对于民间基层社会的无所作为，又使得民间基层社会处于一种近乎自生自灭的放任状态，从而限制了基层社会经济的顺利发展。

# 明代福建的户籍失控与民间私例

　　中国历史上土田与赋税的不实与人口的失控,已经引起史学界的普遍重视。自明代以来,中央政府想尽办法试图有效地控制民间的土田与丁口,以保证赋税与徭役的征收。明初朱元璋制定了以黄册和鱼鳞图册为基础的户籍土田管理制度,所谓"鱼鳞册为经,土田之讼质焉;黄册为纬,赋役之法定焉"①。故一般研究者多认为朱元璋推行里甲、黄册制度,全国户口基本都在政府的严格控制之下。

　　学者们得出这样的结论,其所依据的研究资料,是以"官书"的记载为主。笔者近年来因研究地方家族社会史的关系,翻阅了许多福建族谱,获见了一些有关明代福建民间户籍的资料,这些资料虽然比较零散,却反映了自明初以来福建的民间户籍管理始终是十分松散的。下面,笔者便根据这些族谱的资料,对明代福建民间户籍的登记管理与转移这两个问题,作一区域性的探索。

## 一、明代福建地区的黄册编制特点

　　从福建地方志的记载看,明初福建地方政府对于民间户籍的登记及黄册制度的推行,主要是采取两种办法:一是沿袭宋元旧册,二是由民间自报。

　　如《晋江县志》云:"晋江县宋分五乡统二十三里,元分在城为三隅,改乡及里为四十二都,共统一百三十五图,图中各十甲。明因之。"②《古田县志》

---

① 《明史》卷78《食货志二》。
② 乾隆《晋江县志》卷1《舆地志·都里》。

云:"县在宋置四乡领十三里,元析为四十八都,城内五保,外四十三都,统图五十有九。明因之。"①《龙溪县志》云:"邑户口登耗史志无考,国(明代)初定闽中,即令民以户口自实。"②《海澄县志》云:"明初定闽中,令民以户口自实,洪武十四年始颁黄册之式。"③相类似的地方志记载很多,不赘引。

由于明初福建在进行户籍登记时采取了沿袭宋元旧册与民间自实的办法,这就使明初福建地区的户籍管理及黄册制度,在其施行之初便已产生了两种弊端:一是把宋元时期某些户籍不实的现象保存了下来;二是"令民自实"的户籍登记办法,为民间隐瞒户口提供了方便之门。

正因为如此,明初福建的许多家族,便利用"户口自实"的机会,想方设法隐瞒户口,一个偌大的家族,往往仅以一户、二户上报,编入黄册,应役当差。先举漳州府南靖县庄氏家族的情景为例。

南靖奎洋庄氏开基于元代,始祖为三郎公,原为广东大埔县人,二十七岁时入赘于南靖永丰里长安保下龟洋(奎洋)村朱氏,生儿育女。至明代洪武年间,地方政府"令民以户口自实",庄氏家族即以一户入籍登记,随意起用"守全"为户名,族中并无"守全"其人。族谱记云:"龟洋者,吾宗桑梓之乡也,自始祖三郎公从广之狮子口乔居此地,室朱家故男妇何氏,遂肇基焉。……必文公之初,治属大明洪武即位,立籍为南胜县永丰宰,后改南靖县,应当五甲里役,……为守全户。"④传至明万历年间,庄氏家庭在南靖、平和等地已传衍十一代,族众已达数百人,俨然奎洋一大族,但其在政府中的户籍,依然是"守全"一户,"自必文而下十代,户籍无异"⑤。万历初年,大学士张居正在全国范围内清理田地赋役,南靖知县曾球看到庄姓"丁多族大",始把庄姓另分出一户,顶替同里的一名外姓逃亡户,该族谱《龟洋庄家世代居处贯籍异同记》载云:"至万历元年(1573年),平县(平和县,与南靖县相邻)知县曾球审本族

---

① 乾隆《古田县志》卷1《乡都》。
② 嘉靖《龙溪县志》卷4《田赋》。
③ 乾隆《海澄县志》卷4《赋役上》。
④ 《南靖县庄姓源流》,载漳州市氏族渊源研究会、地方志编纂委员会编《漳州氏族源流汇编》第1辑,1992年版,第7—8页。
⑤ 《南靖县庄姓源流》,载漳州市氏族渊源研究会、地方志编纂委员会编《漳州氏族源流汇编》第1辑,第7—8页。

丁多族大,遂拨长房良茂派望宾,顶替陈士昭四甲里役(为望宾户),其第二房良盛派、塘后房、垅头房仍旧承当本户五甲里役(为守全户),盖自是户籍已分矣。"①族谱《宗族大事》亦纪云:"万历元年,知县曾球,以庄姓丁多族大,派三世阳平公派下,长房良茂为望宾户,顶替陈士昭第四甲里役,其余二、三、四、五房仍为守泉(全)户。"②

永安余氏家族在明代仅承担一甲的户役,"只充六甲",一直到清代康熙年间整顿赋役,县令袁植才把该家族中的另一部分族众"金户丁余明等充八甲黄显镇一半",并共同使用"户名余安隆"。③一直到清代后期,余氏家族人口多达数千人,仍然是以这一甲半的花户名称与官府发生联系,整个家庭的田地人口均在这一甲半在册的地丁花户掩护下,逃脱于官府的控制之外。

永春荣华郑氏家族,在明初编定黄册制度时,亦仅以一户入籍,"有明之初,朝廷编定民间户口赋役,……我仁六公充当四五都一甲(甲首),值壬年策应公务",一直到清代鼎革,依然如故,"依明制编户籍,吾族仍一甲之班"。其间虽然户役策应屡有变故,赋役负担也随着政治局势的变更而轻重不一,但该家族在官府户籍上的名字,则始终是一个伪托之名,并无实人,"自古及今,大造编审,未有增减,户头易名,难以详载。……户名今称郑泰矣,嗣后又再易郑雄"④。

邵武县黄氏家族,在明初入户籍时,也是一个甲首户,所谓"我祖富五公始去建阳、家邵武,户籍四都一图十甲,于是里役起矣"。传了五世以后,子孙众多,有裔孙"康七公徙勋潭,产寄五都龚氏户,其子黄恭保遂又在五都八甲入籍",这样到了明代后期,黄氏家族分别在四都一图四甲和五都八甲入籍了两个甲首户,从而包办了整个家庭对于官府的各种联系。入清以后,官府试图对户籍赋役进行某些整顿,黄氏家族则自行调整,把迁移至五都八甲的一部分族人又庇荫于四都一图十甲之内,"(康七派下)黄应相等承本宗黄

① 《南靖县庄姓源流》,载漳州市氏族渊源研究会、地方志编纂委员会编《漳州氏族源流汇编》第1辑,第7—8页。
② 《奎洋庄氏族谱》不分卷,复印本现藏厦门大学台湾研究所。
③ 民国永安《重修余氏族谱·赋役志》。
④ 永春《荣华郑氏族谱》不分卷,手抄本。

隆旺、得九、康富扯入一图十甲进户,五都勋潭依旧有四房承顶一图八甲蓬下丁差"①。官府对于家族内部户籍的调整毫无办法。

南靖张氏家族,自宋末由闽西迁至南靖,繁衍至明代,子孙已经分居于石桥、河坑、校溪等村落,但在明初入籍时,"以户名张世聪隶籍永一图九甲,世应门户,唯渠是问",其后族众子孙虽然仍然不断有人迁进迁出,但共守这一户役,却是始终不变:"吾族通同承差,向无异言。"由于族人分居各处,应役承差颇为不便,于是该家族又把本族迁居于不同地方的族人分成若干"分户","盖因住居星散,里役拖累,乃各分户石桥长南,分户万南坑,分户万河桥溪"②。从这分户的情景,我们可以窥见该家族在官府入籍的户名掩护下,有众多的族人逃脱于官府的管理之外。

闽东霞浦陈氏家族,东晋时从中原迁浙江,宋末从浙东迁福建,至明代时已枝分四房,分称杨梅、东山、英川、斜滩四祠,即一族分居四处。明初立籍,仅立一户曰"永户",族谱称:"自祖宋开创以来,不知几经播迁,栉风沐雨,立成万代规模,户开永户,排列九甲,境号圭峰。"因该族人多势众,历任九甲里长。至明代后期,闽东霞浦一带官籍中的户口不但未能增加,反而有所递减,一些里甲进行合并应役。本来陈氏家族处于明代太平之世,族人仍有发展,但里甲合并后,陈氏家族的"永户"与缪姓明充九甲里长,反而比明初的户役负担更加减少,故族谱称:"为之后世须念先世功勋,而缵成勿失以无忘本始焉。"③

有些家庭在官府册籍中登记的户名,不仅荫庇了家族内部的许多族人,还可以荫庇一些外姓的依附人口。如惠安骆氏家族,自宋末元初迁入该地,在迁移之时,有随迁仆人黄来保、杨成安、朱长安等,依附于骆氏家族。明初编定里甲黄册时,骆氏家族入籍二十二都玉埕里、云头村等地,黄、杨、朱三姓奴仆便荫庇于骆氏家族的户籍之下,"随迁养男黄来保、杨成安、朱长安,俱收入籍,共支户役"④。

再如龙岩县的谢氏家族,明初入籍十四都二甲,官册上的户籍名称为

<hr>

① 光绪邵武《黄氏族谱》卷15《户役志》;附录《归户合约》。
② 南靖《张氏族谱》不分卷,手抄本,复印本藏厦门大学台湾研究所。
③ 民国《霞邑英川陈氏族谱》卷首《迁播源流考》。
④ 崇祯《惠安龙山骆氏族谱》不分卷《忿词》,手抄本。

"阳高"户,三世祖谢秉诚先妻早逝,续娶林氏,带来两个外姓(先夫)之子,成年后附籍于"阳高"户。数传之后,这两个林姓后裔渐次发达,子孙不少,但终明之世,这些林姓子孙依然附籍于谢氏的"阳高"户之下,共承门役。[1]

明代福建民间各地家族、乡族对于户口的隐瞒,自然使官府里甲黄册里的人口数量大大少于民间的实际人口。嘉靖、万历之际,广东人叶春及在福建惠安县任知县,编写了《惠安政书》一书,书中详载惠安县各都图里甲的位置、自然村落以及在册的户口人丁数字。根据这里的资料,我们可以惊奇地发现,明代惠安县各自然村落与人口的数量是何等地不协调。下面,我们把有关数字列表如下:[2]

| 都　里 | 村落 | 原管户数 | 绝户 | 现管户数 | 平均每个村落现有户数 |
|---|---|---|---|---|---|
| 一　都 | 49 | 133 | 5 | 128 | 2.6 |
| 二　都 | 19 | 125 | 8 | 117 | 6.2 |
| 三、四都 | 31 | 137 | 14 | 123 | 4.0 |
| 五　都 | 27 | 125 | 5 | 120 | 5.2 |
| 六　都 | 27 | 133 | 10 | 123 | 4.6 |
| 七　都 | 19 | 110 | 89 | 21 | 1.1 |
| 八　都 | 28 | 172 | 53 | 119 | 4.3 |
| 九　都 | 41 | 124 | 10 | 114 | 2.8 |
| 十　都 | 22 | 152 | 23 | 129 | 5.9 |
| 十一、十二、十三、十四、十五都 | 58 | 157 | 32 | 125 | 2.2 |
| 十六、十七都 | 62 | 144 | 16 | 128 | 2.1 |
| 十八都 | 14 | 130 | 6 | 124 | 8.9 |
| 十九、二十都 | 139 | 131 | 15 | 116 | 3.0 |
| 二十一都 | 17 | 140 | 26 | 114 | 6.7 |
| 二十二都 | 24 | 124 | 14 | 110 | 4.6 |
| 二十三都 | 14 | 147 | 19 | 128 | 9.1 |

---

①　龙岩《阳高户谢氏族谱》卷首《源流》。
②　叶春及:《惠安政书》四至八,福州:福建人民出版社1987年版。

| 都　里 | 村落 | 原管户数 | 绝户 | 现管户数 | 平均每个村落现有户数 |
|---|---|---|---|---|---|
| 二十四都 | 14 | 143 | 24 | 119 | 8.5 |
| 二十五都 | 27 | 128 | 11 | 117 | 4.3 |
| 二十六都 | 31 | 128 | 16 | 112 | 3.6 |
| 二十七都 | 33 | 135 | 13 | 122 | 3.7 |
| 二十八都 | 35 | 132 | 10 | 122 | 3.5 |
| 二十九都 | 33 | 139 | 30 | 130 | 3.9 |
| 三十都 | 27 | 157 | 26 | 127 | 4.7 |
| 三十一都 | 28 | 147 | 12 | 121 | 4.3 |
| 三十二都 | 21 | 125 | 16 | 113 | 5.4 |
| 三十三都 | 35 | 124 | 5 | 119 | 3.4 |
| 三十四都 | 38 | 140 | 16 | 124 | 3.3 |
| 合　计 | 809 | 3 682 | 517 | 3 165 | 3.9 |

从上表可以看出,明代福建惠安县除城厢外,共有自然村落809个,原管户数3 682户,扣除绝户,至嘉靖年间还剩3 165户,平均每个自然村落的居民仅3.9户。这个数字殊难令人相信。实际上,一个自然村落的居民户数仅为3—4户,那么就失去了这个自然村落存在的必要性。更何况自然村落有大有小,如果某一部内有几个居民比较集中的自然村落,那么其他自然村落的居民就只能是负数了。因此,以常理推论,每一个自然村落的平均居民数,至少应当在10户人家以上。

值得注意的是,笔者曾经把《惠安政书》中所载的明代惠安的自然村落与现在惠安的自然村落作了对照,竟然发现现在惠安县的自然村落分布与明代的自然村落分布基本相同,大部分明代自然村落的名称一直沿用至今。这也就是说,至少到了明代,惠安县已经形成了比较固定化的居民聚居村落,而比较固定化的居民聚居村落的存在,就意味着居民的繁衍安居已经形成规模,绝非似那种随时迁移的临时居住点那样变化不定。

笔者曾经到上表所示的自然村落中平均居民户数较少的惠安北部十一、十二、十三都作过实地调查,根据所搜集到的这一带的几种族谱记载看,则官府记载的户口数字与族谱记载的族人数字相差很大。十一、十二、十三都现属惠安县南浦乡,居民以陈、林、潘、吴、柯、王诸姓为多。笔者翻阅了当地的《玉湖陈氏族谱》,该陈氏系宋代由莆田迁入此地,至明代嘉靖、万历年间,陈氏族人分布在添奇铺的东陈、东张、南庄、大路、岭头、前涂等自然村落,共分七大房,户数(男丁)二百余。①仅此一姓,其户数就与十一、十二、十三都官府在籍的户数相等。其他如龙兴铺的东吴、海尾村,为吴姓聚居地,至明代嘉靖、万历年间约有户数六十余;添奇铺的潘厝,为潘姓聚居地,嘉、万年间有族人六十余户;龙兴铺的磁窑、上仓、下窑等自然村,为林姓的聚居地,嘉、万年间有族人百余户。②而据《惠安政书》中所载,十一、十二、十三这3都的原管户口仅157户,而自然村落达58个,平均每个自然村落仅2.2户。公、私文献中关于户籍记载的差异实在令人吃惊。

惠安县其他地方也都有类似的情况,据笔者所见到的族谱,如十都仙塘铺的沙格村,是明末兵部左侍郎王忠孝的家族所在,明亡,王忠孝随郑成功入台,是当时著名的忠愤之士。沙格王氏亦是自宋代迁居的,至明代后期王忠孝时已传十四代,族人已达百户,且有不少入泮出仕者。③九都峰前村,是刘氏家族的聚居地,刘氏也是宋代迁入的,明末清初战乱时,该家族被迫迁界而分移各地,据云有族人数百。④二十二都埋边的骆氏家族,宋末迁居入闽,至明代万历年间已繁衍十余代,并分居云头、下洋、张坂、前埔、文笔山等自然村落,族众已达二百余户。⑤

从这些族谱的资料看,民间文献与官府在籍的户口数字差别很大,当然以上这些姓氏可以算是惠安县的大族,故人口比较兴旺,情况可能比较特殊,但由此可以推见民间在官府登记的户籍与民间的实际户口有较大的差距。根据笔者比较保守的估计,明代惠安县各个自然村落的平均居民数至少应在10户以上,而官府在册的户籍仅3.9户,则明代福建民间的实际户口

---

① 《颍川玉湖陈氏族谱》,《世系图》,1991年重修本。
② 以上见东吴《吴氏族谱》,《世系》,1990年修;《九牧林氏宗谱》,《世系图》;《潘氏族谱》不分卷,手抄本。
③ 《沙格王氏宗谱》卷4《王氏谱系》。
④ 《峰城刘氏族谱》卷首《迁居考》。
⑤ 惠安玉埋《龙山骆氏族谱》,《世系》。

可能是里甲黄册户口的 3 倍以上。

## 二、明代福建的政府黄册与民间实际的差异

由于明代福建的里甲户籍与民间实在户口差距甚远，里甲户籍实际上变成了民间向政府纳税应役的一种代号而已，政府册籍中登记的名字，或者根本没有其人，或者已经去世几十年以至数百年，他们的子孙依然沿用着祖先的名字。因为这些所谓户名的作用，仅在于与地方官府产生赋税徭役的联系，是否为真实姓名并不重要。再者，民间百姓与官府打交道，总是麻烦者多，获益者少，这样的联系，自然还是淡薄模糊些好。在册的名称越是脱离现实，反而对于摆脱官府的束缚更为有利。在这种社会环境和实际利益的驱动下，自明代以来，福建民间的在册户籍自然日益虚假化。在册户籍名称，可能姓张，但实际纳税人可能姓李、陈、王以及其他什么姓氏；在册户籍是一个家庭单位，但其纳税人往往是两个以上的家庭，甚至是整个家族或整个乡村。

同一个姓氏的若干个家庭可以合用一个户籍名称，几个不同姓氏的若干个家庭也可以合用一个户籍名称，从而导致里甲涣散，户口不清，地方官府赖于征收赋税徭役的依据变得越来越模糊，赋税徭役难以落实。正如地方志所记载的："纳户无花名清册，田赋无鱼鳞底簿，惟任诸里班自催自纳，有司官但凭总簿征粮，差催里班而已，并不见纳户为谁，其中包揽、诡寄、侵占、告讦、以巧欺愚，那重躲轻，奸弊百出。"[1]"里甲未均，每一甲为一姓所据，实在界田完整者不下数十人，而册开花户殊寥寥也。"[2]这种情况一直沿袭到清代后期依然如此，并有加剧的趋向。道光年间任诏安知县的陈盛韶在《问俗录》中记云："国家维正之供，全重鱼鳞实征册一书。诏邑不然，官陂廖氏、附城沈氏，及为许、为陈、为林，田不知其几千亩也，丁不知其几万户也，族传止一二总户名入官，如廖文兴、廖日新、许力发、许式甫是也。更有因隐避役徭，数姓合立一户，如李、林等户合为关世贤，叶、赵等户合赵建兴是也。"[3]另

---

① 康熙《平和县志》卷 6《赋役》。
② 道光《龙岩州志》卷 3《赋役志》。
③ 陈盛韶：《问俗录》卷 4《诏安县》。

一位在清代后期担任过漳州地方官的张集馨亦指出福建的纳粮之弊:"府属地丁收纳,总不过六分数。余细按其故,民间买卖田土,向不过拨;衙门粮册,皆是诡名,多系前明人名字。如今税契,则民间转以为奇。官若据案核办,必有殴差拒捕诸患。……是以每年交纳分数,有减无增。"①

正因为明代以来官府在册的户口田地与民间的实际情况有很大差距,官府无法对民间户口田地的实际情况进行清理,只能对各地的赋役采取维持"原额"的办法。于是,民间的户籍和赋役日益呈现世袭化和定额化的趋向。地方家族或乡族为了统筹安排本家族、乡族的纳税应役,往往必须重新摊派本家族、本乡族所承担的赋税徭役。如上述南靖县奎洋乡的庄氏家族,明初阖族在官府登记入籍一户为守全户,明万历年间又分发一户为望宾户。于是该家族又把望宾户的应役分为元、亨、利、贞四催,由长房派下子孙轮流承当:"本兴、本道共当元催户役;本隆长子、次子二房共当亨催户役;本隆四子、六子二房共当利催户役;敬义派下与本隆五子、七子合为贞催共当户役。夫星罗宿布,枝派虽蕃而根源同出,类聚群分,户籍纵异而谱系皆同。后之览者宁不历历可考乎。"②《永安余氏家谱》记载该家族明万历年间分配各房轮充应役的情景云:"(万历)四十年邑令王公良臣详请上司每户额派十丁,不论故绝,永为定式。吾族祖里六甲,……六甲现役祖制分作三股轮充,仲荣公与子信公房一次,仲敬公与均禄公房一次,仲达公房与九公房一次,周而复始。"③

南靖和溪张氏家族,至明代时族人已经分成好几个聚居村落,但在官府的册籍中却仍然是"一图九甲"的甲首,数年轮充一年户役,为了使这一年户役均平分摊于该家族的各房各地族人,他们不但把各房各地的族众又分成几个"分户",同时对于各分户应承担的户役进行重新分配,"石桥、河坑二房共坐二百三十七日,校溪一房坐七十日",另外他们还拥有一些"附甲",也根据人口情况分摊部分户役,"奎坑船场璩姓坐二十四日,清水塘上南丘姓坐

① 张集馨:《道咸宦海见闻录》,北京:中华书局1981年版。
② 庄吉星:《龟洋庄家世代居处贯籍异同记》,载漳州市民族渊源研究会、地方志编纂委员会编《漳州氏族源流汇编》第1辑,第8页。
③ 《永安余氏家谱》之《赋役志》。

二十四日,半天罗姓坐五日"①。有些家族则在族内设立公役田、门户田,以这些公役田、门户田的租钱收入来支付官府的赋税差徭。如泉州梅溪陈氏家族,明代中叶设五班里正公田,"一班二班之田各百余亩,三班四班之田各六十余亩,五班之田则八十余亩,大约诸子姓所以充里正一岁之费者,皆是物也"②。邵武四都黄氏家族,在明代购置祭祀田产时就规定:"陈祭祀外,其余为赡十甲里役之用,……而管年岁有黉谷,料理厅、县图差新班之事。……凡安粮之户,概不用钱。"③家族内部对于赋役应纳的统筹安排和再摊派,使得官府的钱粮户口册籍与民间实际人口、田土之间的距离更加遥远。

## 三、明代福建户籍的私下交易

明代福建户籍与民间实际户口的日益脱离,反映了民间家族、乡族对于官府纳税应役等社会责任的抗拒与推卸;但在另一方面,官府户籍又是一种社会地位的体现,如果一个家族或乡族未能在官府的册籍上入户,那也就意味着这个家族或乡族并没有取得社会上的合法地位。因此,官府户籍对于民间家庭、家族来讲,既是一种责任,同时也是一种权利。当官府苛征暴敛时,沉重的赋税可能给户籍上的"花户"及其背后的家庭带来难堪的负担;但在平常的日子里,家族在地方上的声誉与行为,居民们的入泮应试以及赈济蠲免等,又无不与户籍相联系,尤其是那些丁多族众或者有权有势的大家巨族,甚至可以利用自己的户籍来荫庇和压迫其他没有取得户籍的弱族贫民。在这种情况下,福建民间与户籍的关系,不仅仅只是与官府的关系,在家族与家族之间、家庭与家庭之间,往往出现对于官府户籍进行私下交易的现象。先看永春县成化年间的"承当甲首合同字":

> 安溪感化里民人康福成,因本处田土稀少,后来永春县六七都住耕田土。今蒙造册,情愿供报六七都九甲里长陈宅班下甲首。三面言议,

① 南靖《和溪张氏族谱》不分卷,手抄本。
② 泉州《梅溪陈氏族谱》卷下《里正公日记》。
③ 邵武《勋潭黄氏族谱》卷13《祀恩志》。

将伊洪山门口垅秧蔗等段计田粮八十亩，该年租一百二十硕，载米四硕二斗，并废寺地山林，一尽送与康福成兄弟承管。或是现当，约定协当两个月日。或差遣远近长解，路费依照班下丁米科贴。若间年杂唤使费，约贴银八钱。不敢反悔。如是出办不前，或子孙不能承当粮差，累负里长，将业退还，不敢变卖；如有变卖，执合同当官告理，甘当情罪。

恐口无凭，立合同一纸付里长收执者。

成化七年十二月　日

承当甲首人：康福成

作中人：谢智明

代书人：欧尾发①

这是安溪人康福成兄弟投充于永春县六七都九甲里长陈宅班下为甲首的合同书。从官府的制度上说，甲首入籍应当与官府发生关系，但在这里，却是陈氏家族的里长私下让外地人康氏兄弟顶替"陈佛成户额"，并规定"永为子孙理纳户役"。②

由于民间对于户籍可以私下交易，这一方面虽然使官府的册籍更加混乱，另一方面则又难免在民间引起户籍问题的纠纷。如连城县四堡乡的《邹氏族谱》记载该族的户籍：

礼崇公于正德七年原在本里本图，分出承立邹叶文公原顶四图十甲内班甲首、同姓异宗小邹军户里长。……后因小邹绝军（勾补），几累倾家。叶嵩伯公父子袖手旁观，不用半文，曾言永当十甲甲首，誓不当十里里长。至嘉靖二十一年，廷槐兄弟有违父命，复言十里（里长）伊亦有分，要得顶当，挽生员马怀芹、马肖乐编立合同，冒名篡顶三番。

---

① 引自厦门大学历史研究所主办《中国社会经济史研究》1990年增刊《闽南契约文书综录》，第81页。

② 引自厦门大学历史研究所主办《中国社会经济史研究》1990年增刊《闽南契约文书综录》，第80页。

至隆庆六年，方换廷梅名字顶户，吾家自顶四图四甲里长也。①

这是里长被同姓异宗所篡顶的例子。华安良村《黄氏族谱》的例子则相反，黄氏与当地柯姓在明初立籍时，原先二姓合为一甲，"承当粮差，理纳户役无异"，到明代后期，柯姓子孙日渐衰微，"累负里长赔纳"，双方争执多年，后经"公亲蔡良官等，今两违俱系亲谊，从中调处，息事宁人，由黄继宗边承充本甲里长，柯麻极边认为附甲，帮同策应公务，的是两厢情愿，永无反悔，今欲有凭，立合同字二纸各执为照"。②永春《荣华郑氏族谱》也有关于户籍纠纷的记载："洪武初年，……我族产米视他甲倍多，乃列我郑姓四五都一甲"，其后景山李姓、大帽刘姓及溪头张姓均为附甲；"继后李姓灭亡，柯姓接缺，……大帽刘姓亦遂不亡，张姓不能胜任。我郑正甲自为秋祭，张姓帮办"；后来冒名顶充的柯姓逐渐发达，意图反客为主，自称正甲，郑氏族人不得不诉诸公堂，终于保住了正甲的地位。③

南靖《张氏族谱》收录一组有关户籍的文书亦饶有意味。张氏家族有几户族人原附在李姓里甲内，屡遭李姓苛待，不得已只好从李姓里甲内脱离出来，回到自己家族内归宗入户。该族谱载其事由云："溯公与廷清，为人不避强横，不畏势利，惟义之所在可行则行而已。昔因德聪公迁移大高溪，住居星散，里役拖累，合户于油坑甲首李余旺，屡被刁难，不堪其苦。公等兄弟思石桥得系亲族，引得九甲里长张祖鉴公备询本县主报告归宗合户。李盛深乃是奸狡之徒，思我德聪公父子收报在册年久不愿改还，各执告争不能归结。后对城隍炉前明誓，琛心因此悔悟，知非情愿，将户口丁米改还本宗兴鉴公，共当正役，随立退批，完了此案。"因为张氏族人附在李姓里甲内，李姓可以利用户籍刁难苛索张氏族人，故张氏族人要脱离该里甲，影响了李姓的一些利益，双方经过多方交涉，许诺补偿，最后请出神明，立誓签约：

嘉靖二十九年八月十六日，是日请得石桥丰稳堂蛇岳王公、高溪本

---

① 连城《邹氏族谱》卷 34《行实十二世》。
② 华安《良村黄氏族谱》附卷《契约》。
③ 永春《荣华郑氏族谱》不分卷，手抄本。

境嚳石民主公王,大作证明,祝愿门户三股照坐,无敢抵推。日后子孙如敢忘背,众神谴责。若私改此愿者,烛大似松,粿大如山,同心协力,忧患相恤,天神庇佑,富贵昌盛。

## 李盛琛退批

永丰里油坑住人李盛琛等因张德联男普寿移居大高溪,收报李余旺户内甲首,张养仔合户当差。同张荣鉴编替余梯里长,各词到县具告张廷旺归宗。琛等思父子收执在册,年久不愿改还,各执告争。今因本县官出不候未及归结,各自悔心。李盛琛自愿写立誓章,看令廷清、荣鉴就对城隍炉前盟誓得系亲族愿将户口丁米退还,荣鉴收执入户,共当里长正役,免致互争。荣鉴、廷清思无凭证,李盛琛等随立退批付荣鉴为照。随李盛琛写立誓章付廷清等城隍炉前果盟,琛等无言。自今以后,户籍丁田还荣鉴收回,凭此定规。如有琛子孙刁难阻挡,执批告官,甘受前罪。今人难信,立退批一纸付以为照。

嘉靖三十年七月　日立

退批字人:李盛琛、盛兴、盛俊

中人:陈智结、林甫承、吴国相

张廷旺、廷清等人虽然与李姓里甲脱离关系,认祖归宗,但要在本族入户,同样也会影响到族内户籍责任与权利的再分配。所以在与李姓签立退批字之后,张氏族内又签订了张廷旺、廷清入户及帮同承当户役的合同,该合同文如下:

立合同字人张廷旺、张廷清等,租出居住高溪,数世迷失,现当李盛琛户内甲首,屡被习难。旺、清兄弟引得石桥张祖鉴一图九甲里长,告断回祖共宗。鉴户内有张廷辉逃移外出久年,清等情愿与鉴结立发誓本县官公衙门外告状,使用银两二家平出。鉴户内军民二役官丁十八丁,鉴当二股官丁十二丁,清等应当一股官丁六丁,不管兴旺,俱作三股,门户在县主人与福洲镇衙军籍来乡以作三股科取,十年大役日子均派共事,鉴子孙日后不得多派较加,清子孙不敢背义忘恩等情。李盛琛相告,恐后廷长,要二股平出,不得反悔,今人难信,恐口无凭,立合同一样贰纸,各执为照。

　　证见公人:陈智结、丘高

　　立合同字人:张廷清、张廷旺、张祖鉴①

　　明代福建民间对于政府户籍赋役的私下交易和处理,已形成习惯,从某种意义上讲,这比政府的黄册赋役册籍更具有约束力。而这种私例的流行,又更进一步使政府的赋税徭役失去有效的控制。明清时期,尽管有不少官员屡屡提出整顿户籍、清理田土的呼吁,有些官吏还付诸实施,但从总的趋向而言,官府对于户口田土的整顿清理是失败的,官府对于民间隐瞒户口田地是无能为力的,在保证赋役"原额"征收基本完成的前提下,官府对于民间户籍的私下管理、交易及转移等现象,只能是听之任之。而从福建民间士大夫的立场,也大多认为官府征收赋役,还是维持现状为好。万历年间晋江县令彭国光曾认真遵奉大学士张居正的"方田之令",切实丈量,最终导致加赋,结果为许多福建官吏士民引以为戒,《福建通志》载云:"万历十年朝廷下方田之令,泉惠安、安溪二邑第均拥浮粮于业户而已。晋江令彭国光励精集事,履亩定则,一概丈量洒派,计溢额一千四百八十顷有奇,而产米亦增五分之二,即洒浮粮而均摊之,不至是也。人始谓惠安、安溪之士民有远虑先见焉。"②明末清初时人李世熊在编修《宁化县志》时,也引述前人所谓在籍人口减少固然不好,但搜增人口亦属不智,应当以基本保持现状为妥的议论,他说:

　　　顾自洪武以来,虽兵凶时有,未如西北之惨也,乃生养三百年,终不能望元季兵燹之余,而盈于洪武二十四年之数者,何也? 岂遗移脱漏不可举欤? 抑消长相因,死生相胜,人事不能胜气数欤? 夫王成增饰户口以希封爵,史臣颂未终而谴随之。盖税意求增,在王博赫名,而民间之

---

　　① 以上合同文书均引自南靖《和溪张氏族谱》不分卷,手抄本,复印本现藏厦门大学台湾研究所。

　　② 道光《重纂福建通志》卷 49《田赋志》。

讠伦累也以世。即云实数,害且与虚冒者等,此固仁人所为搁笔也。岂晚近有司,宜鉴于此,稍补调耗即已欤。十年编审,但验粮多寡,为丁之损益,虚籍姓名,皆非实数矣。①

地方士绅的这种言论,也反映了明代以来政府对于民间户口、田地、赋税徭役的控制能力日益下降的趋势。然而这一趋势的形成,无疑是中国自宋元以来的国家管理制度不能适应社会的发展所致,因此笔者一贯认为,所谓"中国封建社会的国家政体是一个中央高度集权专制的国家政体",但至少从宋元以来,特别是明清时代,国家的财政与经济是松散与无序的,国家政权无法对经济实行集权专制。

---

① 康熙《宁化县志》卷 3《户口志》。

# 从易氏家族文书看明代福建的
# "投献"与族产纠纷

土地"投献"是明代的一个严重的社会问题,学者的论说甚多。①所谓"投献",指的是一般下层民众把山林田地等物产通过种种方式献托在缙绅名下,以达到减轻赋役、仗势规避纠纷以及获取其他社会经济利益目的的行为。然而现存的关于明代"投献"的文献记载,大多属于指摘时弊的泛论之词,缺乏个案性的具体记载,因此以往学者的论述,也大多局限于宏观性的考察,而对于明代"投献"的实际产生、纠纷、诉讼及其结果的具体情景,较少有人论及。近年来,我在从事福建民间文献的调查搜集过程中,获见泉州府安溪县的《清溪钟山易氏宗谱》,其卷首收录有该家族的契约文书数十张,其中大部分为明代时期的,甚为难得。而在这数十张明代的契约文书中,又有相当部分是记录该族族产为他人及本族人投献于缙绅之家所引起的诉讼过程。本文拟就这批家族文书作一初步的整理分析,相信对于深入研究明代土地的"投献"问题,可以提供更为具体的个案性考察,从而对明代土地"投献"问题的不同表现形式,有一个比较清晰的了解。

福建泉州府安溪县钟山易氏家族,是明代初年由于垛集军户而从江西建昌府迁入的。其一世祖易凯二,"号阙士,江西建昌府南城县九都四社人,于辛丑年(大元至正二十一年,1361年)江西谷理门下归附,丁巳年(大明洪武十年,1377年)编戍入泉"②。易凯二生有二男,分迁德化、漳平两地。至

---

① 可参见李龙潜《明清经济史》,广州:广东高等教育出版社1988年版;王毓铨主编《中国经济通史·明代经济卷》,北京:中国社会科学出版社2007年第2版;张显清《明代土地"投献"简论》,《北京师院学报》1986年第2期。

② 《清溪钟山易氏宗谱》卷首,《远祖纪实·一世》。按此谱为民国二十八年(1939年)由族人易道鑫、易苍宝等第八次续修本。此谱除"卷首"之外,还有10卷,总共为14册。目前为安溪县易氏家族珍藏,复印本藏厦门大学国学研究院资料库。

正统年间(1436—1449 年),有易明宁"由漳平而旋入清溪(即安溪)拓钟山而卜筑中仑。……自是而富有日辟、文明时启,咸卜炽昌矣。历十四传,丁男倍蕃衍之盛,里居联善泰之广"①。到了民国初年,易氏家族已经在安溪繁衍了数百年,"自钟山肇基以来,阅世近于三十,阅年几于五百,丁男之数约一千有奇"②。安溪县地处偏僻山区,有丁男一千余众,易氏家族可以算是当地的一个大家族了。

# 一、由他姓"投献"所引起的族产纠纷

自易明宁正统年间迁移到安溪县以来,易氏传衍三世,均依他人里甲佃耕为业,"独力难支基业之建"。迨第四世易钟峰兄弟始得"卜盖祖宇,买念梅琼之山土名山仔安葬先严黄兴公茔,顶黄恭班籍,承(黄)廷莪产山贯钟洋等处,四至广达、水源甚多,蒙布政使司仰府饬县升科造册,于五世祖乔福公名字。兄弟妥议,令侄仕显赴县给帖,立约五纸,各执存照,以遗子孙世守不坠"③。这也就是说,安溪易氏从第四世开始,在当地购买了田地山林,逐渐拥有产业,并且于第五世开始,在官府的黄册户籍中,顶买了黄姓家族的一个"班籍",正式成为安溪县政府属下的编户齐民。

易氏家族宗谱中所谓的第四、第五世,大致是明代的嘉靖年间(1522—1566 年)。宗谱保存有三张嘉靖年间易氏家族分别向温氏、李氏、黄氏购买田土、山场、厝地基的契约文书,即是易氏家族从这个时期开始置有族产的凭证。到万历初年,易氏家族正式从黄氏家族那里顶买了黄册户籍,留有合约一纸如下:

## 钟山易氏山契

全立合约人黄恭、易法居,自祖以来承当长泰里一甲里班,历来久矣。恭因米耗丁寡,策应一班,情实难堪。今班内户首易法居丁米俱多,堪当粮长,县蒙方爷批准。当兹全老人两边议,愿甘收起买地山价

---

① 《清溪钟山易氏宗谱》卷首,同治十二年易鹏飞《重修钟山易氏宗谱序》,《序》第14—15 页。

② 《清溪钟山易氏宗谱》卷首,民国四年许继光、许杰《重修钟山易氏谱序》,《序》第1—4 页。

③ 《清溪钟山易氏宗谱》卷首,《文契》第1 页。

银一百六十二两正,将班内山场一所土名钟洋、石笋、揽簿等处,配米二斗五升,官学山米八斗一升一合一勺七抄、秋租钞六百文,并甲首二户,俱付易法居掌管,输纳粮差,顶当一班里役。日后在黄不得而生端,在易不得而推卸。各无异言反悔等情,恐口无凭,仝立合约二纸为照。

……

| 万历四年二月 | 仝立合约人 | 黄恭、易法居 |
| | 中见 | 温积夫 |
| | 老人 | 苏寅玉① |

黄、易二族的以上交易完成之后,本已产权明确、过户清楚,易氏家族在当地取得了合法的黄册里役资格,但是两年之后,黄恭的后人向易氏家族提出价格找贴,双方又在万历六年(1578年)签立了"贴契"文书,声明此产山"已卖与易宅上明白,今思价值未敷,再托原中就与易宅上贴起银三十三两三钱正。银即收讫,其山听易管掌永为己业。日后再不敢言贴生端等情"②。

黄氏族人之所以可以在双方交易完成之后再行索贴,主要原因就在于以上产山交易尚未进行最后的赋役过户,赋役的交纳权依然保留在黄氏族人的户头上。从表面上看,易氏家族取得了该处产山的耕作管理权并由此而顶当了一班里役,但具体落实到这块产山之上,由于尚未进行赋役过户,黄氏族人依然对这块产山拥有一定的权利。正是有了这样的权利,黄氏族人不仅可以向易氏族人索取找贴银两,而且可能由于黄氏族人内部的利益纠纷,黄恭的另一个儿子索性把这块产山的权利投献给晋江县城的富宦许氏家族:"万历六年,黄恭之子黄廷莪将山献卖晋江县许百万。"③

这样一来,易氏家族不得不与晋江县城的许氏家族发生族产纠纷,上诉到政府衙门。经过反复诉讼,晋江县府终于在万历十年(1582年)对此产山纠纷案判决如下:

先年叔父(黄)廷莪将山卖与在城许震甫银二十五两。易乔荣等道

---

① 《清溪钟山易氏宗谱》卷首,《文契》第6页。
② 《清溪钟山易氏宗谱》卷首,《文契》第8页。
③ 《清溪钟山易氏宗谱》卷首,《文契》第9页。

告批县断令价银五十三两五钱赎回明白外,荣今遇造册之时,愿贴契尾银四两正,自情愿廷莪户内推出官学山米五升三合五勺,付荣等收割入户,永为己业,不敢习难阻当。①

从这一判决结果看,虽然易氏家族取得了这块产山的全部产权,但是他们也付出了五十七两的赎回及过户银两,加上诉讼的其他费用,花费已经超过一百两银子。而作为晋江县城的许氏富宦,不但没有损失,还获得了一倍以上的赔偿。

明代政府对于田产投献历有严禁,因为投献带给国家的是国力的削弱以及社会矛盾的激化,这二者都不利于政府的统治。②因此在《大明会典》的"户部"和"刑部"条文中,均有诸多禁止和惩罚投献的规定。如《刑部五·律例四·户律一·田宅》中就写道:"若将互争及他人田产,妄作己业,朦胧投献官豪势要之人,与者、受者各杖一百,徒三年。"③再根据《户部四·田土》的记载,从明初至明代后期,政府都一再重申禁止私下投献田产。如与本案时间相近的嘉靖、隆庆年间,政府强调:"受献田土之人与投献人,一体永远充军。""投献田宅,……先将投献人依律究遣,田宅入官。"④但是从泉州府易氏家族与许氏家族的投献控诉案件看,官府并没有按照刑部与户部的律例规定进行判案惩罚。非但如此,官府的判决明显偏向于有权有势的受"投献"一方。中央政府关于投献的禁止惩罚律例在地方官吏的判案实践中成为具文,这不能不说是明代投献问题屡禁不止的重要因素。

以上诉讼归还给安溪易氏家族的产山,并非该家族被黄氏"投献"给许氏的全部,因为晋江县城的许氏在得到这块产山之后,很快就将其中的一部分转手出售给赵氏。宗谱载云:"本山又被黄廷莪于万历六年献卖在城许震甫,万历八年抽出苦竹林山仑受产五厘,即今之虎形墓山是也,又赵子尊屋后山土名苦竹垵是也,并后坡寮林,亦受产五厘,写卖与赵子尊。"⑤赵子尊旋又把产山混界冒充转卖给林姓,几经辗转,原属于易氏家族的这块产山的产

① 《清溪钟山易氏宗谱》卷首,《文契》第10页。
② 参见张显清《明代土地"投献"简论》,《北京师院学报》1986年第2期。
③ 申时行等重修:《大明会典》卷163,台北:台湾新文丰出版公司1976年版,第11页。
④ 申时行等重修:《大明会典》卷17,第34—36页。
⑤ 《清溪钟山易氏宗谱》卷首,《文契》第20页。

权就更加复杂。易氏家族无奈之下,又对赵子尊提起了诉讼。经过近一年的审理,官府判决如下:"泉州府安溪县为改契占山事,据长泰里民易乔荣状告前事,……提得原被犯及干证各到县研审,的系子尊契傍添注蜈蚣仑希图越界,已经涂抹取供外,又据易乔荣执称子尊山所界限不明,尚有添注土名大畚、石鼓、水尾、横山,在于岩田寨蔡厝林四至山下。二犯各执词不一,复帖差老人谢遗英前往山所踏勘情真画图,连人呈送到县复审,的系子尊添注,复将原契涂抹外,今据前情合就给照,为此帖仰易乔荣即便遵照粘发去原契上,诸山土名各四至承管,以后不许越界混争,亦不许用强占夺。如是再违,许易乔荣执帖告究。"①如此周折之后,虽然易氏家族全部取回了自己的族产,但是赔贴了不少银子,经济上遭受了很大的损失。

经过黄姓的这次"投献"折腾之后,易氏家族也在一定程度上改变了内部对于族产处置的原来结构。本来,这块产山是上祖所置,根据家族组织的习惯,各个子孙享有共同的继承权和处置权。但是由于赎回产山以及由此引起的两起诉讼,花费不少,易氏家族不得不就此次费用的摊派等问题进行新的调整。万历十三年(1585年),该家族对诉讼费用的摊派和日后产山权利的分配订立了新的契约,契约如下:

> 立约人易乔逸、乔修、乔福、乔荣、乔俊、乔发、乔述、乔宗、乔才,祖居钟洋,有山场坐落揽簿、岩田到教上分林、大林、蔡厝林、猪母垵、岩田漈、牛角湾、庵林等处,于万历六年被大户黄廷裁盗献势家许宅,本族集议以户首乔荣名字赴道府评告,连年数载,及断荣等出银六十一两赎山,并赎罪、并饭食费银过百。本户议作六分,每分出银二十两正。有乔述、乔宗、乔才、乔发四人帮出一分,只有乔发银出明白,有述、宗、才三人无银,将山退与荣等五人代还债主,今已明白,各思出银重难欲将原山拆分。其山段连契难以开拆,但恐日后子孙生端不一,将山盗献盗卖及有势家强占,照五分二厘半出银告理,其山契收管,倘有失落者照

① 《清溪钟山易氏宗谱》卷首,《文契》第22页。

契赔银。其山租俱付当年之人收讨纳米，不许别入侵收。恐后子孙无凭，给立合同五纸一样各执为照。

……①

经过这次"投献"诉讼之后，易氏家族的这块产山族产，改变了原来各房均等共有的局面，形成出资分股的新格局。这就为日后族内异房子孙盗产"投献"埋下了某种根由。

## 二、由本族族人"投献"所引起的族产纠纷

易氏家族处理好族产被外姓黄氏等"投献"给县城许氏富宦的事件之后，到了万历末年，又出现了本族族人冒名把族产出售"投献"给郡城富宦的事情。先是万历四十四年（1616年）族人易文炳盗献族产给郡城李氏，宗谱保存有"被文炳盗献赎回契抄"：

> 安溪县长太里岩田乡住人易文炳，有承祖父应分产山一所，坐贯土名揽簿教场头，东至山头，西至田，南至走马格，北至坑。栽插杉柏什木等树。今因欠银用度，托中引就在城李衙边卖起丝银四两正。其银即日交讫，其山即听银主前去管掌。并无重张典挂他人为碍，亦与房亲兄弟叔侄无干。恐口无凭，立字为照。
>
> ……
>
> 万历四十四年十月　　　　　　　　日立契人易文炳
> 　　　　　　　　　　　　　　　　　　作中人何连峰②

泰昌元年（1620年）十一月，又有族人乔俊，把部分族产盗献给郡城富宦李氏，其订立卖契如下：

---

① 《清溪钟山易氏宗谱》卷首，《文契》第25页。
② 《清溪钟山易氏宗谱》卷首，《文契》第36页。

　　长太里住人易乔俊有产山一所，坐贯土名钟洋、大林、中仓等处，栽插存留杉柏什木，因欠银用度，托中送就李衙上，卖起丝银拾两正，银即日交讫，山即日听本衙定界召佃掌管，木听砍卖。其山并无别处典挂为碍，如有不明，系俊抵当。今欲有凭，立契付照。

　　……

　　泰昌元年十一月　　　　　　　　　日立契人易乔俊

　　　　　　　　　　　　　　　　　知见人朝煌

　　　　　　　　　　　　　　　　　作中人柯振义①

　　天启元年(1621年)二月，易乔俊更是公然冒充阖族各房的名义，把另一部分族产盗献给郡城富宦史府，所谓"安溪县长太里钟洋村住人易乔荣、乔俊、宗寿、宗业、宗尹等，先年承买黄宅产山，坐贯土名钟洋东坑罗山到教揽簿大林等处，受产四至明白。今因欠银用度，兄弟相议愿将前山立契卖与在城史府，银二百两正，即日交讫。其山四至明白，并无典挂为碍。其山栽杉柏茶桐竹物，俱并什木，尽行听其管掌，其居民火薪牧牛在本山，并开垦田园，逐一供视。今欲有凭，立契为照"②。除此之外，被易乔俊等人盗献的族产还有位于田产坂、湖圻尾等处的"曝佃田"，"共受子二十二石，载田租一百五十枰。……愿就与在城史府上曝卖过银三百两正"③。其他的少数族人也有效尤者。

　　在这种情况下，易氏家族的主要族长们，不得不一方面与受献者提起诉讼，争取赎回原有的族产，另一方面又要处置本族盗献族产的族人。天启五年(1625年)十一月，该家族同立有合同一纸，着手整顿本族规条，拟以"投献"罪名告诉盗献族产的不肖族人，该合同书云：

　　　　仝立合同人易宗尹、仕重、仕显、仕明等，父祖在日，经霜背汗，用银告买钟洋到教场、揽簿、岩田山场等处，历管至今。因先年被族叔乔俊

<hr/>

① 《清溪钟山易氏宗谱》卷首，《文契》第40页。
② 《清溪钟山易氏宗谱》卷首，《文契》第38页。
③ 《清溪钟山易氏宗谱》卷首，《文契》第39页。

纵子为盗,致侄仕魁告究乔俊将山屡献,尹等无奈屡赎,各有批契可据。今又不知何人捏文煌名字,载契银五百两,投匿史府。票拘四房名字到府定夺,兄弟叔侄共思此银难备,又恐循私相瞒昧,各入祠堂立誓,共议出银,愿依四分均出,到城赎契。山荡四分各凭上手阄书合同共管,及前与乔俊所买山段,俱依四分均得。日后不许借口写卖倚藉乡官,出示禁害。如有此情,许各房将字告官,坐其投献治罪。如有一人不肖,三房将伊阄分山段论价共买,不许盗卖。今欲有凭,立合同四纸,各一样付收为照。

……

天启五年十一月日　　　　　仝立合同人易宗允　仕重

仕显　仕明并书①

易氏家族为了取回被不肖族人盗献出去的族产,屡屡诉讼公堂,郡城李氏并杨、詹等受献者只得依律让易氏家族备银赎回,但是赎回史府的族产,事情就不那么简单了。史府是明代后期泉州府城内十分显赫的士绅之家,其中史继偕在万历、天启年间身居要职,权重一时。史载史继偕万历十三年(1585年)乡试中举,万历二十年(1592年)荣登鼎甲,授翰林编修。万历三十七年(1609年)升南京国子监祭酒。万历晚年任吏部右侍郎兼翰林侍读学士,兼掌尚书事务。光宗即位,晋升为礼部尚书兼东阁大学士,入阁参政,旋加太子太保,文渊阁大学士。天启三年(1623年)正月,史继偕晋升太子太师;七月,晋少傅兼太子太傅寻加少保,致仕而归。

史继偕在京为官虽尚称平允,但是其家族在泉州一带却颇为横行,多劣迹,所占田地几及附郭各县。因此到了明末社会动乱之时,许多与史府有田地关系的农民、佃户,纷纷涌进府城找史府理论,酿成民变事件。《泉州府志》载云:"(明末)泉地贵家惮于远行,率俾其豪奴,取盈之外,复多虐政,于是人心怨愤。未几,负郭田丁集数百人为彩旗鼓吹,先请史相国(继偕)家中斗栳而迎之,凡有负郭田者,数百人突至其家,必取栳校定可否,有识者云

---

① 《清溪钟山易氏宗谱》卷首,《文契》第41页。

'此乱始也'！未久,南安之变作,一日杀田主数人,垒土堡于山巅,积谷其上,约无输租者。无赖之徒,攘臂而为之首。"①易氏家族与如此有权有势并且横行苛虐的史府打官司,其艰难程度可想而知。史府的一班家丁甚至用武力恐吓勒索易氏族人。《易氏宗谱》记载此事云:

> 祖山钟洋被族文煌父子叠献历赎契证,至天启五年听干王朝宏造谋投词引献史府,串伙史新一十八等轿马攻家锁吓银乙十九两二钱,勒写借批二十八两五钱,收批证当投史爷,照证难堪,道告送县。时蒙蒋爷审断,将煌责惩拟杖,朝宏照提详道,批王朝宏以佃侩之行假狼虎之威,致易仕一山随赎随献,罪不容于诛矣。仰县严提究解。余如照实收缴关提。朝宏惧逃不出,诡名王素。……关提数十次,一向逃脱,致案悬不结。本年正月内,台告申缴完案,蒙准详道批取晋家,申报结回文缴销,但仕被勒写借批未蒙追究,惧其复发告,乞恳恩批照道告招由文卷给付存照,永杜后患。……
>
> 崇祯元年八月十七日②

根据宗谱的其他记载,可知易氏家族最终还是把投献于郡城史府的族产赎回了,但是究竟花费了多少银子赎回,却无明载。但是从前面所述赎回许氏富宦花费超过倍数的事实,以及在本案中所谓"被勒写借批未蒙追究"的情景推想,这次赎回郡城史府所花费的银两,当不在少数。

从易氏家族内部的情景看,盗献族产的族人,基本上是于万历初年家族从富宦许氏那里赎回族产后,在根据出资份额重新分配的族产占有权中属于出资少、族产占有份额少的弱房。即上引万历十三年(1585年)赎回许氏受献族产后所立合约中称"有(乔)述、宗、才三人无银,将山退与荣等五人代还债主"。族产的占有权利实际上也反映了族人在处理家族事务中所拥有的权利,族产权利的争夺也是家族权利的争夺。这些族人自从于万历前期

---

① 乾隆《泉州府志》卷20,《风俗志》引《温陵纪事》,清刻本。可参见傅衣凌《明清封建土地所有制论纲》第五章,上海:上海人民出版社1992年版。

② 《清溪钟山易氏宗谱》卷首,《文契》第42页。

丧失了对于族产的权利之后,自然也就在家族的各种事务中越来越显得弱势,于是,他们便在万历后期及天启年间,频频把族产偷偷"投献"给郡城的权势家族,试图借用郡城权势家族的力量,为自己的房份争取利益。然而经过多次诉讼之后,这些弱房的现状不但没有改变,反而在这里已经很难再立足下去,他们不得不迁居到邻县的德化一带。宗谱复载此事事后的情景云:"以上产山被乔俊父子捏名投献炎官史府、李衙并杨与詹,计银五百三十余两,其田亦被投献,价银三百两。祖仕明、仕重、仕显、宗尹等备银赎回,各有批字炳据,谱约载明。乔俊之恶滔天,害族匪轻,所当痛恨者也。俊于万历年间仝伊兄乔宗、乔才、乔述俱罪逃脱德化县清太里萧坑乡居住,因筒蛇不悛、无非不作,被化县革归原籍。迨康熙三十九年伊侄德安、德旺回来安溪,欠地安居糊口,向祖圣观岭兜外厝派等认地盖屋、认山采樵,递年纳租纳税。安愿改恶从善,不敢仍效乔俊前愆,族等姑宽其罪。"[1]

易氏家族内部对于族产的盗献及其纠纷,归根到底,反映的是家族内部不同房份对于家族权利的控制和争夺。经过万历至天启、崇祯间的这几次投献纠纷之后,乔俊、乔宗、乔才、乔述这一房兄弟们未能改变其弱房的地位,并且被迫迁移到德化山区居住。但是他们在德化的处境似乎也很艰难,有些族人不得不又回到安溪县祖家地长太里居住。安溪长太里易氏家族出于"源出一本"的家族观念,再次接纳了他们。但是强房与弱房之间的矛盾,并没有得到彻底的化解。安溪易氏家族在接纳这些从德化县归宗的族人时订立了新的合约,再次强调他们对于族产的控制权,所谓"房叔德安、德旺等,缘安祖乔才、功弟乔俊于万历年间盗献乔荣伯等产山,致祖宗瑞公移居德化清太里萧坑乡居住。今思意欲回乡顾祖,欠地安居,托中就与乔逸伯、乔荣伯子孙圣观及外厝派等认出山中厝地一所,土名岩田格后,坐北向南,前来起盖成屋,永远居住,年约纳地基租一栳,其山中若开坟樵采,每首依例约纳墓税银三分,送交大宗首人,不敢少欠。日后安等子孙亦不敢藉称山场有分,仍效乔俊前愆。侄等子孙勿念旧恶,加增收税。此系两愿,各无反悔

---

① 《清溪钟山易氏宗谱》卷首,《文契》第49页。

生端,恐口无凭,仝立认批为照"①。

从这认批约中可以看到,外迁的族人归宗回迁居住,一是需要向家族交纳盖屋建墓的税银,二是必须承认对家族的产山无份,即"不敢藉称山场有分"。在这种情况下,随着时间的推移,弱房的一些子孙不免心中不平,再次萌生争夺族产的心理。果不其然,延至清代乾隆年间,易氏家族还出现了两起弱房图谋家族产山的事件。乾隆二十六年(1761年)易乔俊的后人易元剑、易元宇等诡造宗谱,妄图对族产占有一定份额,"族叔学昇因山无份,谋元剑诡造宗谱,变乱祖业,被象察出,将谱搜回。祖元钰邀族赴县呈究,批准拘究"。后来请出宗亲处置,易元剑等"愿出银二十二大圆付众充公。剑愿自立悔过字入祖责板示众,进、剑俱各允服,众念一本,姑从听处"。易元剑等人的悔过文书声明:"从今以后剑愿悔过,不敢仍蹈前愆,又恐无份之房头,日后藉此诡谱混占山场,谨立悔过字二纸,一样付于旧谱尾,以为子孙鉴戒存照。"②

到了乾隆四十八年(1783年),时过境迁,易乔俊派下的子孙依仗有人入庠为生员以及有人充当县衙仓书的身份,再次混冒,谋占祖山。由于这些人在社会上有一定的势力,双方诉讼到县府衙门,连知县都有所顾忌,一时不敢明断。"县主单重蠹轻民,……不敢秉公明断,堂谕候勘讯明,叠推不勘",易氏家族转而"赴府道控究,蒙府批准提案讯究。(易)纶惧究,重贿县承林晏匿案寝详,迄今三载未蒙断结,抹销造献,恶未惩儆"③。最后于乾隆五十一年(1786年)年底,在易氏家族的反复上诉之后,才判决销案。该宗谱收有呈告批究文书云:

> 为献占难堪,乞电谱约并讯事。元等三世祖与易檀三世祖分支,宗谱炳据,并未承买山场。至五世祖乔福、乔荣、乔逸、乔修、乔俊五分合买黄宅产山贯太里,土名钟洋等处。檀祖乔才无银同买,契约载明。俊的份听才谋献杨衙,元祖赎回字据。又买乔俊缴卖契约。据檀祖乔才

---

① 《清溪钟山易氏宗谱》卷首,《文契》第50页。
② 《清溪钟山易氏宗谱》卷首,《文契》第53页。
③ 《清溪钟山易氏宗谱》卷首,《文契》第55页。

于万历年间逃居德化,至八世祖德安脱回,向元祖圣观认山樵葬,认批据历管无异。因佃易应仲葬坟田中,易檀藉葬嗣坟在上出控。现有公亲劝释,续后献卖易伦(纶)筑堆,混指山脚为园地,仲叩划并缴契约认批在案。檀惧无寸土可指,冈藉粮串图占山场,冒称三世胞昆共承公山。试问公山凭据何在?似此刁棍胆冒山脚为园地,混指献占,复敢以无分之山混争为有分,诚恐将来叠献混乱山场,惨害宗族。兹蒙仁爷牌示此初三讯审,元等不得不签全具叩太老父母爷台恩准,电察契谱批约并讯,以断葛藤。沾恩切叩。

　　经承林希即林晏

　　原差张连登

乾隆五十一年十月　　　　　　　　　日仝立公呈告人监生易侯元

　　单爷批准并讯究。①

至此,安溪易氏家族因明代族产"投献"所引起的族内纠纷,才最终平息下来。值得注意的是,易氏家族最终赢得这场诉讼,同样也是由族内士绅即"监生易侯元"等出头告诉的。由此可知在当时的诉讼过程中,除了案件本身的证据之外,双方社会地位的较量,同样起到了重要的作用。

# 简短的结语

　　通过以上的投献纠纷案例分析,我们可以归纳出两点认识。

　　(一) 在缺乏明代投献问题的具体个案资料的情况下,我们固然无法对明代投献问题的不同表现形式、应对措施及其所产生的后果作全面的了解。但是我们通过以上对明代福建泉州地区投献与族产纠纷资料的分析,大体可以知道,由于明代福建地区不存在皇庄、王庄与勋戚田庄,一般的民间田地投献,基本上是在平民与士绅之间进行的。士绅接受平民的田地投献,固然可以利用自己的身份地位和经济实力,从中得到贱价、规避赋役等的利

---

① 《清溪钟山易氏宗谱》卷首,《文契》第 56 页。

益,但是从法律制度层面上说,平民与士绅的身份地位并不存在十分严格的界限,二者是可以相互转化的。因此这种投献,投、受双方为了应对官府,企图蒙混取得合法依据,在更多的场合是采取了买卖交易的形式,也许这种买卖交易是以贱价的不等价形式进行的,但它毕竟在形式上是需要签订买卖交易文书的,仍然属于民间经济交易行为。并且,当这种交易行为侵犯到第三方利益时,第三方也是可以通过官府诉讼的形式来谋求解决的。当然,在这样的纠纷诉讼过程中,由于受献方的士绅具有政治社会与经济上的强势,官府在判案时,不可避免地要袒护士绅一方,最终即使是投献的田地断还给原来的主人,原主受到一定的损失是在所难免的。

(二)在我所接触到的明代福建地区的投献资料中,有很大的部分是涉及族产问题的。以往我们对于家族史的研究,往往把家族作为一个个体或整体来进行研究,想当然地认为家族的内部事务是相对和谐一致的,而对于家族内部不同房与房之间的关系,较少注意。事实上,在各个家族的发展演变过程中,家族内部不同房份之间的矛盾与协调是始终存在的。在少量的家族内部,不同房份之间的矛盾甚至也是比较激烈的。清代陈盛韶在《问俗录》中提到了福建家族内部房与房的复杂关系,他说福建的民间社会:"为巨族,为小姓;为强房,为弱房。……小姓畏大姓,甚于畏官。"①陈其南是当代学者中较早注意到闽台区域家族内部房与房关系的学者,他在《房与传统中国家族制度》一文中甚至指出:"过去中外学者对于传统汉人家族的研究一般都是从家、族、家族或宗族等概念入手,但……如果我们不先解明有关'房'的含意及其作用,那么上述的这些用语实际上并不能真正表现中国家族制度的特质及其内部结构,反而往往带来不少的混淆。"②

众所周知,族产是福建家族制度及其组织的重要支柱之一,对于族产的控制在很大程度上也体现了对于家族权利的控制。当有些家族内部强房与弱房产生某种对抗的时候,对于族产的控制就显得尤为重要。我们通过明代安溪县易氏家族内部族产纠纷诉讼的案例,可以了解到家族内部的弱房

---

① 陈盛韶:《问俗录》卷3《仙游县》,北京:书目文献出版社1983年标点本,第76页。
② 陈其南:《房与传统中国家族制度》,《汉学研究》(台北)第3卷第1期。

之所以把族产混冒投献给士绅，实际上反映了弱房对于强房控制家族权利的一种抗争。他们企图借助士绅的力量，削弱强房在家族内部的某些地位。也正是因为如此，所以明清时期福建的田地投献问题往往发生在族产上面，这也就不难理解了。

　　然而由于福建的田地投献不像北方地区那样有许多田地是投献给王府庄田和勋戚庄田的，这样的投献是很难通过诉讼过程取回的；福建的田地投献是可以通过官府诉讼进行解决或协调的，而在这种诉讼的解决和协调过程中，经济的手段将起到至关重要的作用，受献者一方往往在经济有利的情况下，放弃受献的田地。这样，不同房份的经济实力就在族产纠纷诉讼之后族产权利的重新分配上，越发显得重要。经济实力较强的房份，将在族产权利的重新分配中，占有更多的优势。我们在讨论明清福建家族制度时关注家族一本观念及其所衍生的家族组织的同时，经济力量在其背后所产生的重要作用，也是不容忽视的。

# 清初更名田立法考实

　　康熙初年清朝政府对"更名田"的立法是清朝前期一项重要的经济政策。对于这一立法的评价,史学界历来持肯定态度,不少学者认为可以将其作为废除皇有或官有的土地所有制去看待,是经过明末李自成等农民反对大地产的斗争的趋势,因而具有历史的进步意义。对此,我们的意见不尽相同,兹试论如下。

## 一、清初政府对于明代藩王田产处置的强制性和勒索性

　　清代更名田的前身是明代藩王、勋戚的田产。经过明末清初多年的战乱,明代的藩王、勋戚们"几无噍类",但"宗室故绝,而房地故在"①,于是,自顺治元年起,清朝政府便对这批明废藩遗产进行全面的清查、处置。

　　清朝政府对于明藩遗产主要采取变价和召佃两种处置办法,即所谓"有应变价者,仍听变价,有人佃种者,改为官庄纳租"②。这两种处置方式都带有严重的强制性和勒索性。

　　在清王朝建立之初,一方面由于多年战乱的破坏,人口大量丧失,土地大片荒芜,社会生产受到极为严重的破坏,如直隶南部,"抛荒田亩,……逃亡人丁,……巡行各处,一望极目,田地荒凉;四顾郊原,社灶烟冷"③。山东,"地土荒芜,有一户之中,止存一二人,十亩之田,止种一二亩者"④。社会生

---

① 故宫博物院明清档案部编:《清代档案史料丛编》第4辑,北京:中华书局1979年版,第150页。
② 《清代档案史料丛编》第4辑,第155页。
③ 卫周胤:《痛陈民苦疏》,《皇清奏议》卷1。
④ 《清世祖实录》卷13。

产的破坏使封建政府正常的赋税收入受到了极大的影响。而另一方面,虽然清王朝已经建立,但各地的反抗运动仍然十分强烈,战争在许多地方继续进行,迫使清政府必须维持相当庞大的军费开支,以致财政上发生严重的困难。为了筹办兵饷,解决财政危机,以图尽快地平定局势稳定政权,清政府不得不多方搜求财源。于是,清查明代藩王、勋戚的田房产业并迅速起征租税,便成了解决财政困窘的一项重要措施,所谓"见今兵饷不足,……则清查废产为方今第一义也"①。

但是清初人口流亡、土地荒芜的现象十分严重,许多地方"田地既荒,即以田让人,听其认垦纳粮,犹有称艰不为者"②。在这种情况下,要采取公平合理、听任民间自愿变价和召佃的处置办法,显然是很难办到的,"国家正项钱粮,犹虑其竭髓难供,……岂能复有余资置买田业,而可令办输藩产之价?"③因此,各级官员就不能不采取强制的手段。凡是与明末藩王、勋戚有土地关系的人以及藩王、勋戚田地的原有佃户,一律必须成为这些田土的承买或承佃之人。如山西等地,地方官员"奉委查汾府宗产,至则严刑酷拷,士民体无完肤。宗室不论存亡,房地不论典买,凡沾与宗姓干涉者,一概断令入官。致令典买者既没其价。正粮之外,复勒出租。佃种者既偿其租,更勒输粮"。"王师恢复之后,白骨如山,青磷遍野,……原日佃丁或杀或逃,即多方招徕,百无一二。而有司犹按故册鬼名追呼原课。"结果又连累同村里甲与宗室无涉者遭受包赔之苦,"(原佃)人迹杳然,课从何出。有司因檄牒严催,不得不那借惟正之供以应之,势必株连波及,亲以及亲,友以及友,族党受害,里甲包赔,……冤哉,痛哉!"④

同时,清政府还把清查明藩田产作为考核官员的一项内容:"其经管道官、推官果能清厘有法,钱粮增益者,臣部察明议叙纪录,以示激劝,如因循徇隐,违限不完,察参议处。"⑤这样又使许多官吏不顾人民死活,贪大喜功,

---

① 《清代档案史料丛编》第4辑,第162页。
② 《清代档案史料丛编》第4辑,第165页。
③ 郭琇:《郭华野先生疏稿》卷3《三请均赋》。
④ 《清代档案史料丛编》第4辑,第152—154页。
⑤ 《清代档案史料丛编》第4辑,第166页。

以荒作熟、重复开报等种种弊病由此而生,"一产两处开报,重复错误,不敢申辩。又将五年已前两藩报过之产,租上加租,每亩有至一两一钱者,有租谷至五六斗者"。"自山原之外,更有洼下相近河水者,……蒲草成林,即小民往来皆行之水上,以致夏失其耗,秋无所收,苦赔正粮尚千难万难。自巡道复申之后,于正供外,倍定租课,兼以杂派繁兴。"①这种情况甚至连某些官员也不得不承认,如湖广总督祖泽远在揭帖中写道:"目击凋残已极,废藩之田实系荒芜,并无朦混隐讳,具结申赉,为民请命","叠罹兵燹,王庄委属荒芜,实难变价"。②

如果我们就顺治年间清政府对于明藩遗产变价、召佃所索取的价银和租额作进一步的分析,那么清初政府对于明藩田产处置的强制性和勒索性就更明显了。根据户部尚书车克的一个题本记载,顺治初年各地明藩田产变价价银的大致情况如下:"河南省王府甚多,……每亩估价止壹钱或伍陆分不等,承种地亩每亩除正赋外,止纳租壹贰分。山西省有每亩止纳租伍升。……湖广省每亩输租不过壹分。江西省王府……上等熟田估价仅止壹两。江南勋逆腴田,每亩止变价银壹贰两不等。"③从这段记载看来,似乎政府所索取的价银租额是比较轻的。但是我们必须注意,在多年战乱之后,许多地方"弥望千里,绝无人烟",这个时候各地民间的土地价格也是惊人地低残,"国初地余于人,则地价贱"④。上好膏腴,"一亩之田,其值银不过数钱"⑤。即使以历来人多地少、视田地为珍宝的江南一带,"至本朝顺治初年,良田不过二三两"⑥。而某些遭受战争破坏特别严重、地旷人稀尤为厉害的地区,甚至"弱者以田契送豪家,犹惧其不纳"⑦。因此,顺治初年清政府对于明藩遗产变价所索取的价银,每亩虽然只有数钱以至一二两,其实与民间时价相差无几。

---

① 《清代档案史料丛编》第 4 辑,第 152—154 页。

② 《清代档案史料丛编》第 4 辑,第 178 页。

③ 《清代档案史料丛编》第 4 辑,第 173 页。

④ 杨锡绂:《陈明米贵之由疏》,《皇朝经世文编》卷 39《户政》。

⑤ 《清朝文献通考》卷 2。

⑥ 钱泳:《履园丛话》卷 2。

⑦ 光绪《湘潭县志》卷 11。

但是清初政府对于明代藩王田产变价召佃的勒索并不仅止于以上的数字,而是屡增屡驳,一增再增。如河南封丘县,屡次加增的地价已经达到原变价银的两倍以上,"见今追解封丘县原有张国纪(国戚)护坟地叁拾贰顷陆拾叁亩零,好地柒顷,于顺治玖年前任知县宋翔奉文变价,每亩银捌分,因价廉驳增,复增银壹钱贰分。顺治拾壹年奉文增价,知县余缙每亩增银贰分,又于拾壹年奉文驳增,每亩又增银叁分"①。召佃增租的情景也是如此:"前蒙上司议增租银每亩贰分贰厘肆毫,较之民田已多三分之一,诸地户咸谓赋重难办矣。今复蒙驳增,……每亩令其再增银贰分贰厘肆毫,较民田额粮适加一倍。"②这已大大超过时价,从而使被迫承买承佃的农民达到了难以忍受的地步。这一点即使是奉文清查藩产的一些官员亦屡有指出,如河南巡抚彭有义说:"开、怀二府勉增银一十一两零","其余价值据称与昔则符,与今则溢,万难再增"。③顺天巡抚祖重光说:"怀柔县(藩田)……俱委系山坡沙瘠之土,……今若以瘠土之地一概照议量加租银,恐滋民累,徒有逋欠之虞。应仍照旧租佃,似难轻议加增者也。"④

从上所述不难看出,这项措施具有明显的强制性和勒索性。清初政府之所以采取如此严厉的措施,显然是把明藩遗产作为国有财产看待,即所谓"前朝国戚(田产),……此正与无主入官之旨相符"⑤,"明宗遗产自应按数入官"⑥。其实在明末农民大起义的沉重打击之下,明代藩王、勋戚所存无几,他们的大量土地已经为当时的起义农民所占有,大同总兵官姜瓖在顺治元年的一次题本中写道:"自逆寇发难以来,肆虐流毒,几遍寰海,……而宗藩罹祸尤甚。云之宗姓约计肆千余,闯贼盘踞陆日,屠戮将尽。兼过天星、张天林百计搜查,几无噍类。……宗之房屋尽为贼居,地土庄窝无一不为贼据。"⑦同时明代藩王、勋戚为农民起义军所驱杀,也使原来佃种藩田的许多

---

① 《清代档案史料丛编》第4辑,第195页。
② 《清代档案史料丛编》第4辑,第193页。
③ 《清代档案史料丛编》第4辑,第235、236页。
④ 《清代档案史料丛编》第4辑,第204页。
⑤ 《清代档案史料丛编》第4辑,第150—151页。
⑥ 《清代档案史料丛编》第4辑,第156页。
⑦ 《清代档案史料丛编》第4辑,第150页。

佃户获得了土地，如山东德、鲁藩产为原佃户所占，清朝官员将佃户拘叫到县，详询所谓"隐占缘由"，这些佃户们分辩说："德、鲁藩产虽系钦赐，实是小的租业地，小的们种地纳租，以供藩府禄粮，如今藩府废了，到底还是小的们产业，……实无隐占等情。"①经过农民战争，明代皇亲国戚的大片土地居然为无地的农民所占耕，这无疑是农民战争的伟大作用，但是清政府却采取强制的手段，把已经为民间占有的土地重新确定为封建国家所有的权利。显然，顺治年间清政府对于明代藩王、勋戚田产的这种处置，乃是对于明末农民战争取得的成果的一种反动。

## 二、清初政府的"更名田"立法

虽然自顺治元年起，清政府就开始对明代藩产进行大规模的清查并强令承买承佃，但这些田地正式改为"更名田"，则是始于康熙八年。为了对"更名田"的立法作全面的分析，我们把《清康熙实录》中有关这一立法的两则最主要的记载摘录如下：

> 八年，三月，辛丑，谕户部：前以尔部题请直隶等省废藩田产……酌量变价。今思既以地易价，复征额赋，重为民累，着免其变价，撤回所差部员，将见在未变价田地，交与该督抚，给与原种之人，令其耕种，照常征粮。②
>
> 九年，正月，己酉。初，直隶各省废藩田产，奉旨免其易价，改入民户，名为更名地。内有废藩自置之地，给民佃种者，输粮之外，又纳租银，重征为累。户部议以久载全书，不当蠲免。得旨：更名地内自置土田，百姓既纳正赋，又征租银，实为重累，着与民田一例输粮，免其纳租，至易价银两，有征收在库者，许抵次年正赋。③

---

① 《清代档案史料丛编》第4辑，第211页。
② 《清康熙实录》卷28。
③ 《清康熙实录》卷32。

以上这两则记载中,关键之处有二:一是"免其变价,给与原种之人";二是"与民田一例输粮"。有些学者之所以认为更名田的立法可以作为废除皇有或官有的土地所有制去看待,其主要依据亦在于此。但是我们认为,这两则记载并不能说明这一问题。

首先,关于"免其变价,给与原种之人",这一法令是有一定适用范围的,这就是"将见在未变价田地,交与该督抚,给与原种之人"。事实上,明代藩产的大部分已经在顺治年间清查处置完毕,即使有少量剩余也是贫瘠不堪难以垦种的,如户部尚书车克在顺治十三年的一次题本中说:"废藩遗产府属除变价外,所存无多,屡经严查,皆系破残之余。"①因此,即使康熙八年之后清政府对于所有未变价的明藩田产实行"免其变价,给与原种之人,令其耕种",这在所有更名田总数中也只占极少部分,而大部分在顺治年间变过价的明藩田产,此时只不过改名为"更名田"而已。

尽管康熙八年未经变价的明藩田产所剩无几,但对于这一部分明藩田产,清政府是否真的实行"免其变价,给与原种之人"也是十分值得怀疑的。如《清朝文献通考》卷2记载:"(康熙)四十一年,以山东明藩荒地给民垦种。山东有前明废藩基地可垦者三顷四十八亩有奇,民人情愿纳价,每亩纳银五两,自四十二年起科,给一印帖为恒业。"据此,康熙四十一年清政府不仅继续就剩余的废藩荒地进行变价,而且每亩荒地的价银亦涨到五两之多。康熙二十四年清政府对于云南沐氏的上万顷庄田实行全面变价,其规模就更大了。所谓"敕部速行变价,按地则每亩可变银四五钱至一两有奇,按粮则每石可变银十两至二十两有奇,各按等则而高下之"②。从以上这些事实看来,康熙八年清政府关于明藩田产"免其变价,给与原种之人"的法令并没有得到认真的执行。

其二,关于"与民田一例纳粮",清政府对其适用的范围同样有着严格的规定,这就是:"更名地内(废藩)自置土田,……着与民田一例输粮,免其纳租。"我们知道,明代的藩王、勋戚乃是一个封建特权阶层,他们占有大量土

---

① 《清代档案史料丛编》第4辑,第184页。

② 蔡毓荣:《筹滇十疏》第四疏《议理财》,道光《云南通志》卷203《艺文志》。按云南省于康熙二十四年始对沐氏庄田进行变价,一直到三十二年才重新下令"免其纳价"。

地主要是依靠皇帝赐予和豪猾投献两种方式,而真正通过自由买卖的途径获得的土地只是小部分,因此,所谓"与民田一例输粮",在更名田内的适应范围也是相当狭窄的。更何况通过自由买卖获得的土地原先就属私人所有,并不存在"废除皇有或官有的土地所有制"的问题。

康熙八、九年清政府关于更名田的两条法令的作用仅此而已,因此,大部分更名田的赋税征收则例,与民田存在着很大的差别,事实上,更名田向封建政府所交纳的是租,民田向封建政府交纳的是赋。我们可以举出康熙九年之后的许多记载为证。如《清圣祖实录》卷 197 云:"三十九年……湖广总督郭琇题,湖广江夏等十三县更名田地,乃明季下瘠之藩产,每岁只纳租谷,……较民粮加重至六七倍,佃种穷民苦累。"《清朝文献通考》卷 4 云:"山东之益都县有前明废藩更名地,……较之民粮多二倍至四倍不等。……粮多赋重,小民输纳维艰。"如果以上记载稍嫌笼统的话,那么各地地方志的记载则为我们提供了更名田与民田赋税科则详细比较的可能性。在此略举几例如下:陕西咸宁县,更名田水田的上等科则每亩线米二斗,末等科则每亩折色银三分、糯米二升四合,而民田水田上等科则每亩五升二合,末等科则每亩二升二合,更名田水田的每亩科则是民田水田的二至四倍以上;更名田旱地的上等科则每亩折色银二钱二分四厘九毫,末等科则每亩麦、粟各三升,而民田旱地上等科则每亩四升,末等科则每亩四合,更名田旱地的每亩科则是民田旱地的四至十倍左右。盩厔县,更名地上等科则每亩折色粮二斗二升九毫余,末等科则每亩小麦、粟米各三升,而民地上则每亩粮四升,末则四合,更名地的每亩科则是民地的五至十倍以上。湖广应城县,更名田不分则每亩征银四分,民田上则每亩征银一分零五毫,下则每亩征银五厘二毫余,更名田的每亩科则为民田的三至八倍。山东省东平州,更名田不分则每亩征银五分五厘,民田上则每亩征银三分,下则一分九厘,更名田的每亩科则也在民田每亩平均科则的两倍以上。山西省代州,更名田水稻地每亩征本色糯米一斗二升三合,折粟米一斗八升四合五勺,民田水稻地每亩征粮六升五合,更名田的每亩科则几近民田的三倍。①无须赘举,以上这些例子已经

---

① 嘉庆《咸宁县志》卷 11;道光《盩厔县志》卷 4;光绪《应城县志》卷 3;光绪《东平州志》卷 7;光绪《代州志》卷 5。

足以说明更名田的赋税负担与民田存在着明显的差别。

不仅如此,许多地区更名田赋税交纳的手续也比民田烦琐得多,这更使承佃更名田的农民苦上加苦,如《乾县新志》记载:"屯、更(名)地之折色银两,悉归州县统收,而本色粮如麦豆粟米,则直接交纳省城,……由督粮道经收,以饷满汉兵丁。地方官不过代为征催而已,人民在省完粮之后,持粮票在本州县房科登记,职此之故,而蒙棍苛索,不可究诘矣。输粮例有粮样、土样、余粮之诛求,折价则有牌价、片价之伸缩,蚩蚩者氓,讵能与省仓之猾役争长短哉? 故仍假手于粮铺,而奸商又从中牟利矣。其来往运输车价、盘费,尚在不计。完纳之后,持票在本州县登记,而房科又需索规费。计两仓岁收不过十万余石,而出入陋规至二十余万缗。清代病民之政,未有甚于屯、更赋敛者也。"①

## 三、更名田的所谓"九厘银"与明代藩王、勋戚田产的赋税没有明显差别

由此可见,清代更名田与民田实有严格的区别,更名田所负担的重赋实质上仍是地租。因此,明代藩王、勋戚的田产到了清代转变为更名田,但在所有权上并没有太大的差别,原来耕种藩田的私人佃户,随着更名田的立法而成了国家的佃户。关于这一点,清代的许多人还是明确的,如许多地方志作者,都把更名田与国家所有的屯田并列,共称"军田":"更名地,……原系明秦王藩府所食之租田,故俗称之为'王田',清初改租为赋,完纳本色,与屯地同,人皆以'军'目之。"②"'军田'高下不等,有卫所、更名之别。更名田原名王田。"③有的地方志则径称更名田为官田:"屯、更者,官地而民耕种,赋籍仍属之官。"④"更名卫田皆不领于县,领于县者曰民田,……更名乃如官室之佃。"⑤甚至连乾隆皇帝也对更名田交纳地租的官有性质供认不讳:"更名地,

---

①② 民国《乾县新志》卷7。
③ 民国《岐山县志》卷4。
④ 民国《铜川县志》卷16。
⑤ 光绪《南阳县志》卷5。

当时为藩封之产,不纳课粮,召人承佃输租止更姓名无庸过剩,谓之更名田。"①因此,我们不能得出清初更名田立法具有废除国有或官有土地所有制的结论。

当然,更名田内真正按民田赋税科则征收的情况也是有的,这就是清初曾经变过价的一部分,所谓"明世藩入国朝募民纳价,按民赋起科"②。但这正如我们前面所分析的那样,清政府之所以能够强迫农民承买明藩田产,完全是把明藩田产当作国有土地看待,至于变价与召佃,这只不过是处理的方式不同而已,实质是一致的:"赋从地出,租从价出,似得其平也。"③同时值得注意的是,变过价的更名田虽然名义上"按民赋起科",但实际上往往是按民田的最高税则或高于民田的特殊税则征收的,《皇朝经世文编》卷29《田赋总考》中对此讲得很清楚:"国初明藩田亩,召民纳价,其米一斗以上起科,民田米一斗以下起科,均为正赋。"似这种变价更名田的"按民赋起科"显然仍带有半地租性质。更有甚者,明代有些藩地过于贫瘠,难于耕种,佃户们向藩王交纳的地租相当低微,远不及一般民田的正赋;到了清代,清政府却把这些土地的地租加重至与民田赋相等,美其名曰"改租为赋",如湖北原襄、荣二藩:"租银改编丁粮者,因租轻于赋,改之所以从重也。若别藩租课又倍于民矣,故不能减重为轻,而缩其旧额耳。"④似这种更名田的"按民赋起科",实际上是租上加租,我们又怎么能说它具有"历史的进步作用"呢?不过,以更名田分布的地区之广,个别地区在更名田立法的同时实行减租为赋的现象也许是存在的,但这仅仅是个别而已。

综上所述,清王朝建立之初,为了摆脱经济困境,对于明代藩王、勋戚遗留下来的大量田产进行了带有严重强制性和勒索性的变价和召佃,这种变价和召佃加重了被迫承买和承佃者的负担。到了康熙八、九年,清政府将这些清查处置过的明藩田产改称为"更名田",但承佃更名田的农民向封建国家交纳地租的性质并没有改变,因此,清初的大部分更名田,实质上和明代

---

① 《清朝文献通考》卷4。
② 光绪《湘阴县志》卷21。
③ 《清代档案史料丛编》第四辑,第193页。
④ 《清代档案史料丛编》第四辑,第199页。

江南重赋官田是一样的。如果说明代的江南重赋官田的土地所有权属于封建国家所有,那么,毫无疑问,清初的大部分更名田的土地所有权也属于封建国家所有,至少可以说承佃更名田和承佃藩田在租额的负担方面,差别是不大的。当然,到了清代中、后期,由于承佃更名田的农民采取了许多不同的方式反抗,使得某些地区的一部分更名田有了逐渐减轻科则并少量向民田转化的趋势,但这一趋势的出现,正如明代江南重赋官田到了明中、后期逐渐向民田转化一样,主要乃是经济发展的必然结果。因此,这个时候更名田有部分向民田转化,自然是不能与清初更名田的立法相提并论的。

# 明末辽饷与清代九厘银沿革考实

辽饷加派，以往史家多认为是明末苛政之一，入清以后，清王朝首革明末三饷，轻徭薄赋，时称仁政。但根据本人的初步研究，明末辽饷加派，基本上被清朝沿袭了下来，并且改称为"九厘银"。本文试图对自明末辽饷加派到清代九厘银的沿革情况，作一如实的探讨，以就正于方家学者。

## 一、清初关于废除"三饷加派"法令的辨析

所谓清初首革明末三饷，一般论者都引用顺治元年七月壬寅日摄政王多尔衮的一则谕令为证，该谕令略云：

> 前朝弊政，厉民最甚者，莫如加派辽饷，以致民穷盗起，而复加剿饷，再为各边抽练，而复加练饷，惟此三饷，数倍正供，苦累小民。……自顺治元年为始，凡正额之外一切加派，如辽饷、剿饷、练饷及召买米豆，尽行蠲免。①

根据这条谕令，明末三饷加派的革除是毫无疑问的。其实，在顺治元、二两年间，清政府还下过三道与此内容完全相同的诏令以重申这一政策，②这说

---

① 《清世祖实录》卷6。
② 《清世祖实录》卷9顺治元年十月诏曰："凡加派辽饷、新饷、练饷、召买等项，悉行蠲免。"卷15顺治二年四月："颁恩诏于陕西等处，……陕西通省地亩钱粮，自顺治二年正月为始，止征正额，凡加派辽饷、新饷、练饷、召买等项，悉行蠲免。"卷17顺治二年六月："诏曰：……河南江北江南等处人丁地亩钱粮，……凡加派辽饷、剿饷、练饷、召买等项，永行蠲免。"

明在顺治元、二两年间,清朝中央政府对于革除明末三饷加派,还是比较认真的。

然而从顺治三年起,清政府对于明末三饷加派的蠲免,在政策上有了较大的改变。笔者通检了《清世祖实录》,发现自顺治四年起,清政府关于明末三饷加派蠲免的诏令还有七条。为便于与顺治元年七月的谕令进行比较,兹将这七条诏令摘录列表如下:

| 年 月 日 | 内　　　容 | 资料出《清世祖实录》 |
|---|---|---|
| 顺治四年二月癸未 | 诏曰:……今浙东八府并福建全省,俱自顺治四年正月初一日起,俱照前朝万历四十八年则例征收,天启、崇祯时加派尽行蠲免。 | 卷30 |
| 四年七月甲子 | 诏曰:……广东人丁地亩本折钱粮并卫所屯粮,俱自顺治四年正月初一日起通照前朝万历四十八年则例征收,天启、崇祯年间加派尽行蠲免。 | 卷33 |
| 五年十一月辛未 | 诏曰:……派征钱粮,俱照万历年间则例,其天启、崇祯年加增,尽行蠲免,通行已久。…… | 卷41 |
| 十一年六月庚辰 | 诏曰:……直隶及各省征收钱粮,俱照万历年间则例,久已通行,如州县官有将天启、崇祯年间滥加钱粮仍行征派者,该督抚纠参重处。 | 卷84 |
| 十四年三月癸丑 | 诏曰:……派征钱粮,俱照万历年间则例,其天启、崇祯年间加增,尽行蠲免。 | 卷108 |
| 十四年十月丙子 | 谕户部:……钱粮则例,俱照明万历年间,其天启、崇祯时加增,尽行蠲免。 | 卷112 |
| 十七年正月辛巳 | 诏曰:……额征钱粮,俱照万历年间则例,其天启、崇祯年间加增,尽行蠲免。 | 卷131 |

很明显,这七条诏令所规定的三饷蠲免,仅限于天启、崇祯年间的加派,未及万历朝。而明代后期主要的辽饷加派,恰是在万历年间,《明史·食货志》云:

其后接踵三大征,颇有加派,事毕施已。至(万历)四十六年,骤增辽饷三百万。时内帑充积,帝靳不肯发。户部尚书李汝华乃援征倭、播例,亩加三厘五毫,天下之赋增二百万有奇。明年复加三厘五毫。明年,以兵工二部请,复加二厘。通前后九厘,增赋五百二十万,遂成岁额。①

因此,根据顺治四年以后的七条诏令上谕,明代万历年间加派的九厘辽饷,是被沿袭了下来。

当时有许多地方官员的记载也证明了这一点,如顺治六年江西巡按王志佐上奏江西的情景:"奉部文通行省道内开,派征钱粮照万历年间则例,其天启、崇祯年加增尽行蠲免,盖以前项辽饷在万历年间加派,故复照旧派征耳。"②顺治十一年湖广总督祖泽远上奏湖广"辽饷自(顺治)九年起征。……应照田地山塘等项科算,逐一厘正,册报……明季兵部梁廷栋崇祯三年奏加辽饷刊疏一本,开载湖广原额六十五万二千四百七十六两一钱六分三厘"③。顺治十四年湖北巡按张朝瑞上报该属各废藩原额田地等项共六万一千三百五十一顷余,"额载租银谷折布、折石膏峒税等银共一十三万一千三百六十二两四钱零四厘,又加派辽饷银一万九千八百五十两零八分一厘零"④。这些地方官员的记载,反映了顺治年间各地继续征收辽饷的情景。《清世祖实录》中还有两则减免辽饷的记载,六年十月条:"免江西六年以前明季加增辽饷银两。"⑤八年正月条:"各省由万历年间加派地亩钱粮,顺治八年分,准免三分之一。"⑥这两条蠲免令,是针对顺治前期各地的辽饷加派而言,这更进一步证实了明代后期的辽饷加派,在入清以后不久就被恢复了。

再从上表看,《清世祖实录》中最先记载明末加派蠲免仅限于天启、崇祯二朝的是顺治四年二月和七月,这两条诏令是针对浙江、福建和广东的。是年广东、福建和浙东各地,抗清活动仍然十分强烈,局势尚未完全安定,清政府颁布这两条诏令,旨在对新辟之地以示恤抚之意,故又称为恩诏,这里的征粮条例,断无格外加重之理,必然是以中原的通例为准则的。因此笔者认

---

① 《明史》卷 78。
② 《清代档案史料丛编》第 1 辑,第 152 页。
③ 《清代档案史料丛编》第 1 辑,第 154 页。
④ 《清代档案史料丛编》第 4 辑,第 197 页。
⑤ 《清世祖实录》卷 46。
⑥ 《清世祖实录》卷 52。

为清初恢复辽饷加派,当在顺治三年,具体地讲,这是在三年四月谕令户部编纂赋役全书时,制定了依照明万历年间原额征收田赋的原则,所谓"顺治三年谕户部稽核钱粮原额,汇为赋役全书,悉复明万历间之旧"①。"顺治三年诏定赋役全书,悉复万历间原额"②。既然田赋征收完全恢复明万历年间的旧例,那么九厘辽饷自然就在派征之列。

因此,从顺治年间清朝中央政府的一系列正式法令上看,顺治元年七月摄政王多尔衮所谓明末三饷加派"悉行革除"的命令,至多仅实行于顺治元、二两年。但在实际执行过程中,顺治元、二年间的三饷蠲免,迫于当时政府经费的困难,往往也是很难办到的,特别是地方政府,经常各行其是,暗自加派。如顺治二年兵科给事中李运长说:"窃闻省直州县易剿、练等税为草豆等名色,加征如故,询诸外来士民,大抵皆然,非止一处。"③又如《清世祖实录》载顺治二年十二月顺天府密云县民奏言:"密云山僻,叠遭兵荒,流离迁徙,寥寥数千小民,已供加派喂马鹰手粮料四千石,今又追完元、二两年民间旧欠豆石,势难措办,祈救免征,民命攸赖。"④甚至连清世祖在顺治三年的一则谕令中,也指出了顺治元、二年间各地任意加派的事实:"明季私征滥派,民不聊生,朕救民水火,蠲者蠲,革者革,庶几轻徭薄赋,与民休息,而兵火之余,多借口方策无存,增减任意。……明季丛蠹何时清厘?"⑤可以想见顺治元、二年间的所谓三饷革除,成虚文处居多。可能正是因为三饷尽免难以办到,于是自顺治三年起,正式恢复辽饷征派,蠲免天启、崇祯间所派的剿、练等饷,从此成为定例。不过,顺治前期南方各省的抗清斗争仍在不少地方继续进行,因而顺治三年恢复辽饷加派也和顺治元年的革除三饷一样,在许多地区一时还无法马上执行,如前引的广东、福建、浙江一带,至顺治四年为始派征辽饷,湖广则到顺治九年为始派征。到了顺治后期,清朝中央政府已经能够比较有效地控制局面,对于各地赋税的征收也已逐渐走上正轨,于是在

---

① 《清史稿》卷128《食货二》。
② 王庆云:《石渠余记》卷3《纪赋册粮票》。
③ 李运长:《敬陈保邦富国要图》,《皇清奏议》卷2。
④ 《清世祖实录》卷22。
⑤ 《清世祖实录》卷25。

顺治十四年,清政府为了避免辽饷加派的恶名,将辽饷加派改称为地亩九厘银,"九厘银"从此正式载入清王朝的中央及地方的赋役全书之中,"至若九厘银,旧书未载者,今已增入"①,成了清代一项固定的田赋税。

顺治年间清政府恢复征收辽饷加派,多少有点"急公助饷"的借口。到了康熙年间,局势已经平定,清政府又不愿停征恤民,九厘银成了田地固定税,所以,许多地区的九厘银,直接化入地亩科则,不复另行开载。如据《古今图书集成》职方典及地方志的记载,清代直隶、山东、河南等省的民田科则,并非仅指正赋科则,而是包含了"正供杂办并九厘胖衣等银""正供杂办兵饷马价胖袄袴鞋芝麻花绒等银"在内,清代前期为简化赋役征收手续,并成一则。九厘银既直接化入地亩科则,便失去其原来面目,这也是后人轻信清初革除三饷的原因之一。然而也有许多地方志,至清代中后期,依然相当详细地记载清代地亩九厘银的缘由。如道光《宝庆府志》云:

> 九厘饷者,起自明季万历四十六年增辽饷,……前后九厘,遂为岁额,……本朝因之,谓之九厘饷。……自一条鞭法行,地租与丁银故未合也,其时增辽饷,所谓九厘饷,是辽饷与条鞭相并而行,故世谓之条辽,又谓之条饷。自丁银摊入地亩,……凡诸租赋皆合于一,则一条鞭法后之又一条鞭也。②

康熙《灵寿县志》云:

> 顺治年间赋役大纲,……但天津旅顺兵饷诸项,乃万历初定条鞭之所无,系后来加增者,国初定赋役未及芟除,至今日遂沿为定额,故特存之以见赋重之由。③

道光《永州府志》亦云:

---

① 《清世祖实录》卷 112。
② 道光《宝庆府志》卷 84《户书》。
③ 康熙《灵寿县志》卷 4《田赋志》。

九厘即明万历时所增辽饷,我朝开国初即蠲除之,洪承畴复借征供军,当时称洪饷。原议荡平仍予减免。顺治十四年乃列为正供,迨后摊入秋粮额内,相沿至久。①

地方志中类似的记载甚多,不胜举,由此亦足见清代的九厘银,乃是由明末的辽饷加派演变所成。

## 二、明代万历年间的"辽饷"加派被清政府延续了下来

清初恢复加派辽饷(九厘银)时,基本上沿用明代万历年间的旧制,略加增减。其增减之法,与当时田赋正额的增减办法是一致的,即所谓"钱粮则例,俱照明万历年间。……原额以明万历年刊书为准,除荒以覆奉请旨为凭"②。这就是说,地亩九厘银以明万历间的原额为基数,豁除抛荒之数,其余则摊派于见在地亩之中。

这里首先应当弄清楚的是,何谓明代万历年间的辽饷原额呢?根据《明史·食货志》记载,万历四十八年辽饷每亩加派九厘,年增赋五百二十万两。但是根据梁方仲先生的研究,明代加派辽饷所谓九厘,并非足额,每年五百二十万两的原额,若以当时天下田亩总数(原无加派之贵州除外)均摊,则每亩平均实征尚不足七厘。可知明万历四十八年摊派辽饷原额时,有受到抛荒、逋欠以及地质高下等因素的影响,不是十足九厘之数。③而当时辽饷的实征数,又比原额有所减少,根据《皇明世法录》所载,万历四十八年全国辽饷实征数是五百零一万六千四百七十四两余,实征数比原额减少二十万两。④到了天启、崇祯年间,因各种加派越来越多,大大超出了农民的负担能力,逋欠的现象也越来越多,于是,明政府对于辽饷作了某些调整,实征数又略有减少,举湖广为例,原额辽饷是七十四万二千余两,崇祯初兵部尚书梁廷栋清理之后,"开载湖广原额六十五万二千四百七十六两一钱六

---

① 道光《永州府志·田赋志》。
② 《清世祖实录》卷112。
③④ 参看梁方仲《中国历代户口、田地、田赋统计》。

分三厘,内楚省节年减少一十三万六千四百一两二钱,止应起解银五十一万六千七十四两九钱六分三厘"①。至此,湖广辽饷实征数比原额减少了二十余万两。

清初顺治年间恢复辽饷加派,其所依据的原额,不是明代的辽饷实征数,而是五百二十万的原额。如湖广总督祖泽远谈到湖广于顺治九年起征辽饷,"部开七十四万二千四百七十六两一钱六分三厘,乃按亩加派"②。可见清初派征辽饷,是以明代辽饷的最高额为基数的。

然而,受到战争严重破坏的顺治年间,全国人丁数和实耕田数都远远不能与明代万历年间相比,以明代万历年间加派辽饷的最高原额为基数,显然大大加重了每亩实耕田地的辽饷(九厘银)均摊量。虽然从原则上讲,清初摊派辽饷,必须在原额的基础上豁除抛荒之数。但在当时军需紧急的情况下,所谓豁免是很有限的。因此,清代初期在摊派地亩辽饷的实征数时,十分强调九厘足数:"辽饷应以九厘为例。"至于田地的肥瘠等因素,则只能由各地自行"酌量民便征收"③。为了保证"总额不缺",不少地方甚至出现包荒包课的现象。④这种摊派方法,不能不使顺治年间的亩均辽饷实摊量超过明万历年间的亩均实摊量。从总额上讲,顺治年间的耕田数大量减少,但实征总数却与明代末期相差不远,如湖南、湖北二省,明末辽饷实征白银五十一万六千六百七十余两,而顺治九年恢复加派辽饷时,"民藩田加九厘辽饷,实得银五十二万五千一百二十一两余"⑤,实征数反而比明末略有增加。

当然,随着清代前期社会生产的逐渐恢复,清初摊派辽饷中的包荒现象有了缓和,亩均实摊量也有些下降,但总的讲,清初九厘银的亩均实摊量还是要比明代辽饷的亩均实摊量略重一些,在此,我们试举山西省清代九厘银的实摊数额,列表如下以作示例:⑥

---

① 《清代档案史料丛编》第1辑,第154页。
② 《清代档案史料丛编》第1辑,第157页。
③ 《清代档案史料丛编》第4辑,第46页。
④⑤ 《清代档案史料丛编》第1辑,第153—158页。
⑥ 本表资料来源据雍正《山西通志》卷39《田赋志》。

| 府(州)别 | 田亩数(顷) | 九厘银数(两) | 平均每亩实摊数(厘) | 府(州)别 | 田亩数(顷) | 九厘银数(厘) | 平均每亩实摊数(厘) |
|---|---|---|---|---|---|---|---|
| 太原 | 52 617 | 45 668 | 8.67 | 沁州 | 7 363 | 3 433 | 4.64 |
| 平阳 | 47 651 | 41 133 | 8.63 | 平定州 | 9 715 | 8 052 | 8.28 |
| 潞安 | 33 747 | 23 974 | 7.10 | 忻州 | 9 569 | 5 015 | 5.24 |
| 汾州 | 44 599 | 36 274 | 8.13 | 代州 | 11 627 | 4 859 | 4.17 |
| 大同 | 19 103 | — | — | 保德州 | 742 | 339 | 4.56 |
| 朔平 | 1 964 | — | — | 解州 | 20 071 | 17 182 | 8.56 |
| 宁武 | — | — | — | 绛州 | 28 558 | 25 845 | 9.05 |
| 泽州 | 25 007 | 22 615 | 9.04 | 吉州 | 2 135 | 1 034 | 4.84 |
| 蒲州 | 25 683 | 21 489 | 8.36 | 隰州 | 4 204 | 1 423 | 3.36 |
| 辽州 | 6 807 | 2 695 | 3.95 | | | | |

　　清代山西省内各府县的农业发展情况很不均衡,主要农业区如中、南部的太原、平阳、汾州、泽州、解州、绛州等地,雍正年间平均每亩实摊九厘银均在八厘以至九厘以上;而山西北部的大同、朔平、宁武以及归绥六厅,贫瘠荒凉无法摊派九厘银,尽管如此,雍正年间山西通省四地共三十五万一千余顷,实征九厘银二十六万一千余两,全省亩均实摊量为七厘四毫余,还是略高于明代万历年间辽饷的亩均实摊量。

　　清初九厘银的亩均实摊量略高于明万历间的辽饷亩均实摊量,其原因有如前述,清初政府迫于巨额军费开支所造成的财政困难,不得不进行逾制加征。这种情况尤以湖北、湖南二地为突出。顺治年间,南明政权及农民军余部,曾在西南一带与清军作长期的对峙,湖广实成了清军在西南作战的依托地。沉重的军费开支,仅仅依赖政府军饷的调拨和当地赋税的收入是远远不够的,于是,湖广的地方当局,特别是顺治九年洪承畴受命全权经略西南之后,经常在湖广等地实行许多名目的加派。这两省的九厘银派征,也往往超出九厘之上。如湖南省衡州府,实熟田地三万三千余顷,实派九厘银四万八千余两,平均每亩摊派一分四厘六毫余;[①]桂阳州,实熟田地八千八百余

---

①　光绪《湖南通志·田赋志》。

顷,实派九厘银一万一千余两,平均每亩摊派一分三厘二毫余;①宁远县,实熟田地二千三百余顷,实征九厘银三千七百余两,平均每亩摊派一分五厘八毫余;②蓝山县,"以九厘饷论,按县田二千二百二十一顷,不过加二千两耳,乃加至二千七百余两"③,平均每亩实摊一分二厘三毫。因此,这里的九厘饷,纯粹只是一种赋税的名称而已,并不是实指九厘。同治《衡阳县志》中所谓"九厘饷银,九厘明万历中派辽饷,国初免征,洪承畴经略云贵,复加派至一分三厘有奇,而仍曰九厘饷"④。这种情况,在清代的地亩九厘银派征中,还有一定的代表性。

清初恢复加派辽饷九厘银时,曾经有过少量的抛荒豁免,而随着社会环境的日益安定,农业生产逐渐得到了恢复。到了雍正、乾隆年间,全国垦田数比清代前期有了增长。因此,地亩九厘银的派征,并未停留在清初已核定的实征之数,对那些新升科的土地,在派征地丁正赋的同时,也派征了九厘银。试举道光《宝庆府志》中的记载列表如下为证:⑤

| 县份 | 田地原额(顷) | 九厘银数(两) | 每亩平均实摊数(厘) | 加增田亩数(顷) | 九厘银数(两) | 每亩平均实摊数(厘) |
|---|---|---|---|---|---|---|
| 邵阳 | 8 489 | 5 844 | 6.88 | 545 | 208 | 3.81 |
| 新化 | 4 784 | 3 138 | 6.55 | 808 | 271 | 3.35 |
| 武冈 | 8 241 | 5 708 | 6.92 | 526 | 244 | 4.63 |
| 新宁 | 1 627 | 1 254 | 7.70 | 56 | 38 | 6.78 |
| 城步 | 885 | 652 | 7.36 | 1 | 1 | 10.00 |

宝庆府额外加增地亩所派征的九厘银,要比清初原额田地派征的九厘银轻得多。但是所谓额外加增地亩,就是抛荒新垦之地,土地质量比较贫瘠,因而其科则一般都要比原额田地的科则轻。宝庆府原额田地共二万四千余顷,征银四万三千八百余两,平均每顷征得一两八钱二分余;而额外新

① 光绪《湖南通志·田赋志》。
② 嘉庆《宁远县志》卷4《赋役志》。
③ 民国《蓝山县志》卷18《财赋上》。
④ 同治《衡阳县志》卷3《赋役志》。
⑤ 道光《宝庆府志》卷84《户书》。

升科的田地是一千九百一十八顷,征银二千零七十一两,平均每顷仅征一两零七分余。可知宝庆府额外加增田亩的九厘银派征,大体是以钱粮为基数派征的。这种派征方法,从亩均实摊数来看固然比原额上等地低,但因额外新升科地相对贫瘠,赋税承担能力有限,因此其实际负担与原额田地没有什么差别。

清代九厘银,不仅仅加派于民田,还加派于更名田。清代更名田系由明代皇庄、王庄、勋庄的田地转化而来,这些田地在明代一般不承担辽饷加派。入清以后,更名田与民田一例纳粮当差。九厘银也成了更名田的一项固定的赋税负担。下面是乾隆《长沙府志》中所载的民田与更名田的九厘银负担情况表:①

| 县别 | 民田(顷) | 九厘银(两) | 平均每亩摊得数(厘) | 更名田(顷) | 九厘银(两) | 平均每亩摊得数(厘) |
|---|---|---|---|---|---|---|
| 长沙 | 7 617 | 7 632 | 10.02 | 147 | 142 | 9.65 |
| 善化 | 3 812 | 3 860 | 10.12 | 270 | 252 | 9.33 |
| 湘阴 | 7 854 | 11 731 | 14.93 | 88 | 63 | 7.15 |
| 浏阳 | 9 313 | 12 615 | 13.54 | — | — | — |
| 醴陵 | 6 366 | 5 320 | 8.35 | 77 | 68 | 8.83 |
| 湘潭 | 8 639 | 5 574 | 6.45 | 340 | 55 | 7.50 |
| 宁乡 | 8 224 | 5 044 | 6.13 | 232 | 194 | 8.36 |
| 茶陵 | 4 422 | 6 634 | 15.00 | — | — | — |
| 益阳 | 9 548 | 5 629 | 5.89 | 368 | 269 | 7.30 |
| 湘乡 | 13 364 | 16 183 | 12.10 | 72 | 92 | 12.77 |
| 攸县 | 7 297 | 7 817 | 10.71 | — | — | — |
| 安化 | 2 849 | 3 100 | 10.88 | — | — | — |
| 总计 | 89 223 | 91 144 | 10.21 | 1 590 | 1 339 | 8.42 |

根据上表,乾隆间长沙府民田每亩平均实摊九厘银十厘二毫余,更名田每亩平均实摊八厘四毫余。民田亩均实摊数略高于更名田。湖北、湖南是

① 乾隆《长沙府志》卷 7、8《赋役志》。

清代九厘银派征特重的省份，而更名田的正赋负担又往往比民田更重，①因此这些地区在对更名田摊派九厘银时，为了防止重赋重摊的弊病，大多采用以地亩实派九厘的办法，从而使更名田的九厘银派征与民田有所差别。举湖北应城县为例，该县民田按地粮派征九厘银，"每秋粮一石派征三钱二厘七毫余"；而更名田，"一潞府田地一百七十九顷，……每亩派征辽饷九厘，该银一百六十一两余，……楚租田地二百四十顷，……每亩加派辽饷九厘"。②派征方法的不同，造成了民田和更名田亩均实摊九厘银的差别。

由上述可知，清初恢复明末辽饷加派，是以明代万历年间原额为基础而洒派于天下田亩中，清代中期的新升科地以及更名田，也同样承担着九厘银的负担。因此，我们固然无法确切了解到清代地亩九厘银的具体总数，但是清代地亩九厘银的总数高于明代万历年间的辽饷总数，这是可以肯定的。

除了明代田亩辽饷加派转化为清代九厘银之外，顺治年间中央政府正式下令沿袭明末田赋加派还有两次。一次为顺治七年，《清世祖实录》卷49载道："摄政王谕，京城建都年久，地污水咸，春秋冬三季犹可居止，至于夏月溽暑难堪。……今拟止建小城一座，……除每年旧额钱粮外，特为造城，新增钱粮，加派于直隶、山西、浙江九省等处地方。"③共二百五十余万两。然此次加派不久旋罢。另一次是顺治十八年的练饷加派，是年七月初九日，户部尚书题加征练饷事本云："奉御前发下红本，该议政王、贝勒、大臣、九卿、科道等官公同会议得，本年不敷五百七十万有奇银两，今各省镇兵丁仍给操赏银两，应将明季所增练饷，照旧例暂增，于顺治十八年为始起征，俟钱粮充足之日，该部题请停止。"④此次练饷加派，是以顺治十八年见在实耕地亩摊派的："直隶、山东、河南、江南、山西、浙江、江西、湖广、广东、福建、陕西、广西、四川十三省，共计五百七十七万一千余顷，每亩一分派征，计银五百余万两，请敕该抚于十八年为始，限三月征完解部。至云、贵，系新辟地方，无旧案可

———

① 关于清代更名田的正赋负担问题，请参看拙作《清初更名田立法考实》，《厦门大学学报》1984年第4期，已收入本书。
② 光绪《应城县志》卷3《经政志·田赋》。
③ 《清世祖实录》卷49。
④ 《清代档案史料丛编》第4辑，第1—2页。

查,敕该抚于见征田地内,照数征派。"①这里所讲的见在实耕地亩,除了民田、废藩田之外,还包括屯田,这也是明末练饷未曾派及的。不过,清代练饷加派,仅此一年,康熙元年即行停征。然以当时战乱残破的农村,一年骤增田赋五百七十余万两,不能不是一项极为沉重的额外负担。

## 三、被清初政府延续下来的其他明代加派

明代的辽饷加派,并非仅田亩一项,盐课、商税等项也有同样的加派。这些项目的加派,大多亦起源于万历年间,而到了天启、崇祯间,这些项目的加派日益增多,几占辽饷总额的百分之三十。②清王朝建立之后,这些加派,亦大多被沿袭了下来,但各个项目被沿袭的程度有所不同。《清世祖实录》顺治二年六月丁巳条云:"户部奏言:故明加派三饷及召买等项,已奉恩诏除免,但三饷之内,原非尽派之民间,有出于裁扣驿站宾兴及官吏柴马、衙役工食者,宜量留派征。得旨:仍照旧征收。"③根据这则记载,以上裁扣地方经费的各项辽饷加派,入清以后,不论是明万历间或是天启、崇祯间的,全盘恢复。

盐课加派辽饷,入清以后实行部分蠲免,大致与田亩辽饷加派的蠲免同例。《清世宗实录》卷30云:"运司盐课,前代天启、崇祯年间加派,名色甚多,深为商厉,今尽行蠲免,止照明万历年间旧额,按引征课。"④又卷33云:"盐课照万历四十八年旧额,按引如数征解,其天启、崇祯年间加派尽行蠲免。"⑤据朱庆永《明末辽饷问题》的研究,天启、崇祯间盐课加增大约九十余万两,清政府对此实行蠲免,对于减轻盐商盐灶的负担,无疑起了一些作用,但在明万历年间,神宗屡派税监大肆搜刮,盐课的加派也是相当惊人的,所谓"借名苛敛,商困引壅"⑥;清政府废除天启、崇祯间的盐课加派而保留万历的旧额,由此亦可见清初革除三饷的有限。

---

① 《清圣祖实录》卷4"顺治十八年八月甲寅"。
② 参看朱庆永《明末辽饷问题》,《政治经济学报》第4卷第1期。
③ 《清世祖实录》卷17。
④ 《清世宗实录》卷30。
⑤ 《清世宗实录》卷33。
⑥ 《明史》卷80《食货四》。

至于辽饷加派于关税方面的数额,其蠲免的程度就更加有限了。《清世祖实录》顺治四年二月癸未条诏曰:"……关津抽税,原寓讥察,非欲困商,明末叠增数倍。原额已经户部题定,照万历年间原额,及天启、崇祯递增额数一半征收。"①五年十一月辛未条诏曰:"……各关抽税,俱照明万历年间旧例,其天启、崇祯年间加额,除免一半,不得踵习明季陋规,分外多抽,及多设委官巡拦,以察税为名,肆行科扰。"②据此,甚至天启、崇祯年间的商税加派,亦被部分地沿袭了下来。

明代后期加派比较沉重的还有矿税。清代的矿业政策与明代有所不同,《清史稿》云:"矿政,清初鉴于明代竞言矿利,中使四出,暴敛病民,于是听民采取,输税于官。"③说清代民间采矿比明代略为自由一些,这大体上是对的,但清代对于矿税的征收,却比明代前中期重得多。有明一代矿冶纳税,原则上是三十分取二,采取实物分成制的征取办法。而清代康熙十八年"定各省采得铜铅,以十分内,二分纳官,八分听民发卖"④。税率是五分取一,比明代前中期法定的税率高三倍。明中叶以后,许多地区的矿税改折白银,而清代也大多以白银征税。据曹腾騑、谭棣华二同志对于明清广东矿冶业的研究,明嘉靖前期,每大炉征饷大约十两左右,至崇祯年间竟达五十三两之多。而以清代同地区的材料来比较,一般大炉炉饷每年在五十至五十三两之间,间或有十八两、四十四两,但只是少数。清代广东省对于大炉税饷的征收,显然"是承明加饷后的数字,对冶铁业的课税并没有减轻"⑤。因此笔者认为,虽然在清代各种官书中,还没有看到清政府关于沿袭明末矿冶税加派的记载,但其事实是存在的。

## 四、关于明末加派被清初政府延续与废除的评价

综上所述,明代辽饷加派,入清以后未能革除而演变为地亩九厘银,当

---

① 《清世祖实录》卷 30。

② 《清世祖实录》卷 41。

③ 《清史稿》卷 131《食货五》。

④ 《清朝文献通考》卷 30《征榷考五·坑冶》。

⑤ 参看曹腾騑、谭棣华《关于明清广东冶铁业的几个问题》,广东历史学会编《明清广东社会经济形态研究》,广州:广东人民出版社 1985 年版。

可无疑。清朝统治者为了标榜"仁政",有意在各种官书(如《清朝通考》《通典》《通志》《会典》)中,极力渲染顺治元年七月摄政王多尔衮关于革除明末三饷的谕令,这是出于封建政治的需要,不足为怪。但是近现代许多清史论者,亦往往囿见于顺治元年七月壬寅日的谕令,而不顾其余,从而使清代革除三饷的说法以讹传讹,这是不合适的。我们今天有责任澄清事实,恢复历史原来的面目。

明末三饷加派,给农民带来了极其沉重的负担,大大激化了封建统治者与农民阶级之间的矛盾,终于导致了明王朝的灭亡。清王朝为了稳定人心,巩固新建立的政权,在其入关之初,便立刻诏示天下,首除明末三饷加派,以示与明朝有别。然而在当时的社会环境和经济状态下,要真正做到废除加派,是不可能的。众所周知,在顺治年间,清政府每年必须维持上千万两白银以上的巨额军费开支,①而在顺治中期,全国丁口数仅一千零六十余万,田地山荡仅二百七十余万顷,②还不到明清两代正常年景的四分之一。以这样的人丁数和耕田数,按照明代万历年间加派前的田赋科则征收钱粮,每年所入仅数百万两,这无论如何解决不了当时十分严重的财政困难。于是清政府不得不多方搜求财源,包括重新实行辽饷加派。因此,所谓清初首革三饷,至少在顺治年间,还只能作为一种安抚人心的口头许诺。其实,为了应付急迫的军事需求,除了正式恢复辽饷加派之外,其他各种名目的加派也是屡见不鲜,所谓"地方有司奉有设处供应之文,即借名横行科敛,且于正项之外,暗征私派"③,"乃今之州县,每有一项正供,即有一项加派"④,"有借称兵马急需,额外横征,多加火耗者"⑤。这种额外私派,更是难于预测。

但是,从明代的辽饷演变成清代的九厘银,我们的着眼点还不能仅限于明末清初的临时应急加派之上。明末加派,从表面上看,起因于内乱外患所引起的政府财政困难,但实际情况,万历年间"内帑充积,帝靳不肯发"⑥;崇

---

① 如《皇清奏议》卷4,刘余谟《敬陈开垦方略疏》云:"各省兵饷一年统银一千三百余万。"
② 《清世祖实录》卷61。
③ 《清世祖实录》卷117。
④ 《清世祖实录》卷121。
⑤ 《清世祖实录》卷14。
⑥ 《明史》卷78。

祯年间,亦大致类此;明朝灭亡时,内帑存银竟达数千万两之多。顺治年间恢复辽饷加派,其直接原因,也是迫于当时军费的急需;但是到了康熙年间,全国局势已经稳定,社会生产逐渐恢复,清政府也失去了"急公助饷"的借口,然而这时的九厘银,也就是明代的辽饷,却成了清代田亩的一项固定税额。因此,从明末三饷加派到清代九厘银,实体现了明清之际社会政治经济的某些特点。众所周知,明代中叶以后,中国的社会经济,特别是商品经济有了空前的发展,然而,明清两代又是处在中国封建社会的晚期阶段,封建的上层建筑已日见腐朽。社会经济的繁荣、商品经济的发展,助长了封建统治者的无限贪欲和苛索。万历年间商税、矿税以及其他名色的搜刮,便是其中较为突出的例子。但是中国是个以农立国的国家,在正常的环境里要对田地增派赋税,不但会引起广大农民的强烈反抗,至少还要受到传统观念的谴责。于是,明清之际的战乱环境,成了田赋增派的最好借口。当然,在战争的非常时期里,适当增加赋税收入,具有一定的合理性,问题在于,从"内帑充积"的万历年间到清代的康雍乾盛世,辽饷加派变成九厘银一直被沿袭下来,整个演变过程,已经大大超出了战争应急的范围。因此,明代辽饷到清代九厘银的演变,说明了随着明中叶社会经济的发展,封建的赋税剥削也随之增加。明末三饷加派被认为是明朝灭亡的重要原因之一,到了清朝,辽饷加派虽然被沿袭下来,而剿饷、练饷等加派则基本上被革除了。新建立的清王朝,鉴于明王朝的灭亡,把田赋加派降到农民们可以接受的程度,使农民经济的再生产得到了维持。这种做法,比明末的横征暴敛改进了一步,从而促进了清代中期农业生产的恢复和发展。然而,封建赋税、地租的加重剥削以及封建政权的日益腐朽,又阻碍了我国农业的飞速发展,这也是中国封建社会晚期社会经济发展缓慢的原因之一。

# 从契约文书看清代泉州黄宗汉
# 家族的工商业兴衰

　　研究清代社会经济史的学者,往往有一个这样的遗憾:清代社会经济发展与演变的轨迹,被人为地切断了。近几十年来,中国的历史学家,试图把中国的人类社会发展历史,划分为原始社会、奴隶社会、封建社会以及资本主义社会等各个不同的历史发展阶段。但由于中国尚不存在严格意义上的资本主义社会,于是人们便以清代道光二十年即 1840 年爆发的鸦片战争为断限,1840 年以前的历史统称为"中国古代史",1840 年以后至 1910 年辛亥革命前的历史统称为"中国近代史"。这样一来,同一个"龙子龙孙"的清王朝,便成了两个不同性质的发展阶段的历史时期。研究清代上一段历史的学者,大多论述至鸦片战争便戛然而止,而研究中国近代史的学者,更有其一套"半封建半殖民地"的史学理论。二者较少顾及清代历史研究的整体概念,各唱各的调,在一定程度上丧失了历史学研究的连续性。

　　就清代社会经济史的研究而言,20 世纪 50 年代以来,大多数的学者都相信这样的理论:"中国封建社会内的商品经济的发展,已经孕育着资本主义的萌芽,如果没有外国资本主义的影响,中国也将缓慢地发展到资本主义社会。外国资本主义的侵入,促进了这种发展。外国资本主义对于中国的社会经济起了很大的分解作用,一方面,破坏了中国自给自足的自然经济的基础,破坏了城市的手工业和农民的家庭手工业;又一方面,则促进了中国城乡商品经济的发展。"①但是由于清代的历史已经成为两个不同的历史发

---

① 毛泽东:《中国革命和中国共产党》第一章第二节,见《毛泽东选集》,北京:人民出版社 1967 年版横排袖珍本,第 589 页。

展阶段,研究清代上段历史的学者,着眼于"中国封建社会内"经济发展,刻意寻找"资本主义萌芽"的产生及其夭折的例证;而研究中国近代经济史的学者,则把着眼点主要放在中国"封建社会经济"如何在外国资本主义的侵蚀下纷纷解体以及对近代新型工商业的分析上。"古代史"的学者和"近代史"的学者,似乎应验了"隔行如隔山"的谚语,忽视了清代前期社会经济与清代后期社会经济发展与演变的内在联系。

事实上,中国的传统社会已经延续了数千年的文明历史,近现代任何一个历史的突变事件,都是无法把中国的文明发展史断然切割开来的。有鉴于此,傅衣凌先生在《明清社会经济变迁论》中指出:"过去学者在研究近代中国资本主义发展史时,往往忽视明清时代资本主义萌芽的历史作用,忽视鸦片战争以前的中国的原始资本积累,每以中国资本主义的发展,只是在鸦片战争后由外力所诱发出来的,并以资本主义这个东西只是限于某些特定国家,如英国才会产生出来的。其实,我们研究近代上海和其他地区的资本主义生产形态,有不少资本家是在鸦片战争以前开始育成的。二十年前,我就提出中国资本主义萌芽的发展,有夭折、有中断、又有继承关系。……南方资本家的谱系有这种继承关系,北方也同样存在这种继承关系。……这种继承关系不仅存在于东南沿海工商业比较发达的地区,也同样存在于内地。……我还研究近代中国社会里,曾存在有不少'百年老店',他们在鸦片战争以前已经积累有一定的资金与劳动组织,中间虽经过若干的变乱与灾难,还能继续发展下去,仍不失其在地方上所拥有的经济力量。对于这股力量,我们似不可等闲视之。"①因此,傅衣凌先生曾呼吁研究明清社会经济史的学者,开展对于中国近现代实业家的谱系研究,寻求明清以来中国商品市场经济发展的传承脉络。

傅衣凌先生在《明清社会经济变迁论》中的论述,无疑为我们研究明清以来社会经济史发展轨迹的整体性奠定了一个良好的基础。但是要真正解决这一难题,还需要我们作大量的实证性分析。近年来,我们在泉州地区搜集到一批有关泉州城内黄宗汉家族的契约文书,从这批契约文书中,

① 傅衣凌:《明清社会经济变迁论》,北京:人民出版社1989年版,第182—187页。

我们同样可以看到清代工商业家族在鸦片战争以前至近现代社会的传承关系。

# 一、黄氏家族经济经营的变化

关于泉州黄宗汉家族,陈盛明先生早在 1983 年已经发表了《晚清泉州一个典型的世家——黄宗汉家族试探》一文,该文的侧重点是黄氏家族的政治发家史和社会关系史。从陈先生的论述中,我们可以知道这个家族的大体发展经过是这样的:"家族世系,属于紫云黄分支,先辈移居泉州涂门外法石乡,世业农,兼作手艺(补鞋),后族中有转为商贩的,在莆田涵江一带行商,家以小康。其第八世,进(泉州)城卜居集贤里(今打锡巷一带),建有住宅,送子弟读书,渐露头角。第九世起,编出宗族辈分十六字,即'荣耀祖宗贻谋孙子永承家庆世受国恩'。第十世耀字辈分为三房,长、三两房仍在集贤里,第二房移住登贤里(今元妙观口一带),出有举人黄念祖(第十一世),逐步发展'观口黄'这宗族,到目前已传到第十九世'家'字辈了。"①

黄宗汉为第十二世,是举人黄念祖的儿子,生于嘉庆八年(1803 年),卒于同治三年(1864 年),终年六十二岁。以此上推,其先世第八世祖入迁泉州城内时,约在清代康熙年间。也就是说,这支黄氏家族的先祖,在明代务农为生,明清之际有人转而从事工商业,获利小康之后,迁入泉州城内定居。第十二世黄宗汉是这个家族发展的关键人物,也是清中叶以后官阶最高的泉州人。他承其父黄念祖中举之后,于道光十四年(1834 年)中进士,进入翰林院。咸丰年间,历任云南巡抚、四川总督、两广总督等封疆大员。咸丰十一年(1861 年)慈禧太后发动宫廷政变时,黄宗汉因与肃顺、载垣等关系较为密切而被慈禧太后革职永不叙用。②黄宗汉虽然于不久之后郁郁病故,但他在朝廷为官十年,外任近十五年,利用政治特权积累了大量钱财,家族的经济实力大大提高。其后,其长子黄贻楫也在同治十三年(1874 年)以殿试第

---

① 陈盛明文载《泉州文史》第 8 期,1983 年。
② 黄宗汉事迹可参考《清史稿》卷 394《黄宗汉传》。

三名进士及第,中了"探花";侄孙黄谋烈于同治二年(1863年)成进士,其他子侄中举及生员之类多达数十人。到了民国时期,这支黄氏家族依然在泉州乃至福建的政治舞台上占有一席之地,成为近现代泉州城内显赫的名门望族。

随着黄氏家族自十一世黄念祖中举之后政治地位不断增强,其经济地位的扩展自然是顺理成章的,黄氏家族很快成了泉州城内屈指可数的大富豪家族。陈盛明先生在该文中指出黄氏家族的货殖主要侧重于经营房产和商号,但是基本"没有购买田地"。①而事实上,黄氏家族的货殖有着一个从土地到工商业的发展过程。

如前所述,世代业农的黄氏先祖,自第八世从事小工商业迁居泉州城内,其初也还是不忘传统工商业者的守业之道——购买土地。所以在我们所见到的黄氏家族的契约文书中,还保存有清代中期买卖和出租土地的资料,略举二纸乾隆年间的契约文书为例如下:

(一)

立尽卖佃田契人在城清平铺周延锦,有承父阄分民佃田一段一丘,并浚仔,坐在前浦乡口宫前,土名荣盘内,东至曾宅田,西至许宅田,南至黄宅田,北至水圳,四址明白,载本宅租一石八斗五升。今因欠银别置,托中引就黄宅卖出番银二十三两九城驼,银即日收讫,其佃田听银主前去召佃管掌耕种,永为己业。保此佃田系承父阄分物业,与室亲伯叔兄弟无干,亦无重典不明为碍,如有不明,卖主抵当,不干银主之事。今欲有凭,立尽卖契为照。

乾隆十三年八月　日卖尽佃契人　周延锦

中　人　林传淑　徐的叔

颜楼使

知　见　周腾云

---

① 见陈盛明上揭文第三段《富贵相连重货殖》。

（二）

立典契人东门外留墩乡蔡玉叔,有阄分民租连根佃田乙段二丘,季载粟三篮,年配米五分,坐本乡水口坑,东西南北至本宅田,并杉潭一口。今因欠银费用,合长男托中引就与在城黄宅上典出员银十五两九成驼,银即日收讫,田听　宅召起给付他人耕种收粟为业,产米依例贴纳,限五年取赎,不得习难。保此田系阄分物业,与房亲叔侄兄弟无干,亦无重典为碍。如有不明,典主抵当,不干　宅事。今欲有凭,立典契为照。

乾隆三十三年　　日立典契蔡玉叔

　　　　　　中人　妈叔　林应观　卓次弟

　　　　　　知见　椿使　标使

　　　　　　书　　男降生①

从以上二纸契约中可以看出,黄氏家族大约于康熙中期迁入泉州城内之后,开始在城郭一带购置或典买土地,并且进行"召佃"和"付人耕种"。因此,到道光年间,我们还可以看到该家族把城郭外的土地出租给佃户的契约文书,如:

立认耕字人晋江县南门外三十四都洲仔乡施炎良,认得在泉城内黄宅上民租连佃田一段一丘,在外洲码头沟南畔算入第二丘,载粟六篮,前认去竭力耕种,依春冬二季报宅上到田对分,不敢擅自私割,亦不敢插别样种子等情,如有等情,无论丰歉,照田面十分补足额。倘有违约,以及不竭力耕种,听宅吊起付他人耕种,不敢异言生端阻当等情。今欲有凭立认耕字为照。

道光二十七年七月　　日立认耕字人　施炎良

　　　　　　　　　保证人　陈江观

尽管黄氏家族自迁入泉城之后,不忘经营土地,但清代的泉州城,毕竟

---

① 本文所引契约,除特别注明之外,原件均收藏于泉州市闽台关系史博物馆内,本人收藏其复印件。

是一个工商业经济比较发达的沿海城市。工商业经济的丰厚收入，必然吸引着这支有着工商业经验的新家族。他们在购买田地的同时，也开始了对于城市房产的投资，我们现在所能看到该家族购买房产的最早的契约文书是雍正年间的。兹引雍正、乾隆、嘉庆、道光年间的契约文书各一张如下为例：

## （一）

立缴卖契人曾君敬，父在日买得林宅房屋一座二落三间张，坐胜得铺口门街铺仔巷下并石畔，买得许宅房屋二落，重新起盖三落并西厅门窗户扇石木俱全，并井。今因移位别处，奉母命将此屋托中就与黄宅上卖出员银一百八十两九城驼足，另中银五两四钱正。银即日收讫，屋听银主前去拆卸重新起盖永为己业。保此屋并无重张典挂地基米银与房亲叔兄弟侄为碍，如有不明，卖主抵当，不干银主之事，日后亦无言贴赎，今欲有凭，立卖契为照。并缴上手契及租契共七纸再照。

雍正六年二月　日　立缴卖契人　曾君敬

中人　郭鉴官

李拱甫

代书　胞伯曾尔笃

## （二）

立找贴尽卖契人蔡爽奇，有承父阄分小屋一座，坐在集贤铺符卿第边，愿卖与黄宅为业，四至间声及价银登载原契明白。上年经与　宅找贴价银，亦登载原契明白。今因价值未敷足，央原中再就与　宅上找贴尽卖出银五两，银即收讫，其屋上及厝盖下及地基听银主重新起盖，永为己业。价值已敷足，日后不再言贴，亦不得言赎生端等情。保此屋系爽承父阄分物业，与房亲叔兄弟侄无干，亦无重张不明为碍。如有不明，爽自抵当，不干银主之事。其上手古契粘连别业，年久失落无可缴　宅，日后查出无用。此系两愿，今欲有凭，立找贴尽卖契为照。

乾隆二十九年十二月　日立找贴尽卖契人　蔡爽奇

原中　张见　陈兰　成意观

代书　留雷世

## （三）

立卖尽断契人翁清观,有承父祖民屋一座,前年典与郑佐观上,今年久以满不得取赎,愿将此厝底立尽卖绝契黄宅上银完足,日后不敢言及贴赎。此系两愿,日后不敢异言生端等情,及来历不明,与卖主无干,清自抵当,不干黄宅之事。恐口无凭,立卖尽断契照。

嘉庆七年八月　日立卖尽断契人　翁清观

　　　　　　　　中　人　黄介舍

　　　　　　　　中见人　升又观　鲁四叔

　　　　　　　　代　书　自　忠

## （四）

立典契人晋江县集贤铺桂坛境张镇观,有自己建置厝屋一座,坐在郡城内离井桥观音宫下左畔第三间,坐西向东,就中拔出后房屋一间、圹地一所,托中引就与黄宅典出佛番银十五大员,每员库砣六钱九分,其银即日全中收讫,其后房、圹地立即搬空,听　宅管掌打门修理别赁他人。其后房圹地不限年月听镇观备契面银取赎,倘有上漏下湿风雨损坏,吊匠公估修葺,用钱若干标载契尾,赎时备齐清还。保此后房圹地系镇观自己物业,与房亲伯叔兄弟侄无干,亦无重张典他人不明为碍,如有不明,镇观自应抵当,不干银主之事。今欲有凭,立典契为照。

道光十七年二月　　日　立典契人　张镇观

　　　　　　　　中见人　黄泽老

以上契约说明,至少从雍正年间开始,历经乾隆、嘉庆、道光各朝,这支刚迁入泉州城内不久的黄氏家族,就已经不断地在城内购置房产。其购置房产的方式,基本上与当地流传的土地买卖方式相类似,既有一次性买断的,也有先典后买再逐步贴价买断的。如上引第二纸乾隆二十九年(1764 年)的契约,黄氏家族从原主蔡爽奇处取得这座房子的全部产权,经过了"原卖""找贴价银""再就与宅上找贴尽卖"的三次交易。当然,黄氏家族最初在泉州城内购置房产,其中有一部分是为了满足自己族众的居住需求,但随着房产购置的日益增多,许多房产的购置就更具有商业投资上的意义了。如在上举的第四纸契约中,就十分清楚地写明黄宅购置这座房子,"听 宅管掌打门修理别赁他人",是为了租赁给别人而取得房租的收入。

经过第九、十、十一世黄氏族人的不断努力,到了鸦片战争前夕,黄氏家族已经在泉州城内经营了相当规模的房产。我们现在固然无法知道清代中期至鸦片战争前夕黄氏家族在泉州城内拥有的房产的确切数字,但是我们从该家族"集贤祖家大公祀业轮交契券字据"中,也可约略了解到其房产的规模,该祀业契约字据清单计有:

> 一承买许乘凤厝契一总包
> 一承买黄馁眉厝契干总包
> 一承买许仕环厝契一总包
> 一承买蔡休使等厝契一总包
> 一承买池章官等厝契一总包
> 一承买蔡爽奇厝契一总包
> 一承买苏岳官厝契一总包
> 一赎回蒲库山园契一纸
> 一大门铺南岳宫口甲戌坊右畔第七间李名世等店契一总包
> 一宽仁铺祖师巷口对面右畔第四间王诠世店契一总包
> 一溪亭铺指挥衙口右畔第六间蔡林氏店契一总包
> 一崇名铺都谏坊左畔第二间何箕青店契一总包
> 一大泉涧巷内左畔第七间许贴郎等店契一总包

在这十三种房产中,只有三种是道光年间(1821—1850年)购置的,其余的十种,均在乾隆年间(1736—1795年)购置。而所谓"集贤祖家大公祀业",是指始迁入泉州城内集贤里的第八世开基祖,这批祀业的最后一纸契约签立于道光二十六年(1846年)。可见建立这批祀业是第十一世的举人黄念祖及其父、祖三代人。在这一百年间,黄氏家族仅大公祀业一项,就多达十三处房产,其全部所有的房产数量,已经达到了相当的规模。并且在以上的"大公祀业"中,有五处是"店契",也就是具有工商业意义的"店面""店栈"一类的产业,这些"店面""店栈"的租金,逐渐成了黄氏家族的一项重要经济来源。据载,十一世黄念祖中嘉庆六年(1801年)举人,没有出仕为官,只在泉州城内设塾授徒。"他虽是教书先生,而过的是缙绅生活,有一妻二妾,共生六男",培养儿子读书入仕。①显然,黄念祖能够在泉州城维持这样的家庭场面,光靠教书收入是不够的,房产的租金收入已经在该家族的经济结构中占有了较高的比重。

鸦片战争以后,这支人数不断增加的黄氏家族进入了该家族发展的鼎盛时期。黄念祖最小的儿子黄宗汉于咸丰年间(1851—1861年)成为清王朝的封疆大吏,他与长兄黄宗澄(嘉庆二十四年举人)相互配合,把丰厚的官囊收入交给在家的黄宗澄父子广置产业、经营生意。黄宗澄父子在泉州城内元妙观口一带,"建了十多座三间张四落有护龙的大厦,以及书斋别墅——六渊海、梅右山房、静妙轩等等。由观口、后巷扩展到敷仁巷、镇抚巷,连在一起,显示着世家大族的派头。但这些是作为住宅用的,还不是经济收入来源,来源之一是'广置店屋出租'。据称,当时泉州闹市的店屋,'观口黄'(即元妙观口黄宗汉家族的简称)与'万厝埕王'(大典当商)两家占近半数"②。从现存的契约文书看,鸦片战争以后黄氏家族购买及出租耕种粮食的郭外田地的情况确实越来越少见了。虽然也购进过一些山园地和圹地,除了少量用于建造去世父祖的墓茔,其坐落在城郊的园地,主要用于栽种果树,特别是龙眼树。据说在清末民初的泉州城西门外一带,龙眼果树曾经连云成片,而属于黄氏家族的不下数百株。③明清以来,龙眼等果树是福建地区外销商品的一个重要组成部分。黄氏家族在城外经营一定数量的龙眼果树,显然也是出于商业货殖上的考虑。而在城内购置圹地、基宅地,则基本上是为了起盖店屋,扩大本家族经营店屋业的规模。这里,我们举光绪、宣统年间的二纸契约如下为例:

### (一)

仝立卖尽断根字人泉城内三教铺隐居桥巷内阮鼠世、铜世等,在承

---

① 见陈盛明上揭文,《泉州文史》第8期,第30页。
② 见陈盛明上揭文,《泉州文史》第8期,第34页。
③ 在现存的黄氏家族的契约文书中,确有少量有关龙眼树交易的文契,此不赘录。

祖遗下圹地一所,坐在三教铺隐居桥脚左畔第一间,坐东向西,内圹地一所,前至口,后至河,东至黄衙,西至阮宅,四至明白。今因欠银,公议将此祖遗圹地一连,托中向黄衙上卖尽断根银四十大员,重库平实二十七两二钱正。其银即日全中三面收讫,该圹地一所听衙上围墙起盖护厝四间,永为己业,不得生端等情。价已数足,日后不敢言及贴赎。保此圹地系阮鼠世、铜世物业,与房亲伯叔兄弟侄无干,亦无重典别胎他人不明为碍,如有不明,自应抵当,不干买主之事。恐口无凭,仝立卖尽断根字一纸为照。

如欲留一后门以防不虞,依旧塞窨不得阮宅出入,内古槐一株听衙上去留,至其上手契载在大厝内,又及。

光绪十九年　月　日　仝立卖断根字人　阮鼠世　铜世

中　人　黄通理老

代书人　林安观

## (二)

立卖尽断洗字人三教铺厚城境何文标,有承祖遗下空地一所,并水井一口,前至宫后路乾,后至杨家宅,左至陈家宅,右至路乾,四周墙基为界。今因欠项,将此圹地引就与本街黄衙上卖尽断洗绝银二百角正。即日全中收讫,听衙上管掌永远为业,或重新起盖,或栽种果木,日后不敢生端异言。从此买卖千休,价已数足,不得再言贴赎等情。保此地系承祖父遗下己业,与房亲伯叔兄弟侄无干,亦无重典他人及来历不明为碍,如有不是,何文标等出头抵当,不干衙上之事。至前手契因文标于上年被火焚失,日后查出无用作废,应立新契为据。恐口无凭,合立卖尽断洗绝字一纸以为存照。

宣统元年十二月三十日　立卖尽洗绝断字人　何文标　何山茶

中　人　黄兴构　谢金木

代书人　陈光明

这些买地契约中,都明确写明买主黄氏家族是为了"围墙起盖""重新起盖或栽种果木",可见到了鸦片战争以后,黄氏家族已经把经济经营的重点,基本上都放在房店产等工商业经济上面。传统式的土地经营,已经在这个家族的殖产上显得越来越不重要了。

## 二、黄氏族商的店屋经营

清代后期黄氏家族在泉州城内购置和建造了大量的房屋,其大部分是为了出租以收取租金。为了更清楚地了解黄氏家族于清代后期经营房店产的情景,我们试举四纸认批承租契约文书作为例证,以资作进一步的分析。

### (一)

立认批字人南关外语江铺金象号,今认得黄衙上行屋一座,坐在南关外语江铺新桥头铳城左畔第十间,坐西向东。内第一进一店面。第二进一土库,前一房仔,上楼阁一座,内一厅一房,并周围走马楼及栏杆,又扁梯一张。第三进一大火库。第四进一火库,后一掩仔,一厕池。前至街,后至溪,左至陈宅行,右前至林宅店,右后至林宅行,四至明白。上及厝盖,下及地基,门窗户扇竹窗通柜瓦木砖石俱全,金象号分租过第一进一店面,第二进内一房仔,第四进一火库,后一掩仔一厕所,认来开张金象烟店生理。全年载租银叁拾大员,每员重陆钱玖分,拨作十二个月,逐月交纳租银贰员伍角,不敢挨延短欠,亦不得借称招伙私卸他人等情。如有此情,听衙上吊起别租,不得异言。此系空手承交,并无店底佃根批匙礼。倘日后若要别图,自应将行立即送交衙上管掌,不得迟缓。其行屋如有上漏下湿,约明自行修理,倘若倾塌损坏,自应报衙上修理,不得擅自修理,借口抵租。恐口无凭,立认批字为照。

中保人　粘芝合

咸丰九年拾壹月　日立认批字　金象号

### (二)

立认批字人永春州郑寅官,今认得登贤铺黄衙上行屋一座三落,坐西向东,在南关外土地后浯渡铺第一间,内第一进一行面,左右阁仔一库闸,并走马楼一座。第二进一土库内楼一座,并楼房楼下一账房仔、一船亭、一灶下、一水井,并付罩。第三进一火库、一天井、一厕池。前至街,后至黄衙店,左至谢宅店,右至土地宫后墙,四至明白。上及店盖,下及地基,门阁楼窗户扇瓦木砖石等项俱全。今认来开张源泰号纸行生理。全年载租银九十六员,分作十二月交纳,逐月交银八员,库平七钱,不敢挨延短欠,亦不敢折扣银重,并不敢借称招伙私卸他人,如有,先约限二个月,听衙上召起别租,不敢异言。此系空手承交,并无店底佃根批匙等礼,倘日后若要更换字号,亦应报衙上主裁;别图生理,立即将店送交衙上管掌,不得迟缓。其行屋如有上漏下湿,自应报衙上召匠修理,不得擅自修理,借口扣租。今欲有凭,立认批字为据。

  同治九年九月　日　立认批人　郑寅官

       中人　张明灯

## （三）

  立认租批字人南关外新桥头裕昌木行杜宗成观,凭中认租过黄衙上行屋一座,坐在南关外雨津铺水仙宫桥下左畔第三间,坐东向西。第一进一店面、一授棚、二天井,周围走马楼,一楼梯,窗坊门扇俱全。第二进一火库,一大楼,并楼房楼口周围栏杆及竹窗,楼下一扁梯、一进屏,后一船亭一灶下一门位,右畔一旷地通河沟公用。前至街,后至　宅行,左至　宅店,右至　宅店,四至明白。上及层盖,下及地基,门窗户扇瓦木砖石等项俱全。今宗成观招伙整建宁郊生理,认来开张□□号,全年载租龙银七十二元,计库平五十二两五钱六分正,分作十二个月,逐月交纳清龙银六员,每员七钱三分正,不折不扣,亦不敢挨延短欠,以及私卸他人等情,如有此情,听衙上召起别租,不得异言。此系空手承交,并无店底佃根等礼。倘日后若要别图生理,立即将行搬空送交衙上管掌,不得迟缓习难。其行屋如有上漏下湿,自应报衙上召匠修理,不得擅自修理,借口扣租。恐口无凭,立认租批字一纸为照。

  光绪二十九年癸卯四月　日　立认租批人　杜宗成观

        中人　蔡婆官

          郑子航

## （四）

　　立认批字人江西省广信府上饶县缪进禄，今托行春铺泰安号许治成保认租过黄衙上店屋一座，在中华铺观东巷右畔第十五间店前，坐西向东，内一门路厅、一进屏，门左畔一店面、一后厅。后三进，坐北朝南。第一进回向厅房一连五间，一卷棚。第二进一大厅、一后轩，两边二大房、二后房。左畔一天井、一厨房、一雀翼、一过街后水井一口；右畔接连一大房、一后房、一雀翼房。第三进一天井两雀翼一大厅、二房仔。右畔接连一小房，后一通巷，厕池一连。东至街，西至元妙观墙，南至吴宅，北至鹧鸪司衙门壁，四至明白。上及厝盖，下及地基，门窗户扇瓦木砖石等项俱全。进禄整开泰来号客寓，每月载租银六大员，实平四两三钱八分正。全年租银七十二大员，计库平五十二两五钱六分正。分作十二个月交纳，不敢挨延短欠。此店屋认租作家栈生理，专为宿客来往之人，如有流娼土妓，不得寄宿，以及在栈中开茶园烟盘、设场诱赌，如被察出，愿听衙上立即送官究治。至店屋系空屋承交，无店底佃根认批等礼，亦无家伺器具。如进禄自行建置，及向姜家认租家伺，他日别图生理离开此屋，应将器具搬空。或衙上吊起别租，进禄应退出并将家伺搬回，不得擅存店中，借口在店，招租招卖，致生枝节。倘敢失约以及借称招伙私卸他人隐匿匪类，主即吊起，并向保认租泰安号追究，许治成不得推诿。店屋如有上漏下湿，自应报衙上吊匠修理，不得擅自修理，借词扣租。今欲有凭，合立认批字一纸付执为照。

　　光绪三十三年岁次丙午十月　日立认批字人　缪进禄

　　　　　　　　　　　　　　　　保认人　许治成

　　　　　　　　　　　　　　　　中　人　郑烟观

　　　　　　　　　　　　　　　　秉笔人　张　吉

　　从我们现在所搜集到的店屋出租契约文书看，清代后期泉州黄氏家族店屋所出租的对象，大部分是从事工商业的，单纯租赁作为居家的契约仅占很少的部分。在以上四纸契约中，第一纸是为了开设"金象号烟店"，第二纸是为了开设"源泰号纸行生理"，第三纸是为了开设"建宁郊"张裕昌号米行，第四纸是为了开设"泰来号客寓"。业主与租赁者均是为了从事工商业而进行交易。其次，从租赁者的来源看，既有本泉州城内居民所开设的商号行号，也有邻县南安、永春、安溪、同安各属人等来到泉州城内开设商号行号的。另外还有福州、建宁等外府县以至江西、江苏等省外工商业者来至泉州城内开设商号行号的。这种现象表明自鸦片战争厦门等地五口通商之后，在某种程度上刺激了厦门、泉州等沿海城市工商业的发展，从而吸引了众多外乡外籍的工商业者来到泉州、厦门一带谋求发展。而泉州观口黄氏家族自咸丰、同治以来的鼎盛，除了因黄宗汉等人跻身于中国政治的上层，利用政治特权而为该家族的发展打下了比较雄厚的经济基础之外，这个家族能够顺应中国近代的工商业发展潮流，适时而起，也是一个不可忽视的重要原因。

在泉州黄氏家族的店屋出租契约中，还有一个值得注意的现象。即明清以来福建等地民间的土地物产交易过程，往往存在着卖而不断、典而又典、主佃难分、一田多主的倾向，造成这种土地所有权被分割的原因是多方面的，既有传统守业观念的影响，也有乡族势力的限制，也有民风习尚的约定俗成，等等。而其中一个重要的因素，是土地物产的典买者、租佃者对于这个土地物产的投入或再投入。如我们经常在土地契约文书中见到的租佃者的"粪土银""粪礼银"等，就是由于土地租佃者对承租来的土地进行某种程度的改良，从而获得了这块土地的某些权利。这也是明清以来福建乡村乃至中国许多农村形成"一田多主"和"永佃权"的一个重要原因。房产的交易同样存在着这种情况。当遇到房屋损坏的时候，承租者如果对该房屋进行维修，其所花费的银钱也可以说是对于这个房屋的某种再投资，因此承租者可能获得减免租金或加重原业主赎回房屋的钱银负担的权利。我们在前面所引述的道光十七年(1837年)黄家典买集贤铺桂坛境张镇观厝屋的契约中，就出现了这样的情景："倘有上漏下湿风雨损坏，吊匠公估修葺，用钱若干标载契尾，赎时备齐清还。"如果是一般的贫民，出典房屋已属无奈，如果在赎还时再加上修理费，无疑使原主赎回房屋的可能性更加渺茫。典买者或承租者对于房屋进行维修，实际上就是对于这个房产的一种侵蚀，其结果往往导致原主无力赎回，找贴尽断之后，该房屋的所有权最终全部转移到了有钱的典买者手中；而承租者则可在房租的交纳上取得与房主讨价还价的资格。黄氏家族在典买别的房屋时，往往愿意先行垫付修理费，我们再举一纸咸丰十一年（1861 年）的契约为例：

> 　　立典卖契字人在城胜得铺林士钵有承父阄分店屋壹座，毗连贰间，坐在南关外浯渡铺吊桥顶左畔第一间连第二间，坐南向北，前至桥面，后至黄衙店，左至黄衙店，右至黄陈两宅店，四至明白。上及厝盖，下及地基，门窗户扇瓦木砖石楼阁天井等项俱全。今因欠银别置，将此店屋壹座毗连贰间，托中引就与黄衙上典卖出佛番银叁佰贰拾大员，库平共重贰佰贰拾两零捌钱正，银即日同中收讫，其店听衙上前去管掌收租为业。其店屋现已破损，公估贴修理银叁拾贰大员，每员平重陆钱玖分正。言约限叁年满，听钵备契面银及修理银一齐取赎，不得刁难。倘有风水不虞或倒坏，三面公估，听衙上起盖，登记在账。赎时钵自应坐理，不得异言。保此店屋系钵承父阄分物业，与房亲伯叔兄弟侄无干，亦无重张典其他人不明为碍。如有不明，钵自抵当，不干衙上之事。今欲有凭，立典贷契字为照。并缴上手司单印契计贰拾壹纸，并照。
>
> 　　咸丰拾壹年拾贰月　日　立典卖契字人　林士钵
> 　　　　　　　　　　　　　　　中人　吴添五世
> 　　　　　　　　　　　　　　　　　　陈和世
> 　　　　　　　　　　　　　　代书　陈和世

林士钵的这座房子，由于加重了修理费，最终业主无力赎回，房子成了黄氏家族的物业。但是饶有意味的是，黄氏家族拥有大量店产、房产之后，把自己的房屋出租给其他商号行号，一概不准别人修理。在上引的四纸出租认批契约文书中，都明白写道："房屋如有上漏下湿，自应报（黄）衙上吊匠修理，不得擅自修理，借词扣租。"在其他的出租契约文书中，也都是这样注明的。据载,当时泉州城内"有个老泥水匠蔡金司,虽不是黄家的专用建筑工人,而他父子两代数十年间,主要是为黄家修缮店屋"①。由此可见,清末的黄氏家族,已经清楚地认识到"物权分割"对于扩大经营权和有效行使产权的负面作用,因此他们在购买别人房产时,极力帮助翻盖修理,以求逐步取得部分产权,最终达到全部拥有产权的目的。而把自己的店屋出租给别人时,则把所有权紧紧地控制在手里,不容别人有丝毫的侵占。这一点,不能不说是黄氏家族在清代后期房店产规模日益扩展的一个成因。

由于黄氏家族不仅拥有雄厚的经济实力,还有显赫的社会政治地位,在清末光绪年间和民国前期,黄氏家族在泉州地方社会有着较大的影响力。如当时泉州城内最重要的寺庙——关帝庙,数十年间一直是由黄氏家族的进士黄谋烈担任庙会会首的。②泉州城内的其他许多社会活动,也往往少不了要请黄氏族人出来首倡、主持或参与。③黄氏家族所拥有的这种社会地位,又使得这个家族在把房屋出租给一般的商号行号时,具有一种居高临下的不平等态势。在同时代泉州地区的土地房屋交易文书中,一般都写明买、卖双方的权利和义务,如所谓"价银收讫,即日送交银主前去掌管为业。此宅系是某人承父遗下物业,与房亲伯叔兄弟侄等无干,亦无典挂他人以及来历不明等情,如有不明,原主自应出为抵当,不干银主之事"等。但在上引的黄衙店屋出租契约中,则大多写着认批者"不敢挨延短欠(租银),以及私卸他人等情,如有此情,听衙上吊起别租,不得异言。此系空手承交,并无店底佃根等礼。倘日后若要别图生理,立即将行搬空送交衙上掌管,不得迟缓刁难"。作为物业主人的黄氏家族,在我们所见到的这些契约文书中,他们所受到的约束,就相对要少一些。黄氏家族在出租房屋时,一般是不附带家具器物的,即所谓"空手承交""空屋承交"。承租者认批得店屋后,可根据自己

① 见陈盛明上揭文,《泉州文史》第8期,第34页。

② 泉州关帝庙至今仍然是该地方最重要的寺庙,香火鼎盛。2000年9月泉州召开"国际'泉州学'学术讨论会",关帝庙是最主要的资助单位。

③ 清末泉州黄氏家族族人现在遗留下来的著作,除了下面引述的黄宗汉《黄尚书公全集》之外,还有黄贻楫的《招鸥别馆杂记》《甲戌对策》,黄贻檀的《香圃采芝图》,黄谋烈的《从先维俗》《泉郡赈灾征信录》以及黄贻楫编的《李石渠先生治闽政略》(李殿图著)。这些著作有不少就是主持或参与泉州地方事务后的记录。在此因限于篇幅而不能作更详细的介绍。

所要开设的商号行号的需要,自行添置家具器物。一旦生意结束,黄氏家族要起租别佃,承租者必须把所有家具器物搬运一空,空屋交还给黄氏家族。但是有的承租经营者生意失败,清偿转让剩余器物并不是一时可以顺利脱手的,而下一位承租者如果刚好可以利用这批剩余器物,却不能直接与上一位承租者达成转让协议,一定要征得黄氏家族的同意,并且立下合约文书,方可交易。如上引认批出租文书的第四纸,是江西广信府上饶县商人缪进禄,认批承租店屋开设客栈,文书中载明:"至店屋系空屋承交,并无店底佃根认批等礼,亦无家伺器具。如进禄自行建置,及向姜家认租家伺,他日别图生理离开此屋,应将器具搬空。或(黄)衔上吊起别租,进禄应退出并将家伺搬回,不得擅存店中,借口在店,招租招卖,致生枝节。"这里所讲的"向姜家认租家伺",姜家即是这一套房屋的上一位承租者,其剩余家具器物转让给新承租者缪进禄,是征得黄氏家族同意的,请看黄氏家族与姜家签订的合约文书:

　　　　立约字人江苏省□府姜□前年租过泉城黄宅上店屋一座,坐在观东巷,住着多年,有整建家伺器俱开张客寓。迨去年新惠来馆生理停歇,(黄)宅上叠催店屋拨空送交,愿将家伺器俱搬出发卖。适逢江右整开泰来号客栈,欲向认租家伺,不敢擅专,央公亲向宅上求情,念及世交,恳将家伺暂租泰来号,日后妙生理不整,或宅上召起别租,言约某所建家伺立刻搬出,不得擅存店中,借口在店,招祖招卖,致生枝节。如有等情,愿听宅上规约。此系两愿,各无反悔。恐口无凭,合立约字一纸付执为据,此照。

　　光绪三十一年乙巳　月　日　立约字人江苏省□府姜□
　　　　　　　　　　　公亲
　　　　　　　　　　　秉笔

黄氏家族如此执意在出租店屋时要"空屋承交",自然是为了维护本家族对于店屋物权的绝对拥有,这对于维护房店产权和扩大自主经营规模,是十分必要的。但对于一些生意亏折的承租者来讲,就不免要雪上加霜了。

不仅如此,黄氏家族对于承租者还有诸多限制,甚至可以随意干涉租户的营业,如上面所引认批契约第二纸,承租者永春州郑寅官准备开设"源泰号"纸行,但"倘日后若要更换字号,亦应报(黄)衙上主裁"。据载,黄氏家族曾在泉州城内开设有绸缎店,"后有人向其租附近店屋开布行,就指定只能开布行,不能卖绸缎与其竞争"①。这些情况都反映了黄氏家族的一种亦官亦商的社会地位。他们在经营大片的房店业时,自然而然地显现出来一种特权垄断的心态。

在黄氏家族的契约文书中,我们还发现他们在把店屋出租给商号、行号开设客店、客栈时,特别规定不得有留宿娼妓、聚众赌博等行为,这在我们上面所引的认批承租契约第四纸中已有所反映,在此再引一纸光绪末年的客栈承租契约为证:

> 立认批字人泉州府南邑十六都芙蓉乡李鱼观、二十都霞舒乡苏教观、晋邑涂门外登美乡李丁观等,今托□铺协盖号作征保认租过黄衙之行屋一座,坐在南门外浯渡铺浯江境新桥头口城下左畔第八间,坐西向东。第一进一店面。第二进一大库、一楼并厨房,周围栏杆,楼下一扁梯。第三进一大房,一楼楼下一大梯。第四进一大库。第五进一厨房,并灶下一浚尾一厕池。前至街,后至路,左至丁宅墙,右至陈宅、梁宅墙,四至明白。上及厝盖,下及地基,门窗户扇瓦木砖石门框门柱俱全,店口天棚通柜天地罩天窗管棚等项俱全。教等认来开张南邑源春号客栈,全年载租银元、龙银各六十六元,各七钱三分正。作十二个月,逐月交清,不得挨延拖欠。如有流娼土妓,不得寄宿,并不敢在栈开设赌场、隐匿匪类等情。如有此情,听衙上召起别租,不敢异言生端。此系并无店底佃根匙礼,倘日后若要别图生理,自应搬空将业送交衙上管掌,不得擅存家伺在栈招租招卖,致生枝节,借称招伙彩私卸分租等情,倘敢生端,听衙上赶搬。其行屋如上漏下湿,报衙修理,不得擅自修扣租,断不坐□□日。如教无欠租钱,衙上亦不得高抬租钱,亦不得赶搬。恐口

---

① 见陈盛明上揭文,《泉州文史》第 8 期,第 34 页。

无凭,立认租字一纸付执为照。

  光绪三十四年二月  日仝立认租字人 李鱼观

               苏教观

               李丁观

         作 证  协益号

         中 人  李蚶观

         代笔人  推元理[①]

开设客栈,招迎来自四面八方的旅客,治安问题尤为重要,故黄氏家族在出租店屋给商号、行号开设客栈,特别要求"如有流娼土妓,不得寄宿,并不敢在栈开设赌场、隐匿匪类等情"。这对于维护黄氏家族的房产业声誉以及保护良好的社会环境,是有一定的正面意义的。这也说明随着清代商品经济的进步,黄氏家族也日益意识到整体社会环境的优化,对于发展工商业经济的重要性。然而,黄氏家族毕竟是一个从传统农村走进城市,以政治特权为依仗而涉足工商业的家族,因此他们在经营房店产的过程中,也时时反映出传统道德观念对于他们经营方式的深刻影响。我们曾见到一纸限令承租者尽快搬出神主的合约文书,该文书写道:

  立限搬神主恳求约字人晋江县水门外五保乡住居张栈良,向认租过黄衙上行屋一座,在泉南关外浯渡铺,间隔声落四至租项载明认批,开张合记柴栈生理,本无住眷,因前年人事不安,私将神主擅自搬入行内安奉,现被衙上侦知,立刻赶将神主行屋一齐搬空送交。栈急央公亲梁狮官认错求暂宽缓,至己酉年四月定将神主搬回家安奉,决无挨延借词推诿各情事。荷蒙衙上允许,至期自应如约将神主搬回家安奉,不敢再缓。倘有失约情事,应听衙上着令原公亲搬出,或闻官究治,均从其便。但衙上并无收过供奉神主之租项,合立限搬神主字一

---

  ① 这张契约中规定,如果承租者没有拖欠房租,房店主人黄氏家族不得随意赶搬和抬高房租。这种情况在同类契约中是比较少见的,特引述于此以作示例。

纸付执为据。

  光绪三十四年戊申四月　日　立限搬神主求约字人张栈良

          公亲　　梁狮官

          秉笔　　自　己

福建沿海地区是一个封建迷信、民间信仰极其庞杂的区域,根据民间的一般迷信认知,如果房屋出租给外人,外人把其家族的祖先神主牌搬移进来,供香祭拜,则会把这个房屋的"风水"荫去,有损于原业主的命运。从现代科学的观点来看,这种民间认知自然是相当荒谬的。而黄氏家族在清代末年,可谓名副其实的"书香门第",族人接受教育的程度远远高于泉州府的一般民众,但是他们并不能真正摆脱传统道德观念,包括民间流行的"民风习尚"的羁绊。这是我们在研究清代以来工商业经济中很值得思考的一个问题。

## 三、黄氏族商的"实业"尝试

  清代后期黄氏家族不仅仅经营房店产业以收取租金来维护家族的日常开支和增殖财产,还直接利用自己的房店产,开设各种商号行号,投资其他类型的工商业。在泉州城内,黄氏家族开设的主要商行有晋源绸缎庄、长美纸行、恒昌碗行、百和堂香店、协美金纸店以及怡美和悦津糖房等。而尤其突出的是典当业,除了在泉州城内的典当总铺之外,还分布于附郭及相邻的一些属县,"在河市有源美(号),安海有胜美(号),南安溪尾有锦美、黄胜美(号),安溪有和安、和裕诸号"[①]。到了民国年间,黄氏家族在泉州城内的典当铺,据不完全统计,尚有东街义盛号、涂门街振益号、北门街立成号、西门街合兴号、通政巷厚生号等五六处之多。[②]因此在我们所获见的黄氏家族契约文书中,就有一些借据、典约等,试举二纸为例:

---

①　见陈盛明上揭文,《泉州文史》第 8 期,第 34 页。

②　参见养吾《泉州典当略述》,载《泉州工商史料》第 1 辑。

(一)

立借字人水门慈济铺许安官有自己建置店屋一座,在城大门铺邹家巷内傅厝巷左畔第三间,坐西向东,四至明白。今因欠银费用,托中引就与黄宅上借出番佛银二十大员,库砝重十四两,将所建置店屋司单印契一纸为胎,其银即日全中收讫,面约每年每月每员银行利二分,逐月交纳清钱四百文,不敢短欠异言生端。保此店系许安官己置物业,与房亲伯叔兄弟侄无干,亦无重张典挂他人不明为碍,如有不明,许安官自抵当,不干银主之事。今欲有凭,立借字一纸为照。

咸丰十一年三月　日立借字人　许安官

中人　许马力官

代书　子许泰官

(二)

记借过(黄)宅上来龙银七十大员,计库平重五十一两一钱正。言约每月贴息将浮宫口铺租银逐月拨出一元七角正,点清还息银。立折为凭,其母银不限年月,不得爽约。恐口无凭,立字为据。

光绪三十年甲辰五月　日　立借字人　吴顺成

中人　吴闰伯

黄氏家族放银收息,其抵押品往往就是店屋,以上所举的两个例子,就是这种情景,这说明黄氏家族的典当、放债等经营,与房产业的经营有着相当密切的联系。为了更清楚地看到这一点,我们再举一纸与上引吴顺成借据相关的合约文书为例:

立约字人在城集贤铺桂坛境吴顺成,有承继母遗命所建行屋一座,斯时备出一千大员各六钱九分库平,交与黄姓买过圹地一所,重新起盖行屋。坐在泮宫南下左畔第五间,坐西朝东,内一店面、一库卡、两大库、一栏仔、一管棚、一通柜天地罩,前至街,后至纪宅墙,左至王宅店,右至黄宅行,四至明白。上至厝盖,下及地基,门窗户扇瓦木砖石等项俱全,立簿为据,并税契,计银一千四百余大员。银项不够,黄姓填出起盖银两。眷属姻亲,宽量不较,逐月租项均交收用,嗣后顺等有力,黄姓填出之项速还勿误。无如用度之拙,本姓契据胎典人家,经黄姓代为赎出,而上手契约胎在别处,迨至今方知胎典银主无项赎回。兹顺成欲买厝屋别用一百元,营业一百大员,欲建祠业二百三十员,赎回上手二百三十员,还前借来大修库卡营业七十大员,现贴修理三十员,扣仲费四十员,计银八百大员,每员各七钱三分正。将情沥陈恳求黄姓,念及姻亲不得已再三叮嘱,果有实事如行许诺,乏款无项可还,公议约将此业日后听黄姓赎回,典主公环官亦经许诺,载明契中一卖千休,顺亦不敢言及找贴等情,以还填项,如有失约,可向原中均究。至顺按买祠业之项,欲寄黄姓生息,每月利二元三角,年节忌辰之费照前发给,俟置业成,租项若干即照领按用。二百员即日先交六十员,其余一百四十员库平重一百零九两二钱,候有照约办事,向经手人先期通知领出办理,这次付出,收单即凭,决无异言,不得捕风捉影,任意乱支乱用,置血本乌有,不得食难度,两相贻误。恐口无凭,立合约字一纸付执为照。

　　光绪三十四年十二月　日　仝立约字人　吴顺成

　　　　　　　　　　　　中人　粘　舍　陈世宽　吴深舍

立约人吴顺成,是黄氏家族的姻亲,买地盖屋时不够银两,由黄氏家族代为支垫一部分银两,后来又因"用度之拙",把这座房屋的契约"胎典人家"借款,至期无法赎回,并需其他开支,再次恳请黄氏家族出头代还欠款并承买该屋,双方折算之后,剩余"欲建祠业"二百三十员,因黄氏家族开设有典当铺,就将这笔款项,寄在典铺中存放生息,"每月利二元三角,年节忌辰之费照前发给"。从这纸契约中可以看出,黄氏家族不仅借款胎典别人的店屋,而且还适量收取他人的银两存放在典铺中生息长利,这样的经营方式,又有些类似于钱庄的性质。

　　清末的厦门,是最早的五口通商口岸之一,在外国资本和外国势力的冲击下,厦门的工商业经济得到了迅速的发展。泉州城内的黄氏家族看准了这一机遇,适时抽出部分族人和资金,进入厦门城以谋求发展。他们"除自营胜义号外,还以诗记(黄宗澄之长子贻檀的代号)、书记(黄宗澄之第三子贻杼的代号)的名义,与人合股开设联昌号,前往香港置办洋货来厦销售;又与人合股开设锦昌号,置办浦南等处纸货来厦销售"①。在我们所见到的契约文书中,正好有数纸关于同治年间黄氏家族与同安厦门商号联办联昌号、锦昌号的合约文书,兹抄引一纸如下:

> 仝立约字人泉城登贤铺黄诗记、泉城登贤铺黄书记、同安厦门火烧街联美号、同安厦门内柴市街黄潜记、同安厦门双连池吴安记,盖闻裘重千金,谋成须集夫狐腋;利市三倍,里本先务于鸠赀。期全始而全终,经营周懈。愿协心而协力,正直无私。义以相孚,此心乃堪共信。言必可复,立约尤重久要。兹者诗记等丽泽凤占,本属相声之应。财源共浚,因为同道之谋。任事归于一人,权有专属;得利分为叁拾叁股,情亦至公。即就于厦岛火烧街建立联昌号丰记生理,前往广东香港等处置办洋货,来厦销售。诗记出陆股,本银贰千肆百元,折库砣壹千陆百贰拾两;书记出四股,本银壹千陆百元,折库砣壹千零捌拾两;联美出拾股,本银肆千元,折库砣贰千柒百两;潜记出柒股,本银贰千捌百元,折库砣壹仟捌百玖拾两;安记出叁股,本银壹仟贰百元,折库砣捌百壹拾两。计共叁拾股,合共本银壹万贰仟元,折库砣捌仟壹百两,交与黄青龙官专手管掌贸易各事宜。明约每年得息银两除开用行费外,按股均分。就中加荫叁股,内黄青龙官得壹股贰格,黄鉴舍得玖格,王长官得玖格,以为诸伙任事酬劳。所有各股应分息银,均听支用。倘年景不齐、或有亏本,亦财运使然,毋得别生异议。黄青龙官等责任经理,自当竭力尽心,调度一切,当不至稍存私意,有碍规约。若将来有欲抽起本银者,亦应先期会议,不得私相授受。诗记等气谊交孚,望营财之大进。休戚与共,本立念之无私。惟愿本大道以生财,广收江河之利。垂百年

① 见陈盛明上揭文,《泉州文史》第 8 期,第 34 页。

而永好,不渝金石之盟。爰立纸五张,约言一律,并加花押,各执为凭。此约。

公亲　　王道箴老

　　　　吴有全老

代书　　　　　　　王敷澄

同治叁年叁月　　日同立约字人　黄诗记

　　　　　　　　黄书记

　　　　　　　　联美号

　　　　　　　　黄潜记

　　　　　　　　吴安记

在这纸合股契约中,除了十分清楚地约定各个股东应出的股份、今后盈余所应分得的红利以及生意亏本所应分担的责任外,其日常经营方式是共同雇请熟悉业务的人为当事责任经理,而且这种雇请的"责任经理"可以由财东决定更换。如在另外的一纸合约中,原先的经理黄青龙就换成了王盛舍,所谓"合共本银一万二千元,库平八千一百六十两正,交与王盛舍专手掌管贸易各事宜。约明每年得息银两,除开用行费外,按股均分,就中荫加一股,内王盛舍得六格,黄鉴舍得四格,以为诸伙任事酬劳。所有各应分息银,均听支用。盛舍等责任经理,自当竭力尽心,调度一切,当不致稍存私意,有碍规约"。这种把股份权与经营权分开的经营方式,比起中国传统工商业的家族内部产权混乱、经理权不明的经营方式,无疑是一个显著的进步。黄氏家族毕竟面临着近代沿海区域经济转型的社会变迁,能够在一定程度上效法近现代先进的企业管理方式。

然而,工商业企业的成功与否,是由多种因素决定的。泉州黄氏家族在厦门口岸所开设的诸种行号,锦昌号"生理少振作,不免亏蚀",不久便歇业停办。联昌号经营数年之后,颇有盈利,但不料黄氏家族在厦门所信任的当事黄鉴舍于同治末年去世,黄氏家族找不到合适的精干人选,也不得不与其他股东商议,退出股份,把联昌号交给同安厦门的股东经营。尽管如此,黄

217

氏家族独资在厦门开办的行号,还是继续经营了下来。

浙江省宁波港,也是最早实行五口通商的对外口岸,泉州黄氏家族在宁波也有较好的商业业务。据载:"清中叶后,泉州最大的商业为郊商,即大宗批发南北各埠土产的商行。道光至同治间,经营郊商的多为有财有势的官绅,如观口黄、元祥苏、象峰陈、钱头吴、万厝埕王等等。郊商中以宁波郊规模最大,财力最厚,他们成立宁郊会馆,馆址设在南门天妃宫。每年农历三月廿三日为天妃(妈祖娘娘)诞辰,为该途郊商聚会日期,演戏开筵,热闹十多天,与会行东多为穿花袍戴圆顶有功名的官绅,人们称该途为'五龙袍郊行'。黄宗汉胞侄黄贻檀(号香圃,长合号宁波郊行东)在世时,就是这个会馆的领袖。"①我们新近发现一本《为争回宁波福建会馆敬告同乡书》,其中记载清末宁波福建会馆有不少会馆首事就是泉州的黄姓人。兹抄录同治年间的重修碑文如下为例:

## 重修福建会馆碑记

四明为并海要津,航樯辐辏,闽士商公建会馆,祀天后香火于中,盖历有年所矣。年久重修,同众各出囊金,通力合作,垣墉栋宇焕然一新。吴君淑金、陈生舟典暨同乡诸君协董其成。工既竣,邮书嘱柏荫为之碑记。窃维天后降神湄州,修道入圣,自宋元以来节次褒封,列在祀典。比至国朝,益如灵迹,备在志乘,可略言焉。所尤异者,庚申辛酉年间,浙江先后被兵,所在焚掠,吾乡公所之在苏者,仅遗万年桥之山馆大门一座,乍浦则片瓦无存。宁亦贼踪所至,而斯馆独完。闻发匪纵火时火势已及馆墙,忽为反风扑熄,谓非神灵之所保护乎?吾乡估舶以苏(州)、宁(波)、乍(浦)三大帮,而宁帮最为朴实,重信义屏浮华,尤讲乡谊,逆旅中望街对宇,操土音相慰问,式好若弟昆。行李之出于其途者,偶乏困,周给必丰,无丝毫吝者。盖虽居圜匮之中,而有士君子之行焉。斯馆之存,惟神之灵,亦人和之所感召也。继自今有讲信修睦敦善行以

---

① 见陈盛明上揭文,《泉州文史》第 8 期,第 34 页。

敬迓神庥,千艘云屯,百货鳞萃,气象必更有隆隆以兴者,是则柏荫之厚望也。是役经始于咸丰乙卯年十月,落成于咸丰辛酉年十月,糜白金二万七千五百九十八元三角四分六厘,市钱十一万八千一百五十千零九百六十二文(出资芳名附登于版),同治七年岁在戊辰十月初吉。赐进士出身诰授资政大夫署湖广总督湖北巡抚侯官郭柏荫撰文。

......

首事　吴淑金　黄竣渊　马晓林　黄邦芳　柯凌波　陈升典

　　　陈了器　李利芳　黄邦杰　涂捷秀

同治七年岁次戊辰十月　谷旦　闽商公会①

据以上郭柏荫所说,清代后期福建商人主要集中于苏州、乍浦和宁波三地,号为"三大帮"。而宁波帮的核心,主要是泉州人,从历次修建宁波会馆的捐资数量上看,泉州商人捐资的数量大大超过福州、兴化、汀州各地商人的捐资数。如上引碑文所记,咸丰同治年间重修宁波会馆,共花费白银二万七千余两,钱十一万余千。在该碑文所附的捐资芳名中,泉州商人共捐白银近二万两,钱约八万余千,捐资数占总捐资数的70%以上。正因为如此,在这次重修的首事名单中,黄姓商人占了三位。黄宗汉的胞侄黄贻檀也在稍后的推举中,成了这个会馆的领袖。民国十七年(1928年),宁波地方当局拟把会馆收归地方政府管理,宁波会馆的首事们发布《为争回宁波福建会馆敬告同乡书》,在其中的发起人中,也有五位黄姓商人即黄焕如、黄耀黎、黄先发、黄翊庭、黄编。我们固然无法确定这些黄姓商人是否都是泉州观口黄的族人,但从泉州商人在宁波的地位以及黄贻檀任过会馆领袖的情况来推理,则泉州观口黄的族人在宁波会馆中占有重要的一席,是不难想见的。

　　不仅如此,黄宗汉曾在另一个五口通商口岸广州任过数任官职,咸丰六年(1856年)出任两广总督。在他为官期间,不少族侄儿子跟随他到广东一带谋生,从事工商业,而黄宗汉从乡族亲谊的利益出发,也多方予以赞许支

_____

① 《为争回宁波福建会馆敬告同乡书》,1928年印行,现藏厦门大学图书馆。

持。现存的《黄尚书(宗汉)公全集》中,就有黄宗汉为福建会馆增置祀业撰写碑文的记载,该碑文如下:

> 闽与粤接壤,海舶往来为最多,非有总会之所,何以一道口而同风俗,此会馆所由设也。广州之有全闽会馆,自嘉庆己巳乡先达陈望坡先生为粤东按察使,与潘毅堂观察经始其事。丙子先生复来抚粤,大工告成。道光壬辰郑云麓先生为督粮道,复与乡人议重修之,捐赀一万一千余金,计修葺约费六千余赀,以余金尽置祭产,于日新而富有矣。癸卯林晴皋大史复为倡义劝捐,迄今十七载,凡乡人之官于斯、商于斯,以及贾于外洋者,踊跃捐输多金。今岁予以雷琼兵备道摄臬司事,与乡人复谋增置祀业以垂久远,将所置铺户勒石载明。噫!自辛丑红夷之警,广州洋务非昔日之比矣,而同人犹复慷慨乐输相勉从事,相与维护于不坠其事,较之前人为尤难,其功较之前人为更钜。古所谓明德荐馨香,孰有加大于此者?后有作者,知前人之创造艰难,今人之守成不易,将必有同心竭力以斯可久可大者。吾愿后之视今,犹今视昔,汲汲然相引而勿替也。因为之勒诸贞珉昭示来许。①

从这些碑文中,我们也可以多少领略到黄宗汉虽身居高位,对乡族在外经商从贾者仍颇关注。

清代后期泉州黄氏家族无论是在家乡,或是在外地,他们所举办的行业,基本上还是以房店产、典当铺和商业的行号为主。到了光绪年间,随着中国各地民族工业的兴起,泉州黄氏家族也在这方面作出了尝试。黄宗汉的侄孙黄谋烈,于同治二年(1863 年)中进士,授内阁中书,后转礼部郎中。光绪二十一年(1895 年)告归家居,毅然转为筹办实业,在泉州城内象峰巷开设晋记织布局,拥有织布机四十多台,雇佣工人数十名,并且聘请外地纺织技工传授技术,专织土布。后又分设后巷布局,在晋源布庄设染房,自己漂

---

① 黄宗汉:《福建会馆增置祀业碑记》,载《黄尚书公全集·文抄》。该书为抄本,现藏厦门大学图书馆。

染和销售。①黄谋烈开办近代织布局的尝试,虽然也同当时中国的许多有志实业家的命运一样,在英、日洋布以及上海、天津机布大量销售的打击下,遭到失败。但是这种尝试,在一定程度上反映了中国传统工商业者在清代后期社会激变的推动下,已经逐步觉醒并开始奋起追赶,有着图求革新的历史使命感。

尤为难能可贵的是,泉州黄氏家族在厦门市的经营虽然屡遭挫折,但在他们的不懈努力之下,终于建立了一个成功的企业,这就是厦门市"同慈号龙标万应茶行"。自清代以来,由于福建泉州、漳州一带的居民大量迁移南洋各地,异乡他国的民情风俗和水土环境均与闽南有很大的差异,致使这些移居南洋的移民,经常受到疾病的困扰,特别是"水土不服"疾病的困扰。因此,从清代中期始,泉州市率先兴起"药茶"的行业,所谓"药茶"就是以福建的乌龙茶为基本原料,配以其他的中药材,制成茶饼或茶丸,运销于南洋各国。这些"药茶"的基本功能,以清凉解毒、消暑祛邪为主,颇为适应于闽海、台湾和南洋各地湿热的水土风情,疗效比较显著,受到闽南、台湾和南洋各地华人华侨的欢迎,销路很广。当时在泉州比较有名的"药茶"有"范志神曲茶""开元茶饼"等。泉州黄氏家族看准这个市场,自行研制出具有独特风格的"万应"牌药茶,并把制作"药茶"的地点移至厦门市,从而形成了购、产、销联为一体的近现代企业。首先,他们在武夷山设立岩茶收购行,精选上等的武夷岩茶,经过初步加工烘干,运到厦门工厂重新制作,配合其他中药,制成药茶,再进行比较精致的包装,最后发往闽南、台湾各地市场和南洋各地市场出售。由于"万应"药茶在品质上有其独特之处,很快就在闽南、台湾及南洋市场上站稳了脚跟,与泉州著名的"范志神曲茶"等品牌并驾齐驱,成了一种妇孺皆知的地方土特商品,并且远销于美国、日本等华侨聚居的地点。

厦门市"万应茶行"成立于清末光绪年间,繁荣于民国年间,一直到20世纪50年代,"万应"药茶和"范志神曲茶"一样,都是中药房和百货商店常上柜的中成药商品。1956年政府实行"公私合营"时,"万应茶行"不能继续单独

---

① 见陈盛明上揭文,《泉州文史》第8期,第34—35页。

经营,与厦门市国营商业局合并,成为厦门市外贸企业的一种名牌产品。20世纪60年代后,随着现代医学的不断普及和国内经济环境的恶化,"万应"药茶在繁荣了六十年之后,终于在市场上消失了。这种不寻常的消失的结局,显然不是黄氏家族在创办这个企业时所希望和所能预料到的。

## 四、黄氏族商的发展方向

综合上面的论述,我们似可对清代泉州黄宗汉家族的工商业发展历史作出如下两点认识。

其一,泉州黄氏家族由一个传统的业农之家,逐渐进入工商业的行列。在清代以来,特别是清代后期社会经济激变的环境里,这个家族能够适应社会的变迁,从经营土地转而从事城市房店产、高利贷的典当业以及其他种类的工商业活动,使得家族经济有着较快的发展。这个事例表明中国近现代的工商业,与鸦片战争以前的社会经济,有着不可分割的传承关系,尽管这种传承不全是单纯直线的,在表现形态及其内涵诸方面,有着较大的变化。但是如果完全否认中国传统社会经济与中国近现代社会经济等各方面的密切联系,或者是对于这种联系视而不见,都不是实事求是的科学研究态度。

其二,泉州黄宗汉家族于嘉庆、道光年间及其后在政治上取得比较显赫的地位,对该家族经济地位的获取和工商业的兴衰,产生了重要的作用。这一方面说明了通过某些政治特权获取的经济力量,不论是田地房产的,还是高利贷资本等,都有可能转化为工商业经济,这二者之间并没有必然的界限区分。而这在另一方面也恰恰说明,在中国这个政治观念及其行为十分浓厚的国度里,中国的传统社会经济向近现代社会经济的转变,政治权势的参预是一种不可避免的现象。利用政治权力取得较为丰厚的经济利益固然是一般民众所难于接受的"弊端",然而这种"弊端"又是中国近现代社会经济发展所必须艰难面对的现实。中国近现代有着成千上万的实业家,他们之中的许多人,确实是怀着"实业救国""振兴中华"的抱负而投身于近现代工商业经济的,但是我们又能在这成千上万的实业家中找到多少个真正与政治权力没有丝毫联系的实例来呢？通过清末泉州黄氏家族的例子，我们或许可以这样说：中国封建社会晚期的地主、官僚、高利贷者们，他们只要认识社会经济发展的潮流，吸取先进的经营方式，也完全可以直接转化为近现代工商业的企业主，并且由于中国社会里官僚、地主、商人往往有着不可分割的特殊性，在中国传统工商业向近现代工商业转化的过程中，那些有着政治特权背景的工商业主，不能不在一定程度上成为中国近现代企业的中坚力量。

# 清代泉州晋江沿海商人的乡族特征

　　研究明代社会经济史、中国对外贸易史及福建商业史的学者，特别关注明代泉州府安海（即安平）镇商人的事迹。这是因为泉州安海商人，在明代私人海上贸易史上占有重要的地位。①事实上，当明代安海商人纵横于海上之时，与之邻近的泉州府晋江县沿海地带，都出现有许多从事海上贸易及各种商业活动的商人群体。入清以来，随着郑芝龙、郑成功集团的衰亡，安海商人也出现了衰退的局面。而与此同时，泉州府晋江县沿海地带的商人们，却能够依仗海洋交通便利的地理优势，因时而起，得到较快的发展，成为清代福建区域最具影响力的地方商帮。近年来，我们在泉州及台湾等地从事社会调查时，获见一批有关清代泉州晋江沿海乡族与商人的民间文献，颇为珍贵。兹略加整理分析，以期对于清代泉州府晋江县沿海的乡族商人群体，有一个比较深入的了解。

## 一、以海峡两岸之间交流为核心的商业活动

　　所谓泉州晋江沿海，主要指的是现在的石狮市与晋江市的东石、永宁、深沪、蚶江、祥芝、金井等乡镇。由于海洋交通的便利，这一地带的居民，至少从宋代开始，就依托泉州港的区位优势，陆续有人从事商业贸易活动。清代初期，晋江沿海的海上私人贸易活动备受挫折，但是长年形成的经商传统，并没有由此而中断，而是得到顽强的承继，许多乡族外出经商的风气依

---

　　①　参见傅衣凌《明清时代商人及商业资本》之"四、明代福建海商"，北京：人民出版社 1956 年版；又《明代泉州安平商人史料辑补》《〈安海志〉序》二文，现收入《傅衣凌治史五十年文编》，厦门：厦门大学出版社 1989 年版。

然相当兴盛。

深沪的尤氏家族,"开基我族焉历历世纪、万代源流已彰彰可考,……伏以木本水源弥深追远祇绪,故计久修辑我族之谱,而族众多服贾远方,……非众力共策者不能,故迟迟未举延至于今"。尤从善,"少失怙,……家无恒产,业于渔得钱辄以奉母,识者咸目以颖异盖由天性然也。长而艺精舟师,所入颇饶家计外,便以赢余学计然,而所获益裕,由是买宅建船,居然素封"①。粘氏家族,第二十四世族人粘世缠,"字绵侯,……世业亦淡,二弟幼弱,出入必偕,一身支持内外周至,凡百经营,无不努力勇往。……及游珉邦,多方谋望,心力交瘁,而手足胼胝,频年锱积,悉赡弟妇子侄辈"。粘世瑶,"即世遥,字远侯,号平川,又号慎侯,奕花公之三子,即奕剌公嗣子也。甫周岁而失恃,六岁失怙,出入惟二胞兄是依,其孤苦为尤甚。十岁便晓经营,然志在远方,遂往珉邦,依炙胞兄世缠,将展骥足。凡事努力向前,冀幸大振家声"。第二十五世粘传库,"世缠公之长子也,有兼人之才,怀远大之志。甫成童,见家计无聊,老父幼弟,不胜其任,乃往珉省父并营财利,遂就父所建之业,绍其箕裘,俾父得家居养老焉。所积余资尽寄奉父弟,以为伯仲叔母之用,无敢私积,念季壮未有室,愈加经营,幸遂其志焉"。传库之弟传荣,"少颖敏,有大志,凡诸事物一见而会于心,一闻而喻其意。及长也,孜孜经营,一切虚花妄费毫不染及,若老成人,然而无少年烟火气,为乡中富饶者所器重,故家无锱积,而一预商贾物皆捆载往返;时或困乏,则一转换而殷实如故矣。又长于会计善意料,尤为朋侪所推许"②。东石周氏家族,清代中期的周仕泰、周仕荣等兄弟,"胼手胼足,劳力风霜,……持筹握算,经营四方谋财货,无敢怠惰","奔走衣食,竭力营生,上省垣,下鹭门,持筹握算,积少成多"。周佐昌,"生于雍正庚戌,卒于嘉庆戊辰年。少习水务,以操舰为生业,竭力经营。……险阻艰难倍尝者三十余年"③。古西吴氏家族的子孙们,也远赴南洋各地经商,"吾宗端庄叔母蔡太君之孝勤俭知大义具远识,以相其夫,以教其子,以充大其门,间者胥是道也。……其子朴光、汶光、森光,侨

---

① 民国《沪江尤氏族谱》,尤善祖:《族谱序称》《世系》。
② 光绪《粘氏族谱》,《世系·第二十四、二十五世》。
③ 民国《鳌江周氏五福堂家谱》,《世系》。

商南洋,将于是日张筵海外"①。

石龟(石崖)的许氏家族,根据雍正年间的族谱记载,族人们父子相继、兄弟联袂从事经商者大有人在,如:

（二世）讳福,字本实,别号潜溪,小字福官,南桥公长子,冠带寿官,敦行孝友。南桥公所遗薄产居室,尽畀厥弟,自力于废著,家政丰饶。独购大平埔山一所,开筑双亲寿藏,并割其余穴以葬弟妇。而慷慨尚义,有鲁连季布之风,乡邻多倚伏焉。

（三世）讳国华,字尔登,别号仰潜,乃南桥公长孙,潜溪公长子。……生而聪明,稍长就傅,书过目辄成诵,师奇,谓青紫可立待。竟以父老居长任重,总角即弃儒业贾,佐吾祖经营秉家政,内外咸厌意无间言。

（四世）廷棉,字世沾,别号元斋,小字惠官。……淳雅质直,弱冠攻举业,寻以家清学计然,而绰有儒风。尝与商家贩包头,客误减直值十余金,公弗之昧也,曰:君误算矣。如直备还,不少铢黍,作事较然不欺类如此。

廷标,字准吕,别号莹峰,小字德官。……少代父支家,辍举业逐什一,能以诚信感人,市货者云集,家业一振。友爱弟侄,不设私橐。后为郡邑橡;三考侯选经历,不就仕,逃迹桃源,仍逐什一。

亨民,字世嘉,小字亨官。……丁亥戊子沧桑,与其兄各窜外所,民后独归,晖潜公喜不自胜,谓可续奕桥。公后畜之于家,送就机房学治丝之事。

（五世）祚昌,字克衍,别号瞻弼,小字拔官。弼甫公之长子,少受父叔之荫,弱冠弃举业营生,辛勤俭啬以自支撑,上孝养节母,下课子读书,是亦志行之可嘉者。②

---

① 《温陵晋邑古西吴氏叠轩公派下分支家谱》,《诰封宜人宗老叔母蔡太宜人七席旬寿序》。
② 以上均见雍正《石崖许氏族谱》卷4《纪实篇》《状志录》。

宋元以来,特别是明代中后期,安海等晋江沿海商人是以从事海上贸易而闻名于世的,虽然也有一部分商人往来于内陆地区,但不是这里的商业主流。随着郑芝龙、郑成功集团的衰亡和清政府对于海外贸易活动控制的加强,晋江沿海商人于清代前期不失时机地转移经营的方向,以从事国内贸易,特别是华东地区的贸易为主。如上举的石龟许氏家族,其所经营的地点基本上是以江苏、浙江一带为主,在这个家族的第五世"昌"字辈族人中,许祥昌,字克敬,"驻居江宁";祎昌,字克珍,"驻居江宁";侩昌,字克会,"驻居江宁";祀昌,字克吉,"驻居江宁";祁昌,字克安,"驻居江宁";许眉昌,"字克保,别号纯轩,小字受官,良斋公第二子。……幼聪颖,亦奋发学力,家倾困顿,乃弃举业,从事计然,克尽子职,周历于江宁之间,以供菽水"。江苏、浙江一带是我国著名的丝绸和棉布的产地,许氏家族的许多族人因而在清代前期以经营丝绸布匹闻名,如许为昌,"字克协,别号瞻元,小字遗官,元斋公次子。性行坦直,常以三代待人,不逆不亿,而每受人欺诈。承叔父店务;开鬻绸缎,市情热闹甲于同行,亦坦诚所致"。许亮昌,"字克凝,别号抚轩,小字赞官,莹峰公第二子。赋性温厚,一毫无私,家庭中孝且友,与人交久且敬。……兄弟协力经营丝房。为人善睦族,喜宾客"。许纶昌,"字克掌,别号理轩,小字闰官,莹峰公第四子。素性敦笃,谋事近理,少时凛习规模,朝夕勤慎。从二兄治丝之艺,虽无大才,颇堪供用"。①再如第六世的许其崑,因其长年往来于江浙与福建区域,经营有道,颇著声名于浙闽两省间。《族谱》云其崑:"字思瑶,别号西原,小字天官,瞻弼公长子。……弱冠初年锐志举业,实有体先人之遗志。家世清白,公居长,每告于人曰:'为人子者安可不代父勤治辛勤治家政乎?'遂辍业旅客于浙江之内。……乃从事计然,上供甘旨,下资友于,走燕齐鲁卫,不惮勤劳,后择木浙东,遂寓而经营焉。……虽弃举业,亦留心书史。至于滨海跋涉渡险波涛,挈囊金以回家,极无营利,亦必先治家资而后图诸市货。家虽三珠,殊无尔我声名。其友爱弟侄,莫可逭也。家书往返,惟戒二弟读书为首,则课儿侄勤俭为规模,视侄犹子,冠笄嫁娶,无异亲生。夏葛冬裘,年年是赖,历肩三十多年,一釜尽供三十余口,诚

---

① 雍正《石崖许氏族谱》卷4《纪实篇》《状志录》。

无齿。及家费浩繁,乐从无异。不凡亲戚朋友,善有缱绻交迎,或缓急相告,倾囊而与之。虽极劳苦经营,无设有私囊之念。此古今百见其人,是以浙闽两省传齿闻风,荐绅先生皆咸奇之曰:'真可谓孝友之大丈夫也。'"①

  清代康熙二十二年(1683 年),台湾统一于清朝版图,福建沿海居民迁移台湾者逐渐增多,特别是到了雍正、乾隆年间(1723—1795 年),福建沿海居民迁移台湾进入高峰期,台湾岛内的社会经济因而得到迅速的发展,台湾与福建之间的贸易往来也随之兴盛起来。由于地理上的便利以及两岸之间语言文化及血缘、乡缘上的紧密联系,经营闽台间的往来贸易,往往利润丰厚,所谓"商船往来台洋一次,贩货之获利,与船户之水脚,所得凡数千金"②。正因为如此,泉州府晋江县沿海地带的商人们,自清代前中期开始就逐渐把经营贸易的重心从内陆地区转移到台湾与福建的两岸贸易上来。晋江县沪江《尤氏族谱》中关于尤伯万祖孙数代往来于泉州、台湾海峡两岸之间经营谋生的记载,比较有代表性地反映了这一时期泉州沿海居民探询闽台经济交往之路的艰辛历程,该族谱略云:

  十三世祖伯万公由鲁东迁沪之东埭,迄今二百余年、历八世,枝叶繁荣、子孙茂盛,从兹生产日盛。……伯万公生而颖异,少怀壮志,常自谓曰:丈夫子志在四方,岂可株守故园终老于樵苏之间乎? 时适明社已屋,台湾版图归附满清,闽人移徙其间实繁有徒。伯万公乘时而兴,辞家东渡,寓于台之淡水。奈天不赋其志,事业未成,而身先陨。凶耗传来,举家哀痛。吾祖子参公尚未冠年,闻凶信悲泣将日,泪以继血,跪求太高祖母许其渡台,求父骨与归。……族人称其孝,有口皆碑。弱冠废读习操舟,艺精。……曾祖扬清公克继父业,家道日隆,于兹八代。③

正是如尤氏祖孙这样的沿海居民,一代又一代,前赴后继,筚路蓝缕,宝岛台湾在清代中期得到了迅速的开发,海峡两岸之间的人员往来和商业贸易也

  ① 雍正《石崖许氏族谱》卷 4《纪实篇》《状志录》。
  ② 连横:《台湾通史》卷 20《粮运志》。
  ③ 尤善祖:民国《沪江尤氏族谱》,十九世孙奕爵《伯万公》。

得到了较快的发展。有着悠久经商传统的泉州府晋江县沿海家族商人,很快就控制了福建与台湾两地间商业航运经济的主要部分,纷纷在大陆晋江祖家与台湾新经营地开设各种经济经营设施,特别是专营海峡两岸间商业贸易活动的商行、商号,并且把这种经营海峡两岸往来贸易的商行、商号,称为"行郊"或"郊行",亦即"台郊""鹿(指鹿港)郊""泉(指泉州)郊"等。①如上文所提及的石龟许氏家族,从清代中期始就逐渐经营于海峡两岸,到了清代后期,成了专营闽台贸易的重要商人。关于许氏家族在清代后期经营海峡两岸贸易往来的情景,我们还将在后面详细论及。这里引述其他一些家族的记载为例。

钱山郭氏家族族人,是较早赴台湾经商的晋江沿海居民,康熙后期,有郭于兰者,就跟随其父亲郭文察在台经营:"公讳于兰,字友香,……竭力经营成家,丰裕持家,不尚纷华,处世常行施济,乡有盛举,不惜多金。……因念(父亲)文察公久客于外,不能时承色笑,遂辍举子业,随父服贾东宁(即台湾),凡借□筹画,皆公为之赞佐。文察公常语人曰:他日恢吾门者,必此子也。文察公没,遵遗命习会计,自时厥后丰亨豫大,居然素封。"②霁江高氏家族的高启根,"字培庇,号秉维,恩赏军功职员衔。生乾隆辛丑年十二月初九日,卒嘉庆戊寅年四月廿六日巳时。……公之生平忠信为怀,在淡营运五十余年,其结纳于人也,然诺不欺;其贸易于人也,诈虞弗事。其于綦功强近之亲,则为之修筑坟墓、为之娶妇传嗣。他如我本支祖耳顺公坟前,亦尝崩坏,公乃首倡我支之人鸠工庀材,顿复旧观。当夫在淡营运之时,于乾隆五十三年间适林爽文作乱,公为出力助糈、招集义民,累月之夜协力巡城,衣不解带。蒙巡抚部院徐为详部纪功札赐军功职衔候用"③。粘氏家族第二十三世的粘奕刺,"字秀生,号质源。……见世业零落,思欲振起宏观,乃久游台地,百计营谋"④。溜江吴氏家族的吴鸿藻,号敏斋,"颖慧嗜学,因贫辍学治生。

① 参见卓克华《清代台湾的商战集团》,台北:台原出版社1990年版;黄福才《台湾商业史》,南昌:江西人民出版社1991年版。
② 郭应元:《钱山三房郭氏宗支家谱·世系·第十三世》,康熙五十三年本。
③ 高锺秀等:道光《霁江高氏三房第六支谱》,《世系·第十二世》。
④ 光绪《粘氏族谱》,《世系·奕刺》。

年十三从王父服贾,日则会计簿书,夜则兼习文事。至十八为人记室,尝以笔墨见称圚阓间。嗣是之厦及台,暨浙宁垅川安南等处,奔波几数万里,经营近五十年。艰苦备尝,不敢稍懈。……少时之穷苦,奔走之焦劳,创业之艰难,贻谋之远大,以及遭家不造、处置得宜,经营出于万死一生之中,财利尽为敦本笃亲之用,苦思劳身,创垂美备"①。

东石的周氏家族,也是清代中期以来经营闽台贸易的著名家族之一。据族谱载,乾隆间有周佐昌,首先从事闽台间贸易,族谱称周佐昌,讳昇观,"为人方正不阿,黜奢崇俭。少习水务,……竭力经营,至辛苦也。……综公生平险阻艰难备尝者三十余年"②,开创了周氏家族经营闽台贸易的事业基础,其后的族人们纷纷效尤,往来海峡两岸者大有人在。如蔡仕鼎,号逊成,"笃于色养而家极清苦,甫弱冠即渡东瀛(台湾),泛舟贸易,以为甘旨之奉。继又往来南浦,鲸涛飓浪,不避艰险,实有古人肇牵服贾之风焉"。蔡维宁,"少从父习计然,游三山(福州),抵东陵(东宁,即台湾)。身先少长,不辞劳顿。处兄弟如手足,事无大小必询诸父,毫不曲私"③。其他又如晋江的黄氏家族,有黄锺地者,"自十七岁往台北奔波经营,勤俭粒积二十外载。……在台北之时,经营米谷商号,曰嘉发商行也"④。

终清之世,虽然末季经历了日本侵略台湾并且占据宝岛的变故,晋江沿海商人对台贸易一度受到影响和限制,但是一直到第二次世界大战结束、台湾光复的这段时期里,晋江沿海商人经营贸易往来于闽台海峡两岸的基本格局,没有太大的改变。

## 二、商人们所涉及的经营领域

泉州晋江沿海商人从清代中期始大多从事闽台两岸之间的往来贸易,这是与船运业分不开的。自宋元以来,造船操舟一直是晋江沿海居民谋生的优势行业。当明代中后期私人海上贸易得到迅速发展的时候,晋江沿海

---

① 民国《溜江吴氏家谱》,《世系附皇清诰授奉政大夫同知职衔敏斋吴公墓志》。
②③ 民国《鳌江周氏五福堂家谱》,《世系》。
④ 民国《晋江紫云黄氏族谱》,《世系》。

居民的这一传统行业优势无疑在其中发挥了重大作用。即使是清代前期的内陆贸易,晋江商人之所以经常往来于江浙沿海等华东地带,显然也是立足于善于造船操舟的这一传统行业优势之上的。正是有着这一传统的行业优势,清代闽台海峡两岸间的商业贸易,首先就必须是商业活动与船运活动的紧密结合。离开了船运活动,商业贸易活动便无从谈起。我们从晋江沿海的许多民间族谱中,都看到了他们既经营两岸商业贸易又经营船运业的记载。

晋江沿海各乡镇有许多自然条件相当优越的港口,其中如东石、梅林、深沪等,为这一带居民从事船运业和外出经商提供了莫大的便利。根据1980年东石港史研究会的调查资料,以蔡氏、周氏等家族为核心的东石船运业,兴起于清代的雍正、乾隆年间。为了适应日益兴起的闽台两岸经济往来关系的发展,雍正元年(1723年),东石蔡氏为凝聚力量,开发海港,由蔡达光发起,联结原来不同支派的蔡氏为一族,在蔡襄祠的故址上,同建东石蔡氏大宗祠,下分三房十柱份。并且带动其他各姓,疏浚一条长两千米、阔六十米的海关港,使航道从村前经过,"开新港,建大宗,号十房",成为一时盛举。①

新港疏浚之后,附近的各姓、各房的商人纷纷在新港边开凿船坞。船坞边建有栈房,船驶入其中,便利装卸货物。至今仍然可以追忆的船坞,沿新港自东至西就有檗谷桥坞(陈氏)、盐仓桥坞(周氏)、源利坞(后转售源茂)、玉记坞(蔡氏二房)、中心港(蔡氏)、盛记坞(蔡氏珠泽房)、德泰坞(蔡氏西霞房)、源远坞(蔡氏)、双金坞(蔡氏)、周益兴坞(吴氏、周氏)、泰兴坞(黄氏含记转售玉记,又转售周氏)、鸡母石坞(杨氏)、合宝坞(黄氏)、石墓口(黄氏)、路仔头港(叶氏、黄氏、蔡氏)、石蛇尾码头(地近大港,为公共使用的码头)。到了清代后期,仅东石港一地,商号郊行就不下五十家,商船多达二百余艘。其中周氏家族有"仁""义""礼""智""信"五行号,最盛时期置船九十九艘。蔡氏家族的商行就更多了,约有三十家。西行蔡圭实是其中规模最大的,置

---

① 参见粘良图《清代泉州东石港航运业考析——以族谱资料为中心》,《海交史研究》2005年第2期。

有"正丰""安定""顺利""金瑞丰""金福屿""金凤""金福茂""金瑞隆"等三十余艘大木帆船。①

清代中期以来晋江沿海的船运业,是为了满足闽台海峡两岸的往来贸易而随之发展起来的。因为从当时福建与台湾岛内的商业贸易结构看,台湾是福建以及内陆一些地区的粮食供应地,而台湾岛内对于货物的需求则更为广泛,许多商品货物如丝绸棉布等,并不是台湾本岛甚至福建所能生产的。于是,作为晋江沿海商业的主体——闽台郊行,必须备齐尽可能多的商品,才能在最大限度上满足台湾岛内对于商品货物的需求。而归属于郊行所有的商船,便承担起四出采购货物和转运货物的多种任务。这样,晋江沿海的商船,除了以往返于闽台海峡两岸的商品货物运输作为最主要的业务之外,还必须根据闽台郊行的商业需要,扩大活动的范围,经常行驶于华东沿海甚至日本、南洋等地。据称,这些隶属于商行、郊行的船只,穿走于福州、沈家门、天津、牛庄、烟台、青岛、台湾、新加坡、实叻、仰光等埠。每年二、三月乘南风往北方,八、九月乘北风往南方。《吴氏族谱》载有一组赞诗,道出了晋江沿海船运商的四海行径:"开先航业达津沽,无定风波覆远图。任是家贫教子读,一编货殖薄陶朱。迢迢一水盼齐云,璺铄如君迥不群。……壮志梯航记昔年,津沽七二路三千。风波一笑归来后,栖隐庞公陆地仙。晚景汾阳福更赊,精神龙马鬓霜华,膝前不数燕山桂。玉树双开六出花,功名事业付儿曹。……台阳一舸乘风去,岁尽翩翩好远游。家到当年已小康,不因征逐等寻常。膏粱文绣浑闲视,泛海归来福梓桑。此身虽不位儒林,倚顿陶朱世所欣。……青年夫子习蠡舟中,中馈全凭主妇谋。孝敬奉姑勤育子,持家有道协坤柔。……男儿志四方,一年几唤台阳渡。……乘风仍万里,橐载而归来,居然陶倚。"②

商郊行所运销的商品货物有盐、杉木、红料、煤炭、粮食、食糖、水果、药材、烟叶、咸鱼、家具,还有棉花、棉布、油料、豆饼、日用百货等。各商号、郊行营运的货物也不尽相同,或设盐栈、油坊,或设杉行、米铺,各有侧重。所

---

① 参见 1980 年东石港史研究会编印《东石港史研究资料》未刊本;又粘良图上揭文。
② 苏大山等撰:《蔼堂吴先生玉照》,民国《吴氏族谱》。

走的埠头也不相同，有福郊、台郊等分别。"主要是以东石等港口为中转站，沟通台湾与大陆之间的货物。"①

清代泉州晋江沿海的商人，不仅在开办商行、郊行的同时兼营船运业，而且大多一身而多任，从事多种行业，甚至从事生产的行业。晋江沿海的商人虽然有着广泛的活动范围，但是他们的基本立足点，仍然是在本土即晋江的乡族上，或者是在海峡对岸台湾的同族人聚居的地方，并且在这两个基本立足点而向外辐射。所以，这里的经商者们大多没有脱离乡族的土地，同时经营土地和农业生产的现象相当普遍。以石龟许氏家族为例，其福建祖家坐落于农村自不待言，即使是部分族人迁移到台湾之后，定居于鹿港一带，经过几代人的繁衍与努力奋斗，不但族人数量不断增加，田地的拥有数量也是与日俱增。因此我们从清代后期许氏家族商人的记载中，可以看到他们既经商又收取地租的事实。许家在鹿港的产业，除了"以春盛号和谦和号经营进出口贸易之外，也在台置有不少店面和大小租田园。其土地范围除了鹿港店屋外，大概分布于今彰化县鹿港镇、福兴乡以及秀水乡内，年收租谷二千余石。……坐收大量土地租谷的许家，除了在合理价钱之下直接将米谷卖给外来的采米客之外，亦自行'做挨'（砻米），再以帆船配运到大陆发卖。因此，许家既是地主、米割，也拥有土砻间。许家也具有放贷主的身份，往往将米谷或是现金借贷予其他商号和民人。……在商业经营上也采取多种投资的策略，除了自家经营的郊行谦和号和春盛号之外，许家也将多余的商业资本投资于其他商号，或是直接与人合伙生意"②。

西霞蔡氏家族的商人们，也是农、商、工诸行业兼而有之。如族谱记载的蔡树澹，早年跟随父亲往台湾谋生，往南路蚵仔寮村，以贩鱼为业；有所积蓄之后，转而开设米铺、盐丘等；继而建造油坊、盐栈，建造兴隆、兴晋、德发等海盐船，成为当地著名的富豪。③玉井长房蔡氏商人所开设的"源利郊行"

---

① 参见粘良图《清代泉州东石港航运业考析——以族谱资料为中心》，《海交史研究》2005年第2期，第86页。

② 林玉茹：《略论十九世纪末变局下鹿港郊商的肆应与贸易：以许志湖家贸易文书为中心》，林玉茹、刘序枫编《鹿港郊商许志湖家与大陆的贸易文书》，台北：台湾"中研院"台湾史研究所2006年版，第53—54页。

③ 光绪《东石西霞蔡氏族谱》，《世系·树澹》。

也是如此。其先祖蔡文由于乾隆后期从晋江来到台湾布袋嘴一带,替人帮工开挖鱼塘(塭),稍有积蓄,与他人合伙开挖鱼塭。赢利之后,投资商业,出资让人在嘉义县朴仔脚开张笨泉郊生理,又出资与人在盐水港合开生理。生理扩展之后,开始购置船只,行走大南大北。先后置有瑞玉、瑞珠、瑞瑛、瑞裕、瑞隆、瑞琨、瑞丰、同昌、长庆、广裕、廉成、胜发、复吉、复安、复庆、复顺、复发、复益、复青、金湖发、金顺利等船号。商业贸易获利之后,蔡家又购置土地、盐埕、油车、磨房,起盖店屋,创办源昌织布局。其家遂称巨富。玉井蔡氏家族二房的章湾诸兄弟,先是经营盐场、牛磨、糕果店等生意,之后于咸丰年间开创了"玉记行",生意日隆,购置了十余艘船只,行走于天津、牛庄、烟台以及南洋新加坡各地贸易,并且开张了"泰源典铺""泰兴杉行"等。①其中泰兴杉行是专门为供应台湾对于建筑木材的需求而经营的。蔡氏玉记号经营杉木可称为闽南首家,经销一条龙:在闽北山区有杉行,负责砍伐采购,再由闽江放流而下至福州;在福州有船头户,专门派工人配运;运到东石后,除了供应泉州当地的木材需求外,就直接运往台湾各地销售。我们曾经在当地搜集到一些商人经营的契约文书,有部分就涉及他们购买盐埕与榨油作坊的内容,试引二纸如下:

### (一) 买卖油车契约

立卖尽根杜契人大樑榔保林内庄吴三阳观,有承父起盖油车瓦店一座三间半又二小间,带油车一张,并家器铁箍二付、大油桶七部、碨石二粒,并石盘门窗户扇浮沉石砖,俱各在内。年带陈和观地租银三十元。其店坐落土名在朴仔脚街新店尾,东至李家店,西至茂记店,南至街路,北至车路,四至明白,俱有竹围竹篱为界。今因乏银别置,愿将此店并油车家器应份一半出卖。先尽问至亲人等,不欲承受外,托中引就与朴仔脚街沈宁、李彩官出首承买。三面言议,着下时价银二百十元正。其银即日全中亲收完足,其油车店家器随即点足交付银主前去管

① 见民国八年(1919 年)玉胜号合约文书,电子扫描本现藏厦门大学人文学院数据资料库。本文所引契约文书,均由晋江市博物馆粘良图先生和厦门大学历史系卢增夫研究生协助搜集,特此致谢。

业开张生理,或出赎收税。日后重修翻盖听从其便。至及前后圹池筑室,税银亦听从收取抵纳地税,不敢阻当。一卖永尽,日后子孙不敢言贴,亦不敢言赎。保此店油车系阳承父起盖物业,与房亲人等无干,亦无重张典挂他人不明为碍,亦无拖欠旧税。如有等情不明,阳自行抵当,不干银主之事。此系两愿,各无生端反悔。恐口无凭,立卖尽根契一纸付执为照。

即日仝中亲收过契内佛面银二百十元完足再照。

道光十八年三月　日立卖尽根杜契人吴三阳观

(下略)

### (二) 买卖盐埕、盐间契约

立卖尽断根并找底契字人东石乡西郊房蔡宁良、造良、怆良,有自己应份盐埕三十四坎,并涂丘三层,水井二个,土名坐在壁谷墼。东至礼记盐庭,西至自己盐庭,南至错哥盐庭,北至礼记盐庭,四至明白。今因欠银别置,托中引就向本乡玉井房蔡由观处边出佛银一百四十六员七角,即日同中收讫明白。其盐庭听银主前去掌管永为己业,日后不敢言贴言赎生端等情。保此盐庭系是自己应份物业,与房亲伯叔兄弟侄无干,亦无重张典挂他人不明为碍。如有不明,卖主前去抵当,与银主无干。此系两愿,各无反悔,恐口无凭,今欲有凭,立卖尽断根字一纸付执为照。

同治元年闰八月　日立尽根字人蔡德造、德宁、德怆

(下略)①

显然,商人们购买这些盐埕、盐间、油车的设施,主要是为了生产食盐、食油等产品,并且通过自己的运销网络,直接将其作为商品投入市场。从经营成本上看,商人们自己经营商品的生产,要比从他人手中批发产品合算得多。由此可见清代泉州府晋江县沿海商人的经营方式,已经远不止传统意义上

---

① 以上契约文书电子扫描本藏厦门大学国学研究院资料库。又关于买卖"盐间"的契约,限于篇幅,兹不赘引。

的贱买贵卖的商业一途,而是在一定程度上参与到商品生产的领域。特别是蔡氏族商在祖家晋江开办"源昌织布局",已经是比较纯粹的工业生产行为了。根据今人的调查材料,近现代时期的晋江东石一带,已经形成了相当规模的棉布生产基地:"台湾在日占领下,一些男女中童、幼童一度无裤可穿,只得三二者合一。东石乡亲在台湾者历来上千上万,借探亲通商,运去东石布,颇受惠顾,年达 2 万匹左右。高雄专营东石布的有布袋嘴协盛行、中南行,转销高雄、凤山、屏东、台南等地。"[1]清代中后期以来,福建泉州一带的纺布业,固然也同国内的其他区域一样,基本停留在手工业生产的层面,但是到了清代后期,受到五口通商的影响和冲击,厦门、泉州等沿海地区也出现了一些尝试用机器纺织布匹的工厂。我们曾经在论述清末黄氏家族的经营方式时,注意到了这一变化。[2]而晋江沿海蔡氏家族的"源昌织布局",显然也是中国传统商业及商人资本不甘落后、勇于进取的有益尝试之一。

清代晋江沿海商人既从事商业贸易方面的多种经营,同时又涉足农业生产、盐业生产、手工业生产甚至近代化的工业生产。这一方面固然说明商人阶层的多元身份组合,而在另一方面,这种多元身份的组合,也许更能促进商业资本吸纳不同的经营理念和生产因素,从而摆脱株守单一经营的困境,寻求新的发展空间与道路。

## 三、商业行为中的乡族互助关系

清代泉州晋江沿海商人虽然能够尽可能地扩大商业的活动空间,寻求多方面的经营方式,但是他们的经营与发展,乡族的联系在其中发挥了极为重要的作用。

近年来,研究明清以来地方商帮的学者们,也许是出于弘扬地方文化的良好愿望,几乎都把自己所研究的地方商帮,描写成注重诚信、不事欺诈的

---

① 《福建工商史料》第 4 辑,1989 年 9 月。转引自福建省档案馆、厦门市档案馆合编《闽台关系档案资料》,厦门:鹭江出版社 1993 年版,第 587 页。
② 陈支平:《从契约文书看清代泉州黄宗汉家族的工商业兴衰历史》,《中国经济史研究》2001年第 3 期,已收入本书。

君子性的"儒商"。其实,对历史上中国商人作出这样的解读,显然是一种对商人本质的有意或无意的曲解或粉饰。从明清时期大量的地方志《风俗志》的记载中,我们可以了解到,随着明清时期,特别是明代中后期以来社会商品经济的发展,以往那种建立在传统农业经济之上的淳朴民风,逐渐起了很大的变化。商品经济的活跃,固然强有力地推动了社会经济的进步,但是不可否认地也给处于变迁之中的社会风尚和社会价值观念带来许多复杂的因素,其中包括社会竞争趋向激烈、奢靡及拜金思潮泛起,甚至见利忘义、机械相争等的不良风气渐起。①就福建的情景而言,明中叶以来私人海上走私贸易活动兴起,社会风气也随之发生显著变化。《海澄县志》云:"澄在昔为斗龙之渊、浴鸥之渚,结茅而居者,不过捕鱼纬萧沿作生活。迨宋谢晞圣筑海引泉而农务兴;颜苏诸君子唱学振人而文教启。明兴,治化翔洽,迄于海隅。建邑以来,文物衣冠顿与上国齿。……(明中叶)于是饶心计与健有力者往往就海波为阡陌,倚帆樯为耒耜,凡捕鱼纬萧之徒咸奔走焉。盖富家以赀、贫人以佣,输中华之产骋彼远国,易其方物以归,博利可十倍,故民乐之。虽有司密网间成竭泽之渔,贼奴煽狭每奋当车之臂,然鼓枻相续、吃苦仍甘。亦既习惯,谓生涯无逾于此耳。方夫趋船风转、宝货塞途,家家歌舞赛神,钟鼓管弦连飙响答,十方巨贾竞骛争驰,真是繁华地界。然事杂易淆,物膻多觊,酿隙构戾。职此之由,以舶主中上之产,转盼逢辰容致巨万,顾微遭倾覆,破产随之。"②清代中期,《晋江县志》是这样描写商业经济发展后社会风俗的变化的:"自逐末风胜,而敦本意衰,婚嫁颇尚侈观,而巧匠导其流,……此近俗之不古若者也,……而渐成为风尚,欲其不徇俗者难矣。更有一种游荡年少,相诱局戏,袖挟铢两,冀倖雄卢,一堕术中,如落陷阱,得无父兄之教不先所致乎!又见乡曲之中,每因细故起衅,酿成大狱。构难争胜,连年不解。……倾家荡产,前车既覆,后车不鉴,可胜浩叹!"③清代末期,泉州士人吴增有感于民间风尚的恶化,曾写成《泉俗激刺篇》,也对当时社会上见利忘

---

① 较早注意到明代中叶以后商品经济发展对于社会风俗变化产生影响的学者有吴晗和傅衣凌二位先生。请参考吴晗《灯下集》和傅衣凌《明代江南市民经济试探》二书。
② 崇祯《海澄县志》卷11《风俗考》。
③ 乾隆《晋江县志》卷1《舆地志·风俗》。

义以及竞争相轧的行为进行了针砭,如所谓用"呆钱":"呆钱薄于马口铁,风吹能飞去,着手恐破裂。奸商银一元,买得三四千,贩来流毒遍市廛。"又有"流差"者:"浪子变流差,饮博不顾家。人野蛮,性凶暴。强为劫,弱为盗。刺人惯用刺仔刀,硬砍头颅如脱帽。狼群与狗友,翻云覆雨须臾久。你饱我老拳,我厌你毒手,聚赌窝娼,取火接香,弄成械斗数十乡。"再如"洋客":"洋客来乡里,使用太奢侈。兴土木,筑大屋,神工鬼斧久雕琢。大妆奁,大聘金,一嫁一娶费沉吟。乡人相惊羡,风俗靡靡从此变。"①这些记载,都反映了明中叶以来社会商品经济发展之后所产生的错综复杂、强弱相争的社会环境与民风习尚。而处身于这种社会环境里的商人群体,所谓的诚信无欺,更多地只是一种精神层面的追寻而已。

有关商人们儒雅诚信无欺的记载,在清代泉州晋江沿海的商人群体中,也有不少。但是这种记载,大多出现在私家文献诸如族谱家乘之中;地方志书中偶有一些记载,其取材也往往来自私家的文献。私家的文献记录私家的事情,对所记之人和所记之事多有溢美之词是十分正常的。但是作为史料来采信,则应当有所取舍。事实上,清代晋江沿海商人所从事的闽台商业贸易以及其所必须兼营的船运业,是一种高风险的行业。在比较缺乏商业秩序的社会环境里,他们要面对随时发生的竞争与欺诈行为。我们曾看到一批关于晋江沿海商人与其他地区的商人相互争夺船只的诉讼文书,就十分典型地反映了晋江商人所面对的混乱相争的商业局面。②

清代泉州晋江沿海商人不仅处在竞争比较激烈、缺乏有序的商人规范的社会环境里从事经营活动,而且长年奔波于大海之中,往往生死难卜。在机器轮船尚未使用的清代,船运业中海难是经常发生的。如在清代中后期泉州晋江县及台湾嘉义县一带颇为著名的蔡氏家族商人,就曾经遭受海难的打击,商业航运业的经营受到严重挫折。据《东石珠泽户蔡氏族谱》的记载:"当咸丰辛酉之岁秋七月廿六日,……既昏,陡起暴风异常,里人惊悼,以为往省船帮必难平安。不数日,凶信果至。乡人蒙难卒者以数百计。吾族

---

① 吴增:《泉俗激刺篇》,手抄本,现藏泉州市文物管理委员会。
② 关于清代泉州沿海商人的商业诉讼问题,可参见拙稿《清代闽台商人间经济纠纷的案例分析》,《中国经济史研究》2008 年第 3 期。

十余人,犹其少耳。功弟国西亦于是不复相见。此濒海居民从来未有之奇惨也。"当时东石航船十余艘结帮前往福州贩运,每船人员都有二十余人。在福清五屿洋海面遭遇飓风,全部沉没。蔡氏家族珠泽户房所属"德泰行"有德泰、兴隆、德发、捷盛四艘大木帆在内,死难者多达六十四人。再如东石乡玉井长房所属"源利号"的商船,也在光绪年间发生过海难。谱载光绪二年(1876年)四月间,源利号一船沉没于台湾海峡,有蔡昭熊、蔡昭宣、蔡昭转从兄弟三人溺亡。运柩回东石安葬途中其船又沉于澎湖海面。有蔡大概因扶其父棺木,载浮载沉,漂近金门,被人救起,方拾得一命。在现存所见的晋江沿海家族族谱中,族人死于海上的记载屡屡可见,风涛之险是从事海峡两岸间商业贸易所不可避免的障碍。①

这些因素,都使得晋江沿海的商人,在从事闽台商业与船运业的时候,必须紧密地依靠乡族的力量,结合乡族的各种资源,协作经营,才有可能在这种高风险而又缺乏秩序的社会环境里取得商业上的成功。

我们在上引的资料中,已经可以看到许多关于同一个家族、同一个乡族内,族人、乡人合伙经商的记载。同一个家族和同一个乡族内的族人、乡人,他们之间往往有着比较固定和悠久的乡族邻里关系,互相了解对方的社会经济状况以及人品行为等。尤其是,福建地区是一个家族观念和乡族观念比较浓厚的区域,从汉唐以来北方士民的南迁一直到福建的开发繁衍,各个家族和乡族内都形成了相互扶助、相互依赖的习俗传统。到了明清时期,随着福建泉州沿海地带商品经济的发展和经商人数的增多,这种家族和乡族内相互扶助、相互依赖的传统也随之渗入商人的群体中去。他们外出谋生经商的过程往往是:当某一个或若干个族人、乡人在外地某处谋生经营取得一定的立足点之后,就会招引其他的族人、乡人一道前来;久而久之,聚集的族人、乡人越来越多,经营的规模就得到较快的发展;而尚未外出的族人、乡人,也因为有本族人、本乡人在外面打下根基,前往经营自然也就觉得比较放心,有事也可得到照顾。正因为如此,我们在晋江沿海的民间族谱中,可

---

① 参见粘良图《清代泉州东石港航运业考析——以族谱资料为中心》,《海交史研究》2005年第2期,第86页。又以上蔡氏家族族谱资料,承蒙晋江市博物馆粘良图先生协助搜集提供,特此致谢。族谱电子扫描本藏厦门大学国学研究院资料库。

以看到许多族人、乡人相互偕引投靠经商,以及父子、祖孙、叔侄、兄弟相继到某一地区经商的记载,兹摘引石龟许氏家族的数则记载如下为例:

> 为昌,字克协,别号瞻元,小字遗官,元斋公次子。性行坦直,常以三代待人,不逆不亿,而每受人欺诈。承叔父店务;开鬻绸缎,市情热闹甲于同行,亦坦诚所致。
>
> 亮昌,字克凝,别号抚轩,小字赞官,莹峰公第二子。赋性温厚,一毫无私,家庭中孝且友,与人交久且敬。……兄弟协力经营丝房。为人善睦族,喜宾客。
>
> 笃昌,字克厚,别号敦轩,小字周官,莹峰公第三子。性情朴素,礼义诚实。自幼从兄协理丝务。后开铺营生,贯之漳厦,交关财源。
>
> 纶昌,字克掌,别号理轩,小字闰官,莹峰公第四子。素性敦笃,谋事近理,少时凛习规模,朝夕勤慎。从二兄治丝之艺,虽无大才,颇堪供用。
>
> 廷桂,少倜傥,读书辄解大意,而遇事能断,井然有条。……不幸王母殁,王父年亦渐衰,父乃弃举业,与伯父共持家政。……叔祖晖潜公命与莹峰伯同事计然,肇牵服贾。叔祖固子鞠吾父,吾父亦祗祗父事叔祖。①

这种父子、祖孙、叔侄、兄弟相继及族人、乡人相互扶助、牵引外出谋生经营的模式,一方面促进了族人、乡人在外乡的团结合作,另一方面也使得不同的家族、乡族在外地形成了各自的活动空间和经营范围。即以晋江沿海商人在台湾的活动情景言之,自清代中期以来,逐渐在台湾形成了台北淡水及台湾中部的鹿港、布袋港等重要经营据点。尤其是鹿港,与泉州晋江隔海相望,船只往来十分便利。清政府于乾隆四十九年(1784 年)开放晋江县沿海的蚶江港对渡台湾的鹿港,规定民间去台湾的船只必须从蚶江出海直驶鹿港。蚶江成了大陆对台贸易的"泉州总口",鹿港相应地也成了台湾对闽商

---

① 《清处士故考芳圃许公圹志》,雍正《石崖许氏族谱》卷 6《状志录》。

业贸易的最重要的口岸。这样鹿港自然而然就成了晋江县沿海地带商民赴台活动的首选地点。族人、乡人们充分利用血缘和地缘的关系相互联络,不断承继扩展,聚集在台中鹿港各地的晋江商民越来越多。当时泉州晋江一带的商人在鹿港等地开设贸易商行、郊行,一般被称为"泉州郊"。"鹿港是泉州府郊商聚集地,泉州郊商多达 200 余家。"①商人们从台湾运往蚶江港口的货物主要有粮食、糖、皮革、海产品、硫黄、黄蜡、樟脑、牛黄、冰片、藤、水果等;从蚶江港运往鹿港等地的货物主要有药材、香菇、笋干、烟叶、纸张、茶叶、瓷器、工艺品以及建筑材料等。这些运销的货物,大部分为晋江沿海的商人所垄断。

清代晋江沿海商人以本家族、乡族为依托的外出经营方式,使他们不仅可以在经营的过程中相互联络、相互扶助,而且即使是发生某种商业上的纠纷,由于有了家族与乡族的情分与乡族的协调,事情也比较容易解决。在家族长辈及乡亲邻里的斡旋劝说之下,争议双方往往能够达成协议,得到比较平和的解决。如在一些家族协调合约文书中,我们经常可以看到诸如"二比原属一本之亲""二比分争,势所伤情",幸得族内公亲调解,事情得以解决,最终"两无伤情"的记载。②甚至在乡邻关系的作用下,一些不同姓氏之间的商业纠纷,也可通过乡族的协调得到比较圆满的解决。我们曾看到一纸蔡氏商人因店铺失火而恳求其他商号予以变通处理的所谓"恳章",该恳章略云:"立恳章人苯北港人蔡溪、蔡憨、蔡城等在本港横街开张泉吉号生理,素与厦郊交关货物。所有挂欠期限账项,均照约还无异。不意此十月间却突遭火灾,其店被焚,内有货物有些损失,至此银结尚欠厦郊货银二千零员,不得仍前清理。爰恳诸宝号俯念遭灾店物损失交关日久,从宽分还。恳自来岁二十七年正月起,每月每百员应还□银十员。既蒙诸宝号许诺,如憨等不敢负约,逐月清还。"③这种乡族关系无疑对于舒缓商人们的不时之需起到一定的效果。

家族、乡族内的商业纠纷能够通过公亲的调解而得到比较圆满的化解,

---

① 何锦龙主编:《石狮市志》卷 27《与港澳台关系》,北京:方志出版社 1998 年版,第 926 页。
② 参见拙稿《清代闽台商人间经济纠纷的案例分析》,《中国经济史研究》2008 年第 3 期。
③ 该恳章电子扫描本藏厦门大学国学研究院资料库。

一方面固然是因为家族势力、乡族势力在其中发挥了一定的作用;而在另一方面,家族和乡族相互扶助的基本特征,也促成在家族、乡族的框架之下,已经初步形成族人、乡人之间的某种商业经营上的诚实信用机制。这种族人、乡人之间的商业经营信用机制,在石龟许氏家族的闽台贸易过程中得到了比较良好的发挥。

如前所述,石龟许氏家族在清代前期,其族人大多在江浙一带经商,从雍正、乾隆年间开始,由于海峡两岸经济往来关系的迅速发展,石龟许氏家族的许多族人也纷纷改变经营方向,投身到闽台之间的商业贸易活动中去。乾隆初,有许高赤渡台谋生,几经奋斗,在台湾中部一带有所发展。至清代后期,其裔孙辈许志湖、许志坤兄弟在鹿港开设商郊行,并与内地祖家的族人保持紧密的家族联系和商业往来,从而得到较快的发展。到了清末民初,许氏郊商成为鹿港一带首屈一指的富商之一。[①]

许志湖兄弟在鹿港开设了"谦和号""春盛号"等商郊行。这些商郊行主要从事泉州与鹿港之间的商业贸易活动。而在晋江沿海港口与之对应贸易的商郊行主要是由许氏本家族及姻亲戚友们开设的,如"丰盛号""东益号""东成号"等。这些商号各自成为对方的异地代理商,关系十分密切。这些具有乡族特征的商郊行的商业合作关系,使双方不仅可以相互委托配运、采购和卖出商品,互通市场信息,还可以相互插股或共同投资其他的商号等。这里略举关于商行相互委托办理的货单、货函及商业书信三份如下为例。[②]

## (一) 东益号的货单和货批

顺列吉号代付金丰顺宝舟高禁官出海:

二六·七五元,源兴、品兰赤烟上四·〇担,六五八平,一四〇·八一二两;

二七·七五元,福犇赤烟上四·〇担,六五八平,七三·〇三八两;

---

① 参见林玉茹《略论十九世纪末变局下鹿港郊商的肆应与贸易:以许志湖家贸易文书为中心》,林玉茹、刘序枫编《鹿港郊商许志湖家与大陆的贸易文书》。

② 本文所引许志湖家族贸易文书,均引自林玉茹、刘序枫编《鹿港郊商许志湖家与大陆的贸易文书》,承蒙林、刘二君惠赠该书,深致谢忱。

二〇·七五元、二一·二五元,玉珍、福记乌厚烟四·〇担、五·〇担,六六八平,一二六·四一九两;

二三·〇元,长福春赤烟五·〇担,六五八平,七五·六七两;

二七·二五元,仁信乌厚烟六·〇担,六六八平,一〇九·二一八两;

二〇元,泉彝赤烟上八·〇担,六五八平,一〇五·二八两;

加单礼卜力平七·〇两,

并银平六三七·四三七两。

至祈如额向驳检收注册,载资照还,鳞便复示为佩。昨蒙贵东湖兄外拨委敞代售金丰顺螺米五〇石,适市不善,姑为拾栈,以待转局而活之耳。刻如栈鲜螺米四·三元,新万米四·一〇元,北生油一〇·五元,托埔(东洋)番火三·〇八元,气油浮(涨价)五·六〇元,泉足花金七·二角,福泉二五金二·四〇角,锦成布八四元,余诸后申。此启

春盛宝号照。

乙未(光绪二十一年,1895 年)十一月十七日封

东益兑货支取不凭

## (二) 丰盛号货函

敬启者:查客蜡十七日由沪转奉一札,内述为配沪金宝顺船北油拾笼。然该船几番启帆,为风所阻,况新正绵雨,是以致延未进,早晚抵鹿就货向出。内封清总单,祈即过覆注账。其油内地及胶价硬,扳企(上扬之意)。刻下永(宁)北油升一〇·四元。按油新出,日远市价望分,必难到,祈观局而沽。永(宁)中新正米价转企,市尚平,迨正月杪,闻上海米奖(涨),泉州四处觅采,故价日兑日升,刻下螺米四·二九元,九苣种四·七元左,北术四·六元,北油一〇·四元,气油分五·三四元,火察(火柴)唱廿元左。此奉

春盛大宝号、湖官老仁台足下。

丙申(光绪二十二年,1896 年)花月十七日

丰盛兑货支取不凭

### （三）高妈禁致许志湖商业书信

再启者，因王元官汉墀股内所落小号一股，财本五〇〇元，并长利息，计共按有五五六元之额。渠之兄弟思欲外出，意决将此股份缴落别人。弟思欲请吾兄照落股额，前日承来手教，谓生理欲待来春，观此定局，即要设法，无如他要抽去，乃是就此年终为止。以弟鄙思，足下亦有被他借去银项，而况有项在于坠官处，此甚至妥，未卜贵意如何？乞示。如欲自落此股更妙，不则，或欲与友生兄合股亦可。与他相商如何？祈速示知，方好按额千千。勿外。余不尽言，草此。再启上

志湖老仁台大人升照。

丁酉（光绪二十三年，1897 年）十月初五日

高妈禁手书，永宁东成（号）书東①

从上举的晋江与鹿港两地商郊行之间的货单、货函及商业书信中可以看出，虽然他们分属于不同的地点及商号，远隔大海，但是在商业的合作方面，已经相当地协调而有效。双方不仅结算明白、交割及时，而且还能随时通报商业信息，提出下一步经营的设想，甚至在尚未征得对方授权的情况下，先替对方作好有利的决策。

我们在东石乡蔡氏家族的家族文书中，同样可以看到其族人在海峡两岸间经商时，拥有他们自己的乡族协作圈。在两地亲属的来往信件中，相互交代经营业务，相互通报各地的商业行情。如清末光绪年间黄姓商人写与蔡氏商人的通信写道："配瑞瑛宝舟来杉料，单嘱渊兄与弟相商招商售脱，敢不效劳，犬马办理，不须锦介。现台地春间以来雨水不顺，至今溪中干净，筏驭难通。兹元月至今郊客所托诸重载，以及收轻舟货，俱倩车出入。此系旱情。兄台所托云杉料俟招客在船，……台地所出糖游米诸货色，自古以来均配回内地销售，全望求利为是。谁想内地春间以来南北糖油米盛到，价数随而下，压倒台之郊号无遗。……弟承'源利'台信，欲无嫌弃，依旧相知合作。

---

① 以上三件贸易文书分属林玉茹、刘序枫编《鹿港郊商许志湖家与大陆的贸易文书》之第 5、13、86 件。

'源德'生理,笨配重载,……皆赖仁兄如有便轻货或要办重载者,则速回音,自当随办而行。"又如蔡氏甥舅的两岸通信云:"咱号若有存布仝烟丝,切切孰紧张进应售千万！今冬台地芒蔗比前年更加丰羡,将来倚年糖价必然大贱,愚甥意欲采办,无少守候新春,此未审妥否？覆祈赐息示知,方好进接,特此奉禀。"还有蔡氏商人表兄弟及甥舅之间的通信云:"前日鹅弟来信查台地之田青子及番仔豆之价数,番仔豆市价罔知,田青子斤□□元,……何货能知,祈速赐示。至于牛根无货绝望,如若有货,自当采办免嘱。前所记之电土,未卜兑否？文洗之大柴是拾箱,彼谓十一箱,尚失一箱。祈再向文洗斟酌,配某船若干,重再列单前来是祷。"①在这些通信中,也都十分清楚地反映了家族商人之间的经营协作关系。

经营于泉州晋江与台湾鹿港之间的晋江沿海商人,之所以能够建立起一种比较稳固的商业信任关系,在很大程度上是由于有着乡族的血缘及地缘的纽带。与许志湖家族商业联系最为密切的永宁高氏和东石蔡氏,或有同乡族之谊,如高氏家族的高妈禁,双方称为"至爱之交",许志湖的儿子许经烟回到祖家的时候,曾一度住在外高厝;而许经烟在外高厝写信给身在台湾的母亲黄氏,本是家书不示外人,其中提及高妈禁时,敬称为"妈禁叔",②可见许、高两个家族的密切乡族关系。至于蔡家,与许家更有姻亲之谊,蔡氏家族的蔡敦波娶许志坤女许米为妻,两家关系非同一般。

即使是许氏商郊行所聘用的商业活计,也往往与主家有着比较密切的乡族联系。我们再此复引二纸许氏商郊行与店伙计的来往书信:

## (一) 许志湖给春盛号伙计书信

亲谊之情,套语勿叙。启者:兹五月二十八日登船,至六月四日午上陆,水陆各均安。而店中诸事,代为料理。今现冬之时,以各庄数项及租谷并利谷,切为留心,鼎力向讨为要。而欠用人者,可叫德隆、内溪兄,再欠用者,可叫菜园尾旧(舅?)仝他料理。乃此冬所收之项,可以付

① 以上蔡氏家族文书电子扫描本藏厦门大学国学研究院资料库。
② 见林玉茹、刘序枫编《鹿港郊商许志湖家与大陆的贸易文书》之第2件。

锦义内厚泽舍多少,须当回锦义银单,由唐支取。如有项要回之时,当即登明面会,当即刻赐息来知。现今之刻,不比前之时,如此冬之谷,在庄有客要采者,亦可兑之,不然,收入者可一尽挨米,亦配亦兑,可以挂裁。刻下永宁街新花螺米并袋四·四二元,市屯屯,余情后申。特此,并请近安不一。

丙申(光绪二十二年,1896年)陆月十六日志湖书

### (二) 春盛号伙计给许志湖的书信

兹承锦义号厚泽官云,据蔡春波官面谕,云志湖兄在内地向他支银一千元,平七〇〇两,未审有无支取,速息来知。咱号尚被锦义号欠去一一八一·六六两,扣支七〇〇两,尚被欠四八一·六六两。此条彼会银单一纸,加封信中呈电。至祈向他支取,如何,回音通知,方好设法。其许锦盛号乃亨老欠去佛银二百元,平一四〇两。此条彼经备母利银要还咱,适逢志湖兄旋归内地,原银带回,故不能条直。现时乃亨老驾舟往蚶,就蚶向林劳齐税厝居住,祈到蚶向彼取讨,办理如何,并笔来知。承乃亨老令堂云,乃亨此银若无还者,嘱伊子行信来鹿,交彼令堂,他就鹿还咱是也。大桥头庄田一·二甲,卖主要备契面银八折赎回。此田未知主裁如何,未便擅许。此言系米头阔嘴兄向咱陈明。行兄欠咱之银项,母利经已清楚。借银之契二宗,先付丰顺舟来一宗,尚欠一宗,祈复付来还他,免被屡屡来讨此契是也。阔嘴兄云此数是他经手,今已还清楚,要讨三·八元,以为工资。设法如何,祈即赐闻。鹿港现时颇安静,因便并陈。此奉

志湖老东翁台照

丙申(光绪二十二年,1896年)八月十二日弟钳具①

以上二信中的许志湖与春盛号杨钳等,虽然在名义上是所谓的东翁与雇请的店伙计,但是他们之间的另一层关系却是乡里亲戚,如信中所言:"亲谊之情,套语勿叙。"(在另外的信中,有"谊及姻娅,繁文弗叙"的字样。)故在双方

① 以上两件见林玉茹、刘序枫编《鹿港郊商许志湖家与大陆的贸易文书》之第26、44件。

来往的信件中,称兄道弟,丝毫没有雇主与雇请者的那种身份差别。再者,在第一封信中店伙计提及店中缺少帮手,许志湖向他推荐的德隆、内溪兄及菜园尾舅(小舅),显然也都是乡里亲戚之属。因为有本族、本乡的乡里亲戚关系,才能比较可靠地托付商业经营方面的事物,而不必担心私下舞弊甚至卷款逃跑的事情发生。事实上,在清代晋江沿海居民投身于商业贸易的过程中,刚刚走出家门的尝试者,往往是先投靠本族、本乡在外地经营的亲戚熟人,为其帮工当伙计,稍有积蓄之后,再自行开张,谋求更好的发展。如西霞蔡氏家族的蔡树澹,是在其周姓姐夫的带领下从事商业船运的:"父早岁渡台,往南路蚵仔寮村,以贩鱼为业。……其周家姐夫吉官,有船东渡,聘为出海,往来数遭,不辞风波,彼时稍得赢余矣。"①古西吴氏家族的吴进衔,有戚家蔡姓带往台湾学习经商,其后得到较大的发展:"进衔,一名光咸,字登品。……十四岁得戚家蔡姓之佐,挈往台湾学商。至二十一岁内渡省亲,越三载完婚,即与族人合办一商店于衙口市,复自营一店于梅林乡。……所业日以发达,由店而行,并自置轮船以运南北货物,积资渐厚。"②值得注意的是,这些乡邻亲戚参加到家族商人的经营中去,还曾经出现了以人力股的形式参与到商行的资本结构中,从而更加有效地发挥了这些乡邻亲戚在商行中息息相关的作用,请看以下的契约文书:

> 立缴字人晋江县八都庵前乡沈汉良,先父有蒙本县十都东石乡蔡凉官倾资本付先父赴台嘉邑朴仔脚开张笨泉郊生理,号振盈及广盈。先父原无在本,惟朴当事,荫份得利三分得一,营为有年,所有存朴之数,收未得入手。迨至道光壬寅年停止,连过广盈并振盈,□后数项未缴还。至道光二十六年除入外,汉尚收未入即侵欠东石蔡凉官之项,延今不得照约,即将振盈朴所置店屋一座三进,并后楼,四至俱载原契,估银八百一十九元,先按还蔡凉官之项,候到台将店屋原契付交蔡凉官收管,仍有被欠数项,概及油桶器俱等,应检缴入至台核算,各应□额。恐

---

① 光绪《东石西霞蔡氏族谱》,《世系·树澹》。
② 《温陵晋邑古西吴氏叠轩公派下分支家谱》之《蔼堂公家传》,20 世纪 50 年代编。

口无凭,立缴字一纸付执为照。

　　道光二十七年九月　　日立缴字人本县八都庵前乡沈汉良

　　　　　　　　代书人　汉自笔

　　　　　　　　知见人　胞叔光对①

在这纸文书中,东石乡蔡氏商人凉官倾资本,在台湾嘉义县朴仔脚开设笨泉郊商号,聘请沈汉良之父加入经营。沈汉良之父"原无在本,惟朴当事,荫份得利三分得一,营为有年",一直到道光二十七年(1847年),出资方蔡氏商人与出力经营方沈汉良之父才对双方的得失收益进行了结算。这种以人力股的形式加入到商行的资本结构和管理经营中的情景,一方面固然可以使乡邻亲戚关系在商业经营中得到良好的发挥;而在另一方面,也有可能促使某些较为贫寒的家庭成员,在家族及乡邻的帮助下,财力有所增长,可能成长为新的商人。这也是清代泉州晋江沿海商人得以发展的一个因素。

　　清代闽台之间的商业贸易往来,船只无疑是最重要的运输工具。"商郊行主要是自大陆、台湾沿岸各港来的船只、水客以及行铺取得进口商品,又包买地区性物产出口的进出口贸易商人。他们通常在港口市街上设置店铺、行栈,规模大者或兼营水客,或雇佣船只,甚至自置船只出海贸易,一般称为船头行;规模小者则仅接受来港船只或水客的委托贩卖商品,并代为收买土产,而收取百分之二的佣金。"②然而无论是商郊行自置船只也好,还是委托他人船只载运货物也好,接受委托和委托他人,都是具有一定的经济风险的。因此,晋江沿海商人在选择船运的时候,也基本是以本家族、本乡族的熟悉乡邻、亲戚为协作伙伴的。即使是像许志湖家族这样资产相对雄厚的商郊行,他们也丝毫不敢大意。如光绪二十二年(1896年)晋江外高厝的许经烟给鹿港双亲写的信中,就对船只的选择有所记述:"谦顺、有生叔、父亲三人均下满载,此船名号致发,皆是梅林之船。……而前日酸边乡有一只船号顺安宝船,在内地对儿讨车,而不许依,此是他澳之船,切不可下依。"这

---

① 契约文书扫描本藏厦门大学国学研究院。

② 林玉茹:《略论十九世纪末变局下鹿港郊商的肆应与贸易:以许志湖家贸易文书为中心》,林玉茹、刘序枫编《鹿港郊商许志湖家与大陆的贸易文书》,第46页。

里说的"梅林之船",即是属于许氏家族、高氏家族的家乡港口梅林港的船只,十分可靠,载运比较安全,而酸边乡的"他澳之船",其距自己的乡族远些,信用程度不甚了解,故切不可载运。在许氏家族的贸易文书中,不少地方都提到选择船只必须是平常熟悉的乡邻船只,而不可随意相信他人,盲目委托。如同年六月廿日店伙乌示给许志湖的信中说:"付寄之行李,当即为付该建益船运奉,本欲付协顺船运去,碍该与生疏,无甚允便。"十一月廿九日许志湖给弟弟许志坤的信中交代:"若有妥栋(当)之船,兄即同船带进是也。"光绪二十三年(1897年)六月初十日许志湖给高妈禁的信中说:"若有与兄台相好妥栋(当)之船,亦可付来。若是无妥船者,即可请工挑入永丰盛号内亦好。"①这些记载都说明了当时海峡两岸的商业船运,也基本是在家族、乡族之间相互合作的。

就整体而言,清代泉州晋江县沿海商人乡族间的相互合作、相互扶助,基本上还是建立在传统乡族、家族制度的观念之上的,尚未能就商业自身的环境与体制形成一个具有某种前瞻意义的规范性制度,比如近现代企业的资本集中与管理制度、企业经理制度、企业会计制度、企业风险投资制度、企业监督制度,等等。而这些规范性制度是保障近现代企业发展的必不可少的要素。尽管如此,我们从清代后期及民国年间的一些文书中,还是可以发现晋江沿海商人们某些自发形成的行业规范条文。如为了规范船只的经营范围,这里的航运业主们制订了违规惩罚措施,所谓"前年广东罚款,……各船赴广,嗣后来闽,□有科罚。惟款数不等。在'联发'系与'瑞荣'一并说明,继有作事者可稽至罚款,亦以得中催缴。如以为多,尚有'福联顺''金同成'等可考,如前胜之。'益顺'亦已走过来闽,罚款又在咱船,赔数此中细微,查询扶伯便得知"。又"现据该商玉记行本年三月初四日'金联发'船装盐已开往广东,既往不咎。外尚有'金瑞荣'盐船在澳。业已遵而训之。以后各船少之项一千六百元,刻期罚缴"。在民国年间,晋江县东石镇的杉木商人,就杉木行雇工的工资进行了统一的规定,其规定大略如下:

---

① 以上见林玉茹、刘序枫编《鹿港郊商许志湖家与大陆的贸易文书》之第19、28、60、75件;亦参见林玉茹《略论十九世纪末变局下鹿港郊商的肆应与贸易:以许志湖家贸易文书为中心》一文。

晋江县东石镇杉木途商公订工资列左：

（一）卸工：汽轮没帆一百万正。帆船每帆八十万正。伙食工人自理。

（一）放工：石井以内每元加三分，石井以外每元加四分。

（一）落水：每元加二分。

（一）停车：每元加三分。

（一）却杉：每部工资十一万元。

（一）上落水……

（一）本规约自三十七年四月二十日起实每月调整一次。

（一）本途商如有故意违反本规约者一经查觉应处罚国币一千万元充为本途商公积金。

中华民国三十七年四月二十日捷成、森茂、建泰、南兴、福茂、泉顺、东丰公订。①

这些行业内部的规范，虽然说还是十分初级的，同时也基本上是在乡族、家族的框架下施行的，但是它毕竟体现了晋江县沿海商人在倚靠乡族、家族体制的基础上，有着向纯经济体制迈进的某种愿望和追求。

从上面的分析中我们大体可以了解到，清代泉州晋江沿海商人在经营商业贸易以及船运业的时候，家族、乡族的相互扶助、相互协作在其中发挥着重要的作用，这种相互扶助、相互协作的家族、乡族关系，在一定程度上促进了清代晋江沿海商人在经营上的成功。虽然说族人、乡人之间，难免也会存在某些相互不信任或者是商业经营上的纠纷，但是与那些没有血缘和地缘关系的外地商人相比，毕竟有着较好的信用度以及乡族的约束力。如果说在 20 世纪之前，中国的商人及其商业活动已经初步形成了一定的信用机制的话，那么毫无疑问，这种信用机制首先是建立在以乡族为基础的商人群体及其商业活动之中。而这种以家族、乡族为基础的商业信用机制的建立，是促使中国近现代以来大量家族化企业出现的一个极为重要的内在因素。

---

① 以上文书电子扫描本藏厦门大学国学研究院。

其影响所及,至今犹然。

## 四、超越经济行为的乡族复杂关系

清代晋江沿海商人在经营闽台两地商业贸易的时候,由于相当注重依靠本家族、本乡族的资源,这又使得他们之间的经营关系和经济关系,出现比较错综复杂的局面。商郊行的资本及其经营,往往掺杂许多家族、乡族内部以及亲戚、乡邻的因素。

清代后期的许志湖家族,在经营闽台海峡两岸的商业贸易业的过程中,家族、乡族内的不少亲人、戚友,或是投靠谋生,或是附资取利,或是相互借贷,造成许多商人的资本构成及经营团伙的构成也带有明显的乡族组合的意味。这种情况在许志湖家族的商业贸易文书中屡有反映,如我们所见到的光绪二十三年(1897年)九月十五日晋江永宁高家给许家的一封信中,就谈到分利的事情:"詹裕书号王元官前年有落敝东益财本一股,七·〇平,五〇〇元。迨至去冬敝东益正号就本并得息一齐缴落敝东成。刻承渠云,今冬至终如结账清楚,思欲抽去财本长息,……他之财本及长息,按多者计有七五六元,少者约七〇〇另元,合应启知。该股份系是合侢股内,所以并笔通知。"再如是年十二月初四日的货函中,也有类似的记载:"足下所寄现数五〇〇元,并委收利息之项,扣配去轻货,尚有在项总单,后舟自当列去该项。如是缺用,祈可向鹿(港)小号向秋老先取多少,嘱过永(宁)账可也。……如坠官之子莫官利息,昨已取来,龙银十八元;如王元官及高歪利息二条,均过宝号来账。"[①]即使是许志湖家族属下的商郊行号,也往往因乡族的关系而加入到其他商号的股份中去。许家贸易文书中有一纸"财本凭单",就是记述许家入股仁记商号的:"谦和丁酉二月初四对仁记来财本二百元,实平一四〇两,庆隆泰兑货支取不凭。"像这样家族内、乡族内相互参股、合股的现象,在清代晋江沿海商人的经营中,应该是比较普遍的。

经营商业活动是需要一定的专业才能的,族人初次涉足商业,往往请托

---

① 以上见林玉茹、刘序枫编《鹿港郊商许志湖家与大陆的贸易文书》之第82、89件。

在外的亲人戚友关照实习;而有的子弟不成器,较有见识的长辈须委托在外族人、亲人代为管教,并且委托经营其产业生理。在许家的贸易文书中,有三份关于陈家子侄放荡不成才,请求姻亲予以代为经营的书信,其中云:"汝小舅家务全不理,势乃放荡之子弟,无所不包倚靠,所以家器物件,伏望贤孙婿向前交带,即差半件切勿被家泰窃取,诚恐毁坏,毁了前功。至于家中诸务,惟望不时省视照拂,每年所收之米谷,祈妥为存贮,丝粒勿被家泰染及,此乃家中日食悠关。"从另外的一封书信中可以知道,陈家所委托代管的产业,为数并不少,除了每月入股所应分得的"月例"之外,尚有"笨叔到鹿(港)对敝言之,恐惊加太少年,未能深信,要将加太家中契券及账簿,且寄敝家。……现今笨叔收来三块厝典契一宗,又胎借契一宗,又草仔市现店厝契一宗,于赐来合约字一纸,并契抄一本"①。这种亲友间的相互委托管理,显然也是基于家族、乡族间的某些信用机制,但是它同时也进一步加深了家族、乡族内部经营关系与经济关系的复杂性。

即使就晋江沿海商人的个体家庭情景而言,其家庭内兄弟叔侄的经营关系与经济关系也往往是纠合在一起的。如前所述,晋江沿海商人是立足本土的群体,他们在外出经商、船运的同时,基本上是兼营家乡的土地农业的。这就造成这一带的商人家庭,如果子侄较多的话,其中有的子侄出外经商、船运;有的则在家务农,料理家事;有的则入学读书,争取仕进。这样的家庭内协作分工,势必使得他们的财产,无论是土地农业的,还是工商业的,甚至其他三教九流的收入,都在一定的时间内,难于分割开来,这也就是人们经常说的"同爨共食"的习俗。这里,我们再举晋江石龟许氏家族的商人家庭为例:

> (许)廷梓,字夏吕,别号良斋,为吾父晖潜公弟三子。少而聪颖,长喜读书。以吾父困伏芸窗,而伯兄元斋公早世,乃与仲兄荣峰同问业计然,抑抑治家。……家政虽与仲兄共撑,而己务肩其劳,以让兄逸且且俾梓等得静志缥缃,一切尘务悉为治之。

---

① 以上见林玉茹、刘序枫编《鹿港郊商许志湖家与大陆的贸易文书》之第73、76件。

　　(许)廷桂,少倜傥,读书辄解大意,而遇事能断,井然有条。……不幸王母殁,王父年亦渐衰,父乃弃举业,与伯父共持家政。亡何王父、伯父相继无禄,零丁孤苦,叔祖晖潜公命与莹峰伯同事计然,肇牵服贾。叔祖固子鞠吾父,吾父亦祗祗父事叔祖,仿佛古人儿无常父之风。……以伯父早世乏嗣,时感念悌下,为次弟复昌婚娶毕,即令嗣之,盖孝友天性,此其一斑云。愧擎等碌碌缥缃弗成,锥刀亦拙,父帷谆谆亦训曰:富贵不可期,愿若曹孝弟忠信焉足矣。……其懋迁也,不饰伪,不储价,诚信不欺,郡内外咸推古处士焉。

　　(许)廷标,幼而端凝,长识大义,以父雌伏董帷,而伯兄元斋凤犯羸病,成童即弃举子业,学计然以撑家政,经理出纳,秩如也。敦尚悫诚,贾不论价,四方市货者咸集。

　　(许)彝昌,字克叙,别号儆斁,小字经官,泓川公次子。少岐嶷,熟书史。……弥自奋发,劳苦生营,综理家政,俾王父得以峇志下帷,蕊榜蜚声。既立以后,……从事计然,肇牵服贾,遍历远征,营什一以孝养王父母,而温清致肃,色养承欢。没而殡殓尽礼,悲思不置,延堪舆走山麓,……拮据窀穸而营封焉。长兄乏嗣,遵严命以长继长之礼,为长儿婚娶,毕乃命以继嗣之。此孝悌出于天性。……其生平慷慨重然诺,为人排大难解大纷。……亲族中有缓急相推重,或付以财贿,收掌出纳,一毫不以自私。交人久敬,济人若忘。其教子也严而善诱。[①]

从上面的记载中可以知道,外出经商的家庭成员,承担起大家庭中主要的经济责任。他们以经商得来的收入,供给家庭其他成员诸如父叔辈、子侄辈甚至祖父辈、孙侄辈的仰养俯育、课子延师、婚娶嫁丧等种种开支。而当家庭成员新老更替、兄弟叔侄辈各自成家立业的时候,大家庭的分家析产势所必行。在商人的家庭分析过程中,虽然经商者对于家庭资产的积累具有突出的贡献,但是其分家析产的原则,基本上是均等分割的。这里举深沪王氏和福全何氏的两份分家阄书如下为证:

---

　　① 以上均见雍正《石龟许氏族谱》卷4《纪实编》;卷6《状志录》。

## （一）深沪王氏家庭分家阄书

　　仝立阄书人长房承重孙丕昇,二房源衡,三房源梧侄丕顺、丕梁,盖闻九世同居,流芳千古,兄弟固乐其永好,世代仝炊难保无乖情。兹因家务浩繁,似难合爨,于是兄弟叔侄爰集,尊长亲戚共商酌议,以为绵远之计,即将承祖父遗下物业及兄弟共置房屋田园典店布房商船及生理钱银,拟作福禄寿三字阄号祷神拈定。内先拨过碓脚新间厝一间,应作大孙物业,其余田园房屋即照阄额分甲明白,然后将船一只,并船应得器具新旧等料公估银二千七百员。典店在架就数结的母银五千八百零六元六角九点,利约加一三,应银七百五十四元八角七点。又器具茶心并桃记侵欠计银六十四元七角一点,内除付租钱三千文、折银二十八元三角,应剩银三十六元四角一点,总合共银六千五百九十七元九角七点。布房应的本银连器具等账共银七百五十六元二角九点九厘,现银五千一百七十二元一角六点八厘,统合共银一万五千二百念六元四角三点七厘。从中公议先抽出银二千员,付奉与长房内五百员为先兄源夺葬费之资,仍又抽银六百员,内拨出四百员付与二房源衡为两儿完婚之资,余二百员与三房源梧为次男成婚之资。另又公抽银一百员,赠奉卯姊养老之资。余尚存银一万二千五百念六元四角三点七厘,应作三阄均分,每阄应分得银四千一百七十五元四角七点九厘。如拈得典店,应找出银二千六百七十元零九角二点一厘,贴付布房船本额数。又公订典店每月应奉卯姊玄钱一千文,为其买茶零用。此系公亲叔侄拟定分配明白,各无后悔异言等情。但二房拈得禄字阄号,俱系至公无私。兹今而后各照阄分管业、照产完纳,不得纷更。另有下店一间、布店内厝一间、碣石山墓边前地仔三丘,订作交轮公业,历年收税以为祭祀祖先忌神之费。今欲有凭,仝立阄书三纸一样,各执一纸永为存照。

　　二房源衡应分物业计列于左:

　　中落后房厝一间,祖业;前落南畔大房厝一间;后落南畔边房厝一间,原主泉弟;原主九嫂;大厝边下照南首厝一间,原主九嫂;大埔润地上下丘,原主儿兄;碣石山地一丘,原主愿哥;西涂崛地一丘,原主适兄;赤棕地一丘,原主丕权;大埔寮边樆水上下地二丘,原主适兄;布店口营一口,原主家妈裁官;大厝前外面石营一口;山狗空口地一丘;布店内下向头间厝一间,原主长弟,此厝系与中间合典一契。

另与家潘安官台郡合作协长丰生理,异日开张,其本银及长息,仍照三阄均分,不得争论短长,特此再照。

同治元年阳月　日立阄书人长房丕昇偕弟丕顺、丕梁

二房源衡

三房源梧

知见人源来、源稽、源吟、丕于、丕用

代书人家廷俊①

## (二) 福全何氏家庭分家庭阄书

古者九世同居惟有张公,彼幸一堂聚首,故历世远无异言。今晋江县十五都福全乡何家廷弼、廷奏,系胞兄弟;堂兄廷福,各居一方,安保后日子侄之无异言乎? 盖弼之父名拔,胞叔名寅,寅自早出外。弼兄弟三人,弼居长,次名奏,惟三名爽,本拔与寅过房。三人亦家贫相继出外,惟有父母在家。不幸爽在外夭亡。寅复得子名福。后父拔亦往台相寻,不数日而亡。兄弟全借辛金以葬,艰难万状,抱歉良多。天意怜悯,辛资稍遂,自此兄弟在鹿公(港)建生理,幸得人扶持,弼乃先归事母。而胞叔寅亦归家而亡。嗣后生意颇进,历年俱有粒积寄回。至道光拾陆年,粒积颇多,是以兄弟相议,将文宣境旧屋翻作三落三间张大新厝。内无期功之亲,外无宗族之人。弼是以处家庭,顾门户,守坟墓,治世事。奏复往台,历年又有寄回。弼皆俭守建业。凡在内地本山园业共有祖业拾丘,又有暂典园业拾陆丘,在台公建田业叁宗,共契面银壹千捌百捌拾员,又有生理在本银,除贴宦学历年科岁考及乡试等费,又贴长孙宦源完婚费外,余存银叁千陆百员。内外家计庶几苟合。但福在台完婚多年,奏复拨处次子名超与爽过房,亦完婚矣。今年奏回家,兄弟相顾,皆知年老,恐后来子侄不能永好,议欲分爨,即请乡中耆老生员到家。凡在内地园业,惟从堂伯名玉,生五子而乏嗣,弼、奏愿各

---

① 本阄书附于沪江《王氏族谱》之后,其扫描本现藏厦门大学历史系数据资料库。

拨壹子承其祭祀,将玉伯园业及园底已经赎回者作对半均分,其祖业及所建园业,抽起长孙业外,余及厝宅石礶俱作叁份均分。而在台生理,在本银以及田业,亦作叁份均分。至于内地钱粮、仓米,除玉伯分额对纳以外,亦作叁份共纳。各阄俱取契券为据,各份俱以阄书为证。日后各房丁财贵三多具庆,不得造言生事。今欲有凭,仝立阄书壹样叁纸,各执为照。即将各份厝宅田园等件开列于左。

计开:

交轮园业,大路北墓后南段地捌升,赤山西地壹丘七升六合,东苏前大小二丘二斗一升三合,芸宫自己墓后大小七丘共一斗。

长孙园业内冲上下二丘共一斗三升七,大路南大小三丘二斗九升九。

贴长孙宦源佛银五十员,以为长成完婚费。

贴宦学佛银二百员,以为历科大小试费。宦淡承玉伯阄业亭顶地一丘一斗四升六,山上墓后大小丘七升三合,大路北墓后北段八升,大路北深路内东□并地仔二丘一斗四合,又米子祠后宅仔东畔一斗。又二桥南畔地一份一斗。

宦溪承玉伯阄业,礼家庄石后地一丘一斗二升,东冲口地一丘一斗五合,赤山下地一丘一斗一升九,大路北深路内西畔地一斗四合,又朱祠后宅仔西畔一斗,又二桥北畔地一份一斗。

廷弼一阄分下阄业:北面大房连后房二间,北面直头一间,后落北面大房一间,赎脱、官大路北地一丘一斗四升八,二桥南畔一份三升,暂典曾麟儿埔尾一丘一斗,暂典陈脱、官东苏前大小二丘三斗。又暂典陈论、老赤岭大小二丘六升五,暂典张赤伺大路北一丘一斗三升,又张赤伺大路北窟墩八升,暂典陈壬老宅仔东畔一份,张月哥底石礶一口,自己后壁角石礶一口,西门外大桥大砌下石礶一口。又在台店中在本银三份应一,的佛银一千二百员,廷弼经收完。又在台田业一宗,在下佃尾,契面银六百二十员,廷弼经收管。

廷奏二阄分下阄业:南面大房连后房二间,南面直头一间,后落南面大房一间,纱帽石大小二丘一斗二升一合,龟石脚一丘四升五,二桥北面一份三升,暂典曾麟儿埔尾地一丘一斗,暂典苏迁官埔姜宅一丘一斗八升,暂典张赤伺东苏后二斗,暂典蒋度伯石椅头二丘一斗六升,暂典陈壬老宅仔西畔一份,自己厝后北面石营一口,又西面石营一口。又在台店中在本银三份应一,的佛银一千二百员,又在台田业一宗。

　　廷福、宦超三阄分下阄业:下照南面大房一间,下照北面大房一间,后落北面直头一间,厅后房一间,其路通行出入,大路北过沟一丘一斗一升,大路北窟墩地仔一丘三升,二桥中央一份三升,暂典炎中西门外石营一口,暂典黄环官大路北一丘二升,暂典郑应伯大路北四丘一斗五升,暂典苏天保西楼坑一丘九升,暂典陈论老横坑一丘六升五合,又横坑石营一口,暂典苏天保西楼坑一丘一斗四升,自己厝后南面石营一口。又在台店中在本银三份应一,的佛银一千二百员,又在台田业一宗。

　　咸丰四年元正月　日

　　　　　　　　　　　　乡老李锡献、乡老陈有道

　　　　　　　　　　　　生员陈巽孚

　　　　　　全立阄书人　何廷弼、廷福

　　　　　　　　　　　　廷奏、宦超

　　　　　　代书人　　妹夫张元定①

　　这两纸分家文书,其所体现的家庭成员平均分得共有财产的基本原则,与明清时期福建泉州晋江民间分家析产一般情景没有太大的差别。在第一纸王氏家庭的分家阄书中,除按照当地的管理,抽取长孙物业和"卯姊"赡养费之外,其余田地、房产、典店、布店,还有在"台郡合作协长丰生理"股份等,概由三房搭配均分。其第二纸何氏家庭的分家阄书,家族关系就更加复杂了,参与分析财产的不仅有先父所生的三个儿子何廷弼、何廷奏、何廷爽及其孙子辈,由于家族内部男嗣过继香火的关系,还涉及叔侄、从叔侄的多层权利。这些家庭成员有的留居晋江沿海祖家,有的移居台湾鹿港拓展;财产亦分散在晋江与鹿港两地。在这种复杂的家族关系里,家族成员到台湾而发展起来的产业,在传统家族制度的支配下,共有而均分的色彩就更加明显了。在这样的场合里,人们往往把前往台湾的经营创业当作家族内不同分工的一

---

　　①　本件阄书扫描本藏厦门大学历史系数据资料库。

种形式而已,家庭成员或是固守原乡、理族齐家,或是跋涉外省、经商从贾,或是渡海东宁、垦荒拓殖、开办郊行,这些都是家庭或家族的共有产业。这种不同的家庭或家族分工,都为家庭与家族的发展作出了贡献,因而从家庭、家族分爨的观念和民间习俗上讲,这样的做法又是合理的。

清代晋江沿海商人在闽台两地的经营发展,虽然从家族制度的观念出发,其经营关系和财产关系基本是属于家庭内或家族内共有的,但是随着时间的推移,那些在台湾定居经营的子孙,其产业拓展的重心无疑将逐渐放在台湾一方。而家庭或家族的分家析产,两地的产业又必须平均分配,这必然给日后的管理和经营带来诸多的不便。因此,有的商人家庭在按照中国传统家族"同爨共食"均分财产的惯例进行分家析产的同时,为了便于日后的管理和经营,也会进行适当的调整。如深沪陈氏在分家后又订立了见证文书:

> 立知见人深沪乡南春堡陈可瑷,因内地四叔母欲来台搬请台地庶婶棺柩,并堂弟侄家眷回唐居住,但屋地未得利便,经族长公亲秉公即将四叔父遗下店屋产业契券、宝舟设法分爨,作六房阄份。内地长、二、三房,台地四、五、六各房,应得的家资店屋产业契券宝舟,已分条直,各房各执掌管。现族长公亲面议求可瑷作为知见,内地长、二、三房奉送可瑷礼银八百员,而内地应得店屋产业契券宝舟听其内地长、二、三房主裁掌管,永为己业,与可瑷无干。日后子孙亦不敢异言生端滋事。今欲有凭,合立约字一纸付执为照。
>
> 仝中收过手礼银八百员再照。
>
> 同治八年三月　日立约字人陈可瑷偕男取益
>
> 　　　　公亲　家炮老观
>
> 　　　　　　　王潘安观
>
> 　　　　　　　家阿让观
>
> 　　　　族长　家金池观
>
> 　　　　　　　家美景观
>
> 　　　　　　　家隆福观①

---

① 本见证文书扫描本现藏厦门大学历史系数据资料库。

深沪陈氏家庭的长、二、三房留居晋江祖家,四、五、六房移居台湾,所有财产物业经族长公亲分析后,本无异言,但是商店船只原在晋江经营,台湾的子孙虽应分得,日后的管理却是十分不便。于是族长公亲再次提议,由留居晋江祖家的长、二、三房贴补台湾各房礼银,"而内地应得店屋产业契券宝舟听其内地长、二、三房主裁掌管,永为己业",这实际上就是把晋江的份额出售给祖家的各房兄弟,台湾的各房得以专心在台发展。这种补充的分家形式,一方面继续奉行了家族制度下的共同均分财产的原则,另一方面也体现了闽台两地产业经营的特点以及商人们在对岸不断发展的整体趋势。

　　研究中国社会经济史的学者,一贯对于中国家族制度下的平均继承财产持有比较负面的看法,认为家庭及家族子弟平均继承财产,使得家庭及家族财产日益细分化,不利于资本的积累与生产的扩大。家族、乡族关系使得晋江沿海商人们的经营关系和经济关系呈现错综复杂化,这当然给商人的自主经营权带来了某些限制,在一定程度上妨碍了商业资本的顺利运作与发展。但是根据近年来我们对于清代以来闽台两地家族繁衍发展史,特别是商人家族繁衍发展史的研究,我们发现这种传统的家庭、家族财产分析继承制度,并不一定将对日后家庭、家族的经营发展产生十分明显的负面效应。[1]我们通过对清代晋江沿海商人的分析,再一次证实了这一点。清代中期以来,海峡两岸经济交往的发展,导致晋江沿海与台湾鹿港等地工商业、船运业的迅速发展,商人的资本也得到相应的快速增长。到了清末,由于日本侵略者侵占了台湾,晋江沿海商人所从事的海峡两岸间的商业贸易活动受到了一定程度的阻碍,因此从这时起,福建泉州一带的商业、船运业逐渐有所衰退;而在台湾一方,本是同宗同族的商人,与大陆的经济联系被迫逐渐减弱了下来。从此以后,大陆一方内忧外患,工商业环境日益恶化;而在台湾一方,基本能够维持一种比较良好的经济环境。这样一来,大陆与台湾两地的工商业经营出现了较大的差异。到了 20 世纪中叶,大陆晋江沿海的工商业和船运业已经基本处于荒废的境地,而台湾鹿港一带的晋江沿海族人们,却是继续在工商业经营方面取得很快的发展。

---

① 　参见陈支平《略论台湾杨氏族商的经营方式》,《中国经济史研究》2007 年第 4 期。

　　不论是 20 世纪初以来大陆晋江沿海商业、船运业的衰败,还是同时期台湾鹿港族人的工商业的继续发展,其中发挥根本作用的是社会环境的变化。而所谓的家族平均分配继承财产的机制,都未能在这衰败与发展的演变历程中产生过比较明显的作用。时至今日,闽台海峡两岸的家庭、家族分家析产,仍然承继着平均分配的古老传统。而两地族人的不同发展前景竟是如此不同。20 世纪后期,随着中国改革开放的不断前进,具有悠久经商历史的晋江沿海居民,由于有了良好的社会环境,特别是商业经营的环境,他们迅速崛起,重新成为中国有数的工商业地方群体之一。这种情景的出现,不能不使我们对于某些传统的学术观点进行必要的反思,以期对于中国社会经济发展史的探索,有所帮助。

# 追寻"海丝之路"的足迹

# 从世界发展史的视野重新认识明代历史

## 一、公元 15—18 世纪是真正意义上的"世界史"形成的时代

明代历史,经历了 276 年的岁月(1368—1644 年)。从传统史学的眼光看,明朝与秦、汉、隋、唐、宋、元诸朝相比,无论典章制度建设,还是文治武功,都缺少足可夸耀的业绩,甚至显得黯然失色。明朝的皇帝除太祖、成祖外,都没有什么作为。因此,明朝被视为没有多少特点的朝代,明史在旧史学中受到忽视,研究成果也比较少。特别是近年来,先秦、汉代地下简牍的发掘、唐宋变革论的重新诠释,以及清代历史与现代社会的紧密联系,都在不同程度上促进了中国断代历史研究的向前发展。而反观明代历史的研究,"前不着村,后不达店",显得落寞沉寂,成了一个倍受挤压的断代史。

从传统史学的眼光来审视明代历史乃至整个中国古代历史,基本上是以中国本土为中心的。从严格意义上讲,这样的中国史研究,并没有超越"区域史"研究的范畴。这种"区域史"的史观思考模式,在中国古代社会,在欧洲的中世纪时代,其实也是十分正常的。因为从那个时代的社会生产力以至区域与区域之间的联系水平看,不可能凭空想象出超越区域或地域界限而具有世界性的历史观。然而遗憾的是,中国近现代的历史学家们,虽然经过了时代变迁的洗礼,一部分具有远见卓识的学者也曾呼吁并尝试着让中国历史的研究突破"区域史"的研究界限,但是迄今为止,大多数的历史学家们,依然不能有效地摆脱从传统史学的眼光看待中国古代历史的窠臼,自觉不自觉地把各个断代历史,包括明代的历史,局限在"区域史"的空间里面打转转。因此之故,明代历史既无汉唐时期的文治武功,也无清代历史与近现代紧密相连的现实意义,其历史地位的不受重视,也就成了顺理成章的事

实了。

然而，如果把中国明代的历史放到世界历史的发展进程中去考察，我们就不难发现，明代历史是中国历史从"区域史"迈进"世界史"的关键时期。换句话说，明代历史揭开了中国历史与世界历史相互交融的新篇章。

事实上，世界上任何一个国家的历史，都经历了从"区域史"到"世界史"的演变过程。这种演变过程是由各个国家的社会生产力水平决定的。从真正意义上说，"世界史"的形成，无疑是以欧洲中世纪晚期的资本主义原始积累开始，以至"工业革命"的成功为标志的。从这个时候起，先进的欧洲国家，逐渐地把经济、文化、政治的触角延伸到世界东方及美洲的许多地区，区域与区域之间的联系随之强化。地处东方的中国自然也不能例外，东西方之间的碰撞与交流势在必行。中国传统的"区域史"界限也将随之开始被突破，从而与"世界史"产生千丝万缕的联系。虽然说，东西方之间的交流，可以往前推溯到很长的历史，但是无论是"丝绸之路"也好，马可·波罗的东方探秘也好，其时的东西方交流，基本上是停顿在远域少量奇珍异宝的长途贩运及海外猎奇的层面，并不能形成逐渐相互倚存而联为一体的"世界史"的局面。

具体地讲，这个"世界史"形成的时期，就是公元 15 世纪至 17 世纪上半时期，也正是中国的明代时期。明朝是汉族地主阶级建立的最后一个王朝，它把专制主义中央集权的官僚政治推到了一个新的高度，社会经济恢复和超过宋元时代的最高水平，并从中酝酿着新旧交替的冲动。伴随明朝的由盛而衰，社会生活的各个领域，都显示出天崩地解的征兆，延续几千年的中国封建社会进入了晚期发展阶段。正是在这个时期内，中世纪的欧洲发生革命性的变革，向资本主义社会转变。早期西方殖民主义势力与中国航海势力在东南亚和中国东南沿海的相遇，使中国的历史发展进程再也不能孤立于世界历史发展之外了。这些与以前历代王朝不同的境遇，造就了明代独特的历史地位和丰富多变的时代风貌。

## 二、从比较世界史的立场来考察明代的中后期社会

明王朝建立于 14 世纪中叶，这是欧洲的中世纪的后期，社会充满着诸多

不确定的因素与社会变革的先兆。而此时的中国,元亡明兴,专制主义中央集权制度进一步强化了。明太祖朱元璋对元末政治拨乱反正,改革中央和地方官制,提高皇权,加强对基层社会的控制;成祖朱棣靖难,进而剪除藩王对皇权的威胁,草创内阁制度,为巩固自己的权力中心和进取北方边疆而迁都北京。通过这些大刀阔斧的措施,奠定了有明一代政治体制的基本格局。北元蒙古势力退守漠北草原,雄踞中西亚洲的帖木儿帝国陷于内乱纷争,为明朝的由乱入治提供了有利的外部环境。在元末大动乱中受到严重破坏的社会经济全面恢复并有所发展,社会风俗敦本尚朴。永乐年间的综合国力,在亚洲乃至世界,都堪称首屈一指。周边和海外六十余国与明朝建立了朝贡关系,郑和下西洋以先进的船队和航海技术开辟亚非之间的海上交通网络,显示了明朝在世界上的影响力。

从比较世界史的立场来观察,明初中国国力的鼎盛时期,正是欧洲"黑暗"的中世纪的末叶。西方透露出资本主义的曙光,和明中叶以降中国社会经济与文化思潮的新旧交替的冲动几乎同时。随着欧洲资本主义原始积累的步步推进,早期殖民主义者也跨越大海,来到了亚洲及中国的沿海,试图打开中国的社会经济大门,谋取原始积累上的最大利润。差不多在同样的时期,伴随着明代中期社会经济,特别是商品市场经济的发展,中国的商人们也开始萌动着突破传统经济格局和官方朝贡贸易的限制,犯禁走出国门,投身到海上贸易的浪潮之中。

16世纪初叶,西方葡萄牙人、西班牙人相继东航,他们各以满剌加、吕宋为根据地,逐渐伸张势力于中国的沿海。这些欧洲人的东来,刺激了东南沿海地区商人的海上贸易活动。于是嘉靖、万历时期,民间私人海上贸易活动,冲破封建政府的重重阻碍,取代朝贡贸易而迅速兴起。中国沿海海商的足迹几乎遍及东南亚各国,其中尤以日本、吕宋、暹罗、满剌加等地为当时转口贸易的重要据点。他们把内地的各种商品,其大宗者有生丝、丝织品、瓷器、白糖、果品、鹿皮以及各种日用珍玩等,运销海外,而换取大量白银以及胡椒、苏木、香料等回国出售。由于当时的欧洲商人已经染指东南亚各国及我国沿海地区,因此这一时期的海外贸易活动,实际上也是一场东西方争夺东南亚贸易权的竞争。中国的沿海商人,以积极进取应对的姿态,于海外各地扩展势力。据许多外国商人的记载,当 17 世纪前后,中国的商船曾遍布于南海各地,从事各项贸易,执东西洋各国海上贸易的牛耳。而早在嘉靖前后,闽粤沿海经商者众多,且分布相当广大。

万历时期,即 16 世纪末、17 世纪初,欧洲陷入经济萧条,大西洋贸易衰退,以转贩中国商品为主的太平洋贸易发展为世界市场中最活跃的部分。中国商品大量进入世界市场,在一定程度上缓和了世界市场贵金属相对过剩与生活必需品严重短缺的不平衡状态;由嗜好中国精美商品而掀起的"中国热",刺激和影响了欧洲工业生产技艺的革新,促进了经济的发展。中国商品为 17 世纪西方资本主义的兴起作出了不可磨灭的贡献。

明代中后期不仅是中国的商人们积极进取应对"东西方碰撞交融"的时期,而且随着这种碰撞交融的深化,中国的对外移民也形成了一种常态的趋向。唐宋时期,虽然说中国的沿海居民也有迁移海外者,但是一是数量有限而非常态,二是尚不能在迁移的地方形成具有一定规模的华侨聚居地。而具有真正意义上的海外移民并且形成华侨群体的年代,不能不断定在明代时期。这种情况在福建民间的许多族谱中多有反映,譬如泉州安海的《颜氏族谱》中记载,该族族人颜嗣祥、颜嗣良、颜森器、颜森礼以及颜侃等五人,都是在成化、正德、嘉靖年间经商于暹罗并侨寓其地而死的。《陈氏族谱》中记载该族族人陈朝汉等人于正德、嘉靖年间经商于真腊而客居未归。再如同安县汀溪的黄姓家族,明代成化年间有人去了南洋,繁衍族人甚众。永春县陈氏家族则于嘉靖年间经商于吕宋而定居于其地。类似的例子很多,举不胜举。[①]这些闽南"生理"(Sangleys)人在马尼拉等地从事各种物品交易,如1574 年西人 Hernando Riquel 写道:"中国人每年继续扩大他们的商业,提供给我们许多物品,如糖、小麦、面粉、胡桃、葡萄干、梨、柑橘、丝绸、瓷器、铁器以及其他我们在这个岛上所缺乏的小型物品。"此外"……华人也是最好的书籍装订工,因为,当他们从西班牙人那里学会了这门手艺后,就开起了属于自己的店铺,慢慢地把他们的师傅排挤出这一行当"[②]。

---

① 以上见王日根、陈支平《福建商帮》,香港:香港中华书局 1995 年版,第 117—119 页。

② Alfonso Felix, Jr., ed., *The Chinese in the Philippines*, Volume I, Manila, Bombay and New York:Solidaridad Publishing House, 1966.(本资料承蒙张先清先生提供并翻译成中文,特此致谢。)

印度尼西亚的巴达维亚城是荷兰东印度公司的所在地,1619 年前华侨人数不足四百人,不到十年间,即 1627 年,该城的华侨人数已达三千五百人,而其中大多数是福建漳州、泉州二府的移民。万历年间担任福建巡抚的张孚敬,在一次上疏中也谈到福建沿海居民移居东南亚的情景说:"夫沿海居民,凭借海滨,易以为乱,往者商舶之开,正以安反侧杜乱萌也。……东西二洋,商人有因风涛不齐,压冬未回者,其在吕宋尤多。漳人以彼为市,父兄久住,子弟往返,见留吕宋者,盖不下数千人。……有越贩惧罪之夫,其在吕宋诸番者,不可以数计。"①广东的情景也是如此,当政府海禁政策严厉之时,不少人也不得不漂洋过海,到国外定居下来。而当政府放开海禁以后,出洋定居的商民,不仅有零散的自发行为,而且还有某些组织的行动。万历五年(1577 年)十一月,广东海盗商人张琏、林朝曦、黄君荐等三人在三佛齐"列肆"营商,号为"蕃舶长",联络那里的中国海商侨民,控制与中国的对外贸易。万历八年(1580 年)起,西班牙殖民者在马尼拉对岸巴色古河沿岸地方,为中国商人建设丝绸市场,这是外国流民的商业区域,在此贸易者不乏广东籍的商民,不少人就成为这里的华侨。又据有关记载,从明代中后期始,中国的丝绸、瓷器等商品已由中外商人贩运到墨西哥的拉美地区,一些广东商民便已在墨西哥的阿卡普尔科等地从事造船业或其他行业的生产经营活动。②

14 世纪至 17 世纪,固然是西方殖民主义者向世界各地扩展的时期,从而也逐渐推进了"世界史"的涵盖空间;但是其时东方的明代社会,中国的商人们也以积极进取应对的姿态,同样把自己的活动范围向海外延伸进展。这种双向碰撞交融的历史进程,无疑在另一个源头促进了"世界史"大概念的形成与发展。因此可以说,14 世纪至 17 世纪的中国明代社会,同样是推进"世界史"格局形成的一个重要组成部分。

## 三、明代中后期中国社会对于世界新格局的应对

明代时期中国对"东西方碰撞交融"的积极应对并不仅限于基层商人的

---

① 张孚敬:《疏通海禁疏》,《明经世文编》卷 400。
② 黄国信、黄启臣、黄海妍:《货殖华洋的粤商》,杭州:浙江人民出版社 1997 年版,第 144 页。

层面,在文化知识的层面,同样呈现出比较开放与包容的态势。一方面,随着明代中后期社会经济,特别是商品市场经济的发展,国内的文化知识界,出现了诸如泰州学派及李贽等进步的思想家,他们提倡人的个性,肯定人们的物质欲望,强调独立思考的精神。这些思想反映了在当时社会经济激烈变动中的下层平民的要求,特别是反映了那些从事工商业活动的城市市民的要求,在当时的社会产生了积极的影响。傅衣凌先生曾经说过:"李贽作为一个进步思想家,他敢于冲破当时封建罗网的束缚,卑孔叛圣,对传统儒家经典著作采取批判态度,重新评价历史人物,提倡童心,要求思想解放,这对于中国封建统治者的'禁锢人心'是一个大胆的冲击。……(李贽的思想)在外国或在数百年后的祖国起进步作用。日本明治维新的先驱者——吉田松阴,自谓在生死观上颇得力于李氏《焚书》的启发,在日本民主革命中发挥一定的作用。吴虞也曾引用李贽的学说作为反封建斗争的思想武器。"[1]

另一方面,伴随着世界地理大发现和新航路的开通,西方思想文化及科学技术,也日渐向外传播。以欧洲耶稣会士为代表的西方知识文化阶层,与中国的传统知识分子和士大夫同样发生了碰撞与交融。嘉靖、万历时期社会经济的发展,海外贸易所引起的传统商品扩大再生产和改革工艺的要求,迫切期待着科学技术的创新和总结。欧洲耶稣会士传来的西方科技,如天文、历算、火器铸造技术、机械原理、水利、建筑、地图测绘等,又以其新奇和实际应用刺激了讲究实学的士大夫的求知欲望。在这双重因素的交互推动下,出现了一股追求科技知识的新潮,产生了一次小型的"科学革命"。

从万历后期至明末,中国学者和欧洲耶稣会士合作,编译了一批介绍西方科技的著作。在天文历书方面,有《乾坤体义》(利玛窦著,李之藻译)等;在火器方面,有《海外火攻神器说》《则克录》(汤若望讲,焦勖笔录)等;在物理方面,有《远西奇器图说》(邓玉函著,王徵译述)等;在水利方面,有《泰西水法》(熊三拔著,徐光启译)等;在数学方面,有《几何原本》(利玛窦、徐光启合著)、《圜容较义》(利玛窦口述,李之藻译)、《测量法义》(利玛窦口述,徐光

---

① 傅衣凌:《论明清社会的发展与迟滞》,见《明清社会经济史论文集》,北京:人民出版社 1982年版,第 105—106 页。

启译)、《同文算指》(利玛窦口述，李之藻译)等；在地理方面，有《职方外纪》(艾儒略、杨廷筠等编译)等。这些著作所介绍的，虽然还不是西方当时最先进的科学技术，但在一定意义上填补了中国科学技术的空白。

明代中后期欧洲耶稣会士的东来和中国传统知识分子及士大夫的积极回应，其可贵之处就在于当时的中国社会，是以一种包容开放的心态来与西方的思想文化科技展开交流的。这种包容开放的接纳心态，即使与中国的盛唐时期比较，也是有过之而无不及的。譬如耶稣会士艾儒略在天启年间来到福建的时候，当地集结了几乎所有当时著名的士大夫与学者，与之展开了积极的对话讨论，从而成为明末福建的一宗文化盛事。类似的情景，在中国的古代历史上，屈指可数，难能可贵。

明代中后期中国传统知识分子及士大夫对于西方思想文化科技的积极回应交流，充分说明了这一时代中国对于"世界史"进程的贡献，并不仅仅限于商业经济的层面，而已经拓展到了更高的文化层次。

再者，我们可以进一步了解明代社会对西方军事技术的吸收与运用。19世纪鸦片战争的失败，中国人无不哀叹中国人的刀枪难于匹敌西方列强的船坚炮利。殊不知早在两百年前，中国沿海从事海上贸易活动的商人集团们，就已经充分认识到西方军事武器上的优势，并且奋起直追，想方设法，通过购买、仿造、缴获等种种途径，改造自己的军事技术，在很短的时期内，迅速把自己的海上舰队建设成一支足以与西方殖民主义者相互抗衡的强大力量。郑芝龙军队于明代崇祯六年(1633年)在金门料罗湾海面与荷兰舰队决战，大获全胜。"闽粤自有红夷来，数十年间，此捷创闻。"①清顺治十八年(1661年)，郑成功率领军队战胜荷兰殖民主义者，收复台湾。这些胜利绝非偶然，先进的热兵器的装备，无疑在这些战役中发挥了至关重要的作用。当时有一位名叫利胜(Victorio Riccio，1621—1685年)的欧洲多明我会圣玫瑰省传教士，曾经在此前后目睹了郑氏军队与清军及荷兰东印度公司军队的多次战役并记录了下来。②在他的记录中有1660年清军在厦门海域的大规

① 邹维琏：《达观楼集》卷18《奉剿红夷报捷疏》。
② Victorio Riccio, *Hechos de la Orden de predicadores en el Imperio de China*(《多明我会在中华帝国之业绩》)，1667.(本资料承蒙张先清先生提供并翻译成中文，特此致谢。)

模的战争,双方在厦门湾爆发了"东方海面上有史以来最激烈及最可怕的一次战斗"①。按照利胜的记述,参战的船只共有 1 200 艘,其中"鞑靼人"有 800 艘,而郑成功则有 400 艘。战争从黎明开始,持续到午夜二时。郑军抓住时机迅捷猛烈地攻击清军的舰只,被杀死的清兵不计其数。许多敌军船只被郑军炸沉,一些船只则被俘获牵引到岸上。利胜特别指出郑军制胜的一个原因是其火炮优于清军。②这次大海战以清军惨败而告终,其场面令人触目惊心:"这场战争将海水染得血红,死尸和垂死者遍布洋面。刚刚看见一艘船沉没,另一艘又着火了,敌人屠杀了该船上的所有人。旁边的一艘船上的战士,尽管执着重武器,不顾一切地跳入水中以避免落入敌人之手。樯倒桅断,船只四分五裂。箭如急雨,炮矢俱下。阵阵火药雷鸣般爆炸。战士狂叫,垂死者哀嚎。号角声,战鼓声,锣声混乱一片,夹杂着火炮齐鸣声。这真是一幅人间地狱图画,充满着令人作呕的气味、人们绝望的尖叫以及茫然不知所措和恐惧万分的混乱。"③

事实上,明代东南海商集团军队吸收运用西方先进的军事技术装备,在一定程度上也促进了明末清初政府军队的某些改造。如辽东战争中明军"红夷大炮"的使用,康熙初年清军提督万正色、施琅等为了剿灭郑军,也大力加强对于水军的热兵器装备,都在实战中发挥了重要的作用。清朝军队最终战胜郑克塽集团,在很大程度上不能不归功于施琅等人对于清朝水军热兵器的训练与运用。

显然,从明末清初东南沿海的海上军事装备及运用上看,中国军队的战斗实力与当时东来的西方殖民主义者军队的战斗实力相差不大。而这种军事实力的提升,正是明代东南沿海民间与西方殖民主义者碰撞与交融的直接结果。

## 四、明末清初时期东西方格局的再度变化

从世界发展史的视野审视明代的历史地位,我们完全可以这样说:这是

---

①②③ Victorio Riccio 前引书,第 3 册,第 14 章第 8 段。

中国历史开始尝试进入"世界史"的崭新时代。明朝中国也在西方国家中引起了前所未有的重视,这在当时大量的欧洲诸国的东印度公司记录及天主教传教士的记录中可以得到真实的印证。

然而令人遗憾的是,从17世纪中叶开始,西方国家的"世界史"格局日益扩展,新兴的资本主义革命陆续取得成功,而地处东方的中国,却不能在明代走向世界的基础上,开拓新的局面。明末清初的大规模内战和动乱,对社会财富和社会生产力造成巨大破坏。随着明朝灭亡,郑成功海上势力的消失,这一进程也就随之中断了。清王朝建立后,重蹈保守的旧辙,与西方"世界史"进程的距离不断扩大。

从这场"世界史"的发展进程机遇来说,中国从17世纪下半叶落后于西方列强,其根本原因在于缺乏社会环境条件的配合。明王朝虽然也是中国传统意义上的"封建王朝",但是由于生产力的长期积累及明代中后期社会经济,特别是商品市场经济的发展,其社会经济内部结构中已经萌发出某些新的冲动,从而推进了民间海上私人贸易的繁荣与海外市场的开拓。而从政治社会环境看,我们不能不承认当时确实存在着一个相对宽松、多元的、在一定程度上可以包容不同思想文化思考与实践的氛围。入清之后,这种社会环境基本消失了,思想与文化的自由发展受到了极大的限制。

明代中国社会与西方的碰撞与交融,更多地是民间的自发行为,尤其是东南沿海的海商们,是明代中国走向"世界史"的主力军。应当指出,明代后期东南海商采取这种亦盗亦商的武装贸易形式,是与当时国际贸易的形势密切相关的。16世纪至17世纪西方殖民主义者的东来,其本身就带有十分明显的海盗性质。所不同的是,西方殖民者的海盗行径大多得到本国政府的支持,而中国海商集团的武装贸易形式,是在政府的压制下所不得不然的一种自我保护措施。在中国政府的压制下,东南海商的武装贸易形式虽然能够在明代后期及清初这一特定的历史空间中得以发展,但最终还是不能长期延续并且发展下去。终清之世,福建海商以及整个东南海商再也未能形成一支强大的海商武装力量。从国际贸易的角度看,这也是中国海商逐渐失去东南海上贸易控制权的重要标志之一。

明末清初时期,中国的海商集团为了与东来的西方殖民者及本国的政府对抗,在军事装备上大量使用热兵器,清朝军队为了剿灭叛乱,也不得不对水军进行热兵器的改造。这本来是中国缩短与西方军事力量差距的大好时机。但是清王朝是以武力征服中原的,他们对于自己以骑兵为主力的冷兵器战争充满信心,过于自信。因此当台湾的郑氏政权消失之后,他们对于水军的热兵器装备随之失去兴趣。中国军队的战斗力又退步到一两千年来的习惯水平。就在这无知的沾沾自喜之中,西方的军事科技不断前进,终于到了 1840 年,中国军队在船坚炮利的西方列强面前,溃不成军。

回顾中国 14 世纪至 19 世纪的历史,我们不难看出,中国的明代时期,是我们这个地球上"区域史"开始走向"世界史"的关键时期。以欧洲为核心的殖民主义势力,进行着前所未有的"世界史"的扩张;而此时的中国明代,虽然相对被动,但是无论是思想文化领域,还是社会经济与国际贸易领域,乃至军事对抗领域,均能采取比较积极的应对姿态。东方的中国,同样显现出某种走向"世界史"的趋势。这种趋势是我们认识明代历史地位的最主要标志,而这种趋势的显现及其夭折,更是我们今天应予认真思考和记取的。

# 从文化传播史的角度看明代的历史地位

近年来,随着中国改革开放的深化和国际地位的提升,人们在探寻促进中国文化对于世界文明进步产生更大影响力之道的同时,也感叹近代以来中国文化在世界文化整体格局中的式微。从文化传播史的角度来考察明代中国文化与世界文明的碰撞与交流,以及这种碰撞与交流的历史走向和经验教训,无疑对于我们全面客观地了解中国文化对于世界文明进步的贡献,从而以更加广阔的视野来审视明代的历史地位,有所裨益。

## 一、明代中后期世界文化传播的双向性

我曾经在《从世界发展史的视野重新认识明代历史》[①]一文中指出:把中国明代的历史放到世界历史的发展进程中去考察,我们就不难发现,明代历史是中国历史从"区域史"迈进"世界史"的关键时期。换句话说,明代历史揭开了中国历史与世界历史相互交融的新篇章。具体地讲,这个"世界史"形成的时期,就是公元 15 世纪至 17 世纪上半时期,也正是中国的明代时期。明朝是汉族地主阶级建立的最后一个王朝,它把专制主义中央集权的官僚政治推到了一个新的高度,社会经济恢复和超过宋元时代的最高水平,延续几千年的中国封建社会进入了晚期发展阶段。正是在这个时期内,中世纪的欧洲发生革命性的变革,向资本主义社会转变。早期西方殖民主义势力与中国航海势力在东南亚和中国东南沿海的相遇,使中国的历史发展进程再也不能孤立于世界历史发展之外了。这些与以前历代王朝不同的境遇,

---

① 本文发表于《学术月刊》2010 年第 6 期,已收入本书。

造就了明代独特的历史地位和丰富多变的时代风貌。

在明代中后期中国社会经济激烈变动及其与早期西方殖民主义势力的碰撞过程中,东西方之间的文化交流也不可避免地发生了前所未有的态势。虽然说,中国的文化对外传播,可以追溯到汉唐时期,但是那个时期的中国文化对外传播,主要局限在亚洲的相邻国家,对于欧洲等西方国家的影响,极其间接且相对薄弱。但是到了明代,情景就不一样了。双方不仅在贸易经济上产生了直接并且带有一定对抗性的交往,而且由于西方大批耶稣会士的东来,在文化领域也产生了直接的交往。

然而遗憾的是,在我们的一般明史通史教科书中,人们更多谈到的是明代的科技成就是如何吸收西方先进的思想文化与科学技术,而很少涉及中国文化也在这一国际间相互碰撞的过程中向西方传播。固然,明代中叶之后,伴随着世界地理大发现和新航路的开通,西方思想文化及科学技术,日渐向外传播。而明代嘉靖、万历时期社会经济的发展,海外贸易所引起的传统商品扩大再生产和改革工艺的要求,迫切期待着科学技术的创新和总结。欧洲耶稣会士传来的西方科技,如天文、历算、火器铸造技术、机械原理、水利、建筑、地图测绘等,又以其新奇和实际应用刺激了讲究实学的士大夫的求知欲望。在这双重因素的交互推动下,出现了一股追求科技知识的新潮,产生了一次小型的"科学革命"。①这种思想文化与科学技术的变化,充分地体现了这一时期中国文化与西方文化直接碰撞和交融的初步成果,同时也折射出当时的中国社会,在面对新的世界格局调整的过程时,是以一种包容开放的心态来与西方的思想文化科技展开交流的。

正因为如此,尽管当时西方耶稣会士的东来,是带着传教目的的。传教士对于所谓"异教徒"的文化,往往带有某种程度的蔑视心态。但是在较为开放的中国社会与文化面前,这批西方耶稣会士们敏锐地意识到中国传统文化的博大精深,很少有人用轻视的眼光来对待中国文化。由于有了这种较为平等的文化比较心态,明代后期来华的耶稣会士们,在一部分中国上层知识分子的协助下,开始较为系统地从事向欧洲译介中国古代文化经典的

---

① 参见杨国桢、陈支平著《明史新编》,北京:人民出版社1993年版,第427—432页。

工作。入华耶稣会先驱利玛窦所撰中国札记以丰富的资料,向西方"开启了一个新世界,显示了一个新的民族"①,成为西方世界了解"神秘东方"的重要文献。利玛窦还将《四书》译成拉丁文寄回意大利,金尼阁于 1626 年将《五经》译成拉丁文。意大利耶稣会士殷铎泽和葡萄牙耶稣会士郭纳爵合作,将《大学》译成拉丁文,以"中国的智慧"为名于 1662 年出版。1687 年,柏应理、殷铎泽等人还编译《中国之哲学家孔夫子》一书,该书在巴黎出版后,风靡西方世界。殷铎泽还翻译了《中庸》,取名"中国之政治道德学"。此外,还有巴多明的《六经注释》和钱德明的《孔子传》《孔门弟子传略》等。到 17 世纪末叶,已有数十种中国经典译本在欧洲流行。法国国王路易十四还曾专门诏谕皇家印刷厂大批印制传教士从中国带回的《四书》译稿。②

在这种以较为平等的心态进行的中西文化交流与文化传播中,中国的文化在西方受到了应有的尊重。据说到了 17—18 世纪欧洲哲学与政治启蒙运动的时候,欧洲的一部分哲学家以及政治家和文人,一度用孔子的名字和思想来推动他们的主张。我们回顾历史上中国与西方的文化交流历程,不能不得出这样的结论:明代中后期以至明末清初,是中国文化对外传播的黄金时期。而这种黄金时期的出现,正是建立在明代社会应对世界变化所持有的包容开放态势的基础之上的。

## 二、中国文化对外传播的两条路径

研究中国文化对外传播史的学者,更多地把这种文化传播局限在以儒家学说为核心的带有意识形态意味的政治文化上。事实上,仅仅有意识形态意义上的文化是远远不能涵盖明代文化对外传播的固有面貌的。我以为,明代中国文化的对外传播,至少还应该包含一般民众的生活方式的对外传播。

---

① [意]利玛窦、[比]金尼阁著,何高济等译:《利玛窦中国札记》,桂林:广西师范大学出版社 2001 年版,"英译者序言"第 21 页。

② 方豪:《中西交通史》(下),上海:上海人民出版社 2008 年版,第 725—728 页;王杰、冯建辉:《欧洲启蒙主义者是如何汲取儒家思想的》,《北京日报》2007 年 8 月 13 日。

明代是中国传统朝贡贸易向民间私人海上贸易变迁的重要转折时期。16 世纪初叶,西方葡萄牙人、西班牙人相继东航,他们各以满刺加、吕宋为根据地,逐渐伸张势力于中国的沿海。这些欧洲人的东来,刺激了东南沿海地区商人的海上贸易活动。伴随着明代中期社会经济,特别是商品市场经济的发展,中国的商人们也开始萌动着突破传统经济格局和官方朝贡贸易的限制,犯禁走出国门,投身到海上贸易的浪潮之中。于是从明代中叶以降,中国沿海海商的足迹几乎遍及东南亚各国,其中尤以日本、吕宋、暹罗、满刺加等地为当时转口贸易的重要据点。他们把内地的各种商品,其大宗者有生丝、丝织品、瓷器、白糖、果品、鹿皮以及各种日用珍玩等,运销海外,而换取大量白银以及胡椒、苏木、香料等回国出售。由于当时的欧洲商人已经染指东南亚各国及我国沿海地区,因此这一时期的海外贸易活动,实际上也是一场东西方争夺东南亚贸易权的竞争。中国的沿海商人,以积极进取应对的姿态,于海外各地扩展势力。

明代中后期不仅是中国的商人们积极进取应对"东西方碰撞交融"的时期,而且随着这种碰撞交融的深化,中国的对外移民也形成了一种常态的趋向。我曾接触过许多福建沿海地区的民间族谱,其中记载的从明代中期开始向海外移民的资料不在少数。这里仅举一部族谱为例,就足以说明当时沿海商民向外移民的一般情景。

石狮市的《容卿蔡氏族谱》:

> 八世正晓,讳日明,生嘉靖癸亥年(1563 年)十月初二日,万历癸卯年(1603 年)十月初七日卒于吕宋。正施,讳一恕,生万历壬午年(1582 年)十月初三日,卒□□戊午年十月初九日,殁于吕宋。九世景道,生□□丙申年正月初一日,卒崇祯己卯年(1639 年)十一月初九日,在吕宋。娶永宁干氏。景辉,生万历壬辰(1592 年)八月初八日,卒失详,殁在吕宋。景夫,生万历乙未年(1595 年)二月初三日,卒□□戊辰年四月十五日,殁在吕宋。景进,生万历癸未年(1583 年)十一月廿六日,卒失详,殁在吕宋。十世茂甫,生万历辛卯年(1591 年)正月初六日,卒于吕宋□□年六月十四日。申甫,讳廷绅,号拱北,生万历庚寅年(1590 年)

二月廿八日，卒崇祯己卯年（1639 年）十一月初九日，在吕宋。康甫，生万历乙巳年（1605 年）十二月廿一日，卒□□己卯年十一月初九日，在吕宋。实甫，生万历丙子年（1576 年）四月十五日，万历丁未（1607 年）十二月十五日卒于吕宋。觐夫，生万历乙酉年（1585 年）六月廿五日，卒于吕宋。懋琰，生万历癸卯年（1603 年）十二月初三日，卒□□己卯年十一月初九日，殁在吕宋。安甫，生万历戊申年（1608 年）九月十二日，卒失详，殁在吕宋。节甫，讳光宁窦，生万历庚寅年（1590 年）四月廿七日，卒□□年二月廿九日，没在吕宋。□甫，讳廷梓，生万历庚戌年（1610 年）三月初七日，崇祯己卯年（1639 年）十一月初九日卒于吕宋。延甫，生万历丁丑年（1577 年）七月初四日，卒万历丁未年（1607 年）四月初六日，在吕宋。西甫，生万历己未年（1619 年）四月十一日，在吕宋卒，不知年月。聚甫，讳克苹，生卒失详，卒于吕宋。璋甫，生万历壬辰年（1592 年）正月初一日，卒在吕宋。平甫，生天启癸亥年（1623 年）闰十月廿六日，顺治丁酉年（1657 年）三月初十日卒于吕宋。十一世鸿极，生万历甲寅年（1614 年）十月十四日，卒吕宋。鸿嘉，生万历庚子年（1600 年）十二月廿二日，卒天启丁卯年（1627 年）二月廿二日，卒吕宋。鸿远，生万历癸巳年（1593 年）十月初八日，卒崇祯己卯年（1639 年）七月初八日，在吕宋。鸿敬，生万历壬寅年（1602 年）九月初八日，卒失详，殁于吕宋。鸿充，生崇祯癸酉年（1633 年）十月初一日，卒失详，殁在吕宋。鸿□，讳维岳，生天启乙丑（1625 年）正月片八日，卒吕宋。……①

　　类似的记载在福建等沿海地区的民间文献中可谓不胜枚举。从以上引用的民间族谱记载中可以看出，这些向海外移民人数较多的家族，基本上是处于明代私人海上贸易最发达的地带，家族成员向海外移民，往往是父子辈、兄弟辈相互连带的。1571 年西班牙殖民者进抵菲律宾群岛并构建了以马尼拉城为中心的殖民据点后，积极开展与东亚各国的贸易，采取吸引华商

---

　　① 石狮市的《容卿蔡氏族谱》扫描本现藏厦门大学国学研究院资料库。该族谱修撰时间不详，大约在清代后期至民国年间。石狮市原属明代福建泉州府晋江县，容卿即今石狮市灵秀镇境内。

前来贸易的政策,前往菲岛的华商日渐增多,其中不少人定居下来。据当时明代福建官员的描述:"我民往贩吕宋,中多无赖之徒,因而流落彼地不下万人。"①有的记载则称这些沿海商民,"流寓土夷,筑庐舍,操佣贾杂作为生活。或娶妇长子孙者有之。人口以数万计"②。至于明代后期聚居在马尼拉的华人,1574 年西人 Hernando Riquel 写道:"中国人每年继续扩大他们的商业,提供给我们许多物品,如糖、小麦、面粉、胡桃、葡萄干、梨、柑橘、丝绸、瓷器、铁器以及其他我们在这个岛上所缺乏的小型物品。"③此外,一部分华人还从事建筑、裁缝、印刷等各类手工劳作,一部分人则开设商铺、饭馆、药铺、行医等。④

这种带有家族、乡族连带关系的海外移民,必然促使他们在海外新的聚居地较多地保留着祖家的生活方式。于是,家族聚居、乡族聚居的延续,民间宗教信仰的传承,风尚习俗与方言的保存,文化教育与艺能娱乐偏好的追求,都随着一代又一代移民的言传身教,得到了顽强的生命力。这种由民间传播于海外的一般民众生活方式,逐渐在海外形成了富有中国特色的文化象征。因此,我们在回顾中国以儒家经典为核心的意识形态文化在明代后期向西方传播的同时,决不能忽视明代中后期以来一般民众生活方式对外传播的文化作用及其意义。

## 三、民间基层文化对外传播成为 18 世纪以后中华文化向海外传播的主流渠道

综上所述,明代中后期以来中国文化对外传播具有两个层面与两种途径,即由西方传教士及中国上层知识分子翻译介绍到欧洲的以儒家经典为

① 张燮:《东西洋考》卷 5《东洋列国考》。

② 顾炎武:《天下郡国利病书》卷 93《福建三》,广雅书局光绪二十六年刊本,第 13 册。

③ Alfonso Felix, Jr., ed., *The Chinese in the Philippines*, Volume I, Manila, Bombay and New York: Solidaridad Publishing House, 1966, p.21.(此资料由张先清教授提供,特此致谢。)

④ 关于早期华人在马尼拉的社会生活,见李毓中、季铁生《图像与历史:西班牙古地图与古画呈现的菲律宾华人生活(1571—1800)》,刘序枫主编《中国海洋发展史论文集》第 9 辑,台北:台湾"中研院"人文社会科学研究中心 2005 年版,第 437—477 页。

核心的意识形态文化,以及由沿海商民迁移海外所传播过去的一般民众生活方式的基层文化。随着时间的推移和世界文明格局的变化,这两种文化传播层面与途径,并没有殊途同归,形成合力,而是经历了不同的艰辛挣扎的发展历程。

以儒家经典为核心的意识形态文化对外传播,经历了明清易代之后,其开放的局面,还继续维持了一段时间。然而到了清代中期,政府采取了较为保守封闭的对外政策,尤其是对于思想文化领域的交流,逐渐采取压制的态势。在这种保守封闭的政策之下,中国文化的对外传播,受到了一定的阻碍。更为重要的是,随着西方资本主义革命的不断胜利和工业革命的巨大成功,"欧洲中心论"的文化思维已经在西方社会牢固树立。欧洲一般的政治家和知识分子们也逐渐失去了对于中华文化的那种平等的敬畏之心,延至近代,虽然说仍然有一小部分中外学人继续从事着中国文化经典的对外翻译介绍工作,但是在绝大部分西方人士的眼里,所谓的中华文化,只能是落后民族的低等文化。尽管他们的先哲们,也许在不同的领域提及并且赞美过中国的儒家思想,然而到了这个时候,大概也没有多少人肯承认他们的高度文明思想,跟远在东方的中国儒家文化有着什么样的瓜葛。时过境迁,从 19 世纪以后,中国以儒家经典为核心的意识形态文化在世界文化整体格局中的影响力大大下降,其对外传播的作用日益衰微。

反观由沿海商民迁移海外传播一般民众基层文化的这一途径,则相对通畅一些。清代政府虽然采取了较为保守封闭的对外政策,但是对于海外贸易,一方面是相对宽容,另一方面也无法予以有效的禁止。在这种情景之下,沿海居民从事海外贸易和移民的活动一直被延续了下来。特别是在向海外移民方面,随着国际间交往的扩大和资本主义市场的网络化,其数量及所涉及的地域均比以往有所增长。到了近现代,中国东南沿海向外移民的足迹,已经深入到亚洲之外的欧洲和美洲各地,甚至于非洲。

如前所述,中国沿海商民向外移民的一个重要特征,就是能够在相当高的程度上保留和传承其在祖籍的生活方式。于是,经过数百年来中华海外移民的艰难挣扎、薪火相传、生生不息,世界各地逐渐形成了具有显著特征而又不可替代的唐人街、中国城。世界各地的唐人街、中国城,其充满着中华文化浓郁气息的建构与特征,几乎是一致的。这种具有一致性的建构与特征,正显示了由沿海商民迁移海外所带过去的一般民众生活方式在海外的成功传播与发展。到了 20 世纪上半叶,一般西方人眼里的中华文化,基本上等同于分布在世界各地的"唐人街""中国城"了。即使是到了今天,遍布海外各地的唐人街、中国城,依然在传播中华文化的道路上,发挥着极其重要的桥梁纽带作用。而这一重要桥梁纽带的形成与发展,正是由明代社会奠基起来的。

从文化传播史的角度来考察明代社会,以往被人们所忽视的由沿海商民迁移海外传播一般民众生活方式的文化传播途径,实际上成了 18 世纪以后中华文化向海外传播的主流渠道。我们只要认识到这一点,那么我们对于明代历史在中国历史和世界历史上的重要地位,就会有一个更加广阔的崭新体会。

# 重新审视清代与世界史的关系

## 一、有必要重新审视清代与世界史的关系

谈论清代的历史地位，大概没有人会否认清代与世界史的紧密关系。然而，以往人们在研究清代历史地位及其与世界史关系的时候，往往忽视了两个问题：一是就清代论清代，把清代与世界史的关系仅局限在清代之内，而未能从更长远的历史时空中去考察中国与世界史整体格局的变化；二是近现代的学者，大多以"反满革命"的思维来论述清朝的历史功过，特别是对于清代后期丧权辱国的困境，归咎于清朝政府的闭关锁国、自大腐朽等一系列的无能执政之上。

其实，对于 19 世纪西方列强的入侵以及清朝政府深陷的丧权辱国的困境，当时的大部分士大夫和知识分子的认识是十分清醒的，即此为"千年未有之变局"。清朝作为传统中国的一个王朝，在政治体制、文化意识等各个领域，与宋、明等之前的王朝，基本上是一脉相承的。西方列强的入侵，毫无疑问也是中国历代王朝所未曾经历过的。在这种"千年未有之变局"面前，所有陈袭传统体制与意识的王朝统治者们，大概都将一时举手无措吧？因此，我们如果要比较公正客观地评价清代的历史地位，就必须尽可能地淡化近现代以来人们所形成的"反满革命"的单线思维方式。同时，也有必要进一步探寻世界历史的演变历程以及清代在这一历程中所处的历史地位。

在讨论清代与世界史的关系之前，我们有必要简单回顾一下传统中国对于所谓世界的基本认识。从上古三代以来，中国人对于所谓世界的概念是相当模糊、界限不清的，"普天之下、率土之滨"是延续了数千年的定式说法。再加上中华民族拥有一块无与伦比的肥沃土地，风调雨顺，足以养育万

民,因此"以农立国"的基本国策直至 20 世纪之前从未改变过。在这种以农业为根本的文化思维的支配下,中国人对于所谓世界的态度,呈现出两个基本的特征。一是不存在对外扩张,特别是向外殖民的战略概念;二是"以自我为中心"的国家意识一旦受到外力的冲击,将本能地吸收外来因素来补强自身,从而尽快地适应新的世界的变迁。这种充满包容性和适他性的文化传统,大概就是傅衣凌先生所阐述的中国传统社会的"弹性"性格吧。

## 二、清代康熙中后期,"东西方碰撞与交融"的势头突然沉静下来,原因何在?

突破清代王朝的时间界限,我们有理由认为,人类历史上真正所谓的"世界史"的概念,应该是形成于 15 世纪至 18 世纪。在西方世界与东方世界发生较大规模的碰撞交流之前,西方世界充其量也只是较大范围的"区域史"。同样地,东方世界的活动范围大多建立在农业社会的基础上,其"区域史"的特征就更加明显了。然而,如果我们把中国的古代历史放到世界历史的发展进程中去考察,我们就不难发现,明代历史是中国历史从"区域史"迈进"世界史"的关键时期。换句话说,明代历史揭开了中国历史与世界历史相互交融的新篇章。我们要探寻清代社会与世界史的联系,就必须追溯到更早的 15 世纪的明代社会。

15 世纪开始,西方的殖民主义者逐渐东来。到了 16 世纪初叶,西方葡萄牙人、西班牙人相继东航,他们各以满剌加、吕宋为根据地,逐渐伸张势力于中国的沿海。这些欧洲人的东来,刺激了东南沿海地主商人的海上贸易活动。于是嘉靖、万历时期,民间私人海上贸易活动冲破封建政府的重重阻碍,取代朝贡贸易而迅速兴起。中国沿海海商的足迹几乎遍及东南亚各国。

15 世纪至 17 世纪,固然是西方殖民主义者向世界各地扩展的时期,从而也逐渐推进了"世界史"的涵盖空间;但是其时东方的明代社会以及明末清初时期,中国的商人们以积极进取应对的姿态,同样也把自己的活动范围向海外延伸进展。这种双向碰撞交融的历史进程,无疑在另一个源头促进了"世界史"大概念的形成与发展。因此可以说,15 世纪至 17 世纪的中国明代社会,同样是推进"世界史"格局形成的一个重要组成部分。

历史进入 18 世纪,即清代的康熙中后期,从 15、16 世纪开始的"东西方碰撞与交融"却突然沉静了下来。研究中国历史的学者们,对于这一世界历史的变化及其对于中国社会的影响,也基本上是不闻不问,视为无关紧要。事实上,这一"东西方碰撞与交融"的突然沉静,才是影响清代在世界史上的地位的重要契机。

在"世界史"整体格局基本形成的情况下,东方世界与西方世界的任何一方发生重要的变故,都将对相对的一方产生直接或间接的影响。只不过这种影响很可能是以隐形的形式在今后较长的时间里才显示出来而已。康熙中后期之后,即从 18 世纪开始的整整一个多世纪里,世界史上的"东西方碰撞与交融"突然沉静了下来,这是源于西方欧洲列强各国力量的重新组合与分化。16、17 世纪西方殖民主义者的东来,主要是以葡萄牙、西班牙两个国家为主体的。特别是在 17 世纪前中期,东西方的海上权益几乎为西班牙人所垄断。17 世纪后期,英国人和法国人奋起直追并很快后来居上,打败并取代西班牙人成为东西方海上的霸王。然而在巨大的海洋利益面前,英、法两国互不相容,争夺殖民地霸权的斗争迅速展开。1689 年,开始了几乎拖延一个世纪、直到 1763 年英国才大获全胜的接连四次的英法战争。

17 世纪末至 18 世纪英法两国争夺海外殖民地霸权的斗争,主要是在北美洲、非洲及亚洲的印度进行的。因此,在此期间,他们都无暇顾及远东的中国。1763 年英法两国的"七年战争"结束后,虽然海上霸权为英国人所控制,英国殖民者有了更广阔的拓展实力的前景。但是紧接着,法国爆发了资产阶级革命,再次对欧洲的势力格局产生了严重的冲击。特别是 18 世纪末、19 世纪初拿破仑执政的出现,在欧洲引起了强烈的恐慌,欧洲再次卷入长达十余年的战争之中。

显然,17 世纪后期直至 19 世纪初期长达百余年的西方欧洲政治格局的变乱和争夺北美洲、非洲、亚洲印度的战争,是造成东方清王朝康熙中后期之后即自 18 世纪开始的整整一个多世纪里,中国与西方"东西方碰撞与交融"突然沉静下来的真正原因。

从表面上看,17 世纪后期直至 19 世纪初期长达百余年的时间里,西方殖民主义者无暇顾及包括中国在内的远东世界,为清王朝的发展提供了一个比较安定的社会环境。但是在 15、16 世纪"世界史整体格局"已经形成的大背景下,这样的安定环境并不能给清王朝带来真正的发展机遇,相反地,它更使中国对外部世界的了解与联系产生隔阂,甚至暂时避开了中国与西方的碰撞与对抗。

中国传统文化与西方中世纪后期以来文明变迁的一个重大区别,是中国的传统文化中较少包含对外扩张并且把自己的文化意识强加于他人的性质,而西方以天主教、基督教为宗教核心的中世纪及近代文明,有着较为强烈的对外扩张和对外殖民的性质。随着 15、16 世纪"世界史整体格局"的形成,西方殖民主义者向世界各地,包括向中国的扩张与殖民,是一种必然的历史趋势,只不过是有着时间先后的差异而已。居于这样的一种历史趋势中,传统中国应对的最好方式,不是暂时的沉寂与安宁,而是需要不断地"东西方碰撞与交融"。在碰撞与交融之间逐渐适应世界历史的前进。但是遗憾的是,由于西方欧洲在清朝康熙中后期之后至 19 世纪初的整整一个多世纪里无暇顾及远东区域,从而使得中国与西方的"东西方碰撞与交融"突然沉静下来,这无疑使处于清王朝统治下的中国失去了调整自身、适应世界历史变迁的持续性的机遇。因此到了 19 世纪三四十年代,当西方列强完成了自身的资产阶级革命和势力范围调整之后,再次来到远东区域,传统的中国就只能举手无措,暂时地走向丧权辱国的困境。

近现代人们在论述清王朝在这期间的"闭关锁国"时,往往举出乾隆皇帝接见英国使节的一段对话。其实,对于乾隆皇帝这种话语的理解,我们同样不能仅仅局限在乾隆皇帝一个人身上,他的这种话语,实际上体现了传统中国,至少是宋明以来绝大多数统治者乃至一般士大夫、知识分子,对于自身与世界的认知。从传统中国的发展历史与文化变迁的自身轨迹上得出这样的认知,应该是十分正常合理的。传统中国地大物博,只要政治清平、风调雨顺,不失为一个国泰民安的国度,自然没有必要远涉重洋,与人争胜于千里之外。这种现实与心态,即使是在西方欧洲的法国,也在一定程度上存在过。西方历史学家在检讨 18 世纪英法两国争夺欧洲及海上霸权而最终法国失败的原因时,就注意到了这一点。美国历史学家斯塔夫里阿诺斯在《全球通史》中写道："英国胜利的另一原因,移居殖民地的英国人较法国人多得多。……重要因素是,法国土壤较英国土壤肥沃,法国的农民群众深深地依恋自己的土地,他们能够得到足够的收入,无须求助于移居外国。但是在英国,……这些被逐出家园的人们提供了从英国移居殖民地的群众基础。"①可见,历史发展及其转折的因素是极其复杂多样的。我们用一种固定不变的思维模式来评论乾隆皇帝及清王朝的世界观,显然是比较片面的。

有着五千年文明发展史的传统中国,人们对于自己的历史与文化充满相当的自信是理所当然的,其文化的惯性思维同样也是理所当然的。而在15世纪至19世纪"世界历史整体格局"开始形成的转折关头,传统中国无疑需要一定的外部刺激,这也就是16世纪以来"东西方碰撞与交融"对于传统中国的重要性;反之,17世纪后期至19世纪初"东西方碰撞与交融"的突然沉寂给中国造成了严重后果。显然,我们把近代中国丧权辱国的困境完全归咎于清朝的所谓"闭关锁国"和"腐朽无能",这也是十分不公正的。因为清王朝的这种政治思维与文化思维,是中国历史文化传承的必然产物,而不是任何一个朝代或一个人所能突发奇想的。

## 三、不可低估中国传统文化的包容性和适他性

传统中国的政治与文化虽然缺乏对外扩张并且把自己的文化意识形态强加于他人的本质,但是这并不意味着中国的文化意识形态是一成不变的。恰恰相反,中国传统文化的另一个重要的本质,是它具有很强的包容性和适他性以及吸收外来文化来补强自身的性格。16、17世纪葡萄牙、西班牙殖民主义者东来的时候,不仅仅是东南沿海的商民们较快地应对了这种变化,即使是相当一部分的士大夫、知识分子们,也逐渐加入到东西方文化的交流之中。伴随着世界地理大发现和新航路的开通,西方思想文化及科学技术也日渐向外传播。以欧洲耶稣会士为代表的西方知识文化阶层,与中国的

① [美]斯塔夫里阿诺斯著,吴象婴、梁赤民译:《全球通史》,上海:上海社会科学院出版社1992年版,第176页。

传统知识分子和士大夫同样发生了碰撞与交融。

明代中后期欧洲耶稣会士的东来和中国传统知识分子及士大夫的积极回应,其可贵之处就在于当时的中国社会,是以一种包容开放的心态来与西方的思想文化科技展开交流的。这种包容开放的接纳心态,即使与中国的盛唐时期相较,也是有过之而无不及。譬如耶稣会士艾儒略在天启年间来到福建的时候,当地集结了几乎所有当时著名的士大夫与学者,与之展开了积极的对话讨论,从而成为明末福建的一宗文化盛事。类似的情景,在中国的古代历史上,屈指可数,难能可贵。

明末清初传统中国对于"东西方碰撞与交融"的应对,其惯性还一直延续到清王朝的康熙年间。即使是康熙皇帝本人,也对西方的文明及其先进的科学技术产生了浓厚的兴趣,并且在促进东西方文化的交流方面发挥了相当的作用。我们不难设想,假如18世纪西方的殖民主义者们持续16世纪以来的故态,一如既往地在远东区域滋扰,妄图控制东方的海上权益进而侵占中国,中国的统治者与社会民众没有理由不奋起直追、革新图强。从这个角度来思考,17世纪末至19世纪初西方殖民主义者无暇顾及远东而停滞了原有的"东西方碰撞与交融",对于传统中国来讲,是失去了一个适应新的"世界史整体格局"从而从容迈进世界历史的难得机遇。

虽然如此,当19世纪三四十年代西方殖民主义者卷土重来,用大炮军舰打开中国大门,清王朝被迫与侵略者签订了一系列不平等条约之后,中国社会的各阶层人士,从来就没有停止过思考和探索自身的改良变革以及遏制西方列强侵略的应对之道。近现代中国百年的艰辛历程,也正是中国各阶层人民不懈自省、自强和奋斗革命的历程。中国近现代的一百年,对于苦难深重的中国人来讲,当然是漫长的岁月。但是把它放在历史的长河中来观察,它又是短暂的。近现代中国百年历史,既是苦难深重的历史,也是积极探索、求新求变的历史,更是传统中国成功蜕变与升华的历史。当我们今天回首这段历史的时候,有必要从传统中国的文化传承及其演变的长期趋势中去认识它、评价它,而不应该继续坚持着"激进革命"的思维来观察思考清代的这段历史及其与世界历史的关系,不应该把从鸦片战争以来社会各阶层,包括士大夫知识分子乃至上层统治者的种种改良变革的努力,抹杀得一无是处。虽然各个社会阶层的改革改良之道不尽相同,甚至差异很大,但是从文化传承的角度来思考,他们之间的联系及其延续性,是不能完全否认的。只有这样,才能更加客观全面地还原清代的本来面目和历史地位。我想,这大概也是我们今天重新撰写清史时所应当秉持的学术立场之一吧。

# 明代海上丝绸之路发展模式的历史反思

　　明代是中国封建社会晚期发展的重要转折时期，也是世界历史发生突变的重要时期。15、16、17世纪西方世界所谓的"大航海时期"，把世界的东方和西方更为直接地碰撞联系在一起，从而形成了真正意义上的"世界史"国际性格局。而在中国，传统的大一统中央集权体制进一步得到延续和强化；与此同时，社会经济的进步更多地体现在商品经济和市场经济的发展层面上。面对着西方商人与殖民主义者的东来，古老的中国政治体制与民间社会，也不得不衍生出相应的对应之道。这些对应之道，构成了明代海上丝绸之路的主要发展模式。我们今天重新思索明代海上丝绸之路主要发展模式的历史发展历程，对于我们当今构建全新的"一带一路"的宏图，应该具有一定的借鉴意义吧。

## 一、对于明代朝贡体系的历史反思

　　明代的朝贡体系是最受近现代以来人们诟病的外交政治体系。朝贡体系无疑是明代对外，即处理国与国之间关系的外交基石。近现代以来，人们诟病这一外交体系的主要着眼点大致有两个方面。第一，明代政府以朝贡体系的外交方式，把自身树立为"天朝上国"或"宗主国"，把来往的其他国家，放在"附属国"的地位来处理。第二，在明代朝贡体系之下的外交，是一种在经济上得不偿失的活动；外国的来朝贡品，经济价值有限，而明朝帝国赏赐品的经济价值，大大超出贡品的经济价值。

　　中国进入近现代时期，由于西方列强的侵略以及自身的迟滞发展，已经陷入"落后挨打"的"半封建半殖民地"的社会，在许多西方人和日本人的眼里,中国成为一个可以随意宰割的无能国度。在这种观念的影响下,西方人和日本人探讨中国近现代以前,特别是明代的朝贡外交体系时,就不能不带有某种蔑视的、先入为主的逻辑思考,从而嘲笑明代的朝贡外交体系是一种自不量力的、自以为是的"宗主国"的虚幻政策。与此同时,在20世纪中国学界普遍热衷向西方学习的文化氛围中,中国的相当一部分学者,也就自然而然地接受了这种带有某些蔑视性和嘲笑式的学术观点。因此,近现代以来国内外学者对于明朝朝贡体系的批评,存在着明显的殖民主义语境。与此形成鲜明对照的是,同时期英国的所谓"日不落帝国"及其后的美国"霸权主义",则很少受到世人的蔑视与取笑,反而往往被奉为"普世价值"的典范。

至于明代朝贡体系之下的外交是一种在经济上得不偿失的论点,在很大程度上受到20世纪四五十年代以来关于中国封建社会内部是否已经出现资本主义萌芽问题的大讨论的影响。由于受到西方学界的影响,中国的大部分学者们大多希望自己比较落后的祖国能够像西方的先进国家一样,走上成为资本主义社会的有历史发展规律可循的道路。而发展资本主义社会的前提,是首先要有商品经济、市场经济以及对外贸易的高度发展。于是在这样的学术背景下,20世纪五六十年代,中国的历史学界,在探讨明清时期的商品经济、市场经济以及海外贸易等领域,取得了重大的成绩。人们因此发觉,西方国家在资本原始积累的过程中,对外关系和对外贸易,当然还包括海外掠夺,对于这些国家的资本主义经济的发展和社会变革起到了至关重要的助力作用;反观中国传统的对外朝贡体系下的经济贸易,得不偿失,未能给中国资本主义萌芽的产生和发展提供丝毫的帮助。这样一来,明代的朝贡贸易体系,就不能不成为人们不断指责的对象。然而,这样从纯经济的角度来评判明代的朝贡体系,实际上严重混淆了明朝的国际外交关系与对外贸易的应有界限。

毋庸讳言,明代的朝贡外交体系,是承继了中国两千年来"华夷之别"的传统文化价值观而形成的,这种朝贡外交体系,显然带有某种程度的政治虚幻观念成分在内。然而,我们评判一个国家或一个朝代的外交政策及其运作体系,并不能仅仅着眼于它的某些虚幻观念和经济上的得不偿失,就武断地给予负面的历史判断。如果我们要比较客观和全面地评判明代的国家对外关系,就应该从确立这一体系的核心宗旨及其实施的实际情况,并且参照世界上其他国家对外关系的历史事实,来进行比较综合性的分析,这样才能得出切合明代历史真相的结论。

明代对外朝贡体系的确立,是建立在国与国、地区与地区之间和平共处的核心宗旨之上的。这一点我们只要回顾一下明朝开创者朱元璋及其儿子明成祖朱棣关于对外关系的一系列谕旨,就不难看出。朱元璋在《皇明祖训》中明确指出:"四方诸夷,皆限山隔海,得其地不足以供给,得其民不足以使令。若其自不揣量,来扰我边,则彼为不祥。彼既不为中国患,而我兴兵轻伐,亦不祥也。吾恐后世子孙,倚中国富强,贪一时战功,无故兴兵,致伤人命,切记不可。"①洪武元年(1368 年)朱元璋颁诏于安南,宣称:"昔帝王之治天下,凡日月所照,无有远近,一视同仁,故中国奠安,四方得所,非有意于臣服之也。"从这个前提出发,中国对外关系总的方针,就是要"与远迩相安于无事,以共享太平之福"②。永乐七年(1409 年)三月,明成祖朱棣命郑和下西洋,"敕谕四方海外诸番王及头目人等,……祗顺天道,恪守朕言,循理安分,勿得违越;不可欺寡,不可凌弱,庶几共享太平之福"③。在这种对外关系的总方针之下,明初政府开列了朝鲜、日本、大小琉球、安南、真腊、暹罗、占城、苏门答剌、西洋、爪哇、彭亨、百花、三佛齐、渤泥以及琐里、西洋琐里、览邦、淡巴、须文达那诸国,皆为"不征诸夷国"。④在与周边各国的具体交往过程中,朱元璋本着中华帝国自古以来的政策,主张厚往薄来。在一次与"琐里"的交往中他说道:"西洋诸国素称远蕃,涉海而来,难计岁月。其朝贡无论疏数,厚往薄来可也。"⑤明初所奉行的这一系列对外政策和措施,充分体现了明朝政府在处理国际关系时所秉持的不用武力、努力寻求与周边国家和平共处之道的基本宗旨。

在建立国与国之间的和平共处的核心宗旨之下,明朝与周边邻近的一

---

① 《皇明祖训》条章,见《四库全书存目丛书》,济南:齐鲁书社 1996 年版。
② 《明太祖实录》卷 34。
③ 见郑鹤声、郑一钧编《郑和下西洋资料汇编》上册,济南:齐鲁书社 1980 年版,第 99 页。
④ 见郑一钧《论郑和下西洋》,北京:海洋出版社 2005 年版,第 9 页。
⑤ 《明史》卷 325《外国六·琐里》,北京:中华书局 1974 年版,第 8424 页。

些国家,如朝鲜、越南、琉球等,形成了某些宗主国与附属国的关系,这也是不争的事实。而这种宗主国与附属国关系的形成,更多地是承继以往历朝的历史因素。然而我们纵观世界中世纪以来的其他地域中的宗主国与附属国的关系时就可了解到:世界各地及不同时期的宗主国与附属国的关系,基本上是通过三种途径形成的。一是通过武力的征服而强迫形成的;二是通过宗教的关系或是大众民意及议会的途径形成的;三是由于历史文化的传承,自然而然地和平共处,由此所形成的。显然,在这三种宗主国与附属国关系的形成中,第三种,即以和平共处方式形成的宗主国与附属国的关系,是最经得起历史的检验并值得后世肯定的。明代所建立起来的以和平共处为核心宗旨的宗主国与周边附属国的关系,正是这样一种经得起历史的检验并值得后世肯定的对外关系。正因为如此,尽管在这些附属国中,不时也会发生内乱等极端事件,但是与整个明代相始终的是,这些附属国的政权更替,无不以得到明朝中央政府的册封为荣,即使是叛乱的一方,也都想方设法希望得到明朝中央政府的认可。可以说,对于这些附属国的内乱,明朝中央政府基本上采取了充分尊重其本国的实际情况,从道义的层面上给予正统的一方支持的态度,从而稳定附属国的国内情势,维护地域间的和平局面。而当附属国遭遇外患陷入国家危机的时候,这些附属国也首先向明朝求援。其中最典型的例子,就是明代万历年间朝鲜遭受日本军阀丰臣秀吉的侵略时,明朝政府应朝鲜王朝的求援,依然派出大量军队,帮助朝鲜王朝一道抵抗日本军队的进攻,最终把日本军队赶下大海,维护了朝鲜王朝的领土完整和国家尊严。尤其值得一提的是,在这场规模不小的抗倭战争中,明朝政府不仅派出军队参战,而且所有的抗倭战争经费,都是由明朝政府的财政规制中支出的,"糜饷数百万"①。作为宗主国,明朝对于附属国朝鲜的战争支援,完全是无偿的。

明代的对外朝贡体系,对于外国的来贡者,优渥款待,赏赐良多。而这些朝贡者,来自东亚、南亚甚至中东的不同国家与地区,其所带来的所谓贡品,更多是作为一种求得明朝中央政府接待的见面礼,可谓是"域外方物"而

---

① 《明史》卷 322《外国三·日本传》。

已。作为受贡者的明朝政府,对于各国的所谓贡品,并没有具体的物品规定。因此,明朝朝贡体系中的外国"贡品",是不能与欧洲中世纪以来的宗主国与附属国之间的定期、定额的"贡赋"混为一谈的。明朝朝贡体系中的所谓"贡品"是具有随意性的,猎奇性的成分居多,缺乏实际经济价值。因此,如果单纯地从经济效益的层面进行思考,当然是有些得不偿失。但是这种所谓经济上的"得不偿失",实际上被我们近现代时期的学者们无端夸大了。明朝政府在接待来贡使者时,固然施行着"厚往薄来"的原则,但是无论是"来",或是"往",其数量都是比较有限的,是有一定规制的,基本上仅限于礼尚往来的层面。迄今为止,除了郑和下西洋时期这种对外交往给国家财政造成一定的压力之外,我们还看不到明代正常的朝贡往来中的"厚往薄来"对于明朝政府的财政产生过如何不良的影响;即使有,也是相当轻微的,因为这种所谓"厚往",仅仅只是礼物和人员接待费用而已。明朝政府对于一般来贡国国王的赏赐,基本上是按照本朝"准公侯大臣"的规格施行的。①如果把这种"得不偿失"与万历年间援朝抗倭战争的军费相比,那只能是一毛比九牛!万历年间在朝鲜的抗倭战争,从根本上说,是为了维护地区的和平与稳定,而不是为了维持朝贡体系。

　　从更深的层面来思考,我们判断一个国家或一个时期的对外政策是否正确,并不能仅仅以经济效益作为衡量得失的主要标准。国与国之间的外交关系与国与国之间的经济贸易关系,固然有其必然的联系,但是又是不能完全等同起来的。国际关系与贸易往来是必须有所区分,不能混为一体的。在15、16世纪以前,即欧洲国家的所谓"大航海时代"尚未来临的时候,在世界的东方,明朝可以说是这一广大区域中最大、最核心的国家。作为这一广阔区域的大国,对于维护这一区域的和平稳定是具有国际责任的。假如这样的一个核心国家,凭借着自身的经济、军事优势,四处滥用武力,使用强权征服其他国家,那么这样的大国是不负责任的大国,区域的和平与稳定也是不可能长久存在的。从这样的国际关系理念出发,明朝历代政府所奉行的安抚周边国家、厚往薄来的以和平共处为核心宗旨的对外朝贡体系,正体现

---

① 郑一钧:《论郑和下西洋》,第13页。

了明朝作为东亚广阔区域核心大国的一种责任担当。事实上,纵观世界历史上所有曾经或现在依然作为区域核心大国的国家,他们在与周边弱小国家的和平相处过程中,由于肩负着维护国际关系与地域局势稳定的义务和责任,在经济上必须承担比其他周边弱小国家更多的负担,这几乎是一种必然的现象。换句话说,核心大国所应承担的政治经济责任,同样是另外一种"得不偿失"。但是这种"得不偿失",是一个区域大国在承担区域和平稳定责任时所必备的重要前提。而另一方面,明朝作为东亚区域最大、最核心的大国,在勇于承担国际义务与责任的同时,被周边的国家视为"宗主国"或"中国",明朝政府因而自视为"天朝上国",也是十分顺理成章的事情。如果我们时至今日依然目光短浅地纠缠在所谓"朝贡体系"贸易中的"得不偿失"的偏颇命题,那么显然就大大低估了中国明朝历代政府所奉行的和平共处的国际关系准则。这种国际关系准则,虽然带有某些"核心"与"周边"的"华夷之别"的虚幻成分在内,但是这种国际关系准则在中国的历史延续性以及其久远的历史意义上,至今依然值得我们欣赏和思考。

## 二、关于明代朝野应对"大航海时代"的历史反思

明初政府所确立的以和平共处为宗旨的对外朝贡体系,在当时取得了良好的效果,明朝与大部分周边国家和地区都建立了礼尚往来的友好关系,至明成祖朱棣时期,史称"威德遐被,四方宾服,受朝命而入贡者殆三十国,幅陨之广远迈汉唐。成功骏烈,卓乎盛矣!"①但是也有少数例外的国家,即东邻的日本国,窥视明朝富庶的物产财富,不断在沿海一带袭扰抢掠。明朝建立之初,"高皇帝即位,方国珍、张士诚相继诛服,诸豪亡命,往往纠(日本)岛人入寇山东滨海州县。……复寇山东,转掠温、台、明州旁海民,遂寇福建沿海郡"②。

日本国对于明朝沿海地区的袭扰,在很大程度上直接导致明朝政府采

---

① 《明史》卷 7《成祖本纪》。
② 《明史》卷 322《外国三·日本传》。

取了一种同样也是具有长远历史传统的对应政策,即在对外实行优渥宽待、厚往薄来的政策的同时,在与此相联系的内政方面,则实行比较严格的禁止"交通外夷"的政策。这也就是我们通常所说的明朝海禁。其实,明朝海禁并不是一般意义上的闭关或禁止海外贸易。所谓的明朝海禁,是指在一段时间之内禁止私人出海贸易谋生,不许私人船只出海。一些著作中习惯指称明太祖朱元璋下令"片板不许下海"。查阅文献,并没有发现朱元璋说过这样的话。所谓"片板不许下海"是后人在追述明朝海禁时使用的概括语。①明代前期的海禁,主要是针对日本国的挑衅和袭扰以及所谓"海盗"的袭扰。政府的主要思考点,在于确保社会环境的稳定和政治统治的稳定。

明代前期的这种为了防倭防海盗而导致的海禁,对于这一时期的海外贸易来讲,影响并不是很大。这一方面是在 15 世纪以前,世界东方包括中国在内的各个国家和地区,基本上还是一个比较传统的自给自足的社会,商业以及海外贸易在人们的日常生活中所占的比重相当微弱。另一方面,由于地方官吏及军队的腐败谋利和玩忽职守的原因,沿海的防倭和禁止交通外番之令,成具文者居多,很难遏制东南沿海一带居民的偷漏出海交易。规模有限的、以交易域外方物为主要商品的海上贸易活动,基本上还是得以继续进行下去。

但是到了 15 世纪之后,世界局势发生了重大变化,处于资本主义原始积累阶段的欧洲人,开始向世界的东方进发,"大航海时代"已经形成。这就使得 15 世纪之后的明朝社会,被动进入到一个前所未有的"世界史"的国际格局之中。②15 世纪至 17 世纪,固然是西方殖民主义者向世界各地扩展的时期,从而也逐渐推了"世界史"的涵盖空间;但是其时东方的明代社会,中国的商人们也以积极进取应对的姿态,同样把自己的活动范围向海外延伸进展。这种双向碰撞交融的历史进程,无疑在另一个源头促进了"世界史"大概念的形成与发展。因此可以说,15 世纪至 17 世纪的中国明代社会,同

---

① 见毛佩琦《明代海洋观的变迁》,中国航海日组委会办公室、上海海事大学编《中国航海文化论坛》第 1 辑,北京:海洋出版社 2011 年版,第 257 页。

② 参见陈支平《从世界发展史的视野重新认识明代历史》,《学术月刊》2010 年第 6 期,已收入本书。

样是推进"世界史"格局形成的一个重要组成部分。

明代时期中国对"东西方碰撞交融"的积极应对并不仅限于基层商人的层面,在文化知识的层面,同样呈现出比较开放与包容的态势。伴随着世界地理大发现和新航路的开通,西方思想文化及科学技术也日渐向外传播。以欧洲耶稣会士为代表的西方知识文化阶层,与中国的传统知识分子和士大夫同样发生了碰撞与交融。嘉靖、万历时期社会经济的发展,海外贸易所引起的传统商品扩大再生产和改革工艺的要求,迫切期待着科学技术的创新和总结。欧洲耶稣会士传来的西方科技,如天文、历算、火器铸造技术、机械原理、水利、建筑、地图测绘等,又以其新奇和实际应用刺激了讲究实学的士大夫的求知欲望。在这双重因素的交互推动下,出现了一股追求科技知识的新潮,产生了一次小型的"科学革命"。这些著作所介绍的,虽然还不是西方当时最先进的科学技术,但在一定意义上填补了中国科学技术的空白。明代中后期中国传统知识分子及士大夫对于西方思想文化科技的积极回应交流,充分说明了这一时代中国对于"世界史"进程的贡献,并不仅仅限于商业经济的层面,而已经拓展到更高的文化层次。同样地,这一时期来华的欧洲耶稣会士们,也开始尝试把中国的典籍翻译介绍到欧洲,形成中西文化交流的一个高潮。

即使是一贯秉持禁海政策的明朝政府,随着明代中后期中外贸易和交往的迅速增强,到了隆庆、万历年间,也不得不在一定程度上放弛海禁,部分地开放沿海地区的通海贸易,其中最著名的,就是于隆庆元年(1567 年),在福建漳州月港公开征收贩洋税饷,"准贩东西二洋"①。当然,由于传统政治的僵化和凝重性,明朝政府的这一政策转变,显得十分迟缓,但是它毕竟也在世界东西方的相互碰撞中,开始了艰难的醒悟。海上贸易的不断发展,正是在世界"大航海时代"来临之时促使中国通海思潮不断发展的基础。②

我们从明代中后期朝野不同阶层的人们对于世界新格局转变的不同应对态势中可以看出,中国的基层民众,尤其是东南沿海的民众,远不是我们

---

① 张燮:《东西洋考》卷 7《税饷考》。
② 参见毛佩琦《明代海洋观的变迁》,中国航海日组委会办公室、上海海事大学编《中国航海文化论坛》第 1 辑,第 262—265 页。

以往在讨论自然经济形态下的那种固守土地、安土重迁的可以比附于欧洲封建制下的农奴般的农民，一旦有了适合的社会环境和经济氛围，他们完全可以跟随世界潮流的变化，成为中国社会经济乃至世界经济发展的重要力量。中国的知识分子阶层也是如此，一旦有了适合的社会环境和文化氛围，他们同样也会与时俱进，革新自己的思想，而不是像以往人们所认知的那样，抱残守缺、一成不变。对于封建王朝而言，我们也必须予以实事求是的分析。明王朝虽然也是中国传统意义上的"封建王朝"，但是由于生产力的长期积累，及明代中后期社会经济，特别是商品市场经济的发展，其社会经济内部结构中已经萌发出某些新的冲动，从而推进了民间海上私人贸易的繁荣与海外市场的开拓。这一系列在社会经济上的变化，对明王朝的政治控制产生了某种触动。因此从政治社会环境看，我们应当承认当时确实存在某种相对宽松、多元的、在一定程度上可以包容不同思想文化思考与实践的氛围。入清之后，这种社会环境基本消失了。中国的社会经济、文化观念与西方国家间的差距，就在这种保守社会环境的潜移默化中，被拉大了。

## 三、政治与经济各行其道：文化缺失的反思

学界在讨论明代中国海上丝绸之路的时候，基本上把关注点集中在明朝朝贡体系即政治外交的领域，以及海上贸易的经济领域这两个方面上。虽然到了明代中后期，明朝政府对于民间贩海行为有所宽容、弛禁，但是政府以防倭、防盗为核心的海洋政策，并没有发生根本的改变。因此，明代朝贡体系的政治外交与民间的贩运东西洋，不仅是各行其道，而且民间的贩海行为还要不时地受到政府的压制，这二者之间，始终不能形成强有力的合力，共同作用于海上丝绸之路。

由于受到政府禁海政策的压制，明代东南沿海地区的商人们，在一定程度上不得不采用亦盗亦商的经营行为。从世界中世纪海商发展史的角度来考察，亦商亦盗的武装贸易形式，也是中世纪以至近代西方殖民者海商集团所采取的普遍形式。所不同的是，西方殖民者的海盗行径大多得到本国政府的支持。"大航海时代"的葡萄牙人、西班牙人、荷兰人，他们以本国政府

的支持和强大的武装为后盾,企图打开中国沿海的贸易之门。①而中国海商集团的武装贸易形式,是在政府的压制下所不得不然的一种自我保护措施。在中国政府的压制下,东南海商的武装贸易形式虽然能够在明代后期这一特定的历史空间中得以发展,但最终还是不能长期延续并且发展下去。终清之世,中国的东南海商再也未能形成一支强大的海商武装力量。从国际贸易的角度看,这也是中国海商逐渐失去东南海上贸易控制权的重要标志之一。16 世纪至 19 世纪中叶,中国的海商只能是在政治与社会的夹缝中自行其是,艰难行进。

明代朝贡体系的宗旨虽然在于奉行中国与周边国家地区的和平共处,但是这种仅着眼于政治仪式层面的外交政策,忽略了文化层面的外交交流(这里所指的文化层面,主要是指带有意识形态层面的诸如宗教、信仰、教育以及生活方式等)。而这种带有政治仪式意味的外交政策,将随着政治的变动而变动,政治外交基本上是属于实用性的,缺乏长远的延续性。因此到了17 世纪之后东亚以及中东的政治版图发生变化时,中国对于南亚、西亚以至中东的政治影响力,就只能迅速衰退。

从中国民间海商的行为看,东南沿海海商所具有的顽强生命力和抵御恶劣环境的耐受力,使得他们的经济活动始终能坚持下来。特别是在对外移民方面,有着不断发展的趋势。随着中国移民的向外扩展,以民间基层生活方式为主要内容的下层文化,随之进入华侨所到的各个国家和地区并得以传承和弘扬。从中华文化对外传播史的视野来考察,16、17 世纪东西方的文化碰撞,促使中国与西方的知识分子们,在较为平等的文化心态下进行着中西文化的相互交流和相互传播。因此我们可以说,明代中后期以来中国文化对外传播具有两个层面与两种途径,即由西方传教士及中国上层知识分子翻译介绍到欧洲的以儒家经典为核心的意识形态文化,以及由沿海商民迁移海外所传播过去的一般民众生活方式的基层文化。

但是到了清代中期,政府采取了较为保守封闭的对外政策,尤其是对于

---

① 参见毛佩琦《明代海洋观的变迁》,中国航海日组委会办公室、上海海事大学编《中国航海文化论坛》第 1 辑,第 268 页。

思想文化领域的交流,逐渐采取压制的态势。在这种保守封闭的政策之下,中国文化的对外传播受到了一定的阻碍。更为重要的是,随着西方资本主义革命的不断胜利和工业革命的巨大成功,"欧洲中心论"的文化思维已经在西方社会牢固树立。欧洲一般的政治家和知识分子们也逐渐失去了对于中华文化的那种平等的敬畏之心,延至近代,虽然说仍然有一小部分中外学人继续从事着中国文化经典的对外翻译介绍工作,但是在绝大部分西方人士的眼里,所谓的中华文化,只能是落后民族的低等文化。尽管他们的先哲们,也许在不同的领域提及并且赞美过中国的儒家思想,然而到了这个时候,大概也没有多少人肯承认他们的高度文明思想跟远在东方的中国儒家文化有着什么样的瓜葛。时过境迁,从 18 世纪以后,中国以儒家经典为核心的意识形态文化在世界文化整体格局中的影响力大大下降,其对外传播的作用日益衰微。

反观由沿海商民迁移海外传播一般民众基层文化的这一途径,则相对通畅一些。清代政府虽然采取了较为保守封闭的对外政策,但是对于海外贸易,一方面是相对宽容,另一方面也无法予以有效的禁止。在这种情景之下,沿海居民从事海外贸易和移民的活动一直被延续了下来。特别是在向海外移民方面,随着国际间交往的扩大和资本主义市场的网络化,其数量及所涉及的地域均比以往有所增长。到了近现代,中国东南沿海向外移民的足迹,已经深入到亚洲之外的欧洲和美洲各地,甚至于非洲。于是,经过数百年来中华海外移民的艰难挣扎、薪火相传、生生不息,世界各地逐渐形成了具有显著特征而又不可替代的唐人街、中国城。世界各地的唐人街、中国城,其充满着中华文化浓郁气息的建构与特征,几乎是一致的。这种具有一致性的建构与特征,正显示了由沿海商民迁移海外所带过去的一般民众生活方式在海外的成功传播与发展。换言之,以往被人们所忽视的由沿海商民迁移海外传播一般民众生活方式的文化传播途径,实际上成了 18 世纪以后中华文化向海外传播的主流渠道。①

---

① 参见陈支平《从文化传播史的角度看明代的历史地位》,《古代文明》2011 年第 3 期,已收入本书。

虽然说从 16、17 世纪以来,中国东南沿海的居民不断地批量向世界各地移民,形成华侨群体,并且在自己的居住国形成了具有中华特征的社会文化氛围,但是我们还必须看到的是,这种由下层民众传播到世界各地的中华文化,无论是宗教信仰的、生活习俗的,还是文化教育以及文化娱乐等方面,基本上都是在华人的小圈子里面打转转,极少可以扩散到华人之外的族群当中去。这就是说,这种中华文化的传播,不太可能对于华人之外的群体乃至国家、地区产生重要的影响力。

明代时期,中国的对外关系,基本上是遵循两条道路开展的,一是王朝政府的朝贡体系;一是民间从事海外贸易与对外移民的系统。如前所述,王朝的朝贡体系,其关注的政治礼仪外交,缺乏文化的输出传播;而民间文化的输出,则基本上只是在华人的小圈子里面打转转,很少对华人之外的群体乃至国家、地区产生影响力。这也就是说,明代中国海上丝绸之路的发展模式,文化的对外传播与输出是一个严重的缺失。反观 15 世纪以来西方殖民者的东来,在庞大的商业船队前来的同时,天主教的传教士们也不断前来,想方设法要在世界的东方包括中国在内的广大民众之中,传播西方的宗教与意识形态。时至今日,有些与我们邻近的国家如韩国,基督教的信仰大大超出了以往对东方佛教的信仰。起源于中东地区的伊斯兰教,同样也是如此。本来,中国华人移民率先进入东南亚,但是后进的中东和南亚的伊斯兰教徒们,充分利用和扩展对于东南亚地区国家和地区上层阶层的交往,使得伊斯兰教在东南亚地区得到迅速的传播,使今天的东南亚地区土著居民,基本上为伊斯兰教所同化。伊斯兰教文化在这些地区后来居上,占据了统治地位。虽然说有少部分中国学者和华人学者,一厢情愿地认为明代前期郑和下西洋对于东南亚地区的伊斯兰教传播起到了重要作用,但是这种论点的历史依据,大多是属于现代的,很难得到东南亚地区伊斯兰教系统文献的印证。[①]基本上属于自娱自乐、自说自话的范畴。

在明代以来中国海上丝绸之路发展的历程中,文化对外传播与输出的

---

① 如孔远志先生是主张郑和下西洋时向东南亚地区传播伊斯兰教的学者,但是他也承认:"海外现有的关于郑和在海外传播伊斯兰教的记载,尚缺乏有力的佐证。"见孔远志《论郑和与东南亚的伊斯兰教》,中国航海日组委会办公室、上海海事大学编《中国航海文化论坛》第 1 辑,第 81 页。

缺失,极大地限制了中国对于周边国家,特别是对东南亚国家和地区的整体影响力。尽管明代政府希望通过朝贡体系的形式,谋求与周边国家的和平共处,中国的海外移民也对居住国社会经济的发展作出了重大的贡献,但是由于文化上的隔阂,使得无论是中国与周边国家地区的关系,还是华侨与当地族群、国家的关系,都处于比较尴尬的境地。就东南亚地区百余年的发展情景而言,华侨在经济上的成功,为当地的发展作出了重大的贡献,但是经济上越是成功、对当地的贡献越大,其结果往往较难拉近与当地族群的亲密和谐关系,而使二者之间的隔阂始终存在、时隐时现。一旦这些国家或地区出现政治上、经济上的波动,当地的族群往往把社会、政治以及经济上的怨恨发泄到华人群体之上。百余年来,东南亚地区是华人华侨人数最多的地区,同样居住在这些地区的尚有西方人等,唯独华人华侨,不时要受到当地政府或当地民众的排斥甚至攻击。这其中的原因,当然是十分复杂的,但是我们不能不认识到,中国海上丝绸之路在发展历程中忽视文化的传播与输出,从而造成不同国家与地区之间在文化上的隔阂,这无疑是其中一个重要的因素。

# 关于"海丝"研究的若干问题

近几年来,"海丝"研究迅速成为包括学界在内的社会各界的热门话题。所谓"海丝",即为"中国海上丝绸之路",不知在近年的何时何地,被高明人士简化为"海丝",并且迅速流布于全国各地,成为时髦的流行语。"海丝"研究的兴起并迅速成为热门,显然跟近年来的政治导向与社会经济需求很有关系。大家开口"海丝",闭口"海丝",尤其是在面临大海的福建区域,在省委领导的倡导下,研究"海丝"的"专家学者"一下子冒出了成百上千之多,使得包括各级领导在内的社会各界深受鼓舞。然而,从学术的立场来观察,此次兴起的"海丝"研究,文化起哄的意味大大超过深入细致而又严谨创新的学术研究。各地纷纷热衷于"海丝"标志性建筑物的建造,大型"海丝"文化论坛、文化艺术节的举办,有关"海丝"非物质文化遗产的申报与保护,等等,不一而足。至于"海丝"究竟是怎样的文化定义?包含哪些内涵?如何开展切实可行的学术研究?这就比较少人关心了。而这种群众运动式的文化起哄活动,虽然也搜集了不少的所谓"学术论文",但是大家应景者多,老生常谈,抄来抄去,生产出不少的"学术垃圾"。因此,我个人对于近年来迅速掀起的"海丝文化"热潮,并不感到十分乐观。

下面,我对目前"海丝"研究中的四个突出问题,提出自己的粗浅看法。

## 一、关于"海丝"的名称问题

首先是关于"海丝"的名称问题。虽然说"海丝"一词在社会上几乎成了一种"口头禅",大部分人对于"海丝"一词因何而来并不关心,然而在传统学界之内(所谓传统学界,指的是原先就是从事学术研究的这一班人,以区别于突然冒出来的"新新人类"式的为数甚众的"学者"），有一部分学者对于"海丝"这一名称颇有异议。归纳起来，主要有三点。一是认为中国古代的海上交通贸易，较少有丝绸输出的份额，更多地是诸如瓷器、茶叶之类的货物，不像陆路通西域的交通贸易，汉唐时期以丝绸贸易为大宗。因此，冠于"海上丝绸之路"，名不副实，有悖历史真相。二是在中国的古代典籍以及近现代中国学界的研究成果中，从未出现"海上丝绸之路"的名称。"海上丝绸之路"的名称，据说最早是日本的非专业人士提出来的，本就不足为训。而如今成为我们冠冕堂皇的政治、文化与学术的专用名词，于情于理于史实，均不合适。三是从中国汉字的表述习惯上看，"中国海上丝绸之路"的关键词应该是"海上之路"，故应简化为"海路"，而不应简化为"海丝"。简化为"海丝"，还原过来，变成"海上丝绸"，既不达原意，也无历史依据，莫名其妙。

从历史学专业的角度来思考，这些人士的质疑不无道理。但是我在近几年被卷入所谓的"历史文化"的研究漩涡中，悟出了一个道理：历史真相与文化宣扬是无法等同起来的，历史与文化存在着一定的差异性。①当历史学者遇到此类横跨历史与文化界限的大题目时，似乎也不合适坚守追究历史真相的原则，否则就无法参与到"海丝"的大讨论中去。这就像多年来纠缠不清的"封建社会"一词一样，它的最先出现是历史学的，但是随着时间的推移，"封建社会"一词逐渐超越历史学而成为社会文化名称的时候，再从历史学的立场去探讨它的科学性，就不免进退两难、左右不讨好了。从"历史与文化歧义"的立场出发，我认为关于"中国海上丝绸之路"的名称问题，只能采取约定俗成的办法。既然社会各界约定俗成使用了"海丝"一词，我们也就不妨喜闻乐见，一道使用"海丝"这一称呼，免得别开生面出"海瓷之路""海茶之路"之类的称呼，弄得大家更加糊涂，更加争论不休。

## 二、关于"海丝"研究的内容问题

"海丝"研究究竟应该包含什么样的内容？这无疑是能否推进"中国海

---

① 参见陈支平《历史与文化的歧义》，《第五届中日学者中国古代史论坛文集》，北京：中国社会科学出版社 2014 年版，第 1—10 页。

上丝绸之路"学术研究进展的关键所在。从目前的情景看,"海丝"研究只不过是用一个新名词替换以往的旧名词而已,在研究内容上并没有十分明显的差别。从 20 世纪上半叶中国学界开展中外关系史研究以来,大家比较惯用的名词,主要有"中外交通史""中外交流史""海外交通史"等。因此之故,到了改革开放之后,国家允准成立某些学术群众团体组织,于是便有了"中外交通史研究会""中外文化交流史研究会"一类的全国性学术组织。到了 20 世纪末,国家重视海洋权益,于是,诸如"海洋历史文化""中国海洋社会经济史"等名词出现了。但是不论是早期的"中外交通史",还是 20、21 世纪之交的"海洋文化",大家的学术研究意趣,基本上集中在汉唐以来中外文化交流史与中外社会经济史,即海外移民及贸易这两大领域。近年来,由于国家及地方各级领导人的倡导,"海上丝绸之路"的风头很快就盖过了以往的种种称呼,成为最崇贵、最新颖的学术与文化名词。

名称虽然崇贵、新颖,但是在研究内容上看,却丝毫没有超越以往学界所从事的"中外交通史""中国海洋文化发展史"的范围,用通俗的谚语,就是"新瓶装旧酒"。我认为这是目前炒作"海丝"文化的最大缺陷之一。用一种新的名词替代旧有的名词,而在内容上没有更多的拓展与充实,这在学术上是没有意义的,至少是意义不大。

我们既然要用新的"海丝"名称替代旧有的"中外交通史""中国海洋文化发展史"等名称,从学术创新的角度来思考,研究内容的拓展与充实是无法回避的问题。学术的进步是必然的趋势,学术研究领域的开拓也是必然的趋势。随着人文社会科学理论与方法论的进步,人们对于学术研究的视野也应当更加广阔。我们应当在以往所从事的"中外交通史""中国海洋文化发展史"研究的成果的基础上,寻找更多的相关问题的研究空间。而只有在以往学术研究成果的基础上有所拓展,有所创新,那么"海上丝绸之路"的倡导以及替代旧有的学术名词,才是有意义的。

也许人们会说,中外交通史和中国海洋发展史的研究经历了近一个世纪的学术积累,成果丰硕,可进一步拓展的学术研究的空间已经不大。事实上,这里存在着一个学术研究视野的问题。我们如果借助传统历史学、文学、艺术学等之外的学科知识,或许就会有新的研究空间的发现与开拓。这里,我试举上古中国大陆南方及台湾岛的民族变迁与海洋活动的历程来供大家参考。

我们不论是从中外交通史的角度,还是从"海丝"的角度,由于文献资料的限制,中外交通史的研究上限基本上是汉唐之后。对于汉唐之前的中外交通历史,大多轻轻带过、语焉不详。但是如果我们借助人类学、民族学、考古学等学科的学术视野,就将把中外交通的历史,大大提前到公元之前的久远时代。从目前可知的民族学、考古发掘资料看,台湾地区史前文化最早阶段出现于更新世晚期,距今约三至五万年前,与整个东亚、东南亚比较,可说属于旧石器时代的晚期阶段,亦有学者称为先陶文化阶段。台湾史前文化的旧石器时代晚期阶段,出现了两个文化相貌稍有不同的文化类型:一个是分布在岛东部及恒春半岛海岸的长滨文化,另一个是在西海岸中北部丘陵地带地区的网形文化,此外还有发现于台湾岛南部地区的化石人左镇人和出土于台湾海沟内的更新世晚期古生物化石。长滨文化出现的年代至少在三万年前,且可能早到距今五万年前左右,结束的年代在距今五千五百年前左右;网形文化年代测出结果最早在距今五万年左右,结束的年代在距今八千年左右,从文化遗物相貌而言,与广西新州地区旧石器时代晚期出土的遗物相似。①从遗物的形态而言,网形伯公垄遗址出土的尖器、刮器、砍砸器等和广西新州地区的石器群相似,几乎是同类型的石器;而长滨文化是以石片器为主的砾石工业传统,无疑也和广西百色、上宋遗址及贵州南部兴义县的猫猫洞文化有密切的关系。说明了这些文化可能来源的方向是大陆南部地区。近年来福建的考古发现,可以作为台湾同一时期的比对与发展,福建的文化类型反映了从旧石器时代晚期到新石器时代早期的转变与发展。根据最近福建省博物馆研究人员所提供的史前文化证据,其遗址从旧、新石器过渡期一直延续到新石器早期,地层堆积连续、清楚,三期文化一脉相承,体现了较完整的文化序列。其中旧、新石器过渡期的石器打制技术与台湾长滨

---

① 参见宋文薰《史前时期的台湾》,黄富三、曹永和主编《台湾史论丛》第 1 辑,台北:台湾众文图书公司 1980 年版。

文化十分相似,说明二地之间在旧石器时代晚期的可能关系。①

到了新石器时代早期阶段,台湾的史前文化以"大坌坑文化"类型为主。台湾的许多考古学者认为,台湾新石器时代的大坌坑文化与福建、广东二省沿海的早期新石器时代文化有密切的关联,尤其是发现,闽南沿海以金门复国墩、平潭南厝场和闽侯溪头下层为代表的复国墩文化,以及粤东沿海以潮安陈桥、海丰西沙坑为代表的西沙坑文化,与大坌坑文化相当近似,可能属于同一个文化的不同类型,或是有密切关联、相互影响的两种文化。大坌坑文化可能与壳丘头遗址下层和昙石山遗址下层、中层等几个不同年代的遗存先后有过接触,显示当时的史前人类可能存在着从福建沿海一带经金门、澎湖而到达台南地区的这一接触路线。也说明了新石器时代早期文化并非孤立于台湾地区,而可能透过物质交换体系与大陆东南沿海互动往来。②从早期人类学、民族学、考古学的资料,我们至少可以知道由于商贾在中国南方区域的海洋活动,使得大陆对于早期台湾历史文化的影响是独一无二的,不论是从种族的迁移,还是生产、生活等文明形态的传播,都是任何其他一种文明所无法比拟的。甚至可以说,台湾地区的早期史前文化,基本上是中国大陆南部区域文明的派生亚种,海峡两岸的文明关系从来就没有间断过。这也从一个全新的资料角度,证实了"台湾自古以来是中国不可分割的一部分"的历史命题。

中国早期的海洋活动,并不仅仅局限在东南沿海地带,而是扇形式地向南亚各地扩展。民族学的研究表明,上古时期从中国大陆南部逐渐南移的南岛语族,与稍后生存在中国南方沿海各地的古闽越族人一样,有着善于渡海迁徙的习性。在地理环境变迁等因素的诱动下,这种习性,一方面促使他

---

① 参见臧振华《试论台湾史前史上的三个重要问题》,《台湾大学考古人类学刊》第45辑,1989年版;刘益昌《史前时代台湾与华南关系初探》,张炎宪编《中国海洋发展史论文集》(三),台北:台湾"中研院"三民主义研究所1988年版。

② 以上论述可参见张光直《中国东南海岸考古与南岛语族起源问题》,《南方民族考古》第1辑,成都:四川大学出版社1987年版;凌纯声《古代闽越人与台湾土著族》,《中国边疆民族与环太平洋文化》,台北:联经出版事业公司1979年版;宋文薰《史前时期的台湾》,黄富三、曹永和主编《台湾史论丛》第1辑;刘益昌、郭素秋《金门复国墩遗存在亚洲大陆东南沿海的地位及其意义》,连江县政府文化局、台湾"中研院"人文社会科学研究中心考古学研究专题中心共同举办的"中国东南沿海岛屿考古学研讨会"论文集,2005年出版。

们继续向海上迁移,寻找适合生存的土地。在距今 4 200—3 700 年前,台湾的人群带着用台湾特有的台湾玉所作的器具,顺着海岸向南走。以巴士海峡的巴丹岛和巴布烟岛为跳板,进入吕宋岛乃至整个菲律宾。同一时期或稍晚,台湾和福建、广东也有密切的往来。近年来的研究确定台北芝山岩遗址的文化形态,是闽江口一带黄瓜山文化的后裔。西南平原上的大坌坑文化晚期跟广东的珠江三角洲,也有密切的关系。台东的卑南文化晚期到三和文化的文化形态,与上述的文化形态来源有所不同,被确定为跟菲律宾北部的吕宋岛有密切的关系。①我们梳理了一下早期台湾历史文化发展进程中的考古发现及民族学资料就不难发现,近五千年来,台湾以其独特的自然地理位置,在中国海洋文明发展史中,扮演着有别于传统朝贡贸易和海商贸易的、别具一格的海洋文明的角色。

长期以来,我们对于中国海洋文明发展史的研究,基本上是集中在国家体制的朝贡贸易和中国本土海商的两大问题之上。但是我们应当深切地意识到,海洋史即"海丝"问题的研究,并不能仅关注到与中国大一统体制相关联的海洋活动之上。假如我们换一个角度,从世界史更为广阔的时空概念来思考早期台湾历史文化的发展,其结果就可能大有不同。这也就是说,我们如果要从中国及世界史的角度来看台湾在历史上的地位和角色,就必需从南岛语族的形成、迁徙与发展的历程来探索其海洋活动的起源,中国南方区域与台湾岛无疑是其中一个极为重要的连接点、中转站之一。这个连接点和中转站,促进了上古时期中华文明与南亚文明的密切关系。其次,从台湾发现的距今四千至一千年间的考古遗址中,我们可以十分清楚地看到大陆东南沿海文化对于早期台湾历史文化的重大影响力,以及南亚、西亚文化等外来文化的痕迹。我们今天开展"海丝"的研究,切不可遗忘了早期中国人类与民族的变迁历程以及中国大陆南方及台湾岛在其发展历程中所发挥的历史作用。

以上的例子可以说明,如果我们从人类学、民族学、考古学等学科的视

---

① 参见刘益昌《史前时代台湾与华南关系初探》,张炎宪主编《中国海洋发展史论文集》(三),第 1—27 页;张光直《中国东南海岸考古与南岛语族起源问题》,《南方民族考古》第 1 辑,第 1—14 页。

野来审视中国早期的海洋文明发展史,就可以弥补以往研究中所忽视的问题,从而大大丰富"海丝"的研究内涵。事实上,"海丝"研究可以开拓的领域应该还有不少。再如我们现在最为热衷谈论的中华文化对外传播问题,就存在着一定的片面性。人们较多关注的是那些上层文化或带有意识形态色彩的文化,如儒、释、道等文化的中外交流与传播;而民间基层文化的对外传播,则较少引起人们应有的关注。从中国文化对外传播史的角度来考察,17、18世纪以来,由于西方工业革命以及资本主义革命的成功,西方社会树立了根深蒂固的"欧洲文化中心论",对于古老中国的文化传统,基本上已经失去了应有的敬畏之心。在这种情况之下,中国文化的对外传播,主要就以民间生活方式及风俗习尚的方式继续向外扩张,以民间生活方式及风俗习尚为主体的民间文化对外传播,成了17、18世纪以来中华文化对外传播的主体。①民间文化的对外传播不应被长期漠视,而深入拓展民间文化对外传播的研究,同样可以成为今后"海丝"研究拓展的一片广阔的学术领域。

## 三、"海丝"研究的全局性问题

在当今各地开展"海丝"研究的热潮当中,出现了一个极为令人担忧的不良倾向,这就是"海丝"的学术研究未见成效,但是各地争夺"海丝"发源地、中心地、名胜古迹地、名人效应地、鬼神诞生显灵地等的纠纷论战,时有发生。"海丝"的学术研究,很快就在某些地方被引入这些年来所盛行的诸如争夺西门庆出生地、孙悟空出生地的庸俗文化漩涡之中,难于自拔。

近年来"海丝文化"研究在各地的普遍兴起,得益于国家领导人和政府的倡导和推动。但某些下级政府却把这种"海丝文化"研究与弘扬当作一种政治文化行为来执行。"文化搭台、经济唱戏"的老本行自然而然地又在"海丝文化"研究中大显身手。而对某些当地的文化学者而言,"谁不说自己的家乡好"? 本土文化的塑造与拔高成为他们思考问题的题中之义,义不容

---

① 参见陈支平《从文化传播史的角度看明代的历史地位》,《古代文明》2011年第3期,已收入本书。

辞。这样一来,"海丝文化"研究的地域分裂、零碎化以及超越史实的无端拔高现象就在所难免了。

这种现象是以往中外交通史和中国海洋文化发展史研究中所不曾出现的情况。在某种意义上可以说是一种学术的倒退现象,对于"海丝文化"学术研究的正常发展,无疑是一种严重的伤害。

我国的中外交通史和中国海洋文化发展史研究,经过近一个世纪数代学者们的不断努力,已经有了比较扎实而厚重的学术积累,"海丝文化"研究是建立在这些研究的基础之上发展起来的,因此它不应该是倒退的,而应该是有着更为鲜明的时代特征的创新与发展。这种创新与发展,必须有着更为广阔而宏伟的全局观念,才能从中国数千年的"海丝文化"历程中,总结出有益于当今时代的文化精神,让我们的后代们来传承和弘扬。也许,这才是我们今天大张旗鼓开展"海丝文化"研究的真谛所在。

比如,我的家乡泉州市,在中国的"海丝文化"发展史上占有重要的地位。这两年来,不知是什么机构或衙门,授予泉州市"东亚文化之都"的光荣称号。虽然在我看来,这种轻率授牌的行为有些荒唐(如今中国各个城市被授予的美誉之牌多不胜数、人皆有份),但是作为家乡的一分子,还是感到与有荣焉! 但是从学术研究的角度来审视,这种与"海丝文化"息息相关的所谓"东亚文化之都",在历史的发展过程中,并不是一成不变的。家乡虽然有"东亚文化之都"的美誉,但也不能不看到泉州市在中国"海丝文化"发展过程中的变化。

从世界文明发展史的角度来思考,中国的海上丝绸之路,应该分为"区域史"和"世界史"的前后两个阶段。从传统史学的眼光来审视中国古代历史,基本上是以中国本土为中心的。从严格意义上讲,这样的中国史研究,并没有超越"区域史"研究的范畴。这种"区域史"的史观思考模式,在中国古代社会,在欧洲的中世纪时代,其实也是十分正常的。因为从那个时代的社会生产力以至区域与区域之间的联系水平来审视世界,不可能凭空想象出超越区域或地域界限而具有世界性的历史观。世界上任何一个国家的历史,都经历了从"区域史"到"世界史"的演变过程。这种演变过程是由各个国家的社会生产力水平所决定的。从真正意义上说,"世界史"的形成,无疑是以欧洲中世纪晚期的资本主义原始积累开始,以至"工业革命"的成功为标志的。从这个时候起,先进的欧洲国家,逐渐地把经济、文化、政治的触角延伸到世界东方及美洲的许多地区,区域与区域之间的联系随之强化,地处东方的中国自然也不能例外,东西方之间的碰撞与交流势在必行。中国传统的"区域史"界限也将随之开始被突破,从而与"世界史"产生千丝万缕的联系。人们往往又把这一时期即 16、17 世纪称为"大航海时期"。

经历了"大航海时期"之后,欧洲的资本主义社会得到迅速的发展,与之相关联的欧洲之外的广袤地域,逐渐被纳入新的"世界史"中的"殖民地范畴"之中。于是,人们对于"世界史"的认识,又往往偏向于另外一个强势的极端,即局限于"欧洲中心论"的格局之中。随着 20 世纪下半叶世界多元化进程的加快,近年来,国内外的许多学者,都进一步认识到中华文明发展对于世界文明发展史的重要贡献。有一部分学者进而提出了"大中华文化圈"的概念。这些研究和思考,无疑对于继承和弘扬中华文化,起到了十分积极的作用。

当我们简要地回顾了世界文明格局中的"区域史"和"世界史"的前后两个阶段的历史事实之后,我们不难恍然大悟,在中国明代中期之前,即 16 世纪以前,中国丝绸之路的活动地域以及对于世界文明发展史的贡献,基本上是属于世界"区域史"范畴的。而从明代后期,即 16、17 世纪之后,随着西方殖民者的东扩以及中国东南沿海商民的积极应对,中国固有的丝绸之路也随着"世界史"的形成,走向了世界文明发展史的整体格局之中。[1]虽然说这一走向并不是平坦和一帆风顺的,但是其历史的走向,却是不可逆转的。

就福建的情景而言,在这一世界文明发展史的最关键时期,厦门港起到了中国其他对外港口所无法取代的重要作用。宋元明时期,泉州是举世瞩目的东方贸易大港,但是从明代后期起,起而代之的是厦门港。虽然在明代后期的短暂的时期里,政府出于对"海盗"的担忧和围堵,商人们和政府都选择了比较偏僻的漳州月港。但是历史的事实证明月港只能是昙花一现。从

----

① 参见陈支平《从世界发展史的视野重新认识明代历史》,《学术月刊》2010 年第 6 期,又《新华文摘》2010 年第 18 期,已收入本书。

整个清代以至于民国时期，厦门港口始终成为福建乃至中国海上丝绸之路的不可替代的首要对外港口。16、17 世纪以来，中国与世界各国，特别是与欧美的资本主义国家间的经济文化交流，基本上是从厦门发端的。正因为如此，我们今天讨论厦门的海丝地位，如果依然局限在传统的丝绸之路的论述中，依然沾沾自喜地认为自己的家乡到了明清时期还是"东亚文化之都"，这显然是不够的，也是十分短视的。我们必须从世界文明发展史的重要转折时期的整体格局，来把握和重新审视泉州港、厦门港、广州港、宁波港等各个重要"海丝"港口的国际性地位，这样才能从更为宏观的视野深入探讨这些港口及其区域在海上丝绸之路发展史上的重要意义。而不应该进行人为地自我割裂、自我陶醉，从而损害"海丝文化"研究的全局性与宏伟的世界性格局。

## 四、"海丝"研究中的中外比较

由于各级政府提倡弘扬"海丝文化"，在不知不觉中，"海丝"一词成了优秀文化或正面文化的代名词。人们在近年来的"海丝文化"研究中，基本上是用一种欣赏、赞扬甚至崇拜的心态和思维来从事这项学术工作的。

这样的"海丝文化"研究心态和思维，多少有些一厢情愿、剃头担子一头热。"海丝文化"既然牵涉到中国与其他各国的关系，那么这种文化学术思考应该是双向的，是可以相互参照的。但是现在的情景并非完全如此。

从 20 世纪上半叶开始的中外交通史至下半叶的中国海洋文化发展史，以至近年来的"海丝文化"研究，都有一个共同的学术缺陷，这就是所依据的文献资料大多是以中国本土的文献资料为主，对于国外的文献资料，征用较少。这种文献资料采集上的缺陷，难免使得中国的"海丝文化"研究，出现一厢情愿的充满着友好气氛的历史叙述。中国的"海丝文化"发展史，从整体趋势来说，由于中华文化的包容性以及受"四夷来朝"文化心态的驱使，当然是以友好往来的历史为主线。但是在漫长的历史演变过程中，各种不同的文化因素以及不同的交往目的，都使得这种交往，既有友好往来的一面，也有相互碰撞甚至对抗的一面。我们不能一提到"海丝文化"，就只记取友好往来的一方,大吹大擂,而忘却了相互碰撞甚至对抗的一面。无论是友好往来,还是相互碰撞甚至对抗,都是中国"海丝文化"不可或缺的组成部分。而要厘清中国"海丝文化"的整体概貌,就必须在发掘中国固有文献资料的同时,发掘海外的文献资料,相互对照,比较研究。

譬如,明清时期,中国典籍中对于周边朝贡国安南、朝鲜的记述,基本上是比较正面的。但是如果我们去阅读朝鲜贡使以及安南贡使的一些记载,情况就复杂得多。这些贡使所记述的关于明朝、清朝与他们国家的关系,存在着诸多的不确定因素。即使是贡使本身,也并非全部以促进双方的友好关系为使命,往往是怀有众多心机,见机行事。上朝摆一套,私下另一套。

再如明清鼎革之际,东南沿海的郑芝龙、郑成功集团,与荷兰、西班牙、葡萄牙等西方殖民主义者有着密切的交往,清初政府为了镇压郑氏集团在东南沿海的势力,也曾经与荷兰殖民者们有过政治、军事与经济上的交往。我们从中国文献资料中,更多地是看到郑成功集团驱逐西方殖民者、收复台湾的记载。但是如果我们同时参阅西方的相关记载,就会发现当时的情景是极其复杂的。郑氏集团、清朝政府、西方殖民者之间,既有相互利用,又有相互抵制争夺,同时三方又结盟不一、争斗无常,时在变化之中。也许正是这种错综复杂的多方关系,才是明末清初时期中外关系的真实情景。

清代后期,西方殖民主义者贩运鸦片进入中国,毒害中国人民。林则徐奉命到广东虎门销烟。从清朝的档案资料以及其他文献中,我们都可以感受到林则徐的坚定立场与忧国忧民的家国情怀。但是由于语言文字等方面的障碍,当时最初与英国等西方商人的交涉,往往经过广东十三行等买办商人的居间转述。这些买办商人出于自身利益的考虑,有时会故意曲解两广总督府的原意,私下加入调和性的言语甚至条款。这样就致使我们今天在阅读英国等国有关鸦片战争时期的档案文件时,往往会发现一些与清朝两广总督府立场不相吻合的记载。而这二者的参照比较,能够使我们更加认清当时鸦片战争演变过程的较为真实的历程。

类似的例子还可以举出很多。注重搜集阅读海外有关中国"海丝"的文献资料,不仅可以从更广阔的视野、更多元的立场,更为客观地体现中国"海丝文化"发展史的宏伟面貌,同时也可以大大拓展"海丝文化"的研究领域,充实"海丝文化"的研究内容,从而避免现在这种老调重弹、"新瓶装旧酒"的研究方式。

# 简短的结语

各级政府大力提倡"海丝文化",这对于推动中国同世界的政治、文化、经济等各领域的交流与协作关系,扩大中华文化在世界的影响力,都有着十分积极的时代意义。但是对于深入开展"海丝文化"的学术研究来说,这种提倡是一把双刃剑:它既可以在一定程度上促进"海丝文化"学术研究的繁荣进步,但是也容易使"海丝文化"学术研究走向功利化和庸俗化。如何坚持"海丝文化"学术研究的严肃性和创新性,避免"海丝文化"学术研究流向功利化和庸俗化,是我们学界必须警觉思考的一个迫切问题。

# 明代"番舶"征税考实

　　长期以来,学界对于明代的朝贡体系,大多予以比较负面的评价。认为这一体系的建立,继承了中国传统上的"华夷"观念,在政治上把来贡各国视为"附属国";在经济上,"厚往薄来",得不偿失。出于这样的认知,学者们在论述明代朝贡体系的具体情况时,往往以明初的情景而一言蔽之,而对于明代中后期的实施情景及其变化,则较少涉及。本文试图就明代朝贡体系下的"番舶"征税问题,作一较为深入的探讨,以便厘清明代"番舶"征税的缘由及其演变过程的基本情景。

## 一、明代前期洪武至成化年间政府对"番舶"的管理

　　有元一代,政府对于"番舶"的征税,是元朝政府财政的一个重要来源。但是从明代初期开始,明太祖朱元璋对来贡国实施怀柔抚绥政策,所谓"西洋诸国素称远蕃,涉海而来,难计岁月。其朝贡无论疏数,厚往薄来可也"①。

　　明初朝贡国从各国带来的物品,大致可以分为两类:一是贡品,是直接呈贡给明朝政府的;另一类是朝贡国使者及其随行人员私下携带的土产物品,希望带来中国之后,售予市场,获得利益。因此,这两类物品,前者为名副其实的"贡品",后一类则是"商品"。明初政府对于朝贡国带来的这两类物品,采取了分别对待的方式。对于"贡品",在收纳之后,以"贡品"相当价值或超过"贡品"价值的金银钱钞及中国出产的珍贵物品作为赏赐品,赏赐给朝贡国国王以及朝贡使者人等。而对于第二类私下携带的物品即"商

---

　　① 《明史》卷 325《外国六·琐里》,北京:中华书局 1974 年版,第 8424 页。

品",则根据当时各个朝贡国的不同情况,采取或予没收入官,或予官买,或准予与民间交易等不同的方式。万历《大明会典》记载:"洪武二十六年定,凡远夷之人,或有长行头匹及诸般物货,不系贡献之数,附带到京,愿入官者,照依官例具奏,关给钞锭,酬其价值。……凡番国进贡船内搜出私货,照例入官,俱不给价,其奉旨给与者不为例。""船至福建广东等处,所在布政司随即会同都司、按察司官检视物货,封□完密听候。先将番使起送赴京,呈报数目,除国王进贡外,番使人伴附搭买卖物货,官给价钞收买,然后布政司仍同各衙门官将货称盘,见数分豁,原报附余数目,差人起解前来礼部。……凡各处夷人贡到方物,例不给价。"①

明代初期以至前期,政府对于朝贡国使者私下携带物品,虽然在处理方式上,有没收入官、官买给价以及准予私下交易的分别,但是基本上没有实行商品贸易征税抽分的措施。据明代前期的记载,如暹罗,"使臣人等进到货物,例不抽分,给与价钞"。苏禄,"货物例给价,免抽分"。西洋琐里国,"洪武三年以其国来朝涉海道远,赐赍甚厚。永乐元年来朝,附载胡椒等物,皆免税"。浡泥,"正贡外附带货物,俱给价"。苏门答腊,"正贡外使臣人等,自进物,俱给价"。满剌加,"正贡外附来货物,皆给价,其余货物许令贸易"。甚至连控制较严的日本国贡使,也在一定范围内允许其与民间私下交易,"正贡外,使臣自进并官收买附来货物,俱给价,不堪者令自贸易"②。"太祖洪武四年,谕福建行省占城海舶货物皆免征,以示怀柔之意。成祖永乐元年十月,西洋剌泥国回回哈只马哈汝奇等来朝,因附载胡椒与民互市,有司请征其税。上曰商税者,国家抑逐末之民,岂以为利? 今夷人慕义远来,乃侵其利,所得几何? 而其辱大体多矣? 不听。"③

明初政府对于朝贡国使者及其随行人员私下携带土产物品来华交易所实行的免征税政策,有时是自相矛盾和含混不清的。这种政策是专指朝贡"番舶",还是泛指所有的航海船舶,其界定并不明确。事实上在实施过程

---

① 申时行:《大明会典》卷108《礼部六十六》。
② 申时行:《大明会典》卷111《礼部六十九》。
③ 王圻:《续文献通考》卷31《市籴考》。《明史》《大明会典》《续文献通考》等书对于明代前期及中后期一些制度上的设置,往往没有具体时间的记述,容易使人混淆不清。

中,确实也是很难分别的。许多外国商船前来,往往声称自己是奉使的贡船,甚至中国沿海商民从国外返货回来,也冒称是外国贡船。其时违禁通海的商船为数不多,政府尚未十分重视,故而这些从外海驶入的船只,经常被地方官员及民间人等混淆在一起。从《大明律》的规定看,民间泛海商船是必须纳税抽分的,"凡泛海客商舶船到岸,即将货物尽实报官抽分,若停塌沿港土商牙侩之家不报者杖,虽供报而不尽者,罪亦如之,物货并入官;停藏之人同罪,告获者官给赏银二十两"①。但是明初的实际情况并非如此,一方面明初政府也许认为既然已经明确规定民间船只不得出海贸易,"禁通番",也就没有必要对泛海海舶的对外贸易实行征税抽分的规定。因此我们在明初的文献中,很难看到政府有关于对民间海船出海贸易进行征税的规定及设定其相关征税机构的记载。另一方面,政府对于"番舶"与本土泛海客商舶的难于区分,以及泛海客商舶私下违禁通海,也使得明初政府对于泛海客商舶的征税抽分无法依法施行。事实上,终明之世,如何区分"番舶"与本土泛海客商舶,都是一个不小的难题。

明初政府在浙江、福建、广东三地设立了市舶司的机构,这个机构专门接待管理外国朝贡:"凡外夷贡者,我朝皆设市舶司以领之。在广东者,专为占城、暹逻诸番而设;在福建者,专为琉球而设;在浙江者,专为日本而设。其来也,许带方物,官设牙行,与民贸易,谓之互市。是有贡舶即有互市,非入贡即不许其互市,明矣。"②现在仅存的明代嘉靖晚年由高岐编辑的《福建市舶提举司志》,对于明代市舶司的职责写得非常清楚:"市舶之设,肇于唐,沿于宋元,丕建于我朝皇明。职惟理宾贡怀柔,其兼榷盐铁酒茶事务,弗与焉。""市舶提举专管进贡方物、柔待远人。……建官三员,以海市、开舶欲分治之。兹惟理贡船,不复开海市。"③明代后期的政府官员们在回顾明代前期市舶司与朝贡制度时,往往会提及当初政府的立意,在于怀远人,"四方宾服"④,而不在于贸易征税。如成化、弘治间号称"理学名臣"的丘濬,曾经论到明初的市舶之制:"臣按互市之法,自汉通南越始,历代皆行

---

① ②　王圻:《续文献通考》卷31《市籴考》。
③　高岐:《福建市舶提举司志》之《沿革》《职官》。
④　《明史》卷7《成祖本纪》,第105页。

之,然置司而以市兼舶为名,则始于宋焉。……(明)市舶司之名虽沿其旧,而无抽分之法,惟于浙闽广三处置司以待海外诸番之进贡者,盖用以怀柔远人,实无所利其入也。"①嘉靖年间汪鋐在广东任上清理"番舶"征税时就指出:"祖宗旧制,凡进贡必有金叶表衣,来者不过一舟,舟不过百人,附搭货物不必抽分,官给钞买,顽民不许私相接济,如有人货兼获者,全家发遣,则夷货无售其私,不待沮之而自止矣。番舶一绝,则备倭可以不设,而民以聊生。"②

明代前期,虽然朝廷对朝贡各国来使私带货物来华交易甚至前来贸易的外国商船基本上不予征税抽分,但是政府毕竟设立了诸如市舶司这样的管理机构。外国贡使或者外国商船要取得合法进入中国的手续,是需要首先经过市舶司官员的鉴别、验收并予以通行的。这样一来,市舶司衙门官员就掌控了一定的贸易放行权力,特别是对于那些没有按照规定时间和次数前来报贡和贸易的外国商船,打通市舶司衙门官员,就成了能否在华交易贸易的一道重要关口。《明史》概括明代设立市舶司的主要职责是:"掌海外诸蕃朝贡市易之事,辨其使人表文勘合之真伪,禁通番,征私货,平交易,闲其出入而慎馆谷之。"洪武年间,市舶司设提举一人,副提举二人。到了永乐年间,明成祖任用宦官,"寻命内臣提督之"③。从此以后,实际掌控市舶司的权力主管,就基本上属于宦官了。

明代前期朝廷既然对朝贡各国来使私带货物以及前来贸易的外国商船基本上采取不予征税抽分的政策,而作为管理朝贡事务和外国商船的市舶司中,宦官提督与市舶司提举相互重叠,事权难于专一,这就使得本应属于政府商税收入的"番舶抽分",有相当一部分变成市舶司提督宦官、市舶司提举官员以及地方管辖官员的私钱份例。关于这一点,其实连明太祖朱元璋也是很清楚的。洪武年间有官员蔡哲出任福建行省参政,临行时朱元璋对他说:"福建地濒海,民物庶富,番舶往来,私交者众。往时官吏多为利,诱陷

① 陈九德:《皇明名臣经济录》卷9《户部二·市籴之令》。
② 汪鋐:《题为重边防以苏民命事》,黄训《名臣经济录》卷43《兵部》。
③ 《明史》卷75《职官四·市舶提举司》,第1848页。

于罪戾,命卿往,必坚所守,毋蹈其罪。"①景泰、天顺年间,福建人陈燧担任广东按察司佥事,广东市舶司向广东其他地方主管衙门分发"番舶报水钱":"广东地濒海,每互市番舶至,诸司皆有例钱,谓之报水钱。燧独不受,广人至今称之。"②成化年间,江西人何乔新在广东为官时,也遇到提督市舶宦官照例分发私下征收"番舶"商税钱的事情,雷礼在《国朝列卿纪》中记云:"何乔新,字廷秀,江西建昌府广昌县人。……典番舶中官死,镇守太监分其余财,遗三司,力辞不得,乃受而输之库。"③在何乔新的《椒邱文集》中,也有同样的记载:"典番舶中官死,镇守太监分其余财,遗三司,先生力辞不得,乃受而输之库。"④像陈燧、何乔新这样不接受非分之财的官员毕竟不多,由此可以想见在明代前期,朝廷实施的对外怀柔、对贡舶番舶不予征税抽分的政策,使得本来属于政府正当收入的商税在一定程度上流入了提督市舶事务宦官以及相关官员的私囊。

## 二、成化至嘉靖年间对"番舶"的征税抽分

到了成化年间,东南沿海一带民间私下贩海的现象日益增多,明朝政府逐渐认识到"番舶"商税的流失,于公于私均不合适。于是成化、弘治年间(1465—1505 年),明朝政府也尝试在某些地方、某些时期对"番舶"进行征税抽分。"抽分之说,自成化至今,或行或禁,纷纭不一。"⑤在此期间,较早提出对海上舶船进行征税抽分的是著名的丘濬,他说:"窃以为当如前代互市之法,庶几置司之名,与事相称。或者若谓恐其招惹边患,臣请以前代史册考之,海上诸番自古未有为吾边寇者,且暹罗、爪哇诸番隔越涨海,地势不接,非西北戎狄比也。惟日本一国,号为倭奴,人工巧而国贫窘,屡为沿海之寇,当遵祖训不与之通。倘以臣言为可采,乞下有司详议以闻,然后制下滨海去

---

① 雷礼:《国朝列卿纪》卷 4《中书省参知政事行实》。
② 黄仲昭:《未轩文集》,《补遗》卷上《广东按察司佥事陈燧列传》。
③ 雷礼:《国朝列卿纪》卷 56《何乔新》。
④ 何乔新:《椒邱文集·外集·传》。
⑤ 汪铉:《题为重边防以苏民命事》,黄训《名臣经济录》卷 43《兵部》。

处，有欲经贩者，俾其先期赴舶司告知，行下所司审勘，果无违碍，许其自陈自造舶舟若干，收贩货物若干，经行某处等国，并无敢私带违禁物件。及回之日，不致透漏，待其回帆，差官封检，抽分之余，方许变卖，如此则岁计常赋之外，未必不得其助。"①

弘治年间，朝廷正式开始对外国贡船的附带货物实施抽分。《大明会典》记载："弘治间，定凡番国进贡，内国王王妃及使臣人等附至货物，以十分为率，五分抽分入官，五分给还价值，必以钱钞相兼。国王王妃钱六分、钞四分，使臣人等钱四分、钞六分。又以物折还，如钞一百贯，铜钱五串九十五贯，折物以次加增，皆如其数。如奉旨特免抽分者，不为例。凡番国进贡船内搜出私货，照例入官，俱不给价。其奉旨给与者不为例。"②在琉球的朝贡船只勘验时亦云："正贡外附来赏物，官抽五分，买五分。"③弘治年间的这一"番舶"抽分规定，主要是针对朝贡船只附带货物的，其抽分的比例也比较高，基本上是对半抽。如此高的抽分比例，可能与朝贡使者及其随从人员有另外的赏赐有关。

弘治年间的这一"番舶"抽分规定，是否延伸至朝贡船只之外的外国商船，不得而知，但是从张萱《西园闻见录》的一则记载看，其时的"番舶"贸易，还是相当地混乱，提督市舶的宦官们，还是可以随心所欲上下舞弊的。该书记述弘治辛亥年广东按察史刘缨的事迹云："刘缨，字与清，号铁柯，苏州卫人。成化戊戌进士。……辛亥再奉命按广东。广南并海，有列岛曰澳，番舶交易之地，有珠市，世有业者十人。豪民张政者，先窜名番舶商，海外诸国致货，直数十万，夤结中人监舶者，假以公牒，得捕盗海上，凭借声势张甚。因欲渔夺十人者之业，不得。恶诬十人者为盗，捕置狱中，七人瘐死，余三人当论决。公谳得其情，并释三人。"④可知此时提督市舶的宦官们，在政策的执行上带有很大的随意性。

广东地方当局在"番舶"抽分上正式形成政策，始于正德末年的广东省

① 陈九德：《皇明名臣经济录》卷9《户部二·市籴之令》。
② 申时行：《大明会典》卷113《礼部七十一·给赐番夷通例》。
③ 申时行：《大明会典》卷111《礼部六十九》。
④ 张萱：《西园闻见录》卷86《刑部三》。

布政使吴廷举。史载:"吴廷举,字献臣,嘉鱼人,晋广东右布政,立番舶进贡交易之法。"①"吴尚书廷举,湖广嘉鱼人,……升广东右布政使,立番舶进贡交易之法。"②正德末年吴廷举之所以在广东"立番舶进贡交易之法",原因是这个时期欧洲的"大航海时代"已经开始,葡萄牙、荷兰等西方殖民者向东方拓展势力,并且与广东、福建沿海的中国海商发生了直接的关系。吴廷举意识到与其放任葡萄牙等西方商人横行无忌,漫无管制,还不如建立适当的制度政策,予以约束管理。故何乔远在《名山藏》中说:"正德十三年,(满剌加)国王苏端妈未为佛郎机酋所逐,而据其地,使三十人者从广东入贡。时广东左布政使吴廷举兼海道副使,议许之。"③

正德末年吴廷举在广东建立的"番舶进贡交易之法",显然包含征税抽分的条款。因为自从吴廷举建立此条规之后,不时有官员认为不妥、不符合祖制,予以反对。其中一个重要的理由,就是葡萄牙商人不肯按照规定交纳税分,狡诈不服管束。"佛郎机国夷人,近年混冒满剌加名目,潜通互市,今又托名求贡,以为阻赖抽分之计。"④嘉靖初年,御史丘道隆、何鳌等相继疏言,反对吴廷举所建立的"番舶"交易之法,指称:"佛郎机擅夺天朝受封之夷,据有其地,且驾大舶操凶器往来交易,争斗杀伤,此南服祸始也。昔祖宗时夷贡有期,毋敢阑入。自吴廷举议弛禁,于是夷心无厌,射利如隼,扬帆如驰,以致佛郎机伺隙而侮。今宜驱绝之毋留。诏从之。"⑤

然而,自从成化、弘治之后,中国东南沿海商民违禁下海贸易已经成为一种趋势,葡萄牙、荷兰等西方商人也在东南亚一带建立了贸易据点,世界性的经济贸易活动逐渐形成,明朝政府试图以杜绝的方式来阻止这一趋势,显然是很不明智和徒劳的。即以广东的情景言之,嘉靖初年禁止葡萄牙等"番舶"进入交易之后,"番舶"纷纷转入福建漳州沿海一带贸易,致使广东的"番舶"税银收入锐减,不少广东地方官员叫苦不迭。于是,在不久之后的嘉靖八年(1529年,一说嘉靖九年),提督两广军务兵部右侍郎兼都察院右佥都

① 崔铣:《洹词》卷12《吴尚书传》。
② 邓元锡:《皇明书》卷26《吴廷举》。
③⑤ 何乔远:《名山藏》卷107《王享记》。
④ 吴桂芳:《议阻澳夷进贡疏》,载陈子龙《明经世文编》卷342。

御史林富正式向朝廷上疏,建言在广东沿海开放外商贸易,向所有"番舶"征收税款。林富的这一建言,在明代中后期的"番舶"管理和征税事务上,影响很大,兹摘录如下:

臣惟巡抚之职,莫先于为民兴利而除害。凡上有益于朝廷,下有益于生人者,利也;上有损于朝廷,下有损于生人者,害也。今以除害为民并一切之利禁绝之,使军国无所资,且失远人之心,则广东之废市舶是也。谨按皇明祖训,安南、真腊、暹罗、占城、苏门答剌、西洋爪哇、彭亨、百花、三佛齐、浡泥诸国,俱许朝贡,惟内带行商多设谲诈,则暂却之,其后亦复通。又大明会典内,安南、满剌加诸国来朝贡者,使回俱令于广东布政司管待,所以送迎往来者,实欲懋迁有无,柔远人而宣威德也。正德间,因佛郎机夷人至广,犷悍不道,奏闻于朝,行令驱逐出境。自是安南、满剌加诸番舶有司尽行阻绝,皆往福建漳州府海面地方私自行商,于是利归于闽,而广之市井皆萧然也。夫佛郎机素不通中国,驱而绝之宜也。祖训会典所载诸国素恭顺,与中国通者,朝贡贸易尽阻绝之,则是因噎而废食也。况市舶官吏公设于广东者,反不如漳州私通之无禁,则国家成宪果安在哉?以臣筹度,中国之利,盐铁为大,有司取办仡仡终岁,仅充常额,一有水旱,劝民纳粟,犹惧不充旧规。至广番舶除贡物外,抽解私货,俱有则例,足供御用,此其利之大者一也。番货抽分,解京之外,悉充军饷,今两广用兵连年,库藏日耗,藉此足以充美,而备不虞,此其利之大者二也。广西一省,全仰给于广东,今小有征发,即措办不前,虽折俸椒木久已缺乏,科扰于民,计所不免,查得旧番舶通时,公私饶给,在库番货,旬月可得银两数万,此其为利之大者三也。货物旧例有司择其良者如价给直,其次资民买卖,故小民持一钱之货,即得握菽展转贸易,可以自肥,广东旧称富庶,良以此耳,此其为利之大者四也。助国给军,既有有赖焉,而在官在民,又无不给,是因民之所利而利之者也,非所谓开利孔而为民罪梯也。议者若虞外夷阑境为害,则臣又思之,暹罗、真腊、爪哇等国皆洪武初入贡方物臣服至今,浡泥诸国皆永乐中来朝没齿感德者,而占城则成化间被继绝蒙恩者焉,南方蛮夷大抵宽柔乃其常性,百余年来未有敢为盗寇者。见今番舶之在漳闽,亦未闻其小有警动,则是不敢肆侮为害亦章章明矣。况久阻忽通,又足以得其欢心乎!请敕广东、福建海道宪臣及备倭都指挥于广州洋澳要害诸处,及东筦县南头等地,督率官军严加巡察,凡番舶之来私自行商者,尽皆逐去。其有朝贡表文出于祖训会典所载众国密词得真,许往广州洋澳驻歇。其祖训会典之所不载如佛郎机者,则驱出境。敢有抗拒不服,督发官军擒捕。而凡所谓喇哈番贼必诛,权要之私通与小民之诱子女下海者必重禁,稍有疏虞,官军必罪,如此则不惟一方之利复兴,所谓王者无外之道亦在是,庶我中国怀柔有方、公私两便矣。奏下,从其言。①

在林富的奏折中,除了列举开禁通"番舶"、征税抽分的种种益处之外,还指出"其祖训会典之所不载如佛郎机者,即驱出境。敢有抗拒不服,督发官军擒捕"。当时在广东沿海开展贸易最活跃的外国商人,首推"佛郎机",即葡萄牙人。由于当时朝中官员反对允许"佛郎机"人互为贸易者很多,且以其不合朝贡祖制,故林富不得不加上此款。实际上,林富的此次建言开禁,基本上针对所有的"番舶",当然也包括"佛郎机"商人。当时人十分清楚这一状况:"佛郎机虽绝贡,往往附他番舶至,广贾广人能识之。今香山湾夷,皆海外人长子孙,西南民航海大舶率倚为居停主,而擅干山海之货,岁入金百数十万,广用以饶。"②何乔远在《名山藏》中云:"广东督臣林富更言许佛郎机市有四利焉,……从之。以此佛郎机得入广东香山湾为市。"③严从简在《殊域周咨录》中亦云:"然虽禁通佛郎机往来,其党类更附诸番舶杂至,为交易首领人,皆高鼻白皙,广人能辨识之。游鱼洲快艇多掠小口往卖之,所在恶少与市,为驵侩者日繁有徒,甚至官军贾客亦与交通云。"④

林富不仅奏准在广东开禁通"番舶"、抽分征税,还对长期以来提督宦官把控市舶司的管理体制进行了改革,由巡视海道副使取代宦官,带管市舶司事务。他在《乞裁革珠池市舶内臣疏》中说:"臣照得广东滨海,与安南占城

①④　严从简:《殊域周咨录》卷 9《佛郎机附》。

②　熊明遇:《文直行书诗文》文选卷 13《佛郎机》。

③　何乔远《名山藏》卷 107《王享记》。

等番国相接,先年设有内臣一员,盘验进贡方物。……及查先年番舶虽通,必三四年方一次入贡,则是番舶未至之年,市舶太监徒守株而待无所事事者也。迨番舶既至,则多方以攘其利,提举衙门官吏曾不与知。万一启衅外夷,则该管官员固有莫知其由,而反受其咎者矣。……市舶乞敕巡视海道副使带管,待有番舶至澳,即同备倭提举等官,督率各该官军严加巡逻,其有朝贡表文见奉钦依勘合,许令停泊者,照例盘验。……庶几事体归一,而外患不生。"①这一改革同样至关重要,至此之后,东南广东、福建各地的"番舶"往来,原本提督太监把控市舶司的局面,逐渐为地方官员所掌握。万历年间,福建税监企图染指"番舶"征税,福建地方官员即可以税监征收番税非法为由予以反对。②

林富奏准在广东开禁通洋并对"番舶"征税抽分,对于税额的制定及抽分的比例,均未明言。且市舶事务转由地方官员管理之后,以往舞弊的种种行为,也会被延续下来。因此,在嘉靖年间,广东地方的后任官员,承继林富的改革方向,对"番舶"征税抽分政策予以不断的完善。嘉靖中期,番禺知县李恺对"番舶"征税抽分政策予以进一步的改进,乾隆《泉州府志》有李恺传云:"李恺,字克谐,号抑斋,惠安人。宋文肃公邴之后。嘉靖戊子(嘉靖七年,1528年)乡荐第二,壬辰(嘉靖十一年,1532年)进士,授番禺令。……恺治番禺,廉干有才名,上官委掣东莞夷税,如额不染,夷首欢呼,奉千金为寿,恺却之。"③他在《抽番舶议》中指出:

> 广东番舶抽分一节,暹罗、爪哇诸国货物来于广,则天下诸商亦辏于广。商集则财阜,财阜则民富,民富则国富。又取其二分以折官俸,是得右人抑逐末者之赋以宽农民之征之意也。迩来番舶不至,弊端多起,失在于抽分之官,笞打番人,刻剥番税。夫抽分之官,本有常例,此亦夷人所愿者。但有等人,既得常例以入手,又思曰抽分宽则人疑我有利于番也。常例既得,吾于番人何信义之有? 于是艘艘而盘之,物物而

---

① 万历《雷州府志》卷4《地理志二》。
② 参见赵世卿《司农奏议》卷9《请禁通番税监疏》;张燮《东西洋考》卷8《税珰考》。
③ 乾隆《泉州府志》卷42《人物》。

验之。……是抽分之官,鲜有不染指者。……大抵抽舶之法,今欲变而通之,在于少差官、宽抽税。……宁使有余者在番人,不必无者而使之报有,寡者而使之报多。委官通将货物开报布政司,而引之来见。令番人船中实货,照例十分抽二。以入官之物径以小船自送布政司交纳,与抽分官并无所预。过港泊舟之处,仍禁革不许把守官兵并光棍人等捷夺其货。不必差官二员封艖,又差官二员抽分,使番人有二三次费用。如此可省抽分答应之费、抽盘秤头之苦。又委官初至屠牛杀猪,与之酒以犒劳之。则夷情必悦,私相传语,诸夷后来番舶必多,万货必兴,而广必得大利矣。彼知东广能轻其税,决不求光棍以托大乡官之家,亦不辗转风波而入月港之地。抽分之官出大榜文,只禁收军器硝磺人口及边上抢夺,其余中国货物,任其贸易。……安知大洋之外无闻风而泊者乎? 他日倍赏未可量也。此事关系东广贫富,事体重大,故敢指实陈说![①]

李恺的这篇《抽番舶议》,被"广东布政司刻为条典",从中我们可以知道嘉靖年间广东地方对于"番舶"的征税抽分,实行的是"十分抽二"的税率。[②]此外,李恺还采取一系列措施,对"番舶"前来贸易实行优惠政策,广施招徕,与以往的禁绝政策迥然不同。

嘉靖后期广东乡绅霍与瑕,也向广州地方主管官员建议进一步简化"番舶"征税抽分程序,鼓励通商,他说:

近日闽浙有倭寇之扰,海防峻密,凡番夷市易,皆趋广州。番船到岸,非经抽分不得发卖,而抽分经抚巡海道行移委官,动逾两月,番人若必俟抽分乃得易货,则饿死久矣。故令严则激变之祸生,令宽则接济之奸长。近来多失之宽,恐侮敌玩寇,闽浙之祸将中于广州也。广东隔海

① 李恺:《抑斋介山文集》卷14。
② 关于广东对"番舶"征税抽分的税率,庞尚鹏在《题为陈末议以保海隅万世治安事制御番舶》中也提到十分抽二:"番夷市舶交易之所。往年夷人入贡,附至货物,照例盘抽,其余番商私赍货物至者,守澳官验实申海道,闻于抚按衙门始放入。澳候委官封籍抽其十之二,乃听贸易焉。"见陈子龙《明经世文编》卷357。

不五里,而近乡名游鱼洲,其民专驾多橹船只,接济番货。每番船一到,则通同濠畔街外省富商,搬磁器丝绵私钱火药违禁等物满截而去,满载而还,追星趁月,习以为常,官兵无敢谁何!比抽分官到,则番舶中之货无几矣。……为今之计,莫切于豫之一言,大约番舶每岁乘南风而来,七八月到澳,此其常也。当道诚能于五月间,先委定广州廉能官员,遇夷船一到,即刻赴澳抽分,不许时刻违限,务使番舶到港不俟申覆都台,而抽分之官已定番货在船,未及交通私贩,而抽分之事已完,所谓迅雷不及掩耳,此当预者一也。于六月间,先责令广州府出告示,召告给澳票商人一一先行给与,候抽分官下澳,各商亲身同往,毋得留难,以设该房贿阱,此当预者二也。抽分早则利多入官,澳票先则人皆官货,私通接济之弊不禁而自止矣。上益国课下芟民奸,默锡苍生之福,潜消未形之祸,莫切于此。①

经过嘉靖年间广东地方官员及当地有识乡绅的努力筹策,广东沿海的"番舶"征税抽分,逐渐定型运转,从而为福建等地的"番舶"征税抽分事宜,起到了积极的示范作用。

## 三、隆庆至崇祯年间"番舶"征税的展开

嘉靖年间广东地方对"番舶"实施征税抽分,对相邻的福建、浙江两地产生了很大的影响。浙江市舶司之设,本来是专门应对日本国朝贡的,由于日本来船往往不肯遵循明朝的朝贡制度,多有非法行为,故明朝政府对日本国贡使及其他日本来船控制较为严格。即使如此,仍然有一部分官员士绅,希望朝廷能够仿效广东的做法,对来往"番舶"予以放宽控制,征税抽分。但是这种建议很快就被朝廷否决。

王在晋在《海防纂要》中记载,嘉靖后期兵部尚书张时彻曾经建议在浙江宽禁开市抽税,立即受到许多官僚的批驳,该书云:"兵部尚书张时彻,云

---

① 霍与瑕:《霍勉斋集·上潘大巡广州事宜》,载陈子龙《明经世文编》卷368。

或谓定海沿边旧通番舶,宜准闽、广事例,开市抽税,则边储可足,而外患可弭。殊不知彼狡者倭,非南海诸番全身保货之比,防严禁密犹惧不测,而况可启之乎?况其挟赀求利者,即非脯肝饮血之徒,而捐性命犯锋镝者,必其素无赖籍者也。岂以我之市不市,为彼之寇不寇哉?殷鉴不远,元事足征。当商舶未至而绝之为易,贸易既通,而一或不得其所,将穷凶以逞,则将何以御之乎?今之寇边者动以千万计,果能一一而与之市乎?内地之商,闻风胆落,果能驱之而使市乎?既以市招之,而卒不与市,将何词以罢遣之乎?夷以百市,兵以千备;夷以千市,兵以万备,犹恐不足以折其奸谋,我之财力果足以办此乎?且市非计日限月之可期也,彼之求市无已,则我之备御亦无已,果能屯兵而不散已乎?此皆利害之较然者也,乃谓可以足边储而弭外患,不已大谬乎!"①胡宗宪在《筹海图编》中也记载了此事云:"兵部尚书张时彻云或谓定海沿边旧通番舶,宜准闽广事例,开市抽税,则边储可足,而外患可弭。殊不知彼狡者倭,非南海诸番全身保货之比。……此言浙江互市必不可行。"②

当时浙江地方官员为了规避市舶司衙门的责任,甚至还建言由官府指定民间惯于通海的豪民,责其专司与日本商人交易,类似于"番舶"代理人身份。官府再从中暗地抽税,把所抽得之税,用于地方军需之用。所谓"某海屿某老历年商舶之头也,欲律以通番死罪,罪未必及,而乱先激矣。必申明朝廷之法,宽处而羁縻之。且重其责成,曰商贩贸易,姑听其便,但一方之责,皆系于汝;一方有倭变,即汝一人之咎也。彼以利为命者,利既不失,而又不峻绳以法,则感恩畏威,必不偾事矣。一面修吾海防,不容夷舶近岸,贩货出海者,关口盘诘,勿容夹带焰硝之类,载货入港者,官为抽税,以充军需,岂不华夷两利?而海烽晏如也哉。此之谓以不治治之也。见今广东市舶司处西洋人用此法。若许东洋岛夷亦至广东互市恐无不可"③。这种建议,同样未能得到更高一层的官府批准。抗倭名将俞大猷对浙江不宜开市抽分的形势有着这样的论说:"市舶之开,惟可行于广东。盖广东去西南之安南、占

① 王在晋:《海防纂要》卷7《开互市》。
②③ 胡宗宪:《筹海图编》卷12《经略二·开互市》。

城、暹罗、佛郎机诸番不远。诸番载来乃楜椒、象牙、苏木、香料等货。船至报水,计货抽分,故市舶之利甚广。……今倭奴肆逆,东南涂炭。乃禁防疏阔,大失祖宗之制之罪也。……故祖宗绝之,视诸番特严,而为人臣子者,可不遵守耶? 卑职于军门朱,久在麾下,素知其实,故因问及,披肝沥胆,为之一明,而不觉其词之过也。伏惟照察。"①正因为如此,明代后期,浙江沿海对"番舶"进行开市抽税,阻力很大,《明史·食货志》载:"(嘉靖)三十九年,凤阳巡抚唐顺之议复三市舶司,部议从之。四十四年,浙江以巡抚刘畿言,仍罢。"②进展很不顺利。我们在明代的文献中,很难看到比较完整的有关浙江"番舶抽税"的相关记载。

福建与广东相邻,是明代民间下海通番最为频繁的区域。广东地方如果实施海禁,"番舶"海商就纷纷移驻福建沿海。自从成化、弘治年间以来海上贸易活动迅速发展起来之后,有如上引林富、汪铉奏折中所指出的那样,广东与福建两地颇有相互争夺"番舶"前来的架势。根据《明史·职官志》的记载,由于嘉靖元年(1522 年)浙江发生倭乱,"给事中夏言奏倭祸起于市舶,遂革福建、浙江二市舶司,惟存广东市舶司"③。但是这一记载其实并不正确,嘉靖年间被革停的只有浙江市舶司,福建市舶司依然存在并且运转正常。④只是嘉靖年间是倭乱最为猖獗的时期,浙江、福建沿海都遭受了严重的袭扰和战争的破坏,相对而言,广东沿海,除了东部区域之外,广州等核心区域基本上没有受到倭乱的影响,正因为如此,嘉靖年间广东地区对"番舶"征税抽分,比较能够得到朝廷的批准,顺利进行。换言之,嘉靖年间广东对"番舶"征税抽分,是制度允许的;而福建如果对"番舶"征税抽分,则是属于制度之外的私下行为。但是福建又是民间下海与外国船只通商最为繁盛的地方,如果对福建海上私人贸易放任不管的话,也是弊端良多。于是从嘉靖初年开始,许多地方士绅和政府官员都极力主张在福建开市通商抽分。如福

---

① 俞大猷:《正气堂集》卷 7《呈总督军门在庵杨公揭二首·论海势宜知海防宜密》。
② 《明史》卷 81《食货五》。
③ 《明史》卷 75《职官四·市舶提举司》,第 1848 页。
④ 高岐《福建市舶提举司志》中有《职官》一节,详载嘉靖初年至晚年历任福建市舶司提举的官员名录,可见福建市舶司衙门在嘉靖年间依然存在。

建闽县士绅、提督四夷馆的陈全之说:"减边海条禁,以遂商贾贸迁,宽例抽分,以致其来,诚意恭接,以结其意,平其价值,以鼓货聚,则利尽东海,墩堡无烟,岁抽其税不可胜言,上可以益国家之赋,下可以宽东海之征,沿海防倭官军,永以坐啸矣。行之数年,海民惯熟。"①著名的儒学名臣唐顺之在督师抗倭的过程中,认识到福建开市抽税的重要性,他指出:"舶之为利也,譬之矿然,封闭矿洞、驱斥矿徒是为上策;度不能闭,则国收其利权而自操之,是为中策;不闭不收,利孔泄漏,以资奸萌,啸聚其人,斯无策矣。今海贼据(福建)峿屿、南澳诸岛,公然擅番舶之利,而中土之民交通接济,杀之而不能止,则利权之在也。宜备查国初设立市舶之意,毋致利孔使奸人得乘其便。"②

福建市舶司的复设,虽然缘于嘉靖三十九年(1560年)唐顺之的建议,但是福建地方官府对于"番舶"的征税抽分,似乎在嘉靖年间时有进行。如当时福建同安人、理学家林希元在《与翁见愚别驾书》中写道:"既而海道见金巡按急欲驱夷,始移文永春,取郑岳乘传至海门,谕夷如告予之言。郑生过予问计。……元喜曰:'……如今之策,更妙于一贯,决可用。双华遣郑岳谕夷人,既有头绪,如不攻,遣郑生再往,令报税抽分可也。如欲攻,遣郑生密通三舟,约日举兵,令彼为内应可也。二者皆胜算。……'"③胡宗宪在《筹海图编》中也提到福建地方向"番舶"抽税的事实:"西洋船原回私湾,东洋船通布海洋,而向之商舶,悉变而为寇舶矣。然倭人有贫有富,有淑有慝,富者与福人潜通,改聚南湾,至今未已。日本夷商惟以银置货,非若西番之载货交易也。福人利其值,希其抽税,买尖底船至外海贴造而往渡之,虽驱之,寇不欲也。此固无待于市舶之开而其互市未尝不行者也。"④至于上引兵部尚书张时彻呼吁浙江开市抽税,更是以闽、广为榜样:"(浙江)定海沿边旧通番舶,宜准闽、广事例,开市抽税。"由此可见嘉靖年间福建地方对"番舶"征税抽分,明朝朝廷是知情并且默许的。

嘉靖以来是明代海上私人贸易最为发达的时期,朝廷默许福建地方政

---

① 陈全之:《蓬窗日录》卷2《日本规制》。
② 唐顺之:《唐荆川文集·条陈海防经略事疏御倭经略》,载陈子龙《明经世文编》卷260。
③ 林希元:《林次崖文集》卷5《书》。
④ 胡宗宪:《筹海图编》卷12《经略二·开互市》。

府对"番舶"实行征税抽分,是一种十分被动的行为。事实上,明朝政府虽然从明代前期开始,奉行着严禁交通外番的政策,但是随着明代中叶以来东南沿海民间私人海上贸易的发展,明朝政府的应对措施也不是完全一成不变的,许多官僚、士大夫都呼吁改变海禁政策,实行通海。从成化、弘治年间政府对朝贡船只的抽分,到正德、嘉靖年间广东对"番舶"的正式征税抽分,以及政府对福建地方官府征收"番税"的默许,从一个侧面反映了明朝对外政策的缓慢变化。十分顽固保守的海禁政策再也维持不下去了,弛禁是不可避免的。[①]正因为如此,隆庆改元,朝廷终于在制度上准许福建沿海贩货东西洋,"除贩夷之律"。尽管这种弛禁是很有限的,但是其成果是十分显著的,"公私并赖,其殆天子之南库也"[②]。

隆庆元年(1567 年),福建巡抚都御史涂泽民请开海禁,准贩东西二洋。"盖东洋若吕宋、苏禄诸国,西洋若交址、占城、暹罗诸国,皆我羁縻外臣,无侵叛。而特严禁贩倭奴者,比于通番接济之例。"隆庆六年(1572 年),漳州"郡守罗青霄以所部雕耗,一切官府所需倚办,里三老良苦",于是建议在漳州海澄县月港向通番船只开征商税。万历三年,设立督饷馆。中丞刘尧海请税舶以充兵饷,岁额六千。同知沈植条海禁便宜十七事,著为令。"于时商引俱海防官管给,每引征税有差。名曰引税。东西洋海引税银三两,鸡笼、淡水税银一两。其后加增东西洋税银六两,鸡笼、淡水二两。每请引百张为率,尽即请继,原未定其地而限其船。十七年,中丞周寀议将东西洋贾舶题定额数,岁限船八十有八,给引如之。后以自变量有限而愿贩者多,增至百一十引矣。"[③]

隆庆末、万历初福建月港向通番船只开征商税,与广东最大的不同点,在于放弃了相沿已久的抽分征税的办法,而开始实行以船只大小和货物贵重多少酌情计量计值科银的征税办法。"其征税之规,有水饷,有陆饷,有加增饷。水饷者,以船广狭为准,其饷出于船商;陆饷者,以货多寡计值征输,

---

① 参见毛佩琦《明代海洋观的变迁》,中国航海日组委会办公室、上海海事大学编《中国航海文化论坛》第 1 辑,北京:海洋出版社 2011 年版,第 257—268 页。

② 张燮:《东西洋考》,周起元序。

③ 张燮:《东西洋考》卷 7《饷税考》。

其饷出于铺商。又虑闲有藏匿,禁船商无先起货,以铺商接买货物,应税之数给号票,令就船完饷,而后听其转运焉。西洋船面阔一丈六尺以上者,征饷五两,每多一尺,加银五钱。东洋船颇小,量减西洋十分之三。陆饷胡椒、苏木等货,计值一两者征饷二分。鸡笼、淡水地近船小,每船面阔一尺征水饷伍钱,陆饷亦如东西二洋之例。加增饷者,东洋吕宋地无他产,夷人悉用银钱易货,故归船自银钱外无他携来,即有货亦无几,故商人回湾,征水陆二饷外,属吕宋船者,每船更追银百五十两,谓之加征。后诸商苦难,万历十八年量减至百二十两。"①

福建月港的这种征税办法,很快取得了显著的效果。"自万历四年,饷溢额至万金,刊入章程录。至十一年累增至二万有余。二十一年倭寇朝鲜,闽以震邻,禁止通贩。海上人辄违禁私下海,或假借县给买谷捕鱼之引,竟走远夷。中丞许孚远深念之,恐复为变如嘉靖时,移檄招谕,凡留贩人船,不论从前有引无引、日远日近,俱许驾回诣官输饷如故事。凡私通及压冬情罪,一切宥免。于是越贩商人胡台、谢楠等二十四船,闻抚绥令,皆驾船回湾。二十二年,饷骤溢至二万九千有奇。此因逆而顺收之者也。"②而这种征税办法,也成了清代开设海关之后被延续下来的最基本的征税办法。

无论是正德、嘉靖年间广东对"番舶"的抽分征税,还是隆庆、万历时期福建对"番舶"的计量征税,我们可以看到的是,这时的所谓"番舶",与明代前期朝贡船含混不清的概念相比,其含义已经大大扩展。不论是真正的外国船,还是东南沿海地区中国商民驾驶的船只,只要是与东西洋各国进行过货物交易并且回驶入广东、福建的商船,均可称呼为"番舶""海舶",从而进行征税。这种"番舶"概念称呼上的习惯,对广东、福建两地的方言都产生了深远的影响。人们称沿海居民下南洋谋生,为"过番";从南洋回家,人们又习惯上称这些华侨为"番客""蕃客"。我们切不可望文生义,以为这些"番舶""番客",真的是外国船只和外国人了。

明代成化、弘治以至嘉靖、万历年间,明朝政府逐渐改变明初那种对"番舶"不抽分的政策,但是这种改变并不顺利,否定和反对对"番舶"实行抽分

---

① ② 张燮:《东西洋考》卷7《饷税考》。

征税的官僚、士大夫大有人在,征税政策实施过程中的反复时有出现。到了崇祯年间,明朝政府穷于应付东北地区清军的进攻,无暇顾及东南沿海西方殖民者的袭扰,对东南沿海民间从事海上私人贸易活动的控制力迅速下降。在这种情况下,东南沿海的中国海商经过激烈的竞争与力量调整,最终形成了由福建泉州郑芝龙海商集团控制中国海商对外贸易的局面,中外海上贸易的利权及其征税,均为郑氏集团所掌握。"海舶不得郑氏令旗,不能往来。每一舶税三千金,岁入千万计。……其守城兵自给饷,不取于官。旗帜鲜明,戈甲坚利。凡贼遁入海者,檄付龙,取之如寄。故八闽以郑氏为长城。"①对此,明朝政府无可奈何。明王朝不久也就土崩瓦解,为清王朝所取代。

从明初对朝贡船只的不征税抽分,到成化、弘治年间的部分抽分,以至嘉靖、万历时期对于广东、福建沿海海舶商船的抽分征税,从一个侧面反映了明朝政府在海洋政策上的缓慢变化,西方"大航海时代"来临引发东南沿海地区海上贸易活动的兴盛,明朝政府随之在一定程度上顺应了这一世界性潮流的变化。然而,明朝政府的这一缓慢变化是被动的,对"番舶"征税政策的制定缺乏全局性的战略眼光,"番舶"的概念界限不明确,带有一定随意性和盲目性。我们或许可以这样说:外国朝贡,是属于国际政治外交性质的;而往来东南沿海海域经商贸易的海舶,是属于经济层面的。明朝政府在实施对"番舶"征税政策时存在随意性和盲目性,混淆了国际政治外交与经济贸易的界限。从这层意义上说,明朝政府对"番舶"的抽分征税,其对国际政治外交和经济贸易的政策引导促进作用,都是相当有限的。

---

① 林时对:《荷牐丛谈》下册卷4。

# 明代市舶司与提督市舶太监

明代市舶司是明朝政府与外国交往的主要职能部门,《明史·职官志》记载市舶司的职能云:"掌海外诸蕃朝贡市易之事,辨其使人表文勘合之真伪,禁通番,征私货,平交易,闲其出入而慎馆谷之。"市舶司的官员设置,大致有提举一人,从五品;副提举二人,从六品;其属,吏目一人,从九品。①但是自从永乐年间中央政府派驻宦官提督市舶司之后,市舶司的管理职权,基本上为提督市舶太监所掌控。明代市舶司的这一沿革,学界往往言之不详。本文试图对明代的提督市舶太监一职,作一初步的探索,以期对明代的市舶司制度的沿革始末,进行较为全面的分析。

## 一、明代提督市舶太监的设置与兴废

关于明代宦官的出使、专征、监军、分镇、刺臣民隐事诸大权,《明史·宦官传》有一段比较简要的记述云:"明太祖既定江左,鉴前代之失,置宦者不及百人。迨末年颁《祖训》,乃定为十有二监及各司局,稍称备员矣。然定制,不得兼外臣文武衔,不得御外臣冠服,官无过四品,月米一石,衣食于内庭。尝镌铁牌置宫门曰:'内臣不得干预政事,预者斩。'敕诸司不得与文移往来。……有赵成者,洪武八年以内侍使河州市马。其后以市马出者,又有司礼监庆童等,然皆不敢有所干窃。建文帝嗣位,御内臣益严,诏出外稍不法,许有司械闻。及燕师逼江北,内臣多逃入其军,漏朝廷虚实。文皇以为忠于己,而狗儿辈复以军功得幸,即位后遂多所委任。永乐元年,内官监李

---

① 《明史》卷75《职官四·市舶提举司》,北京:中华书局2011年版,第1848页。

兴奉敕往劳暹罗国王。三年,遣太监郑和帅舟师下西洋。八年,都督谭青营有内官王安等。又命马靖镇甘肃,马骐镇交阯。十八年置东厂,令刺事。盖明世宦官出使、专征、监军、分镇、刺臣民隐事诸大权,皆自永乐间始。"①

学界对于《明史》的这则记载,虽然也有不同的讨论,但是对于宦官外出监军、镇守等掌握实际权力的情况,基本上都认同始于永乐年间。特别是关于明代的镇守太监,学界论著甚多,意见虽有所分歧,但是镇守太监始于永乐年间,并无异议。

但是如果我们对明代永乐年间宦官外派执掌权力的文献记载进行仔细的检索,就可以发现,其实永乐年间外派宦官到地方执掌权力的最早案例,却是提督市舶太监。徐三重《采芹录》记云:

> 永乐元年八月,命齐喜提督广东市舶,此国初内臣任外事之始。《水东日记》谓中官之宠任肇于永乐中,然犹未敢大恣,自后益胜矣。盖高庙手三尺与诸将臣起事行间,其后创立宫府,则俱扫除供给之人,又监于前代,防约甚严,无有得干外事者。文庙起潜邸危迫艰难之间,不无参密谋任保护以劳瘁同济大业者,此一时缓急之赖,乃委任假借之所由始也。②

其他的许多文献也都记录永乐元年八月永乐帝派遣内官到广东提督市舶,如雷礼《皇明大政纪》云:"(永乐元年八月)庚午,遣内官杨瑄等赍敕抚谕麓川、车里、八百、老挝、古剌、孟定、孟养、木邦等处土官。……命内臣齐嘉提督广东市舶。"③何乔远《名山藏》云:"(永乐元年八月),始命内臣齐喜提督广东市舶。"④成化年间担任过广东左布政使的彭韶,在其奏议中说:"广东市舶

---

① 《明史》卷304《宦官一》,第7765—7766页。
② 徐三重:《采芹录》卷3,《四库全书》子部第173册,台北:台湾商务印书馆1985年版,第397页。
③ 雷礼:《皇明大政纪》卷6"癸未永乐元年八月庚午"条,《续修四库全书》第353册,上海:上海古籍出版社2002年版,第501页。
④ 何乔远:《名山藏》卷6《典谟记·成祖文皇帝》,扬州:江苏广陵古籍刻印社1993年版,第378页。

提举司衙门,先于永乐元年八月内该内官齐喜钦奉太宗皇帝圣旨设立。"①

当然,徐三重在《采芹录》中所说的(永乐元年八月)"命齐喜提督广东市舶,此国初内臣任外事之始",只是专指宦官外出执掌地方权力而言。至于作为外交使节或者安抚边疆少数民族的使节及市马差遣,则从洪武年间就已有之。故在永乐元年(1403 年)的九月间,还有"庚寅,初遣中官马彬使爪哇诸国"②的记载。从此以后,"始命内臣出镇及监京营军"③,所谓"镇守太监"逐渐成为制度。

《福建市舶提举司志》记载福建提督市舶太监的派驻时间,没有具体的年份,但是也是始于永乐初年。该志在《官职》中附有先年市舶府太监历任职名,其中有"杨斌,交趾人,……永乐初年任;梁著,湖广人,……永乐初年任"④。该志对于提督市舶太监名单的记录不全,梁著之后的提督市舶太监还有:来住,交趾人,正统九年任,正统十三年迁本省镇守;张贵,北直隶人,成化元年九月任;蒙信,广西人,成化四年十月任;施斌,山西人,成化九年七月内任;韦查,广西人,成化十二年九月内任;董让,浙江人,弘治二年三月任;刘广山,山东人,弘治十年六月十八日任;刘彝,山后人,正德二年二月初十日任;许通,顺天府人,正德三年十月十三日任;吕宪,山东人,正德四年十一月初八日任;尚春,保定人,正德五年十二月十一日任;赵诚,保定易州涞水县人,正德十四年十月十一日任。⑤

从永乐元年(1403 年)宦官齐喜出任广东提督市舶之后,宦官提督市舶逐渐常态化,随着镇守太监等宦官在地方权力上不断加强,提督市舶太监也俨然专任一方,原先的市舶提举司,在市舶司的管理上基本成为陪衬,沦落

---

① 彭韶:《彭惠安集》卷 3《奏议》,《四库全书》集部第 186 册,第 9 页。陈建《皇明通纪法传全录》卷 14《太宗文皇帝纪》"癸未永乐元年闰十一月"条载"命内臣齐喜提督广东市舶",可能是误记。

②③ 《明史》卷 6《成祖本纪》,第 80 页。

④ 高岐:《福建市舶提举司志·官氏》,方宝川、谢必震主编《琉球文献史料汇编》明代卷,北京:海洋出版社 2014 年版,第 658 页。

⑤ 高岐:《福建市舶提举司志·官氏》,第 658—661 页。赵诚的罢免是在嘉靖七年(1528 年),徐阶《世经堂集》卷 18《明故太子太保兵部尚书赠少保谥贞襄聂(豹)公墓志铭》云:"乙酉征拜御史,劾奏司礼太监张佐违诏收补工匠礼书,席公不当乞留其弟于翰林,直声顿起。戊子(七年)巡按福建,奏罢镇守太监赵诚及中官之司市舶者。"(《四库全书存目丛书》集部第 79 册,济南:齐鲁书社 1997 年版,第 758 页)

为摆设性的冷官。《福建市舶提举司志》是由该市舶提举官高岐撰写的,他在《官职》中自嘲:"岐谨按诗曰:彼君子兮,不素餐兮。则知古者俸以养廉,君子恒惧其覆悚也。惟市舶提举司衙门,建于福,支候款兵额派于兴、泉、漳三府,征解多逃逋,不惟官无以资用,顾役屡虚,无怪其啧啧也。虽有年例银,不敷岁用。然署僻官贫,俸薄役稀,恒称贷以应之。茌此亦可以为清心寡欲之助,岂特诮素餐之讥哉!"①宁波鄞县籍士大夫张邦奇言,自宦官提督市舶,原先的市舶提举无所事事,宜于清修养生:"我国家威德旁流,极天所覆,绝海岛夷,往往帆飑修职贡。明州滨东海,日本夷舶之来于是焉止,故朝廷命中贵主其事,而提举市舶之职,率选科目胄监士为之。盖重边隅柔远人清货贿,势不可以不慎。然闽广之地,富商远贾,帆樯如栉,物货浩繁,应无虚日,而日本之夷朝贡无常期,十数年间仅一再至,虽淫工巧技、委载如山,而率以其异物博同至物。其供应之节、控驭之方掌于郡守,犒待之仪、贡输之数主于中官,职提司者不过检视之而已。士之清修而恬静者,亦乐为之。"②广东右布政使林富在谈到这里的提督市舶太监专权时指出:"及查先年番舶虽通,必三四年方一次入贡,则是番舶未至之年,市舶太监徒守株而待,无所事事者也。迨番舶既至,则多方以攘其利,提举衙门官吏曾不与知。万一启衅外夷,则该管官员固有莫知其由而反受其咎者矣。"③

朝廷外派提督市舶太监也同派遣镇守太监一样,有日益猖獗的趋势。陈全之《蓬窗日录》记云:"间常考内官之制,洪武中,内官仅能识字,不知义理。永乐中始令吏部听选教官入内教书。正统初,太监王振于内府开设书堂,选翰林检讨、正字等官入教,于是内官多聪慧知文义者,然其时职专办内府衙门事,出差者尚少。宣德间差出颇多,然事完即回。今则干与外政,如边方镇守、京营掌兵、经理内外仓场、提督营造、珠池、银矿、市舶、织染等事无处无之。"④成化年间担任过广东布政使的彭韶指出当时广东提督太监韦

---

① 高岐:《福建市舶提举司志·公养》,第639页。
② 陈子龙:《明经世文编》卷147《甬川集·序·西亭饯别诗序(宁波市舶提举)》,北京:中华书局1962年版,第1464—1465页。
③ 欧阳保纂修:万历《雷州府志》卷4《地理志二》,北京:书目文献出版社1990年版,第194页。
④ 陈全之:《蓬窗日录》卷4《镇守》。

眷不断增设私衙人手、滥役民户的情景云："本司案呈奉本部送内府抄出钦差提督广东市舶提举司事内官监太监韦眷奏：'自愧疏庸，叨沐圣恩如山高水深，粉身碎骨无足以报涓埃，夙夜兢惕，寝食弗宁。幸惟仰我圣君之德，天地同仁，恩盈四表，光被海隅，越诸小邦，罔不臣服，绝漠穷荒，无不归化，自古圣王之治，莫盛于此时矣。臣承命广东，然其地方遇有所产土物等件，宜当用心采买，谨以贡用，此以臣子事君诚敬之心也。缘臣子立孤身而人力不及差用，今查得广州等府番禺、南海等县人民，每岁编充均徭余剩空闲人户数多，用之不尽，或经过人员送之听用，或公差官僚赠之跟随，俱不为役，公用何在？伏望圣明悯臣茕独，如蒙乞敕该部行令广东布政司转属本府，递年定拨番、南等县余剩空闲人户六十名，与臣差拨差买土产品物等件造办进贡。'等因具奏：成化十五年八月十九日，太子少保户部尚书杨鼎等于奉天门钦奉圣旨，准他该部知道钦此钦遵，抄出送司案呈到部合就连送该司仰类行广东布政司转行广州等府番禺、南海等县着落，当该官吏照依太监韦眷奏奉钦依内事理钦遵施行，仍行太监韦眷处知会。承此除钦遵施行外，臣忝备藩司，职在牧民，所有事干利病，不敢不推陈之，乞赦臣万死。伏惟国家升平百十余年，生齿之繁、田野之辟、商旅之通，可谓盛矣。然而官府仓库少有储蓄，人民衣食艰于自给，比之国初，无经营战征之事，无创作营造之大，富强反有不及，何哉？以害财之多也。国初设官有数。今则内外文武加数倍矣。……广东市舶提举司衙门，先于永乐元年八月内该内官齐喜钦奉太宗皇帝圣旨设立，彼时金民殷实户四十七名、军殷实户三十七名在本司用，其他工脚夫并跟拨皂隶等项，又各不等。内臣相承接管，于今七十余年。近太监韦眷奏乞均徭余户，特蒙圣恩，悯其独身久劳于外，准拨六十名与他使用，诚天地之心也。但朝廷立法，四方视效。今内臣差出各布政司者众，设若比例陈请，难尽应付。伏望圣明以祖宗为心、以万世为念，遇事思畏慎终于始，将韦眷所奏余户，合无暂与一年，以后递年乞且停罢，则臣民幸甚。"①明孝宗登基时，姜洪在《陈言疏》中说："我太祖高皇帝深鉴前代委任宦官之失，虽设监局一监，常职止五人，一局正副止二人，官不过四品，所掌不过洒埽供奉之

① 彭韶：《彭惠安集》卷3《奏议》，第8—9页。

事,未有干预朝廷之政也。近年一监有太监十余员,少监以下无数,四方藩镇之地、市舶财利之处,在在有之。蟒衣玉带,视为常服,名位之滥,莫此为甚。然君侧之人,众所忌畏,恃势纵横,所至害人,假称进奉,货赂公行,损朝廷之大体,夺百生之衣食,甚至引用奸邪,排斥正士,阻塞人言,左道害政,如梁芳、陈喜辈,虽百死不足以谢天地。幸赖皇上明圣,寻皆贬黜,中外清明,人心称快。然其中亦有忠谨守法可任使令,但不可干预政事。使弄威柄滥设者,愿加裁抑,在京仓库草场马房九门,在外镇守市舶仓场池矿,皆非太祖高皇帝旧设之数,悉宜取回以免害人。"①

提督市舶太监等宦官群体在外干政,至正德年间形成高峰。黄凤翔在《嘉靖大政类编》中说:"阉宦自正德间中外盘结,内则口含王爵、手握天宪,外则凌轹诸司、渔猎氓黎,几同汉桓灵之季矣。"②毛凤韶在世宗登基之初指摘正德世的宦官云:"臣闻官多则民扰,十羊九牧莫保其安,而况望生息乎?迩者陛下诏革冗官,山谷愚民亦知感泣。臣谓革冗安民,当自镇守内臣始。盖国初无镇守,以各省有府卫有三司有抚按,可不用矣。永乐间设辽东、固原、山西三处后,乃添设二十一处,又有分守、守备、监仓、市舶、织造等项,民始不胜其扰矣。……今各镇如故,供给之繁、差役之苦,不可胜言!况安静行事者固有,而生事害民者尤多。在各边者,军粮则扣及升合,在各省者,民利则侵及鸡豚,党附群奸,分投四出,凌轹有司,棰楚百姓,敢怒而不敢言。"③

嘉靖皇帝继位之后,宦官干政的现象一度得到遏制,许多外派的镇守太监等也陆续被召回。因此人们在论及嘉靖朝的政治时,一般都认为嘉靖皇帝对于宦官的治理较为严格。④嘉靖二年,浙江市舶司发生日本贡使宗设、瑞佐因争贡相互仇杀而殃及宁波等地之事,史称"宁波之乱",朝廷中有人如给事中夏言等倡言关闭市舶司。其后在大学士杨廷和及其后大臣张璁的主导下,朝廷开始召回外派的镇守太监等宦官,于是,提督浙江、福建和广东的市

① 陈子龙:《明经世文编》卷 122《姜中丞奏疏·陈言疏》,第 1175 页。

② 黄凤翔:《嘉靖大政类编·阉宦》,《续修四库全书》第 433 册,第 708 页。

③ 张瀚:《皇明疏议辑略》卷 4《君道·八事疏(毛凤韶)》,《续修四库全书》第 462 册,第 592—593 页。

④ 参见林延清《嘉靖皇帝大传》,沈阳:辽宁教育出版社 1994 年版。

舶太监，也在嘉靖十年前后先后被召回。其中广东提督市舶太监的召回，缘于时任广东布政使林富的力争。林富在《乞裁革珠池市舶内臣疏》中说：

> 臣照得广东滨海与安南、占城等番国相接，先年设有内臣一员，盘验进贡方物；廉州府合浦县杨梅青莺二池、雷州府海康县乐民一池，俱产珍珠，设有内臣二员，分池看守。前项各官，或用太监、少监、监丞，初无定衔。成化、弘治年间，乐民珠池所产日少，至正德年间，官用裁革，惟廉州珠池一向存留看守。臣窃计各官供应之费，市舶太监额编军民殷实人户各五十名，而珠池役占不减其数，珠池太监额编门子弓兵皂隶等役，而市舶所用亦不为少。……况递年额编殷实及所占匠役无故纳银以供坐食为费不赀，珠池约计十余年一采，而看守太监一年所费不下千金，十年动以万计，割万金之费守二池之珠，于十年之后其所得珍珠几何？正谓所利不能药其所伤，所获不能补其所亡也。臣故以为市舶、珠池太监，俱不必专设，以贻口浚月削之害。市舶乞敕巡视海道副使带管，待有番舶至澳，即同备倭提举等官督率各该官军严加巡逻，其有朝贡表文见奉钦依勘合，许令停泊者照例盘验。若自来不曾通贡生番如佛朗机者，则驱逐之。少有疏虞，听臣纠察，庶几事体归一，而外患不生。若欲查照浙江、福建事例，归并总镇太监带管，似亦相应。但两广事情与他省不同，总镇太监住札梧州，若番舶到时前诣广东省城，或致久妨机务，所过地方且多烦扰，引惹番商，因而辄至军门，不无有失大体。故臣愚以为不如命海道副使带管之便也。……伏望皇上轸念边方军民穷困，特敕该部从长查处，将市舶、珠池内臣取回别用，其额编军民殷实人户及所占匠役并门子皂隶等役尽数裁革，仍乞降敕巡视海道及海北道兵备官，各行严督官兵巡察，以待抽盘，看守以待采取，则省二内臣之费，不啻齐民数十家之产，而地方受惠、边徼获安矣。①

从林富的奏疏中我们多少可以领略到嘉靖前期罢免宦官外派干政，还是相

---

① 欧阳保纂修：万历《雷州府志》卷4《地理志二》，第194页。

当勉强的。因此虽然说嘉靖一朝比起成化、正德等朝来说,宦官外出干政的事情大有控制,但是并没有得到完全的杜绝。如吴仲在《修省疏》中说:"陛下奉行天地之事,群臣奉行陛下之事,凡阳不能以胜阴,阴不安于从阳,皆足以致此(灾异)。臣请为陈之,陛下即位之初,诛逐宦官数十人,裁抑内外冗员数千余辈,天下称庆,今则镇守太监每每违例请敕侵越职掌,而织造、市舶之差,亦渐次朦胧增复矣。"①章侨在《寝贪图以保元化疏》中说:"仰惟皇上改元一诏,凡系新添内臣俱已革回,与天下相休于无事之中,岂宜复有此举。臣浙人也,偶有所闻为地方祈哀焉,诚恐管带未已,必有专差,衅门一开,诸弊皆作。镇守买办也,市舶采办也,不独一织造之弊也,江西烧造也,陕西织绒也,南京龙衣也,畿甸皇庄也,与凡添设者之率而路也,又不独一浙人之病也,则朝廷其失信于天下乎。"②即使是在大学士杨廷和执政期间,外派宦官的事情也往往是旋革旋复,难于彻底遏制。杨廷和自己就曾经为此事叹息道:"正德间权奸乱政,始有擅自改拟营求御批以济私欲者。陛下登极之初,罢镇守、市舶及看守珠池等官,不意今者复降前旨,且出御批,不知出何左右撰呈?陛下何忍堕其奸,欺祖宗天下?正德几危,赖陛下旋定,然国势民力比之成、弘百未及一,岂堪更自败坏?兴言及此可为流涕。"③

嘉靖年间虽然未能完全杜绝宦官太监等外出经管市舶、采珠等事情,但是毕竟不能堂而皇之地宣扬"提督市舶太监"的名头,宦官外出干政的事情比起前朝大大减少。但是到了万历中期,万历皇帝惑于矿税、市税之征,正式委任宦官外出征税、经管市舶、珠池的事情时有发生。王圻《续文献通考》记云:

> (万历)二十七年二月留守后卫千户张宗仁奏敬陈末议请复旧课等事,……奏浙江旧有市舶税课,见今尚复征收,就着奏内崇文门奉御刘成督率原奏官民前去。……府军右卫前所正千户陈保奏:自去岁见圣

---

① 张瀚:《皇明疏议辑略》卷 6《修省·修省疏(吴仲)》,第 632 页。
② 张卤:《皇明嘉隆疏钞》卷 10《厘弊·寝贪图以保元化疏(章侨)》,《续修四库全书》第 466 册,第 396 页。
③ 何乔远:《名山藏》卷 72《臣林记·嘉靖臣一·杨廷和》,第 4367—4368 页。

旨差内臣李敬前去广东雷廉琼三府所属合浦等处采取,然其间未尽事宜,不敢隐默。看得广东一省十府之地,产珍奇之物,则有珍珠、玛瑙、珊瑚、琥珀、玳瑁、雄黄、象牙、倭段、翠毛、冰片、朱砂等物,杂货之类则有沉香、降速、苫草、苏木、胡椒、白糖、龙枝及诸品药材等物,古称丰稔之乡、万物丛集之处。若令各商各行牙税银两,每年不下三万余金,皆被本土势豪霸侵肥己。此臣之汲汲于心者一也。臣查得世宗初年,广东原设有总镇两广地方御马监太监潘忠、市舶司太监熊宣、看珠池廉州府杨梅青莺平江三池太监牛荣,臣见近奉钦依内臣李敬虽在彼处率众采珠,三府所属动经千里之外,使李敬一人两目,不能遍观,只身不能兼历,第恐群下作弊,以致精细者不能以进供上用。此臣之汲汲于心者二也。臣访得在内忠正之臣,惟内官监太监李凤历事三朝,忠诚廉朴,年逾五十,动止周详,伏望我皇上俯察臣言,遵照祖制旧例,敕命内官监太监李凤充任总镇两广兼管广东等处抽税并珠池等地方,访察军民利病得失,不时密封奏闻,如有土产及方物珍重器宝不时差人进献,及将先年彼处原设市舶司内臣衙门,伏乞钦赐店名,不妨总镇事务,协同臣等前去征收税租银四万两,每年两季解进御前交收,庶民无侵扰之私,则大工得以克济矣。上即俞允。[①]

在福建月港地方,由于隆庆年间巡抚涂泽民奏请准贩东西洋,在此地设立督饷馆,对往来海外的商船征收税饷,万历皇帝又专任宦官高寀前往督饷,肆意搜刮,激起民变。"高寀者,顺天文安人也。幼给事上前,累迁御马监监丞。先是大学士张位以国帑虚耗,请开采以充边储,比三殿之役。于是四方言利之徒,奸弁积猾,率上章请遣中贵出督矿,岁输巨万万,足供大工,又徐及榷税。上俞其议,廷臣争之,强不能得也。燕山卫指挥冯纲、千户胡志嗣请以寀使闽,帝命寀往闽。自市舶、镇守先后报罢,四封老稚久不识貂珰为何物。比寀衔命南下,金钲动地,戈旗绛天,在在重足,莫必其生命。而黜吏、逋囚、恶少年、无生计者,率望膻而喜营充税役,便觉刀刃在手,乡里如几

---

① 王圻:《续文献通考》卷30《征榷考》,《续修四库全书》第762册,第308、310—311页。

上肉焉。寀在处设关,分遣原奏官及所亲信为政,每于人货凑集,置牌书圣旨其上,舟车无遗,鸡豚悉算,然税额必漳、澄之贾舶为巨。寀躬自巡历,所过长吏望风披靡。……每岁辄至,既建委官署于港口,又更设于圭屿;既开税府于邑中,又更建于三都。要以阑出入、广搜捕,稍不如意,并船货没之。得一异宝,辄携去曰:吾以上供。(万历)三十年贾舶还港,寀下令一人不许上岸,必完饷毕,始听抵家。有私归者逮治之,系者相望于道,诸商嗷嗷。因鼓噪为变……"①时任都察院左副都御史的张养蒙强烈指出矿使、税监的危害,他给万历皇帝的奏疏中说:"陛下试思五七年前,圣意未动之先,何京弁腋珰无一人一字及矿店等事?及今连章累牍,指地坐名,其为交结逢迎意亦可见。惟是巧伺之党实繁有徒,肘赖头钻,靡所不至,必将以小信而饬其大诈,以小忠而济其大贪,采矿不已,渐及采珠,皇店不足,渐及皇庄,继而营市舶,继而复镇守,内可以谋坐营,外可以谋监军,正德敝风其鉴不远,恐非社稷苍生之福也。"②朝野上下虽然强烈反对外派矿使、税监,但是在万历皇帝的纵容下,税监依然控制着福建、广东海舶征税十余年之久。而到了这个时候,明王朝的颓势已日益严重,海外贡船所剩无几,私人海上走私贸易虽然相当繁盛,但是海舶的管理和征税逐渐为郑芝龙等海商海盗集团所控制,明朝政府已经失去了对于海上贸易的控制,市舶司及提督市舶太监也就失去了其存在的意义。

## 二、提督市舶太监的不法行为

自从永乐年间中央政府在浙江、福建、广东三地市舶司派驻了提督市舶太监之后,市舶司的实际管理权为提督市舶太监所掌控。由于提督市舶太监掌控了市舶司的实际管理权力,加上外派太监与内廷有着比较密切的关系,外派太监触犯法律,又往往得到皇帝内廷的庇护,这就使得提督市舶太监经常在任内肆意妄为、违法窃取。这种情景我在前面所引述的材料中已

① 张燮:《东西洋考》卷8《税珰考》,北京:中华书局1981年版,第155页。
② 吴亮:《万历疏钞》卷12《台宪类·纪纲轻重渐乖疏(张养蒙)》,《续修四库全书》第468册,第523页。

有反映,下面,我再举一些外廷及地方官员揭发提督市舶太监肆意妄为等不法行为反被宦官陷害诬告的例子如次。

陈继儒在《见闻录》中记载了成化年间广东省布政使陈选因弹劾提督市舶太监韦眷不法事反而为韦眷所陷致死的史实。该书记云:

> 陈恭愍公名选,浙江临海人,天顺庚辰以会试第一人授监察御史,提学南畿试卷。……除擢广东右布政使,逾年转左。会肇庆大水,公即具奏灾伤状,便宜发仓赈之。市舶太监韦眷纵恣掊克,籍富民供辨,公奏减之。眷复以私舰通番,为番禺知县高瑶发觉,没货巨万,都御史宋旻等不敢诘,公独移文奖瑶。眷深憾之。番人马力麻者,贸货海口,诡称苏门答剌国贡使。眷利其珍奇,将许焉。公发其伪,逐之。又有撒马儿使臣泊六湾,还国枉道至广,谓将往满剌加市狻猊入贡,所过震惊,疏入留中。眷知中官咸疾公,乃诬摭公党比高瑶和同贪墨,上遂遣刑部员外郎李行会同巡按御史徐同爱鞫之。行、同爱畏眷,不敢反异。复略公所黜吏张聚,令诬执公,聚不从,行等阿眷,执聚拷掠。聚曰:死即死耳,安敢以私憾灭公义、陷正人也!行等罗织无所得,乃诬公矫制发粟,意在侵欺;褒奖属官,志图报谢,论罪当徒。奏入,诏夺公官,遣锦衣千户张福逮公。士民数万人号泣遮留,以卫士辟除乃得出省城。至南昌疾作,卒于石亭寺,时年五十八。[①]

陈选弹劾提督市舶太监反遭诬陷一事,在明代的文献中多有记载,如陈建《皇明通纪法传全录》记载成化二十二年“四月广东左布政使陈选被逮赴京,道卒。……提督市舶韦眷倚进贡为奸利,役户苦于供需,特减三十人。其后番人马力麻与海商松通贩易,诡称苏门答剌国使臣。眷利其货,不问,选发其伪。时又有撒马儿罕使臣泊六湾以狮子入贡,将浮海还国云,欲往满剌加更市狮子。选言此西域贾,胡为图利耳?使堕其谋,必贻诸番之笑。眷怨选

---

① 陈继儒:《见闻录》卷6《陈选》,《四库全书存目丛书》子部第244册,济南:齐鲁书社1995年版,第203—204页。此处所载提督市舶太监韦眷,其他文献有曰“韦春”者。

每事沮抑，乃中以他事。……上怒，遣刑部员外郎李行，会同巡按御史徐同爱鞫之。行、同爱畏眷，不敢反异。复赂选所黜吏张聚，令诬执选。聚不从，行等阿眷，执聚拷掠。聚曰：死即死耳，安敢以私憾灭公义、陷正人也。行等罗织无所得，乃诬选矫制发粟，意在侵欺；褒奖属官，志图报谢。谕罪当徙，奏闻，诏夺选官，遣锦衣卫千户张福逮选，士民数万人号泣遮留。至南昌疾作，卒于石亭寺，时年五十八。张聚乃上言讼其冤，不报。正德中，赠光禄卿，谥恭愍"①。再如黄瑜在《双槐岁钞》中说："吾广方伯陈克庵士贤选，尝作《奖贤文》曰：保民以固邦本者，臣之忠；教子以尽臣节者，母之贤。贤母、忠臣，国家之所褒嘉，方伯连帅之宜奖予也。广东市舶太监韦眷，招集无赖驵侩数百十人，分布郡邑，专鱼盐之利，又私与海外诸番相贸易，金缯、宝玉、犀象、玳瑁之积，郿坞不如也，然犹奋其威诈，渔猎民财无厌，衔冤者莫敢诉，持禄者莫敢问，官府所鞭挞者、囹圄所系者，皆种禾捞蚬之民耳。由是岭表之民不蒙至治之泽，而诸司慑其威、甘遂其非，非惟莫敢问，又从而助其虐。番禺令高瑶独毅然不与为之屈，民有遭其荼毒者，力捍御之，……及盘眷私货归县库，以身当之，克庵称为古循吏。及克庵奏眷不法，反被诬就逮。瑶亦落职，束书数笈，戴平头巾，飘然去。士民拥道涕泣交送之者几千人。"②邓元锡在《皇明书》中记载时人称提督市舶太监韦春（韦眷）与监守太监、珠池太监为广东三凶："始祖宗时，内官禁不差，即有差事，竣遄罢。王振专衔命出奉差者始比比。后两广边方置镇守，珠池、银矿、市舶监收，织染监造，无虑皆内官赐敕行，威重于大臣，至是乃大肆。守备南京太监覃得朋乘马快船夹贩私盐，殴杀巡检，而直欲卖以为功，自往南京治之。广东按察使彭韶具疏言：自古明王不宝远物，而监守太监顾恒非礼贡献，市舶太监韦春矫进奉庇富豪人，珠池监丞黄福采捕禽鸟，雷廉骚动，广东之人目为三凶至乱。"③

天顺、弘治间名臣刘大夏，亦曾向弘治皇帝密陈提督市舶太监不法事，而遭到宦官们的陷害："刘忠宣公大夏在司马，孝皇眷之，造膝奉对，所谋虽辅臣不与闻。一日，上张缀衣于内宫之隙，屏左右召公问曰：朕守祖训，不敢

① 陈建：《皇明通纪法传全录》卷24"成化二十二年四月"条，第413页。
② 黄瑜：《双槐岁钞》卷9《奖贤文》，上海：上海古籍出版社2012年版，第134—135页。
③ 邓元锡：《皇明书》卷13《宦官》，《续修四库全书》第316册，第16页。

逾分渔民,然各省岁奏民穷而亡者何? 大夏叩头曰:臣在广东久,请言广事。市舶一阉,岁所敛与省大小官俸廪埒,稍纵又倍蓰,皆办于民。上曰:此弊久病之,但朕在内势孤,如陈宽、李荣庸劣不足虑,惟萧敬习故事,朕所须问,然不假以权,此事卒难大更,但老者死或以罪罢不令嗣代可也。缀衣后一童阉伏地窃听,未已孝皇弃天下,忠宣竟戍甘州。"①焦竑《玉堂丛语》中也有相同的记载。②

正德年间韩邦奇弹劾浙江等地的提督市舶太监崔璘,与该地的镇守太监王堂、织造太监晁进、督造太监张玉,并称"四府太监",扰害地方,几生大变。陈子龙《明经世文编》收进韩邦奇《苏民困以保安地方事》云:

> 浙江等处提刑按察司佥事臣韩邦奇谨奏为苏民困以保安地方事。臣巡历至严州府建德等县、杭州府富阳等县地,据军民人等禀称:本处地方虽出鱼鳔茶绫等物,人民艰苦,四府太监差人催督,扰害地方,鸡犬不得安生,要行禁约等因到臣。为照前项鱼茶绫鳔系供用之物,未敢擅专,又访得镇守太监王堂、市舶太监崔璘、织造太监晁进、督造太监张玉,各差参随人等,在于杭、严二府地方催攒前项进贡,固已勒要收头银两,而不才有司官吏及粮里人等,倚是贡物无敢稽察,任意科敛,地方被害,人不聊生。而四府太监伴贡之物,动以万计,是陛下所得者一,而太监即所得者十,参随人等所得者百,有司官吏所得者千,粮里人等所得者万。利归于私家,怨归于朝廷。上供者一,而下取者万。况此等之物品不甚奇,味不甚美,何足以供陛下之用哉? 及照建、富等县地方地瘠民贫,山枯乏樵猎之饶,江清鲜鱼虾之利,兼以近年以来水旱相仍,征科肆出,军民困瘁已极,故前岁流民相聚为乱,一呼千百,几生大变,幸赖抚捕而安,今尚汹汹未靖。往事在鉴,实可寒心,伏望陛下敕下该部,将前项贡物特从停止,仍行巡按御史并按察司及该道分巡官揭榜戒谕,今后敢有指称进贡名色,在于各地方需索财物、骚扰为害,应参奏者奏请

---

① 崔铣:《洹词》卷6《明臣十节》,《四库全书》集部第206册,第512页。
② 焦竑:《玉堂丛语》卷4《献替》,北京:中华书局1981年版,第110—111页。

究治;应拿问者,径自拿问。庶民困可苏,而地方可保无虞矣。①

但是韩邦奇的弹劾,同样遭到宦官的报复。《明史·韩邦奇传》记云:"时中官在浙者凡四人,王堂为镇守,晁进督织造,崔瑶主市舶,张玉管营造。爪牙四出,民不聊生。邦奇疏请禁止,又数裁抑堂。邦奇闵中官采富阳茶鱼为民害,作歌哀之。堂遂奏邦奇沮格上供,作歌怨谤。帝怒,逮至京,下诏狱。廷臣论救,皆不听,斥为民。"②蒋一葵在《尧山堂外纪》中也记述了此事:"正德末,韩汝节(邦奇)为浙江按察佥事,廉劲自持。时镇守太监王堂怙势害人,如茶、笋、鲥鱼,种种勒办,民不聊生。汝节数裁抑。堂遂以沮遏进贡诬之,诏锦衣械治,百姓感泣,哀动城市。汝节为诗云:'非才尸位圣恩深,士庶何劳泪满襟。明主昌言神禹度,斯民直道葛天心。还看匣有平津剑,更喜囊无暮夜金。惆怅此时不忍去,且维轻舸越江涛。'"③时任给事中的孙懋,对于正德年间宦官妄为不法并且诬陷外官的现象十分愤慨,他在《重委任以存国体、以安人心疏》中提到镇守太监于喜和市舶太监崔瑶不法事时说:"臣仰惟我朝稽古建官,内则严御史之选,外则重郡守之职,诚以风纪之司关国家之重轻,牧郡之官系生民之休戚,委任之权不可不重焉者也。陛下即位以来,尤加慎择,所以委任之重,而望其独持风裁,为民造福之意至深切矣。顷者切闻御史张经巡按直隶,劾奏镇守大监于喜烧荒失事,而反为于喜所诬;宁波府知府翟唐承勘部民王臣不法事情,而反为市舶太监崔瑶所构,是二臣者俱奉钦依拿解来京。臣庸愚闻命惊愕,诚不知圣意之所在也。将张经、翟唐风纪有不职民社有不胜邪?抑于喜等报复私仇诬执其事而误陛下之听邪?不然以陛下平日委任之重、责望之深,而何至于此极也。夫天下之事有是有非,而处事之权有轻有重,斟酌可否之几,在陛下一转移之间耳。臣风闻于喜者故违敕旨,轻举烧荒、损折官军,几至大挫,其罪甚重;张经廉得其实而劾之,不为不是矣。彼喜之所奏不过挟仇之举耳,陛下何置于喜不问,而独怒张经邪?又闻王臣者,乃崔瑶用事人也,诈取民财、奸淫妇女,其事发露,

① 陈子龙《明经世文编》卷160卷《苑洛集·疏·苏民困以保安地方事》,第1611页。
② 《明史》卷201《韩邦奇传》,第5318页。
③ 蒋一葵:《尧山堂外纪》卷90《国朝·韩邦奇》,《续修四库全书》第1195册,第116—117页。

知府翟唐承委勘问,虽刑罚过峻,不过欲得其实,以与民除害为陛下造一郡之福耳,亦未为不是矣。彼崔珤知而不戢,纵使害民,亦未能无罪也。陛下何不忍于害民一王臣,而独忍于为民之郡守邪?且臣闻之朝廷之体,不可不重御史以司监察之权,重郡守以任师帅之责。迩年以来,凡御史奉差于外者,如施儒、余珊、李稳,累经拿问,而知府孙禄、周统亦往往曾解赴京,中外惊惶,人人自危。臣窃料圣意特欲因此以薄示天威、整肃臣工耳,然方今天下中材最多,庶官之中涵养纯固、虽利害祸福交至于前而能确然不夺者,无几也。万一为御史者,皆以经等为戒;为知府者,皆以唐等为戒,惟事诡随靡然日趋于下,如昔人所谓宁忤天子而不敢忤权臣,宁负公门而不敢负私室者,陛下何利而使士风至此哉?"①

明代提督市舶太监中最为妄为不法者首推赖恩。赖恩于正德末、嘉靖初出任浙江省提督市舶太监,由于他的贪赃受贿,激成日本使者的"争贡之役",亦称"宁波之乱"。《明史·外国三·日本》对此事记载如下:

> 嘉靖二年五月,其贡使宗设抵宁波。未几,素卿偕瑞佐复至,互争真伪。素卿贿市舶太监赖恩,宴时坐素卿于宗设上,船后至又先为验发。宗设怒,与之斗,杀瑞佐,焚其舟,追素卿至绍兴城下,素卿窜匿他所免。凶党还宁波,所过焚掠,执指挥袁琎,夺船出海。都指挥刘锦追至海上,战没。巡按御史欧珠以闻,且言:"据素卿状,西海路多罗氏义兴者,向属日本统辖,无入贡例。因贡道必经西海,正德朝勘合为所夺。我不得已,以弘治朝勘合,由南海路起程,比至宁波,因诘其伪,致启衅。"章下礼部,部议:"素卿言未可信,不宜听入朝。但衅起宗设,素卿之党被杀者多,其前虽有投番罪,已经先朝宥赦,毋容问。惟宣谕素卿还国,移咨其王,令察勘合有无,行究治。"帝已报可,御史熊兰、给事张翀交章言:"素卿罪重不可贷,请并治赖恩及海道副使张芹、分守参政朱鸣阳、分巡副使许完、都指挥张浩。闭关绝贡,振中国之威,寝狡寇之

---

① 孙懋:《孙毅庵奏议》卷上《重委任以存国体、以安人心疏》,《四库全书》史部第187册,第291—292页。

计。"事方议行,会宗设党中林、望古多罗逸出之舟,为暴风飘至朝鲜。朝鲜人击斩三十级,生擒二贼以献。给事中夏言因请逮赴浙江,会所司与素卿杂治,因遣给事中刘穆、御史王道往。至四年,狱成,素卿及中林、望古多罗并论死,系狱。久之,皆瘐死。①

陈全之在《蓬窗述》中对赖恩的妄为不法记述得更为详细,赖恩不仅在接待日本贡使时袒护纳贿的一方,而且当日本贡使瑞佐、宗设相互争斗仇杀之时,还私下授予瑞佐一方兵器等物,致瑞佐等横行无忌,"杀总督备倭都指挥刘锦,大掠宁波旁海乡镇"。该书记云:

> 正德六年,宋素卿、源永寿来贡,求《祀孔子仪注》,不许。鄞人宋澄告言素卿本澄从子,叛附夷人,守臣以闻。主客以素卿正使,释之,令谕王效顺毋侵边。八年僧桂梧等来贡。嘉靖元年,王源义植无道,国人不服,诸道争贡。大内艺兴遣僧宗设,细川高遣僧瑞佐及素卿先后至宁波。故事凡番贡至者,阅货宴席,并以先后为序。时瑞佐后至,素卿奸狡,通市舶太监,馈宝贿万计,太监令先阅瑞佐货,宴又令坐宗设上。宗设席间与瑞佐忿争相雠杀,太监以素卿故,阴助瑞佐,授之兵器,杀总督备倭都指挥刘锦,大掠宁波旁海乡镇。素卿坐叛论死,宗设、瑞佐皆释还。②

可以说,浙江省提督市舶太监赖恩的妄为不法,直接导致了"争贡之役"的发生,也导致了嘉靖年间祸害东南沿海二三十年之久的"倭寇之乱"。"争贡之役"发生之后,明朝朝廷检讨追究事由,"给事中夏言奏倭祸起于市舶,遂革福建、浙江二市舶司,惟存广东市舶司"③。但是对于夏言关于"倭祸起于市舶"的说法,当时的许多有识之士并不认同。如范守己《皇明肃皇外史》引嘉靖年间士大夫郑晓的话说:"郑端简有言:当是时给事中夏言上言祸起于市

---

① 《明史》卷 322《外国三·日本》,第 8348—8349 页。
② 陈全之:《蓬窗述》卷 4《日本南倭》,《续修四库全书》第 1125 册,第 298 页。
③ 《明史》卷 75《职官四·市舶提举司》,第 1848 页。

舶，礼部遂请罢市舶，而不知所当罢者市舶内臣，非市舶也。夷中百货皆中国不可缺。故祖训虽绝日本而市舶司不废，盖以通华夷之情，迁有无之货，收征商之利，减戍守之费。又以禁海贾抑奸商使利权在上也。市舶罢而利孔在下，奸豪外交内诇，海上无宁日矣。噫！斯言不为无见，犹非穷本之论也。盖奸商贵官家负欠舶金，固为厉阶，然使番舶不至，则奸商贵官家又何从诳取其货、负欠其金以阶厉耶？故靖海之道，唯绝番舶、严海禁而已。夷货非衣食所急，何谓中国不可缺耶？绝之则内外隔，而相构之衅无由生矣。夷虽欲窥伺我也，何可得耶？然朱纨严其令而言者纷纷，则衣冠之盗甚于夷狄也。纨去禁弛，不旋踵而蹂躏之祸半天下。市舶内臣所为乎，经国者可以深长思矣。"①陈全之在《蓬窗日录》中亦言道："给事中夏言上言祸起于市舶，礼部遂请罢市舶，而不知所当罢者，市舶太监，非市舶也。夷中百货，皆中国不可缺者，夷必欲售，中国必欲得之，以故祖训虽绝日本，而三市舶司不废。市舶初设在太仓黄渡，寻以近京师改设于福建、浙江、广东。七年罢，未发复设。盖东夷有马市，西夷有茶市，江南海夷有市舶，所以通华夷之情，迁有无之货，收征税之利，减戍守之费，又以禁海贾、抑奸商，使利权在上。罢市舶而利孔在下，奸豪外交内诇，海上无宁日矣。"②

嘉靖年间的"倭寇之乱"，给明朝政府及东南地区的百姓造成了极为严重的伤害，而造成这一祸乱的直接关系人之一——提督浙江省市舶太监赖恩，不能不说是罪大恶极。

## 三、提督市舶太监与地方士大夫的微妙关系

嘉靖二年"争贡之役"之后，作为妄为不法的直接当事人之一的提督市舶太监赖恩，无论是从法律的层面，还是从情理的层面，都是应该受到严惩的。当时确实也有许多官员极力主张惩治赖恩等当事的罪人。如严从简在《殊域周咨录》中记载礼科都给事中张翀等力主惩办赖恩等人云："按太监赖

---

① 范守己：《皇明肃皇外史》卷 5《日本使宋素卿伏诛》，《四库全书存目丛书》史部第 52 册，第 56 页。

② 陈全之：《蓬窗日录》卷 4《日本南倭》，第 298 页。

恩受素卿赂,浙参政邵锡、副使许完、都指挥江洪俱惧失事之愆,多匿其实,故疏词多左右素卿耳。后得旨:宗设免究,素卿无别情罪,责令回国,宣布天朝威德,令国王严束夷酋,畏天保国;并查颁降勘合是否宗设夺去,今次朝贡果差何人,务见真伪。待后该贡年分具本回奏,以凭议处。河南道御史熊兰疏曰访得宋素卿原本华人,叛入夷狄,先年差来进贡,已经败露,时则逆瑾当权,阴纳黄金之贿,遂逃赤族之诛,国法未行,人心未厌。今乃违例入贡,大起衅端,迹其罪恶,虽死犹不足以容之也。参照海道副使张芹、市舶太监赖恩与同府卫掌印巡海等官,禁令不申、守备不设,既不能善处以息其争,又不能预谋以防其变;分守参政朱鸣阳、分巡副使许完各有地方之责,俱怀观望之私,以致蛮夷公行劫杀,把关管海指挥千百户等官任夷人出入往来,未有能拦截防御者,指挥袁琎承委自陷其身,推官高浅越墙以避其锋,凡其侵掠之地,若履无人之境,按法原情通合查究。除备倭同知刘锦被杀外,乞各正典刑,一以为蛮夷猾夏者之戒,一以为备御不严者之惩。……礼科都给事中张翀疏曰:参照副使张芹、市舶太监赖恩、参政朱鸣阳、都指挥张浩等均承委任,便乐因循,议处未定,……避地观望,恣贼纵横,策未展于一筹,祸几延于两浙,合应据法查究,创艾后来。"[1]

但是意想不到的是,赖恩很快就被以无罪论处,夏良胜在《勘处倭寇事情以伸国威以弭后患疏》中复云:

> ……进贡夷人大肆狂悖,围城劫库、放火杀人、拒敌官兵、占据门禁,逆谋显著,巡视守巡等官先事不能关防,临事不能擒捕,以致奔逸入海,杀死备倭官员,情罪俱重,本当拿解来京,但有事之际,且都住了俸,着镇巡官督率各官调集官兵严加防守设法追捕,务将首恶及余党日下擒捕究问明白,并失事官员分别等第奏来处治,还通行各该备倭衙门一体防御,毋得观望推托致误事机,其应否入贡事宜,礼部看了来说。又奉圣旨,是宋素卿着镇巡等官省谕就彼回还本国,其余俱依拟行,又奉圣旨礼兵二部会官议了来说。又奉圣旨,是宋素卿及宗设夷党都牢固

---

[1] 严从简:《殊域周咨录》卷2《东夷·日本国》,北京:中华书局1993年版,第65—67页。

监待报发落,这事情还着镇巡等官上紧研审明白来说。又奉圣旨,是这地方巡视海道及府卫所寨巡捕等官正为备倭而设,因循日久,人多怠玩,致令倭夷不畏中国法度,纵横往来,杀人放火,甚至戕害方面官员,扰害地方,事情重大,着巡按御史查勘明白参了来说。彼处镇巡等官并南直巡抚都御史各督所属,用心议处设法擒捕。又近该兵部总议前项事情题奉圣旨,是这进贡番船进港日久,各该官员不行遵照旧例上紧盘验,以致夷人在于中国地方杀人放火,戕害总督备倭官员失事情重。冯恩等并张芹着巡按御史提问明白奏来处治,不许回护容隐。赖恩虽无地方之责,提督欠严,本当究问,且饶这遭,着改过自新,以图后效。刘锦情有可悯,赠指挥使,与阵亡的张镗、胡源子孙各照例袭升一级,刘恩及詹尚等都量与优恤,其余俱依拟行钦此。①

赖恩此次纳贿不法导致"宁波之乱",不仅没有受到严惩,只是轻描淡写地以所谓"提督欠严,本当究问,且饶这遭,着改过自新,以图后效"结束,而且在事过不久,竟然向朝廷奏请监管提督海盗,授权调动官兵剿捕御寇,得到嘉靖皇帝的批准。严从简《殊域周咨录》对此事记云:

> (嘉靖)四年,浙江市舶太监赖恩奏请颁换敕谕,与臣管市舶司事兼提督海道,遇有夷贼,动调官军剿捕,以固地方便益。上命照成化年间例换敕与他。兵部尚书李越疏曰:"政每患于纷更,法当务于谨始。此地内官,缘为提督市舶司而设,比与边方腹里镇守守备内臣专为地方者不同,即令沿海督兵御寇,自有海道副使与备倭都指挥使分理于下,又有镇守太监与巡按御史提调于上,事体相因已久。沿海有警,俱可责成。若复又令市舶太监提督,诚恐政出多门、号令不一,必掣肘误事。又况动调官军系朝廷威柄,遇有缓急必须奏请定夺。赖恩小臣,岂宜得辄擅自专? 推原其心,不过欲假借纶音以招权罔利也。乞将原降成命收回,仍戒谕赖恩,令其谨守旧规,安静行事。"给事中郑自璧亦疏曰:

---

① 黄训:《名臣经济录》卷42《兵部职方下》,《四库全书》史部第202册,第265—266页。

"赖恩肆意揽权,恣情黩货,信郑泽之奸计,则延伪使为上宾;受素卿之金银,则致宗设之大变。三司兼欲受辖兵权,辄冀专擅。心每上人,动将坏法,内臣中之奉职无状者也。乞将取回别用,另选老成安静内臣代其任事。惟复痛加切责,姑令扣省前愆,用图后赎。其敕书仍照旧止管夷人进贡并抽分货物,卫所官军不得干预,勿得轻信拨置,纷扰事端。"上诏:前已有旨。俱不从。①

如果说赖恩的妄为不法屡屡逃脱惩处,是受到嘉靖皇帝的庇护的话,则当时一部分士大夫对于赖恩的吹捧奉承,则十分令人不解了。宁波籍士大夫张邦奇于嘉靖初提学四川,迁南京祭酒,改南京礼部右侍郎,改掌翰林院事,充日讲官。可谓居"清华之地"。但是在张邦奇的文集中,却屡屡为赖恩歌功颂德。如当赖恩庆寿时,张邦奇写了《寿赖市舶》,为其祝寿云:"紫霞深处祝长生,红日扶桑万壑晴。金谷故应追胜赏,玉堂先已识佳名。仙宫有露天香满,云汉无风碧海平。欲向安期问真诀,官居偏喜近蓬瀛。"②赖恩刊行《东巡稿》,张邦奇为其撰写序言云:"宁波古甬东郡也,太监赖公提督市舶于斯。乃者由杭城历金华、温、台以至于宁波,为自西而东,征途题咏合五十余篇,号《东巡稿》焉。夫浙东诸郡名胜甲天下,士之经由率无虚日,然溺声利者遗丘壑之情,乏华藻者缺登高之赋。公廉静恬虚,于世味泊然无所好。卉木清幽华于锦绮,禽虫嘤唪异于丝竹。与人交忘势分去边幅,嗒焉无复彼已,而其中识见卓然,不可摇惑,严义利之辨,不辄取一毫于分之外。在武宗时,退而藏修者十有六年,遭皇上丕厘庶政,始有提督市舶之命。视篆三载,未尝搒笞一人,而庭户肃然,士民感颂。默休静室,手一编玩味终日,兴至则发为文词。平生所得,积成巨帙,虽垣屏竹石之间,率镌佳句,举目粲然,如入骊龙之宫,应接不暇。所谓《东巡稿》者,特一时纪兴之作耳。盖声利薄而丘壑之趣深,绩学专而赋咏之才赡,而其忠君之心、恤民之志,又往往因所触而形焉,此在处贵势者尤难,而吾党之士所为歆慕而称叹者也。余君文通辈将绣

---

① 严从简:《殊域周咨录》卷2《东夷·日本国》,第70—71页。标点略有改动。
② 张邦奇:《张文定公四友亭集》卷16《寿赖市舶》,《续修四库全书》第1337册,第532页。

梓以示久远,为之序而归之。"①

嘉靖五年(1526)赖恩病逝,张邦奇为其撰写墓志铭云:

上御极之初,肇新庶政,内外臣僚清淑端愿者咸见擢用,惟时太监赖公,始获将命颁赏于寿藩,未几,承敕提督浙江市舶司事,至则革宿弊、悯饥羸,戒饬左右不丝毫扰于民,服食器用雅素如寒士,敬贤好儒,怡然去边幅,人之有技虽韦布与之钧礼。或苦贫乏,捐俸给之,然饮其德不言,故鲜有知者。庭户翛然,园池竹石清幽寂静,如隐者居。凡居宁波六年,敲朴弗施,音乐弗用,图书左右,鼓琴赋诗,适辄尘□之外,而民怀其德、士颂其贤。间出巡海徼,忧民怀君形之于言。为《东巡稿》《南行稿》若干卷。嘉靖丙戌旱既太甚,公寝食弗宁,冒暑徒跣祷祠山川,中热得秘结疾,以七月三十日卒于宁波之公署,远近闻者莫不掩泣焉。公见话柔而内见卓然,得于天性。六岁入□□宪庙,简入内馆禀学词臣,年十三赐牌帽伴读春宫,孝庙登极,遂入司礼监,历升奉御监、丞少监以至太监,赐蟒衣玉带。正德丁卯,逆瑾日张,公守正弗阿,出居天寿山,寻复出南京,摈弗用者数年。瑾既伏辜,□宗乃召掌鞍辔局事。及在浙江馆,尝产芝一茎,缙绅咏□其事,公所著复有汉赋十篇、琴谱隶韵等书,皆梓行于时。讳恩,字天锡,别号非丘子。福建上杭人,考讳某,携家客于长乐,生公,成化己丑八月十二日也,未巳考没,姚温氏。公卒之日,耆民谢淳辈相率闻于有司,捐赀构祠以报公德。公所知畲文通氏,将以□年□月□日葬公□山之原。乃撼行实,率公参随史通辈,谒铭于予。铭曰:小雅巷伯,烨垂篇章,勃貂垂管,于邦有光,清忠退厚,如贺如强,咸炳青史,曷负银珰,嗟嗟非丘,为陵为冈,违世不惧,维时显蔵,好善忘己,视民恐伤,以赫厥声,永怀不忘,有祠越徽,有原冀方。于戏!天道维人之常,作善恒休,不善恒亡,来者必思,以勖专良。②

---

① 张邦奇:《张文定公纡玉楼集》卷1《东巡稿序》,《续修四库全书》第1336册,第470页。
② 张邦奇:《张文定公靡悔轩集》卷6《奉敕提督浙江市舶司事太监赖公墓志铭》,《续修四库全书》第1337册,第40页。

在这篇墓志铭中,赖恩完全是一位谦己修身、爱民施仁的提督市舶太监,与其他文献中所记载的妄为不法、擅权行私的宦官迥如二人。饶有趣味的是,张邦奇还曾经为担任过福建提督市舶、时任南京守备太监的吕宪撰写过一篇歌功颂德的墓志铭,该墓志铭曰:

予昔视学湖南,至于均州见庙宇、黉舍崇闳坚饬,甲诸郡邑,问之诸生,咸曰太监吕公之成之也。公由福建市舶徙主太岳太和山,兼分守地方,尝治桥掘地得白金数十镒,丝毫不自私,而以赈饥佐公费,故吾州有是学焉。予出访,公则古貌奇格,谦冲而肃义,燕对移时,不一作世俗语。予叹曰:内贵中固有若人也乎!今天子龙飞,移公镇汴,汴自廖氏朘削,公私赤立。公至厘戢暴横,务底宁谧。省城外河堤有柞薪之利,旧皆入私藏,公见城垣谯楼颓敝既甚,积至若千万缗,饬新之。复捐己资修道途,民无病涉者。岁屡旱,每祷辄应。以擒贼功上降敕奖励,有"体国爱民,不负委托"之语。仍岁加禄米十二石,在汴八年,以足疾乞休者三,而抚巡相继保留至于六七,大意谓公清行迥出时辈,而经纬区画动中事宜,虽老师宿儒不能过。章每上,上辄温旨留之。己丑又辞,始获允。而言官复交章荐之,以为可大任,上复命守备留都,恳辞不许,遂力疾受命。至则罢私门之役,礼缙绅、剔奸蠹、戢台隶,都人感悦。庚寅疾笃,复辞,上不许,会守备太监赖以解任回京,乃命公掌符验关防,将专任之,而公已卒矣,嘉靖辛卯正月十日也,距生天顺戊寅十一月三十日,寿七十有四。公明哲英毅,而浑和不露,其补内员也,在成化丁酉,而由内官监出典福建市舶也,在正德己巳。去闽之日,父老遮道请公靴留之,公不可,众泣以请,坚却之。或曰:请可伪,泣不可伪也。乃许之。在太岳时,念貂珰之饰非事神所宜,以祭服请,上嘉之,诏尚方制而给焉。去汴尽籍幕府供具以还有司,士民垂泣遮留不忍舍,乃乞公像为生祠,诚心素节,所在感孚,晚遭明圣宠遇日隆。……①

---

① 张邦奇:《张文定公靡悔轩集》卷6《明故南京守备内官监太监吕公墓志铭》,《续修四库全书》第1337册,第38—39页。

张邦奇所撰写的关于赖恩等提督市舶太监的文字,与明代其他文献中的关于赖恩恶行的记载以及我们一般所认知的太监品行,反差实在太大。明代的宦官群体,不可否认也存在某些品行高尚、肯于为国为民办事的太监,但是就整体而言,毕竟属于少数。《明史·宦官传》云:"(宦官)虽间有贤者,如怀恩、李芳、陈矩辈,然利一而害百也。"①这一评述基本上是符合事实的。然而我们还应该看到,宦官一旦外出担任镇守、监军、提督市舶珠池、刺臣民隐事诸职务,就不能不与地方上的官吏以及士大夫们,产生许多直接的政治、社会与经济利益。当宦官在执行其权力而妄为不法时,固然有一部分官吏,正如我们前面披露的资料所显示的,敢于挺身而出,对宦官的妄为不法行为,予以揭露弹劾;但是也有相当部分的地方官吏以及士大夫们,碍于种种利害关系,宁愿与宦官相安无事、互为利用,进而采取与宦官合作的态度。正德年间担任广东右参议的吴廷举,屡屡揭发宦官不法行为而遭诬陷,他曾经就地方官员与外派宦官的关系言道:"近年以来法度渐弛,人心转贪,势足以欺压盐司者,凭胁威权而肆然不惮,分足以平等盐司者,嘱托造请而冥然妄行。别处地方臣所未悉,只以两广所见言之,镇守市舶内外官员明使家下舍人,或令军牢伴当,靖江王府长史司托以关支户口食盐为名,起关驰驿,使令内使仪宾等官校尉军余等役,坐支廪饩,买引行盐,利己是图,害人不恤。初然市买则挟制水客少与价钱,及其买盐又不依次序高抬时价,巡抚非不知此,念与同官,难为禁察。"②从宦官这方面讲,一味地与地方官吏及士大夫们对抗、我行我素,同样有着极大的风险,远不如采用与地方官员、士大夫们相互合作的立场来得稳妥,且能以此保持较多的政治、社会与经济利益。在这种情况之下,外出担任镇守、监军、提督市舶珠池的宦官们,往往与地方官员及士大夫们,保持着一种在某种程度上利益均沾的极为复杂的平衡关系。这种错综复杂的平衡关系,恰恰是明代宦官制度得以长期延续的重要原因,而这种关系,恰恰又是我们以往研究宦官制度时所忽视的。

这里,我举几个例子来加以说明。广东、福建两地的市舶司衙门与提督

① 《明史》卷 304《宦官一》,第 7766 页。
② 朱廷立:《盐政志》卷 7《疏议·吴廷举处置广东盐法疏》,《续修四库全书》第 839 册,第 285 页。

市舶太监,由于掌握对来往于海内外的商舶抽分征税的权力,而明朝中央政府对于出入于海内外的商舶进行抽分征税,在相当长的一个时期内,并没有明确的规定。于是,提督市舶太监对于征税课银有着很大的自主权,每年可自主支配的银两甚多,为了与地方官府保持在利益上的平衡,他们往往要把其中的一部分,分给地方官府共享,并且逐渐成为不成文的规定。景泰、天顺年间,福建人陈燫担任广东按察司佥事,广东市舶司向广东其他地方主管衙门分发"番舶报水钱":"广东地濒海,每互市番舶至,诸司皆有例钱,谓之报水钱。燫独不受,广人至今称之。"①成化年间,江西人何乔新在广东为官时,也遇到提督市舶宦官照例分发私下征收"番舶"商税钱的事情,雷礼在《国朝列卿纪》中记云:"何乔新,字廷秀,江西建昌府广昌县人。……典番舶中官死,镇守太监分其余财,遗三司,力辞不得,乃受而输之库。"②在何乔新的《椒邱文集》中,也有同样的记载:"典番舶中官死,镇守太监分其余财,遗三司,先生力辞不得,乃受而输之库。"③过庭训《本朝分省人物考》上记载:"朱英,字时杰,桂阳人,登正统乙丑进士。……成化五年升福建右布政使。福建八郡岁输大青大绿,非土所产,厚价买诸他省,吏胥每缘以为奸,英择属官廉能者总收之,买以输官,民免科敛。提督市舶中官死,镇守太监分其余赀遗藩臬,力辞不能,却乃受而输于官。"④像陈燫、何乔新、朱英这样不接受非分之财的官员毕竟不多,但是由此可以想见,当时的提督市舶太监每年必须向地方官府移交一定数额的征税银两,几乎已经成为定例。清廉的地方官员不愿接受这些银两,等于破坏了定例,行不通,只好上交到官库以凭公用。

有的地方官员不愿与提督市舶太监同流合污,其所损害的并不只是提督市舶太监,同时也危害到地方官府及地方上的利益共沾者。因此这些正直的官员,往往会引起许多人的不满,不仅会受到宦官们的陷害,甚至可能

① 黄仲昭:《未轩文集·补遗》卷上《广东按察司佥事陈燫列传》,《四库全书》集部第 193 册,第 582 页。
② 雷礼:《国朝列卿纪》卷 56《何乔新》,《续修四库全书》第 523 册,第 146、147 页。
③ 何乔新:《椒邱文集》外集《椒邱先生传》,《四库全书》集部第 188 册,第 532 页。
④ 过庭训:《本朝分省人物考》卷 83《郴州·朱英》,《续修四库全书》第 535 册,第 369—370 页。

受到士大夫的攻击。如江南昆山籍的官员盛洪,因拒绝市舶中官的赠馈,导致许多同事官僚不满,怨谤沸腾:"升广东海道副使,厘宿弊、严条约。先是通番买港之徒,夤缘假藉骚扰驿传,至是屏绝。市舶中官利通私货,以黄金百斤暮夜馈之,坚拒不纳,禁戒益严。由是怨谤沸腾,终不为动。尝斩捕海贼千人,又上章论通番奸弊及保安事宜,悉见嘉纳。遇例裁革归,寻以海道旧事檄召朴广,卒于道,超擢山东按察使,已不及矣。"①嘉鱼籍的官员吴廷举,不愿听从上司的指令替提督市舶太监办事,结果招致御史官的弹劾:"吴廷举,字献臣,嘉鱼人。洪武中其祖戍梧州,遂隶戎籍。成化癸卯,年十九举于乡,丁未举进士,授广东顺德知县,洁己如水,字民如子,减赋息讼,乃刻《家礼》实行之。都御史屠滽檄吴公至督府,与之言甚温。吴公曰:廷举越境奔命,宜有地方重事,请发令。顺德权珰,屠为修家庙,吴公曰:守土官非奉旧例新恩,一夫不敢役,分金不敢用,遂辞出。屠令他邑成之。市舶太监给银买葛,吴公即用之买二匹曰:奉此为式,如不中意请还金。且葛雷产也,太监怒取金去。御史汪宗器恶吴公,曰:彼专抗上官,市己能何也?"②

从以上这些例子我们可以看出,明代提督市舶太监等宦官集团,与地方官府以及士大夫阶层,保持着相当复杂的平衡关系,这种平衡关系并不是像我们以往所认知的那样,总是相对抗的。他们之间的相互合作关系,很有可能超出他们之间的对抗行为。我们了解了这一点,就对于上面所引述的官居"清华之地"的宁波籍人张邦奇,如此罔顾事实、肉麻地吹捧提督市舶太监赖恩的行为不难理解了。

## 四、关于明代市舶司史实的两点辨误

《明史·职官四·市舶提举司》的记述仅有两百字左右,但是至少有两处错误。该志写道:"市舶提举司。提举一人,从五品;副提举二人,从六品;其属,吏目一人,从九品。掌海外诸蕃朝贡市易之事,辨其使人表文勘合之真伪,

① 方鹏:《昆山人物志》卷4《政绩·盛洪》,《四库全书存目丛书补编》第93册,济南:齐鲁书社2001年版,第553页。
② 崔铣:《洹词》卷12《吴尚书传》,《四库全书》集部第206册,第658页。

禁通番,征私货,平交易,闲其出入而慎馆谷之。吴元年置市舶提举司。洪武三年罢太仓、黄渡市舶司。七年罢福建之泉州、浙江之明州、广东之广州三市舶司。永乐元年复置,设官如洪武初制,寻命内臣提督之。嘉靖元年,给事中夏言奏倭祸起于市舶,遂革福建、浙江二市舶司,惟存广东市舶司。"①

其一,夏言奏革福建、浙江两市舶司,是在嘉靖二年(1523 年),而非嘉靖元年(1522 年)。嘉靖元年(1522 年)给事中夏言"奏倭祸起于市舶,遂革福建、浙江二市舶司"事,指的是嘉靖初年因日本贡使争贡导致"宁波之乱"的所谓倭祸。但是《明史·外国三·日本》记载日本贡使争贡在嘉靖二年(1523 年)五月。其中记述我已在本文第二节谈及浙江提督市舶太监赖恩的恶行时予以引用。这里再引黄凤翔的《嘉靖大政类编》南倭的记载相互映证:

> 嘉靖二年六月,日本国夷人僧宗设等赍方物入贡,泊浙之宁波。已而僧瑞佐、宋素卿等后至,互争真伪。宗设遂杀瑞佐,而素卿者故宁波叛民也,率其党至慈溪,纵火大掠,杀指挥刘锦,蹂躏宁绍间。宗设等夺舟遁,掳指挥袁琏以去。事闻,上切责镇巡等官,令督兵追捕。其入贡当否,事宜下礼部议报。兵科给事中夏言言:丑夷恣逆,沿海无备,宜遣风力近臣由山东循淮扬历浙闽以及两广,会同抚臣按视,预为区画。其倭夷应否通贡,乞下廷臣集议。②

在明代的相关记载中,关于嘉靖初年日本贡使在宁波争贡一事,也有许多文献说是嘉靖元年(1522 年)的,如方孔炤的《全边略记》中云:"嘉靖元年,王源义植无道,国人不服,诸道争贡。大内艺兴遣僧宗设,细川高遣僧瑞佐及素卿先后次宁波。故事:凡番贡至者,阅货筵宴并以先后为序。时瑞佐后至,素卿奸狡,馈市舶大监以重宝,先阅瑞佐货。宴又令坐宗设上,宗设席间与瑞佐忿争与相雠杀。太监又阴助佐,授之兵器。杀都指挥刘锦,大掠宁波。

---

① 《明史》卷 75《职官四·市舶提举司》,第 1848 页。
② 黄凤翔:《嘉靖大政类编·南倭》,第 748 页。

素卿坐叛论死,宗设、瑞佐皆释还。给事中夏言上言:祸起于市舶主客,遂请罢市舶。"①黄光昇的《昭代典则》中记载:"(嘉靖元年)日本诸道争贡。……给事中夏言上言倭祸起于市舶,礼部遂请罢市舶。"②雷礼的《皇明大政纪》云:"嘉靖元年,宋素卿、宗设仇杀,夏言谓祸起于市舶,礼部遂请罢之。"③徐学聚《国朝典汇》亦云:"嘉靖元年,给事中夏言上言倭祸起于市舶,礼部遂请罢市舶。"④由此,《明史·职官四·市舶提举司》中关于嘉靖元年夏言请罢浙江、福建市舶司的记载,受到以上各种明代文献的影响是显而易见的。

那么,夏言奏革福建、浙江两市舶司,究竟是在嘉靖元年,还是嘉靖二年?明代文献记录的可靠性,当然首推明代历朝《实录》。这一方面是《实录》所载,距离事发之时比较接近,不易辗转传讹;另一方面,后朝编撰前朝《实录》,均以前朝的第一手官方记录为依据,断不至于在年月时间上出现很大的错误。我们搜检《明世宗实录》上关于日本贡使争贡仇杀的记录:"甲寅,日本国夷人宗设、谦导等,赍方物来。已而瑞佐、宋素卿等后至,俱舶浙之宁波,互争真伪。佐被设等杀死,素卿窜慈溪,纵火大掠,杀指挥刘锦、袁琎,蹂躏宁、绍间,遂夺船出海去。巡按御史以闻,得旨切责巡视、守巡等官,先是不能预防,临事不能擒剿,姑夺俸,令镇巡官即督所属调兵追捕,并核失事情罪以闻,其入贡当否,事宜下礼部议报。"⑤根据《明世宗实录》的记载,我们可以知道日本贡使来到浙江宁波,诚如《明史·外国三·日本》中所记,是嘉靖二年五月。而争贡仇杀的"宁波之乱"发生之后,被报至朝廷,嘉靖皇帝切责当事官员并且下旨礼部议报当在次月,即黄凤翔在《嘉靖大政类编》中所说的"嘉靖二年六月"以及《明世宗实录》中所记的嘉靖二年六月甲寅日。

其二,《明史·职官四·市舶提举司》中所谓夏言奏请罢革"福建、浙江二市舶司,惟存广东市舶司",这一记录也不准确。事实上,夏言奏请罢革浙

① 方孔炤:《全边略记》卷9《海略(广东、福建、浙江、南直、山东、北直)》,《续修四库全书》第738册,第498页。

② 黄光昇:《昭代典则》卷26《世宗肃皇帝》,北京:商务印书馆2017年版,第1100、1102页。

③ 雷礼:《皇明大政纪》卷24"庚戌嘉靖二十有九年二月"条,《续修四库全书》第354册,第565页。

④ 徐学聚:《国朝典汇》卷200《工部十五·市舶》,《四库全书存目丛书》史部第266册,济南:齐鲁书社1996年版,第892页。

⑤ 《明世宗实录》卷28"嘉靖二年六月甲寅"条,上海:上海古籍书店1988年版,第773页。

江、福建两市舶司之后，其建言并没有立即得到施行。朝廷追究"宁波之乱"的行政官员责任，但是市舶司似乎没有被罢革，原来属于提督市舶太监的事务一度被交付镇守太监监管，即所谓"浙江、福建事例，归并总镇太监带管"①。市舶司提举一职，在嘉靖九年（1530 年）仍然由刘汶村担任。戴鳌的《戴中丞遗集·送市舶刘汶村考成入觐叙》云："明（明州，即宁波）之有市舶，以待倭夷之贡也。海中诸夷多道闽广，而倭夷独道浙舶。明自永乐间专官置司，以提举之阶下郡大夫一等，所以宣上德威柔来卉服而熙辑海宇，其任可谓重矣。厥后增遣中官莅之，因复参预海防诸事，衔命怙势，供亿辀辇，吾明之民，无所释肩。……嘉靖初年倭夷之使先后至者，相戕于境上，自明及越，若涉虚邑，溃流末焰，濡毁于民。圣天子赫然震怒，执夷使戮叛人、黜罚执事者，慎择主客之臣。而安福汶村刘君以才谞擢副舶事。比岁议者尝虞海夷之复至也，贰顺之莫逆知也，岌然若有朝夕之忧。君相咨厥寀洎郡大夫，先事周防，发机中括，民恃无恐。乃九年庚寅，朝廷至简中台重臣巡视海上，其年又以言者召还中官。……今年春，会君将以考成上于天曹。……君之为市舶也，民犹有所恃也，其遂进而司牧焉。则夫所以厚辑者尚有既哉？一舶事固不足以烦君……"从戴鳌的记述中可知，提督浙江市舶司太监，是在嘉靖九年（1530 年）撤回的，而市舶司衙门则又稍后一些时间，刘汶村在这期间担任市舶副提举，可能因为市舶司罢革之故，他从市舶司副提举之职转任当地地方官员，"遂进而司牧焉"。②

相反地，《明史·职官四·市舶提举司》中所谓"惟存广东市舶司"，却也只保留了数年之久，也是在嘉靖十年（1531 年）前后由于广东布政使林富的奏请，市舶司和提督市舶太监被罢免，原来属于市舶司衙门的事务，划归海道衙门兼管。这一点，本文在第一节中已有论及。

至于福建市舶司，在嘉靖年间一直存在，没有被罢革。根据周用《周恭肃公集·乞悯恤遇害方面官员疏》所记，嘉靖九年间，福建市舶司提督太监的事权，与上引林富的奏疏中所言一致，由镇守太监监管，"嘉靖九年二月二

---

① 欧阳保纂修：万历《雷州府志》卷 4《地理志二》，第 194 页。
② 戴鳌：《戴中丞遗集》卷 4《送市舶刘汶村考成入觐叙》，《四库全书存目丛书》集部第 74 册，济南：齐鲁书社 1997 年版，第 53—54 页。

十七日,臣节据福建都布按三司各呈为反狱事。该巡按福建监察御史施山、镇守福建地方兼管市舶司事内官监左少监师章会案行……"①。当然,这种状况也同浙江一样,不久随着镇守太监的召回而不复存在。唯有市舶司衙门,被保留到万历年间。高岐《福建市舶提举司志》记载嘉靖元年(1522 年)至嘉靖三十四年(1555 年)间历任福建市舶司提举的名单,先后有:刘廷臣、陈九韶、徐廷杰、何公溥、陆时雍、江汝璧、杨育秀、陈瑷、鲍冕、杨琏、高岐。②申时行《大明会典》记载:"福建等处承宣布政使司,旧有市舶提举司,万历八年裁革。"③福建的海舶管理及其征税,自从隆庆年间巡抚涂泽民奏请"准贩东西洋"之后,督饷馆设置于漳州府的月港地方,位于福州的市舶司衙门越发清闲,少有事做,朝廷于万历八年(1580 年)予以裁革,也是顺理成章的事情。由此可见,《明史·职官四·市舶提举司》中关于夏言在嘉靖元年(1522 年)奏请罢革浙江、福建市舶司,唯存广东市舶司的记载,均是错误的,有必要予以辨误指正。

---

① 周用:《周恭肃公集》卷 15《奏疏·乞悯恤遇害方面官员疏》,《四库全书存目丛书》集部第 55 册,济南:齐鲁书社 1997 年版,第 119 页。

② 高岐:《福建市舶提举司志·官氏》,第 652—655 页。

③ 申时行:《大明会典》卷 15《户部二》,《续修四库全书》第 789 册,第 259 页。

# 明代嘉万年间闽粤士大夫的
# 寨堡防倭防盗倡议
## —— 以霍韬、林偕春为例

明代中后期,由于倭寇、盗寇以及农民大暴乱等原因,全国各地在不同程度上兴起了建筑寨堡以自卫的风气。各地形形色色的寨堡,有官府主持修筑的,有民间自行修筑的,也有官民合作修筑的,修筑形式和管理使用等也各有不同。明代中后期的福建、广东区域,由于深受倭寇和海盗的袭扰,山区的盗贼也时有发生,民间修筑寨堡之风尤为兴盛,而其中闽粤两地的士大夫,在推动这里的修筑寨堡的过程中,起到了至关重要的作用。本文拟以广东的霍韬和福建的林偕春为例,作一具体的分析。

## 一、明代中期之后闽粤地区的社会经济变迁与民间修筑寨堡之风

福建和广东两地面临大海,自古以来就以海上交通闻名于世。明代中期之后,一方面由于国内社会生产力的提升,社会经济,特别是商品经济有着显著的发展;另一方面,随着欧洲各地兴起的所谓"大航海时代"的来临,以中国东南区域为核心的海上贸易活动,空前活跃起来。在这样的社会背景之下,福建和广东沿海区域的社会经济结构发生了重大的变化,从事商品经济活动以及海上走私贸易的人数大大增加,其中不少人迅速致富,以财力雄踞于乡里。而社会上一部分人因为经商与走私活动致富,在一定程度上打破了以往传统农业经济下安贫淳朴、乐业和谐的社会状态,人们急于致富的浮躁心理在社会上蔓延滋生。于是逐渐地,以富欺贫、以强胜弱、

机械相争的社会风气,在明代中叶之后开始流行,从而大大增强了社会的不安定因素。崇祯《海澄县志》的记载,如实地反映了这一社会现象的真实情景:

> 澄在昔,为斗龙之渊、浴鸥之渚,结茅而居者,不过捕鱼纬萧沿作生活。迨宋谢晞圣筑海引泉而农务兴,颜苏诸君子唱学振人而文教启。明兴治化翔洽迄于海隅,建邑以来文物衣冠顿与上国齿。……于是饶心计与健有力者,往往就海波为阡陌,倚帆樯为耒耜。……家家歌舞,赛神钟鼓,管弦连飔,响答十方。巨贾竞鹜争驰,真是繁华地界。然事杂易淆,物膻多觊。酿隙构戾,职此之由。以舶主中上之产,转盼逢辰,容致巨万;顾微遭倾覆,破产随之,亦循环之数矣。成弘之际,称小苏杭者,非月港乎?嘉靖云扰赤白之丸,乘倭而张,负嵎建垒,几同戍穴,良民莫必其命。迨乎食椹怀好画陇安黉,数十年间承平足乐,而天启以后,又日日苦兵报水者。偷以自完接济者,东为奸利,赖诸辇上;设险固围,军声转壮,抵今而金汤屹然,贼殊远慑。①

张燮在《东西洋考》中亦云:

> 顾海滨一带,田尽斥卤,耕者无所望岁,只有视渊若陵,久成习惯。富家征货,固得捆载归来;贫者为佣,亦博升米自给。一旦戒严,不得下水,断其生活,若辈悉健有力,势不肯缚手困穷。于是所在连结为乱,溃裂以出。其久潜踪于外者,既触网不敢归,又连结远夷,乡导以入。漳之民,始岁岁苦兵革矣。②

在这样的社会环境之下,许多人往往带有十分严重的投机心理,他们并不完全依靠正常的生产劳动或海外贸易取得财富,而是在相当程度上希冀通过

---

① 梁兆阳:《海澄县志》卷11《风土志》,崇祯六年刻本,中国科学院图书馆选编《稀见中国地方志汇刊》第33册,北京:中国书店1992年版,第547页。
② 张燮:《东西洋考》卷7《饷税考》,北京:中华书局1985年版,第89页。

抢掠其他良善居民或其他海商来增殖财富,亦商亦盗成了明代中后期闽粤海商的一种重要行为模式,这就严重地破坏了沿海地区的社会安定。明人王文禄在《策枢》中说:"前者我民被石墩寇掳下船,沿海候风月余至大高桥,桥上人言皆闽音,自言漳州过此桥五十余里,芦苇沙涂,至一村约有万家,寇回家皆云做客回,邻居者皆来相贺。又聚数千,其冬复至柘林,今春满载仍回漳州去矣。"①诏安县的梅林,也是海商海盗聚居的地方,"此村有林、田、傅三大姓,共一千余家。男不耕作,而食必粱肉;女不蚕桑,而衣皆锦绮。莫非自通番接济,为盗行劫中得之,历年官府竟莫之奈何"②。

嘉靖中期,闽粤沿海一带的部分海盗与日本的倭寇相互勾结,形成为祸沿海数千里达数十年之久的"倭寇之患",成了当时一项极为严重的社会问题。投入"倭寇"队伍甚至成为"倭寇"首领的,即有不少是福建、广东的土著居民。当时著名的通倭巨寇,如阮其宝、李大用、谢和、王清溪、严山老、许西池、张维、张琏、萧雪峰、徐东洲、吴平等,均为福建南部沿海和广东东部人。这些杀人越货的沿海海盗,"夏去秋来,率以为常,所得不赀,什九起家,于是射利愚民,辐辏竞趋,以为奇"③,"交通番船满海间"④。为了对抗官军的剿捕,他们往往建立自己的寨堡,以寨堡作为活动的据点。如张维等二十四将,"据堡为巢,张维据九都城,吴川据八都草阪城,黄隆据港口城。旬月之间,附近地方效尤,各立营垒。九都又有草尾城、征头寨,八都又有谢仓城,六、七都有槐浦九寨,四、五都有方田、溪头、浮宫、下郭四寨,互相犄角"⑤,彼此声援策应。

到了万历年间,"倭寇之乱"基本平定,但是出没于东南沿海的本土海盗依然时有活动,特别是到了万历后期,福建、广东沿海的海盗再次猖獗起来。

---

① 王文禄:《策枢》卷4《截寇原》,上海:商务印书馆1936年版,第77页。

② 俞大猷:《正气堂全集》卷2《呈福建军门秋厓朱公揭条议汀漳山海事宜》,福州:福建人民出版社2007年版,第91页。

③ 谢肇淛:《五杂俎》(上)卷4《地部》,上海:中央书店1935年版,第145页。

④ 胡宗宪:《筹海图编》卷11《经略一·叙寇原》,《景印文渊阁四库全书》第584册,台北:台湾商务印书馆1986年版,第280页。

⑤ 彭泽:《明代方志选》(三)《漳州府志》卷32《灾祥志·兵乱》,台北:台湾学生书局1965年版,第661页。

"福建漳州奸民李新,僭号弘武老,及海寇袁八老等,率其党千余人,流劫焚毁,势甚猖獗。"①"粤海逋寇许彬老、钟大番、余三老等,系袁进余党,出没海岛,啸聚剽掠,跳梁于白沙、虎门、广海、莲头之间,商民受其荼毒。"②到了天启、崇祯年间,闽粤沿海的海盗,更逐渐形成若干个经济势力和武装实力雄厚的海盗集团,如郑芝龙、李魁奇、李旦、颜思齐等的海商海盗集团,横行海上,完全控制了东南沿海的海上贸易权益。

与此同时,福建、广东区域的山区地带同样受到这种风气的影响,抢占地盘、据险劫掠的山寇、山贼此起彼伏,难于平息。早在明代中叶,在闽粤赣边界山区活动的棚民、靛客、佃农以及矿徒们,就有不少人在山区亦工亦盗,其中最著名的就是邓茂七之乱,影响波及东南数省。嘉靖万历年间,山寇之乱更加严重。由于土地兼并等社会问题的突出,许多失业的流民沦为"山匪",他们没有明确的政治斗争目标,往往仅局限于一时一地的经济利益,劫家掠舍,破坏生产;拦路剪径,阻扰工商业及客旅活动的正常进行。这就造成明代中期之后福建、广东、江西等一些山区,出现连绵不断的匪患,甚至出现以抢劫为谋生手段的村庄乡寨。据明人记载,闽西粤东赣南交接地带,长年为盗贼盘踞之地,"瑞金县壬田寨离县三十余里,路通车段碛长汀界,乃闽贼必由之路。及有地名新径,离县七十余里,接会昌蛇山、武平、上杭、白沙等处,地名竹园岭背,与长汀古城隔山,南通桃园峒,俱为流贼啸聚之所"③。其中上杭三图地方,尤为盗薮,"唯三图百余年,无秋冬间不啸聚,屡扑而不驯服。其山林险密,尤异他区,邻省山寇共推之为主耳"④。闽南漳州府的一些山区,与广东相邻,山寇也往往俱为据点,如诏安、漳浦等县,"二都有大布、景坑,三都有林家巷、西潭村,四都有厚广村、竹港村,皆贼数也。含英村居海滨,闽粤交界,猖獗尤甚","山林险恶,道路崎岖,官司难于约束,民俗相

① 《明神宗实录》卷582"万历四十七年五月戊戌"条,台北:台湾"中研院"历史语言研究所1962年版,第11073页。
② 《明神宗实录》卷593"万历四十八年四月辛未"条,第11384—11385页。
③ 唐世济:《重修虔台志》卷4,天启三年(1623年)刻本。
④ 郭造卿:《闽中分处郡县议》,顾炎武《天下郡国利病书》卷75,《续修四库全书》第597册,上海:上海古籍出版社1995年版,第254页。

习顽梗,……而阖乡抢夺,强凌众暴,视为饮食"。①

　　明代中后期商品经济的发展和社会环境的恶化,使得福建广东各地家族自卫、家族武装的风气再度盛行起来。而寨堡作为家族自卫、家族武装的强有力的依托,也应运兴盛起来。如前所述,嘉靖、万历年间,有些海盗、山寇建筑寨堡作为活动的据点,而一般的民众同样也可以在自己的家族、乡族构筑寨堡来自卫。因此,明代中后期福建、广东等一些地方盛行起来的寨堡,在当时防御盗贼等外来侵扰、保家卫族的过程中发挥了显著的作用。如《仙游县志》云:"(嘉靖间)民间之筑寨守御者,如西北之南湖、砺壁、剑山、宝幢,东南之羊角、东乡之铜盘、光浦,皆尝据险杀贼,民赖以宁。"②又如李世熊在《寨堡记》中记该乡的寨堡:"壬辰(1592 年)之春,圜土粗毕,城屋渐次可居,及七月十六日,流寇突入本乡。吾宗早已据砦,尚有村妇数十,仓卒逃窜,贼方追逐,新堡乃出旗遮邀之。村妇望堡投奔,堡兵发铳伤一贼,贼遂敛止,妇悉得全。"③诏安梅洲吴氏家族,因明中叶海寇窃发,岁无宁日,乃"蒸土为砖而筑之,不期年而城就绪,嗣是以来,雄视屹立,山海群寇不逞出入为灾,皆敛足而不敢犯。闻有倭夷入寇,所在频遭锋刃,吾乡恃以无虞,而远近投生奔命云凑猬集者,又不知几千万众矣"④。有些地方的民间寨堡数量相当可观,如根据康熙《平和县志》的记载,明清之际平和县的土堡建筑,大约尤有 140 座之数,其中以家族血缘关系为纽带(一姓建筑)的土堡有 108 座(处),约占土堡总数的 78%;而由二姓以上合筑的土堡有 31 座(处),约占 22%。而其中一姓所筑的土堡中,陈、黄、何、李四姓在高坑、大坪、河地、象湖四处的土堡尚不止 1 座,如大坪的李氏土堡有 20 余座,河地何氏的土堡有 10 余座。因此,平和县一姓共筑的土堡实际数量所占的比重,还当超过 78%。这种情况不仅平和县如此,其他各地亦大体一样。⑤明中后期兴起的

① 许仲远:《奏设县治疏》,民国《诏安县志》卷 16《艺文》,《中国地方志集成》,上海:上海书店 2000 年版,第 824 页。
② 叶和侃:《仙游县志》卷 11 下《关寨》,台北:成文出版社有限公司 1975 年版,第 274 页。
③ 李世熊:《寨堡记》,中国社会科学院历史研究所清史研究室编《清史资料》第 1 辑,北京:中华书局 1980 年版,第 56 页。
④ 诏安《吴氏族语》梅池城池记。
⑤ 陈支平:《近 500 年来福建的家族社会与文化》,上海:三联书店上海分店 1991 年版,第 246 页。

民间修筑寨堡,有不少保留至今,依然存在,特别是在闽粤交界的地带,当时的寨堡现今已经成为世界非物质文化遗产,人文景观叹为观止。

## 二、霍韬和林偕春的修筑寨堡倡议

明代中后期闽粤各地民间修筑寨堡风气的形成,是与这一带士大夫的倡导分不开的。嘉靖万历年间较早倡议民众武装自卫并修筑寨堡的是广东的霍韬(1487—1540 年),字渭先,号兀崖,南海县石头乡(现属广东省佛山市石湾区澜石镇)霍族人。《明史》有传云:

> 霍韬,字渭先,南海人。举正德九年会试第一。……韬学博才高,量偏隘,所至与人竞,帝颇心厌之,故不大用。……在南都,禁丧家宴饮,绝妇女入寺观,罪娼户市良人女,毁淫祠,建社学,散僧尼,表忠节。既去,士民思之。[①]

据此可知霍韬虽然性格比较偏隘,但是他素来重视民间的社会问题。正德、嘉靖之间,葡萄牙人已经占据香山澳,广东沿海一带的走私贸易开始盛行,海寇在广东沿海时有出没,山区的寇贼也相当猖狂。对此,霍韬敏锐地意识到单单依靠官兵的力量,是不足以捍卫闽中的日常安全的,于是他提出:

> 韶州六县,虽昔有盗窃发,不为大害,惟知府严督知县,知县严督巡捕巡检等官,时加防备,小有出没,实时捕捉,则不贻大患。又有巡捕官多赃滥不法,苛虐小民,欲弭盗安民先,严治贪赃官至急也。广州属县若连山、阳山,多交通桂阳上犹郴州等盗,又多江西人在地方放债,害民激变,良民日以从盗。若清远从化番禺增城龙门地方,连接贼巢,不可胜述,近皆剿平,必严督守巡及督府县官,时常防备,少有出没,实时捕捉,勿致养寇。又得府县良有司,单人单骑巡历各近迩贼巢地方诲谕

① 《明史》卷 197《霍韬传》,北京:中华书局 1974 年版,第 5207—5214 页。

之,使之十家为甲,百家为堡,互相防检,有患互相救助,有不足互相周济。路径之险,要立为寨堡,传乡人共守焉。每乡百家立一乡老,以诲谕乡人。乡立一社学以教子弟,防之密、导之宽,化之以渐,贼巢可永无患耳。①

霍韬认为官府官兵对于山寇海盗,即使有心征剿,也往往鞭长莫及,应当把民众组织起来,"使之十家为甲,百家为堡,互相防检,有患互相救助,有不足互相周济。路径之险,要立为寨堡,传乡人共守焉"。再适时施予教化,"行之有道、化之有渐,虽盗区可化为乐土也"。而且通过民众筑堡自卫,还可以收到杜绝内地奸民与海盗互为交通接济的效果:"若香山澳顺德沿海之民,多为海寇,或一夜劫掠数十家,或聚众千数飘据洋海,官军不能追捕,皆守巡官不能防之于微故也。须严督守巡官府县有司,申明保伍之制。每乡立一乡老,自相管摄,十家为甲,百家为乡,出入互相周济,行检互相觉察,寇盗互相守御,则沿海之民,自不能挺身潜踪独为寇盗。不幸有聚众飘洋拒敌官兵者,又须严督府州县巡捕官,严督沿海卫所官据险以守。凡贼由海入劫,俱有海港扼海巷控制焉,则入劫无路,久自困矣。复严防内地奸民乘时沾利与贼交通,馈之米肉,馈之衣服酒食,馈之器械,则无内交,久自困矣。复严督守巡等官严兵控扼沿海之山,凡沿海之山,多出山泉,流为溪涧,其水清、其味淡,可以烹食。贼人飘据洋中,洋水咸食之,则泻洗手面则皮肉溃。如官军控制山涧之泉,使贼汲路绝焉,久自困矣。"②

再,福建方面,积极倡导民间修筑寨堡武装自卫的士大夫,当首推漳州府的林偕春。林偕春,嘉靖四十四年(1565年)进士,《福建通志》有传云:

先生字孚元,漳浦人,嘉靖乙丑进士,授翰林编修。慷慨多气节,馆阁中以直谅多闻称,修武宗世宗《实录》,词核义正。管理诰敕,为张居正父撰制,居正欲增改数语,偕春不肯,曰:"王言有体。"终不为易。居正憾

① 张萱:《西园闻见录》卷98《外编·缉奸》,民国哈佛燕京学社印本,第3129页。
② 万表:《皇明经济文录》卷28《广东郡县》,明嘉靖刻本,第733页。

之,出为湖广副使,拂衣归。后居正败,起督学两浙,复以忤台使者,挂弹章。再起南赣兵备,迁楚藩大参,致仕。著有《云山集》行于世。①

林偕春的家乡是漳州府漳浦县,这里正是遭受倭寇海盗侵扰比较严重的区域,他对于官府官兵的无能以及所谓海盗倭寇的真实面目和行踪,有着比较深切的了解。他意识到要保护家乡,只能依靠民间自己的力量,因此在他的《云山居士集》中,多次提出了关于民间修筑寨堡以武装自卫的主张。其中,直接向朝廷建议允准民间修筑寨堡武装自卫的主张,体现在《条上弭盗方略》中,该疏文提出了弭盗的七项措施,曰择守令、明乡约、行保甲、筑土堡、练乡兵、责将领、严抚捕。他在筑土堡、练乡兵二项中说:

> 四曰筑土堡。慢藏诲盗,自古言之:"折柳樊圃,狂夫瞿瞿。"有所限也。今天下围圃相连,比间相望,而狂寇猝至即委而弃者,无他,凡以无其据耳。请敕下有司,凡于城邑之外,有人烟去处,无论一百家、二百家,咸筑为培垒,望楼鼓角,以次而修,火药器械,如制完具。遇有盗发,即团聚为守,则在我者有所蔽障而无虞,在彼者掳掠将无所得而自远矣!
>
> 五曰练乡兵。虎豹猛利,虽壮夫不敢近,犬羊驯扰,三尺童子棰楚之矣。故兵以禁乱御暴,不可一日废也。请敕下有司,令各乡之中,依保甲内每户择有才力子弟,训之以坐作击刺之方,金鼓旗物之节,缓急有警,即互相救援,不得坐视。如是,则乡百家可得百兵,少亦不下五六十。不惟可以省召募之费,而身家念重,将衽兵革不悔,且靡缓不及事矣!②

林偕春认为通过鼓励民间武装自卫、修筑寨堡,可以与官府、官兵的剿寇、抚盗行为相互配合,取得消除盗寇、安定地方的良好效果,因此他在疏文的末

---

① 参见林偕春《云山居士集》卷首《云山林先生传》,云霄县文物保护协会、云山书院林太史墓工作委员会 1999 年编印本,第 11 页。

② 林偕春:《云山居士集》卷 1《疏·条上弭盗方略》,第 7 页。

尾写道:"然凡此数者,其要则在于守令。守令得人,则乡约可明也,保甲可行也,土堡可筑也,乡兵可练也。虽将领亦有所资而动,而或抚或剿,不失时宜,何也? 其人存则其政举故也。然其枢在部院,其运之在辅相,其宰之则在朝廷。孔子曰:'苟子之不欲,虽赏之不窃。'虽以告康子,实万世弭盗之大本大原也。今天下风俗渐以厘矣! 人心渐以竦动矣! 诚上自朝廷,下至守令,咸自洒濯其心,无有贪昧隐忍者,则无欲之风行,而盗贼之源息矣。由之以设法,何往不克? 此实愚臣之所惓惓也。"①

　　林偕春休致在家的时候,曾经写信给漳州府知府唐麓阳,同样极力建议劝导在漳州民间推行修筑寨堡武装自卫,他在信中写道:

　　　　漳之为漳,僻处山海之间。其间顽民习盗固有,但屡经残扰之后,或出万死一生之计,苟存旦夕耳,非其性欲如是也! 少而为盗,未及壮而死矣;壮而为盗,未及老而死矣。……当今非无兵之患,无将之患。非无将之患,不肯勇于为民之患。且以见事明之:出海有游击之兵,非无兵也;水寨有把总之官,非无将也。而倭奴间往间来,未闻有出死力以拒之者。……其在云霄,户不下数千,其民勇义,习于战斗。近一二年间,已闻有破贼威声,贼亦闻之而怖。吴平之顽悖,所以不敢直窥漳州而至者,恃有此为之屏蔽也。诚能绥之以恩,鼓之以义,联之以信,则人自为战,家自为守,敌无所窥,而因以为漳南之保障;虽使貔貅百万,加以如熊之将,亦无以逾之,况又不及此者乎? 是所以为云霄计者,只在于训练其土兵,而不在于添设无用之员也。何则? 土兵有父母之亲,有妻子之乐,有宫室之安,有族姓之戚,其临利害切切,则奋不顾身以当之。②

林偕春在这封书信中,一针见血地指出官兵防倭的不可靠,保卫家乡还得依靠民众自己的力量,官府对于民众,"诚能绥之以恩,鼓之以义,联之以信,则

① 林偕春:《云山居士集》卷1《疏·条上弭盗方略》,第8页。
② 林偕春:《云山居士集》卷3《书·与唐麓阳太守书》,第62—64页。

人自为战，家自为守，敌无所窥，而因以为漳南之保障"。

万历七年（1579 年），林偕春受家乡县令的邀请，参与续修《漳浦县志》，他在《邑志兵防论》中，一再强调民间武装筑堡自卫的这一主张：

> 传称"勇夫重闭"，城郭之修，以备豫不虞，尚矣。夷考国初，以防倭之故，沿海堧棋置卫所，度屯所以供之，赋民粮以哺之。至于澳口厄塞之区，复有水寨，哨船游织海上，候之以锋墩，逻之以把截，防至豫矣。顾久而浸懈，渐以无存，其存者则又苟且虚名，全无实用。……方倭奴初至时，挟浙直之余威，恣焚戮之荼毒，于时村落楼寨，望风委弃，而莆尾独以蕞尔之土堡，抗方张之丑虏，贼虽屯聚近郊，迭攻累日，竟不能下而去。……民未知兵，手刃而慄，兵未习战，见贼而仆，始盖有游一贼而奔千百人者矣。自平和小陂倡勇于前，漳浦周陂奋勇于后，寡可击众，贼不敢迩。……盖土堡之设，非峻于县卫也，乡兵之练，非劲于官兵也。县卫之城，崇在数十里之内，而乡鄙之民，散在数十里之外，仓卒闻贼，扶携莫及，人畜辐辏，乌能尽容？……故土堡诚设，则坚壁清野，贼之至也，将无所掠为食，以攻则难，以守则馁，弗能久居，势将自退。①

林偕春在家乡推行倡导民间修筑寨堡以武装自卫可谓不遗余力，他曾经为当地莆美乡张氏家族修筑的寨堡撰写碑记，热情赞扬该寨堡的保家却寇之功："未几山寇流劫，聚七千余党来攻之。多方设御，经旬解去。时正德丁卯也，环云霄未有他城，远近赖以全活者甚众。罔不多举元之能，而予其城守为大有功。后五十余年为嘉靖戊午，倭夷窥伺我隙，荐至荼毒。适四方升平之余，民不习兵革，猝尔内讧，远近骚绎，委村落而弃之。是城独守死数昼夜以存，无论其宗，即来依者，亦恃无畏。自是益增且葺，练于武事。四援咸兴，营堡相望，寇不敢逼，而三务成功。然后知是城之风声峻以远，举元之功大以远。""予素嘉其事，且里为辅车，势相倚伏，宵柝之警，于是城不为无助。遂为纪述其事。爰系以辞云，辞曰：朅朅张氏，既果且方。有繁其姓，戎作之

---

① 林偕春：《云山居士集》卷 2《论·邑志兵防论》，第 33—36 页。

防。爰止于时,作城仡仡。以容以守,莫之敢拂。载扼狂寇,里门不捐,荐有峻功,声势赫然。鸡豚充闾,粳稻盈亩,朝餐暮舂,永保黄耇。乃聚乃训,有诗有书,孝弟忠信,其兴翕如。以溯厥源,乃公之懋。用勒坚珉,永告尔后。"①他甚至在朝中讨论北方九边防务时,也极力主张民间修筑寨堡武装自卫,他在《防边议》中说:"盖中国工于自守,而胡虏长于野战,彼其拥众而来,人多食少,意在于格斗抄掠而回,大战则大利,小战则小利,不战则不利。今边方营寨,远者百有余里,近者亦不下七十里,城郭邈远,居民星散,屯兵则有其地,保众则非所宜。况二边墩台相离二三十里,加之以道路迂曲,传报不捷,若今花马池烽火,必历兴武高楼转望,往迤南萌城不下七八百里,比及火至,贼已出境。是以当夫人民在田,牧畜遍野,虏骑卒至,一空无遗,往往皆然,可为太息。愚以为,当闲暇之时,相度民居之便,或百十余家则筑一大城,或五六十家则筑一小堡,城堡之中,民乃自守,少于此者徙以附之。更于空隙之地,择其险阻之宜,或已有栅墙堑窖者修之,无者增之。至于墩台,尤宜增广,虏将至则有传报,人畜之类,辄收入堡,坚壁清野,使无所得,则彼虽深入,其如我何哉?或恐贼至而不知,则必重募知勇之人,以司间谍之事,申明探候之赏,以待觇逻之功。虏之动静既可先知,我之战守亦可预计矣。或患攻城而力不支,则必复强弩之制,以辅弓矢,多火药之用,以佐神机,贼一临城,弓弩俱发,炮火远及,必使之不敢近而后已。而又仿兵家击首则尾应,击尾则首应,击其中则首尾皆应之意,令百里之内,虽不同镇,遇有警急,互相救援,若有所失,罪及其邻,则虏虽强悍,岂能飞渡哉?如是而贼无所得,既不遂其剽掠之计,深入为寇,又恐有邀截之虞,敢于匪茹以为边患者,未之有也!"②林偕春以及霍韬的这一系列主张,是建立在依仗民间力量保家捍敌的理念之上的,这种理念,比起那班忌惮民间拥有武装而危害政权统治的管理者们,深具开明与远见。隆庆、万历之后闽粤两地倭寇海盗和山贼对于民间的危害有所减弱,显然与这一时期民间修筑寨堡武装自卫风气的形成,有着一定的直接关系。

---

① 林偕春:《云山居士集》卷2《记·莆美张氏先祖筑土城碑记》,第53—54页。
② 林偕春:《云山居士集》卷1《议·防边议》,第18—19页。

## 三、明代中后期民间修筑寨堡以抵御倭寇海盗的地域性差异

明代中后期士大夫倡议民间修筑寨堡武装自卫以抵御倭寇海盗，并不仅仅是在福建和广东两地，在江南浙江一带也有一些士大夫倡议这一举措。如嘉靖前期担任兵部尚书的江浙人胡世宁，就提出类似的主张。胡宗宪《筹海图编》中收有他的主张云：

> 兵部尚书胡世宁云，从地方总甲里老人等，将各家五十以下、二十以上壮丁，不分家主义男家人，尽数报出。而于各家排门粉壁上，各书本家壮丁姓名年貌。其六十以下、十五以上名中下亦书，以备运砖送饭等用……又云精选各户壮丁年二十以下、十八以上气力强壮身才矫捷之册籍，纪年貌选，委教师演习武艺。……又云教阅之法，在斟酌古今之制而施行之。其一当简汰其疲老病弱，升择壮健骁勇如胡明仲之言。二当先教击技，多习弓矢。及令厚甲重器演习，惯便而后习走阵之法，如宋仁宗时议者所谓诸军止教坐作进退，虽整肃可观然临敌难用之意。①

再如嘉靖晚年担任南京兵部尚书的江浙人张时彻，也屡屡提出这样的建议。他在《修筑墩堡以便防御疏》中说：

> 奉南京兵部札付为举行关厢保甲等事，备札各役管束牌内甲长甲副居民，各备器械铳炮旗号演习武艺，一遇有警，即便升旗炮整点齐备，同赴要害地方，设法守把。遵依督同该管甲长甲副居民人等整搠队伍、锋利器械、团练演习外，但各役统率乡兵，俱系大城之外住居星散，各以外门为险。弼等思得门扇单薄墙垣低矮，又多破缺，全无尺恃，万一有

① 胡宗宪：《筹海图编》卷11《经略一·精教练》，《景印文渊阁四库全书》第584册，台北：台湾商务印书馆1986年版，第293—294页。

警,内城关闭,贼寇冲突,进无可生之路,退有锋刃之虞,不免横遭荼毒,骨肉难保,虽欲遵奉号令,出力捍御,不可得矣。伏乞怜悯居民,系是二百年以来生聚,供应国家赋役,诚恐一旦概罹兵燹,祸及都城,合无相度地方便利处所,筑立墩堡。无事则率领乡兵在内操练,有警则收敛男妇并力拒守,仍会合官军,相机截杀,则声势联络,而保障有赖。为此理合具呈施行等因到部。①

张时彻在《祛积弊以苏民困案》一疏中对江南一带民间修筑寨堡武装自卫又有着更具体的论述,他说:

仰各该有司,务照旧规,于每五里设一堡,因地定立。其山谷深僻住居星散者,听从民便,相度地利,相依居止,互为保聚。编十夫以为甲,置一小粉牌,开具各家姓名人口及所务生理。金骁勇小甲一人以领之。编十甲以为一堡,置一大粉牌,止开具各家姓名,择公正堡长并总甲一人以统之。其四方逃播之民,佃田居住,有地主管束者,一体编入保甲;如来历不明,及无底业者,不许容留。同堡之人,各备坚利器械,以时习武。一遇有警,鸣锣击鼓,以相号召。各堡齐举,或分布策应,或据要把截,或并力救援。②

从胡世宁、张时彻等人的议论中,我们都可以了解到明代嘉靖年间倭寇海盗的侵扰。政府系统的军事防御设施是无法有效地护卫民众安全的,如何利用民间自身的力量,修筑寨堡、武装自卫,成了当时许多有识之士的共同理念。但是由于江浙、福建、广东等各个沿海地域的人文状况与地理因素等的差异,这些不同地区在推动民间修筑寨堡武装自卫的过程中,所取得的成效也不相同。大致言之,江浙一带的成效差强人意,如郑若曾在《江南经略》中说南都常州一带的情景云:"常州之所辖也,向来非不设备,但靖江勇夫之

---

① 张时彻:《芝园集》别集《奏议》卷5,明嘉靖刻本,第667—668页。
② 张时彻:《芝园集》别集《公移》卷2《祛积弊以苏民困案》,第687页。

力,不足以支寇舶之冲,河庄堡寨之兵,不可以遏大寇之入,必庙堂之上,不以靖江视靖江,而以留都视靖江;不以河庄视河庄,而以吴越视河庄,各设参将,各屯重兵,务俾其力足以抗御海寇,不得越靖江,而西冲江寇不得收孟河而东下,夫然后为常州之善计耳。"①郑若曾认为"堡寨之兵,不可以遏大寇之入",因此他依然主张防倭还是应当以官府的军队为主。

与江浙的情景相比较,明代中后期福建和广东民间修筑寨堡武装自卫以抵御倭寇海盗的成效更为显著,尤其是福建南部地区即俗称的闽南地区以及与之相邻的粤东地区,是这一时期民间修筑寨堡最为盛行的区域。这些寨堡所发挥的抵御倭寇海盗的作用,除了如上面所引述的林偕春等人的论述之外,实际上还对闽南粤东的社会风气产生了很大的影响。这其中最为突出的一点,是造就了这一带民风的彪悍与好斗,对于官府的社会治理,民间在不同程度上存在着抵触和藐视的心态。《漳浦县志》记载这里的风俗云:"俗好胜、健讼、赌博。强者武断乡曲,黠者挟持官府。小民因小忿辄服断肠草,图赖官府。有事追呼拒捕,殴打率以为常。"②《云霄县志》也是如此记述。③《平和县志》云:"(平和)负山险阻,故村落多筑土堡,聚族而居,以自防卫,习于攻击,勇于赴斗。"④乾隆《海澄县志》记载明末清初月港一带的情景云:"月港初就招抚,百姓犹未帖帖,出入持刀,时出反语,官莫敢至其地。溪丞金公璧,闻命即往,以一二铃下自随。群恶来迎,辄与抗坐,至以金二哥呼之。"⑤"澄邑地卤人窭,菰芦鱼鳖之与处。前明所照,氛雾渐消,一旦波澜,老成冠裳,鳞介再旦,而红鹦白雉并揩,鱼须骈臂穿心,无远不柔,遂使寸光尺土,埒比金钱。水犀火浣之珍,虎魄龙涎之异,香尘载道,玉屑盈衢。画鹢

① 郑若曾:《江南经略》卷5上《常州府属县疆界参错图·常州府总论》,台北:台湾商务印书馆1971年版,第3—4页。
② 陈汝咸修、林登虎纂:《漳浦县志》卷3《风土志上·风俗》,康熙三十九年(1700年)修,民国十七年(1928年)翻印本,《中国方志丛书》第105号,台北:成文出版社有限公司1967年版,第194页。
③ 徐炳文修、郑丰稔纂:《云霄县志》卷4《地理下·风土》,民国三十六年(1947年)铅印本,《中国方志丛书》第240号,台北:成文出版社有限公司1975年版,第100页。
④ 黄许桂主修、曾泮水纂辑:《平和县志》卷10《风俗志·民风》,道光《平和县志》手抄孤本,厦门:厦门大学出版社2008年版,第453页。
⑤ 陈锳等修、邓廷祚等纂:《海澄县志》卷24《丛谈·四》,清乾隆二十七年(1762年)刊本,《中国方志丛书》第92号,台北:成文出版社有限公司1968年版,第297页。

迷江,炙星不夜,风流骎于晋室,俗尚轶乎吴门。曾未几何,而石泣海飞,鲸奔鳄竖,九都之堡一夕尽歼,三峙之城四郊灰烬。既乌猴之俱是,亦叛复而不常。于以控海凭山,有天并徙,鸿萌雁户,无地不飞,加以戊午之年,建未之月,空城鼠尽,万马鹃归,将军则雉颈酬恩,壮士则鱼肠报主,是可惨目伤心者矣。夫天道好还,人心思治,向之烟井万家,蹋踘斗鸡走狗,今为鸦突兔起,岸断云连不可问。向之飘巾韦带,城郭郊圻,口咿唔无昼夜,今则鹑飞拜笃,笃惧催租罗鹪网也。"①

由于民风的彪悍好斗,以及在某种程度上对于官府治理的蔑视和不信任,民间社会在处理各自的日常纠纷时,往往更多地采取以强凌弱的自我解决的方式,这就使得这一带民间械斗风气得以长期地延续下来。《漳浦县志》载有清代邑人蔡开第的吟哦械斗诗云:

嗟哉吾邑人,秉性何顽愚,雀鼠兴微讼,剑戟肆奔驰,哄然一闹间,蛮触伏其尸。不闻天子诏,晔晔张旌旗,首祸自泉山,包齐相诛夷,红白别旗帜,各自分雄雌。延渡漳江来,妖氛日逶迤,杀人如胡麻,白日变阴曦。婉娩弱子泣,离题剥其皮,累累百岁翁,折体走离披。女杀人子多,人亦剐其儿。嗟女独无父,嗟女独无儿,斗死儿无父,死斗父无儿,况乃伉俪欢,死别与生离,戚戚亲兄弟,原野哀而悲,鸾鹄从分散,埋□各断吹。吾闻闽粤人,攻击固其宜,汲黯对武帝,当时风已漓,国家逢太平,百年不用师,尔民遘阳九,兵革相凌迟。……②

《云霄县志》亦有类似的记载云:

漳民喜争斗,虽细故,多有纠乡族持械相向者。按:械斗,尤以本县为甚。往往一语言之乖,而遽行掳掠,一睚眦之失,而辄事干戈。迨冤

---

① 陈锁等修、邓廷祚等纂:《海澄县志》卷15《风土·风俗考·癸酉志续》,《中国方志丛书》第92号,第172页。
② 陈汝咸修、林登虎纂:《漳浦县志》卷22《艺文志》,《中国方志丛书》第105号,第2142—2144页。

连祸结,有延长十数年者,杀伤数十命者,甚至毁祠、灭乡、淫杀妇孺,其衅端仅如毛发,其灾祸竟至弥天。诸如此类,或间年而再见,或一年而一见。推原祸始,盖由一二家长之不肖,与官吏办理斗案之颠顶糊涂而起也。俗语有云:"三年不械斗,家长无生路。"痛哉其言之也!①

清代时期,漳州及粤东一带是民间秘密会社天地会的发源地和主要势力范围,目前学术界对于天地会的起源有多种解释,起始的时间也有不同的看法。我们从清代初期担任福建总督的姚启圣的文告中,就已经可以看到漳州一带民间秘密结盟、结社的记载。如在康熙十八年(1679年)七月的"禁结社党"的文告中云:

> 为严禁纠结社党以息民害事。照得棍徒纠党结盟,新例立置重典。邻右不举,连坐治罪。功令煌煌,敢不凛遵?诇访漳郡恶俗,尚有奸徒倡立社党名色,纠结投诚员兵、劣衿、练长、衙役,及一切流棍、讼师人等,多至一二百人,少亦数十余人,歃血誓盟,武断乡曲,生端寻衅,扎诈善良,通线作奸,擒人勒赎。近而城市郊关,远而庄村墟埠,靡肆行无忌,播毒难堪。本部院闻之不胜痛恨,除差员密缉外,合行出示严禁。②

康熙十九年(1680年)十月初四日又有"访禁结盟"的文告云:

> 为访禁结盟以肃功令、以靖地方事。照得社党首禁,新例森严,犯者无赦,况海疆重地,岂容此非为?近闻闽省各属多有穷凶巨棍,自称大哥,歃血盟神,结拜兄弟。或一伙有百十余人,或一伙有三五百人。凡讼师衙蠹以及投诚弁兵,无不联为党羽,恃势咆哮,因而骗害乡村、横行里闬。乘睚眦之隙,此殴彼攻,侦富厚之家,东讦西污。根蒂又深,网罗四布。良善莫得安生,有司不敢过问。嗟嗟百姓,当凋瘵之余,不过

---

① 徐炳文修、郑丰稔纂:《云霄县志》卷4《地理下·风土》,《中国方志丛书》第240号,第99页。
② 参见陈支平主编《台湾文献汇刊》第2辑第3册《闽颂汇编》,厦门:厦门大学出版社、北京:九州出版社2004年版,第472—473页。

仅存皮骨。本部院清夜问心,唯恐抚绥未尽,又岂肯留此巨憝以害地方? 除行司道密访外,合行示禁。①

从这些文告中,我们不难推测清初闽南漳州一带的民间秘密结盟、结社,与明代中后期以来民间的武装自卫、修筑寨堡、相互结盟等有着密切的渊源联系。我们也许可以进一步推见,清代闽南及粤东一带的"天地会",极有可能与明代中后期这一带的民间武装自卫、修筑寨堡、相互结盟的社会风气,有着必然的直接联系。

值得注意的是,明末清初以来,福建及广东的许多居民,不断地向台湾迁移,推动了台湾的开发和社会经济发展。然而在长达两百多年的清代台湾历史发展过程中,也发生了数十次民间暴乱事件。这些暴乱事件的发生,固然有着种种不同的政治与社会经济因素,但是以暴乱参与者的地域结构看,则绝大部分是由来自漳州府籍的移民后裔发动和参与的,其次是粤东籍。泉州籍以及其他原乡地域籍贯的移民,则发生暴乱的情况相对少见。这种现象的出现,显然也是与明代后期以来漳州及粤东一带民间武装自卫、修筑寨堡、相互结盟,并且在某种程度上蔑视和不信任官府管理的社会风气的形成,有着密切的关系。正因为如此,我们在分析明代中后期福建与广东的民间武装自卫、修筑寨堡、相互结盟等一系列社会行为时,似乎不应该就寨堡论寨堡,把寨堡当作明代中后期民间抵御倭寇、海盗、山贼的一种临时性措施,而是应当透过寨堡这一应急性的现象,跨越朝代与时间的界限,来分析它的长远的社会影响力。

---

① 参见陈支平主编《台湾文献汇刊》第 2 辑第 4 册《闽颂汇编》,第 99—100 页。

# 徜徉在闽台区域山海之间

# 历史与文化的歧义：区域研究中的一个思考

## 一、"历史"与"文化"这两个学术用词实际上存在着很大的歧义

在当今的区域史研究中，有两个名词是经常被混搭并用的，这就是所谓的"历史"与"文化"，例如"中州历史文化""齐鲁历史文化""闽台历史文化""客家历史文化"等。学者们对于"历史文化"的混搭并用，似乎没有太多的疑虑。然而本人在近年来对于区域史的研究中，却越来越感觉到"历史"与"文化"这两个貌似神合的学术用词，实际上存在着很大的歧义。

众所周知，历史学的目标是追求历史的真实性，客观与严谨是从事历史学所应秉持的基本立场。但是"文化"，其所追求的目标，或者说它的功能，更多地是注重对于某个区域的宣传与对良善等道德的弘扬。用我们现在经常表述的话语，就是"弘扬优秀的传统文化"。这样一来。"文化"的研究者们，就不能不有意无意地在一定程度上偏离了历史学客观严谨的态度立场，从而出现某些趋利性的倾向。于是，貌似神合的"历史文化"，它们之间所存在的歧义便在所难免。

从研究区域历史文化史的人员结构看，目前我国不同区域的研究者们，基本上是以本区域之内的人员为主的。这样使得区域历史文化的研究，不知不觉中又掺入了某些感情的因素在内。俗谚云："谁不说自己的家乡好？"又云："子不嫌母丑。"即使是学者，恐怕也很难完全摆脱这种情感因素的羁绊。于是，在这种感情因素的影响下，区域文化的提炼与弘扬，在许多场合往往会越于历史学之上，历史学或许有可能在某些研究领域成为"文化"的各取所需的注脚。

我提出这样的意见,似乎有危言耸听之嫌。然而"历史"与"文化"在区域史研究中的这种歧义,却是客观存在的。下面,我即以自己在稍为擅长的闽台区域历史文化研究中遇到的一些问题,思考如何在今后的区域研究中给予"历史"与"文化"这二者各自较为恰当的学术定位。

## 二、中国南方历代移民史有多少是人为建构起来的?

研究闽台区域史的学者都知道,家族组织、乡族组织是闽台区域社会的重要基础。慎终追远式的家族、乡族史研究,不仅是专业学者们必做的课题,而且成为闽台两地民间社会所共同关注的历史文化话题。

至少从五代、宋以来,福建以及后来的台湾,民间普遍形成了关于闽台家族来源于河南中州的历史记忆。因此,在中国不同的区域文化模块中,中州文化与闽台文化之间的关联之密切,是其他各个区域文化所不能比拟的。中州河南既为先祖之地,闽台区域的历代居民们,就不能不对中州河南怀有一种特殊的向往心理与情感。

印证这种血缘与文化渊源关系的资料,除了来自闽台民间世代相传的口传资料之外,更多地是闽台区域民间修撰的族谱、家乘。从流传至今的闽台两地民间族谱中所记载的各个姓氏的族源追溯上看,至少有一半以上的家族,声称自己的家族来源于中州河南的世家望族。①

民间口传资料和私家族谱的文献记载,往往具有从众性和标榜性的特征。需要一个鉴别取舍的过程。而当代学者的较有代表性的学术性表述,则应该是黄典诚教授 1981 年在河南省语言学会成立大会上的一次演讲。这篇演讲稿当即发表在 1981 年 4 月 22 日的《河南日报》上。该文略云:"我来自福建厦门。我说的是闽南方言,闽南方言和闽北方言(还有闽东方言)同是我国九大方言之一。它和普通话有较大的区别。在闽南、闽东和闽北,祖祖辈辈都传说祖宗是河南来的。这件事记在方志上,写在族谱里。据《三山志》说:'(晋)永嘉之乱,衣冠入闽者八族。'又据《河南光州府志》载:唐高宗

---

① 参见陈支平《福建族谱》,福州:福建人民出版社 1994 年版。

总章年间,福建南部蛮獠啸乱,朝廷以光州固始人陈政、陈元光父子率五十八姓前往征伐。陈政阵亡,陈元光年方十八,代父领兵。结果削平祸乱,疏请建立漳郡。又据《五代史》,唐末光州固始人王潮、王审知兄弟,率众起义,南下福建,建立闽国,采取了若干有效措施,开发了福建,发展了经济,推广了文化,安抚了流亡。在中原板荡的时代,福建成了偏安一隅的地方。这是中原人民成批流入福建的简况。福建和河南有着密切的乡土关系。福建方言就是从河南带去的。"近三十年来,随着区域文化史研究的兴起以及台湾同胞、海外侨胞寻根问祖的热络,黄典诚教授的这一论点,被不断解读与放大,历史上河南中州向福建的移民被划分为三个高潮期,即西晋末年的"八姓入闽"、唐初高宗年间的陈元光开漳以及五代时期的王审知入闽。所谓"从主体上分析台湾同胞的祖根,三百多年前在福建,一千多年前在河南光州固始一带"①,闽台居民来自河南中州的说法被许多论者反复印证与宣传。

事实上,黄典诚先生于 1981 年在河南省语言学会成立大会上的演讲是相当笼统而缺乏严谨性的。福建民间的口传资料和私家族谱文献记载与历史的真实性始终存在着一定的差距。近三十年来,随着福建民间口传资料和私家族谱文献记载中关于"闽台居民来源自河南中州"的观点不断被放大,许多严谨的历史学家,也在这些方面作出了认真的考证分析。基本的论点是,现在居住于福建与台湾的汉族居民,其先祖族源的源流是十分复杂的,既有自秦汉以来北方汉民的迁入,也有由原来的土著闽越族后裔转化而来,宋元之后,还有少量海外移民的后裔加入其间。即使是自秦汉以来从中国北方迁移入闽的汉民,也不仅仅是来自中州河南,而是东起辽东渤海、吴中延陵,西至武威敦煌,均有各个姓氏的后裔子孙迁入闽中各地。真正来源自河南中州的北方汉民只是其中的一部分而已。至于现在有人把历史上河南中州向福建的移民划分为三个高潮期,更是张冠李戴,与史实不符。

举唐初陈元光率部入闽的史实为例。目前活跃于福建历史学界的著名学者,不论是擅长魏晋南北朝、隋唐历史的杨际平、谢重光教授,还是精通明

---

① 唐金培:《欧潭生"三探"与豫闽台渊源关系研究》,见尹全海等编《中原与闽台渊源关系研究三十年》,北京:九州出版社 2012 年版,第 74 页。

清史的徐晓望、唐文基诸教授，以及闽台文化关系史专家汪毅夫教授，都无法认同陈元光的祖籍地是中州河南固始县。根据以上学者的研究，陈元光原属河东郡人，自宋元迄于明代前期，各种文献所载无异。到了明代中后期，福建的一些地方志书受到私家谱牒的影响，才出现了所谓陈元光出于河南固始的记载，并且由此逐渐影响到明清以来的各种文献记载。因此，后世盛传的闽人皆祖光州固始的叙述，不可全信。汪毅夫教授在最近的文字中再次强调了这一点："古今学者郑樵、方大琮、陈振孙、洪受、陈支平、杨际平、谢重光、徐晓望一干人等对'闽祖光州固始'之说的批评和质疑是正当合理的。我在《闽台社会史札记》一文里尝谓：'福建在历史上经历过移民开发的阶段，来自中原的移民当有出于光州固始者而"未必其尽然也"；今之福建居民的主体乃由古代中原移民的后裔与古代当地土著住民的后裔构成。若'皆曰光州固始'，不亦诬乎？现在，我依然持论不移。"①我以为汪毅夫教授的论述是十分中肯的。

宋代以来关于"闽祖光州固始"的传说之所以盛行于世，其主要原因就在于五代时光州固始王审知兄弟的率部入闽，不仅带了众多的固始乡亲一道迁移闽中，并且在闽中建立了第一个地方政权——闽国。固始王审知兄弟的率部入闽，可以说对于福建这个原属于边陲的落后区域的开发进程起到了里程碑式的重大作用，对宋代福建区域的人文格局及其民间社会产生了直接而且深刻的影响。②另一方面，这些从光州固始迁移而来的王氏家族及其部属，随着闽国的建立，也都成为闽中的统治阶层，为社会所仰慕。于是，在这两种因素的潜移默化之下，闽中的不同来源、不同姓氏的居民，就不能不逐渐受到光州固始这一祖源符号的影响。

秦汉以来，中国北方各地的民众迁移到南方各地，这是不争的历史事实。但是他们在北方的祖籍地，并不是仅限在有数的几个区域之内，而是几乎遍布于中国北方的各个郡县。然而也就是在宋代，中国南方的家族史溯源开始逐渐地合流到几个有数的中原地域之内。就闽台区域而言，比较集

---

① 汪毅夫：《关于"中原与闽台关系研究"的若干思考》，见尹全海等编《中原与闽台渊源关系研究三十年》，第 74 页。

② 参见陈支平《近 500 年来福建的家族社会与文化》，上海：三联书店上海分店 1991 年版。

中的祖籍地就是所谓的"中原固始"了。

宋代之前，中国民间撰写族谱的风气尚未全面形成，故各个汉民家族对于先祖的追溯，或许主要停留在世代的口传之中。入宋之后，特别是在理学家的倡导之下，民间修撰族谱的风气开始蔓延，先祖的追溯便成了撰写族谱的一项重要内容。于是，先祖的典籍化就不可避免了。根据各自家族的族谱记载，大家可以非常自豪地对外声称自己的家族具有中国最纯正的中原汉民族并且是世家望族的嫡传血统。人们在塑造自己先祖的时候，首先把眼光注视在帝王之胄的王审知兄弟子侄以及与王氏集团有着某种政治关联的姓氏上面，并且以此来炫耀自己家族的辉煌历史与显赫地位。久而久之，许多家族逐渐忘却了自己真正的祖先，张冠李戴、模糊难辨，最终出现了祖先渊源合流的整体趋势。即许多家族都成了王审知及其部属的后裔。关于宋代福建民间族谱修撰攀附显贵这一风气的形成和流行，当时福建籍著名的史学家、谱学家郑樵在为自家族谱撰写的序言中已经看得十分清楚：

> 今闽人称祖者，皆曰光州固始，实由王绪举光、寿二州以附秦宗权，王潮兄弟以固始众从之。后绪与宗权有隙，遂拔二州之众入闽。王审知因其众以定闽中，以桑梓故，独优固始。故闽人至今言氏谱者，皆云固始，其实谬滥云。[①]

其实，对于宋代福建民间族谱攀附王氏固始县的这一习气，一部分文化修养较高的福建修谱者们也是相当清楚的。如泉州《鉴湖张氏族谱》明嘉靖十九年张继明序云："宗之有谱，所以纪世系、明族类、示仁孝也。……盖五季之末而宋之始欤？然世远文字湮废，自一世至十三世名字世数已不可得而详，又云来自光州固始。盖泉（州）叙谱之通说也。"[②]安溪《陈氏族谱》亦云："谱闽族者类皆出自光州固始，盖以五代之季王审知实自固始中来也。……而必谓闽中族氏皆来自固始者，诞甚！"[③]在这样的社会习气之下，不用说一般的贫

---

① 郑樵：《荥阳郑氏家谱序》，莆田《南湖郑氏家乘》。
② 泉州《鉴湖张氏族谱》卷首。
③ 安溪《清溪陈氏族谱》，康熙二十一年陈时夏《重修族谱序》。

穷族姓,即使是早先入闽的一些名门大族,其后裔也在不知不觉中被引入其中。再如与陈姓同称为"闽台半天下"的林姓,至少从唐代开始就号称是商纣王时期的名臣比干的后代。中原的郡望为"博陵""下邳"等,本与河南固始不相干。但是到了宋代以后,不少福建的林姓,其祖籍也变成了河南固始。陈、林二著姓尚且如此,则其他姓氏之攀附河南固始的世家望族,由此可知。

不仅仅汉民家族的族谱修撰如此附会合流,即使是早先属于闽中土著的一些族群的后裔,也在宋代的这一风气中变更其初,把越人变成十足的汉民姓氏。南宋时人王象之曾在《舆地纪胜》中说:"闽州越地,……今建州亦其地。皆蛇种,有王姓,谓林、黄等是其裔。"①现存于福建及东南地区的许多少数民族家族,从明代以来开始仿效汉民家族修撰族谱,也存在类似的情况。随着北方南迁的汉民在东南地区迅速蔓延并且取得主控权之后,残留在这些地区的少数民族如畲族、疍民,以及唐宋以后从波斯海地区东来的阿拉伯人的后裔,逐渐受到汉民族的影响,加之其生活环境的需求,不得不把自己的祖先攀附在中原汉民的世家望族之上。我们现在所阅读到的东南地区畲族、回族的族谱,虽然其中或多或少保存了他们自己族源追溯的某些特征,但是从始祖的塑造上,则是毫无例外地变成了与汉族相关联的共同的祖先。如现在居住在泉州市晋江一带的阿拉伯后裔丁氏家族,在其族谱中称:"始祖节斋公,讳谨,字慎思,家世洛阳。"同为阿拉伯后裔的泉州郭氏,其族谱称:"吾之先太原人也,始由唐尚父太尉中书令汾阳忠武王。"现为畲族的钟氏,其族谱称:"尝考钟氏溯源于微子,……故钟氏为颍川郡。"畲族蓝氏则以陕西的蓝田县为始祖地,故称"种玉堂"。有些福建少数民族的族谱也仿效其他汉族族谱的习气,把自己的祖先附会于光州固始县之上。畲族《雷氏族谱》称:"唐光启二年,盘、蓝、雷、钟四姓有三百六十余丁口,从闽王王审知为向导官,分乘五大船由宁波渡洋入闽。"这些少数民族居民也就自然而然地成了光州固始县人的后裔。②

---

① 王象元:《舆地纪胜》卷128《福州景物上》。
② 参见陈支平《福建族谱》。

由此可见,至少从宋代以来,福建地区乃至整个中国南方,在民间家族的溯源过程中,其历史的真实性与民间口传资料、私家族谱文献记载之间是存在着较大的差距的。我们在研究福建地区乃至整个中国南方的家族发展史的时候,假如过于执着于历史文献的记述和所谓的"历史的集体记忆"的真实性,恐怕都将不知不觉地被引入比较偏颇的学术困境。

## 三、文化的认知与历史的真实性其实是无法等同起来的

文化的认知与历史的真实性其实是无法等同起来的。由闽台区域民间对于族源的追溯产生的世代口传资料与族谱文献的文字记述,同历史的真实性存在差异,这并不能影响我们对于文化认知的分析以及这种认知的文化意义。在某种意义上甚至可以说,超越历史真实性的文化认知,其所体现出来的文化意义也许更加具有历史与文化的永恒价值。

从我们上面的论述中可以看出,即使闽台区域汉民先祖的相当部分不是来源于中州河南区域,但是其巨大部分来源于中国的北方地区确实毫无疑问。这样的历史过程,势必给居住在闽台区域的汉民后裔留下极为深刻的历史文化记忆。

上古时期的中国南方地区,是所谓的"百越纹身地",十足的边缘区域,或者说是边陲区域。北方汉民族的南迁,一方面给东南地区带来了先进的社会形态与生产方式,促进了南方地区的开发;另一方面,也在这一代代的汉民后裔的文化意识中,积累了向往北方汉民族核心的牢固心态。再加上长期以来北方南迁汉民在东南地区繁衍生息、兴衰存亡的延续艰难,促使这里的汉民形成了攀附中原世家望族的社会风气。[①]于是,向往中原核心的文化边缘心态便在东南地区的民族意识中世代相传、牢不可破。

这种边缘文化心态反映在福建地区以及后来延伸的台湾地区,同样也是十分显著的。远古闽地,人文之进步远不及中原地区。福建的社会经济与文化开发史,无不与北方移民的入闽紧密联系在一起。从汉武帝时灭闽

---

① 参见陈支平《福建族谱》。

越国设冶县、三国时孙吴设建安郡以来,经历晋代与南北朝的所谓八姓入闽、唐代前期陈元光进漳、唐末五代王审知建闽国,这些带有福建历史进程里程碑性质的事件,无不是由于北方中原强势力量的南迁而形成的,闽中的原有居民似乎始终处于一种比较被动的境地。从福建文化传承史的角度来考察,无论是乡族社会的建构、道德价值观的承继,还是国家核心主导地位的认同等诸多方面,都在不同程度上显露出中原核心与福建边陲的矛盾复杂的向往心态。这种文化心态必然会集中凝聚体现在某一个象征性的文化表象之上,那么最具典型意义的王审知从中州河南固始入闽的历史故事便自然而然地成为福建人乃至后来台湾汉民的集体文化记忆。

从中国古代文明的发祥与传播的历程看,其实中州文化对于中国周边区域文化的影响力,远不能与周礼兴起地的关中和儒家兴盛地的齐鲁这两个区域相比,但是闽台汉民的历史记忆却偏偏集中体现在中州区域,这除了因为河南固始王审知入闽对于福建社会经济文化的开发产生了巨大的影响力之外,宋代河南文化意识形态的输入同样也是形成这种文化形态的关键因素。

北方的汉民虽然从汉唐开始入迁闽中,并且也带来了北方士民兴学重教的良好传统,但是终唐之世,福建地区的士子在全国的影响力毕竟有限。王审知时期,政府从制度上促进了闽中兴学重教的发展,延至宋代,福建的士子已经在国家的科举出仕中异军突起,很快就进入全国的先进行列。而恰恰在这个时期,中国的理学在北方兴起,中州成了理学兴起的重要发源地。于是,福建的士子们以到中州拜理学大师学习为时尚与荣耀。特别是这时河南程明道(程颢)和程伊川(程颐)创立的新学派洛学体系,更是闽中士人仰慕的文化思想形态。北宋熙宁年间的福建人杨时、游酢等矢志拜二程为师,留下了"程门立雪"的典故。于是,杨时一生"倡道东南",对闽中理学的兴起建有筚路蓝缕之功,被后人尊为"闽学鼻祖"。他的哲学思想对后来的罗从彦、李侗、朱熹等人产生了深刻的影响,朱熹后来创立的"闽学",与洛学的渊源最深。

宋以来,中国南方的士子们在继承和补强中国正统的伦理文化规范上作出了杰出的贡献,以朱熹为代表的南方理学家群体对于中国后世的文化贡献成为众所周知的事实。然而我们在阅读早期南方士子们求道为学的著述时，不难从中看出他们津津乐道于自己已经成为一名源于中州的"正统文化者"的心态。而这种"正统文化者"的表述，已经使他们自己不知不觉地演化成一名亦步亦趋的北方文化中心标识，特别是中州标识的追随者。我们在福建杨龟山的家乡，看到了他立愿逝世后葬身于墓门朝北远望北方师门的坟茔；我们在游酢的乡里，到处可以听到和看到关于他和杨时"程门立雪"的传说记述。老实说，对于这样的传说和记述，我一直心存疑问：程氏作为宋代儒学的代表性人物，为何会如此不合情理而有悖于孔圣人海人不倦的教训，苛待南方学子？这种带有明显矫情意味的传说，其背后似乎隐藏着一种难于言喻的文化心态，即以自己变成一名北方中州式的"士子"为荣耀。

正是宋代福建的主流知识分子们坚持不懈地从中州那里传承文化思想意识形态进入福建，并且又进一步努力把这种源于中州的文化思想意识形态融入福建及中国南方的社会之中。这样一来，源于中州核心区域的文化思想意识形态，就与处于边陲区域的福建各地的社会生活方式有机地结合起来。在文化核心与边陲观念的长期熏陶下，家族制度及其组织的每一步发展，无不冠上了追溯中州河南的辉煌帽子。这种历史文化的惯性，直至今天依然如此。

历史学追求的是历史的真实性，而文化则更多地是体现在人们的心理认同的层面，显然这二者是无法等同起来的。从这一立足点，我们再来看看中州文化与闽台文化的关联性，我们似乎可以这样理解：从宋代以迄近现代闽台民间家族溯源史的演变历程看，后代的福建以及台湾的民间社会，更关注的是民间口传资料及私家族谱等文本的显示表象，而其先祖的真实历史，倒是比较无关紧要。我们今天探讨闽台家族与中原固始的渊源关系，探讨中州文化与闽台文化的传承关系，假如非要一意孤行地寻找什么纯正的"中原血统"及其源流细脉的"真实历史"，我想是既无必要而又永远不可得到的，其结果必然是恰得其反而又纠缠不清。我们只有在文化认同的基础上一道认识中华文化的多样性及其包容性，才能从无限广阔的空间来继承和弘扬我们祖国传统的优秀文化。正是中华传统文化中的多样性和包容性特征，造就了多民族统一的国家的形成与延续，造就了中华民族文化一直得以传承和发展的辉煌历史。

现今通行于全国的所谓科研成果评价体系,无不既重视学术价值,又重视社会价值。历史学是属于学术的,学术价值的核心是严谨与创新。而文化更多地是体现社会价值,人们不管其愿意与否,社会价值又将是超越学术与科学等各个层面的。正因为如此,我们今天在从事区域研究时,将"历史"与"文化"混搭并用,在很大程度上是习惯性的,"文化"由"历史"产生演化,因而是有其一定的合理性的。这二者应用于区域研究之中,既是可以相互印证、相辅相成的,同时我们也应该关注它们之间的差异性。假如我们硬要把区域历史学的研究变成宣传弘扬区域文化的一个万能注解,那就十分不合适了。

# 区域研究的两难抉择

　　区域历史的研究,是当今十分热门的一个研究领域,也是一个说不清道不明的研究领域。区域历史研究所受到的外部环境因素的干扰,是其他研究领域所不能比拟的。我虽然也从事一些闽台区域历史的研究工作,但是切身的体会是:想说爱你,不容易!

## 一、风云际会的区域史研究

　　我们从近百年来历史学的发展历程来考察,便可以知道区域史之所以成为热门,是伴随着近二十年来中国的改革开放而兴起的。

　　20 世纪前半叶,历史学家们比较注重修史资治的宏观探索以及与政治史相关联的个案问题的研究,较少有人注意到地方区域细部的考察。中华人民共和国成立后的前二十年,资治教化的治史原则仍然是历史学家们所奉行不渝的圭臬,宏观历史的探索是人们关注的焦点。在这个时期内,虽然有一小部分历史学家从事局部地区历史的细部分析,但是这些研究还不能成为历史学的主流,人们也没有刻意去宣扬这种研究的重要性。当时的学术界似乎只有"地方史"研究的称呼,尚未出现所谓"区域研究"的名目。

　　20 世纪 80 年代以来,随着国家改革开放的进展,学术界也逐渐从自我表现和自我陶醉的泥淖中领悟过来。大概是由于 80 年代初期第一届中美历史学家学术讨论会的召开吧,人们从威廉·施坚雅(C.William Skinner)的论著中领略到"区域研究"的奇异,[①]于是在很短的时期内,"区域史"研究的新

---

　　① 关于威廉·施坚雅的区域理论,可参见吴承明先生《中国经济史研究的方法论问题》,《中国经济史研究》1992 年第 1 期。

名称流传到中国的大部分地区。到了 80 年代下半叶,历史学界还对何为"区域史研究"进行了专门的讨论。因此,"区域研究"或"区域史研究"这一名称在中国历史学界的兴盛,多少是由于"与国际接轨"的缘故。尽管如此,学界对于区域史研究的概念,仍然多有歧义。如上述施坚雅氏,以地文学(Physiography)为主,着眼于市场系统,重视河流,将全中国分为九个大区。而有的学者主张以生态学(ecology)以及文化习俗、方言环境等作为划分区域的界限。吴承明先生认为:区域经济的发展不仅决定于自然条件,政治、社会、文化习俗都有作用,而在历史上,各区域经济的发展都离不开行政区划的制约。"因而,我以为从事区域经济史的研究者不必胶柱于划区标准,可以从习惯,或大或小,以资料方便为准。大如江南、西北、南北满,小如皖南、苏北、辽东西,皆已习用。从资料利用说,分省立史亦有便处。"[1]有的学者如杨国桢先生,则比较主张以历史上已有的行政区划作为区域研究的基本界限标准。[2]如此一来,"区域史研究"与"地方史研究",有时就很难分得清楚了。从目前学界的现状看,似乎也没有准备要把这二者分割得一清二楚。既然如此,为了下文叙述的方便,我在这里也只好把"区域史研究"同"地方史研究"暂时地混为一谈了。

事实上,我们撇开"地方史"或"区域史"的名称不讲,自从 20 世纪下半叶中国历史学界热衷于"中国资本主义萌芽"和"农民战争"的大讨论以来,有一部分历史学家已经开始了区域社会经济史的研究。其中最具成绩的是各地的土地关系史、阶级关系史、商品市场史、商人集团史,以及长江三角洲、珠江三角洲、福建等明清时期社会经济较为发达地区的探索分析。虽然这些区域性的史学探索大多是为了论证"中国资本主义萌芽和农民战争是推动中国历史发展的动力"这样的命题而进行的,但是经过历史学家们的不断努力,这些区域的资料发掘和研究深度都得到了切实的拓展。

自 20 世纪 80 年代历史学界郑重其事地树立起"区域史研究"的旗帜以来,不论是研究理论的探索、研究区域的扩大,还是研究内容的发掘、研究热

---

① 吴承明:《市场·近代化·经济史论》,昆明:云南大学出版社 1996 年版,第 69 页。

② 杨国桢:《清代社会经济区域和研究架构的探索》,叶显恩主编《清代区域社会经济研究》上册,北京:中华书局 1992 年版,第 31—41 页。

点的讨论等许多方面,都有了很大的进步。伴随着中华人民共和国建立以后被忽视的社会史学、文化史学的复兴,区域史研究与社会史和文化史研究结下了不解之缘。区域经济史、区域社会史、区域文化史之间形成了相互渗透、相互促进的密切关系,它们成为"区域史研究"的三大支柱。一时间,"区域史研究"几乎成为新时期的一门显学。尤其是中国南方的一批学者,把人类学、民族学、宗教学的多学科的研究方法运用于区域研究,成立了诸如"华南研究中心""闽台研究中心"等区域研究组织,在推动中国区域学术研究上作出了有益的尝试。

中国的改革开放政策固然为历史学家们的放眼世界、推进"区域史研究"提供了必不可少的社会环境和学术机遇,然而随着改革开放的深入和经济建设的发展,各种非学术的因素愈来愈影响着历史学的演变历程。首先,各地各级地方政府为了促进本地区的经济发展,特别是创造招商引资的效益,创造了一种所谓"文化搭台、经济唱戏"的美好模式,即以研究弘扬本地区的某一历史事件、历史人物或当地的宏观文化为契机,吸引各地工商界人士及海外华人、海外侨胞来参与盛事,最后达到吸引投资、发展经济的目的。地方政府的这一举措,真可谓是用心良苦、其意可嘉。然而这样的"文化搭台",必须要有一班历史学者和其他的学界人物来扮演"搭台"的角色。其次,改革开放政策吸引了许多海外人士来到中国、回到故乡,中国人素有衣锦还乡、荣耀先祖的传统。一部分海外人士借此良机,出资招徕,设法为自己的故乡或先人标榜风扬。类似的活动,大多也挂上区域学术文化研讨会的招牌。

20世纪80年代是中国历史学界包括其他人文科学界最为窘迫的时期,经济待遇低下,科研经费没有着落,许多富有事业心的历史学者往往是巧妇难为无米之炊。而地方政府的"文化搭台"和成功人士的热心地方"传统文化",可以为部分历史学者解决某种程度上的经费问题乃至生计问题。再者,地方政府和成功人士热衷于学术文化以促进经济建设,名正而言顺,素来抱负着学术为政治和现实服务宗旨的学人们,自然也应当为地方建设出些力量。地方政府和成功人士为了促成此类研讨会的成功,往往请出一些与学界有渊源关系的人物出来鼓动劝驾,如此一来,许多历史学者们就却之不恭,不得不"从善如流",勉力为地方的文史研究作些贡献了。再加上地方政府为了扩大影响,在此类的研讨会上另要聘请一些政治要人和文艺名人前来坐镇排场,各级新闻媒体因而风闻云集,争相报道。如此一来,"文化搭台"的区域史研究,不仅搞弄得郑重其事、轰轰烈烈,而且香车美女、冠盖如云,热闹非凡。由此而来的学术研究成果,在新闻媒体等各方的支持推动下,很快就能传示天下,取得预期的文化效益和社会效应。

## 二、身难由己的区域史研究学者

虽然,无论是地方政府或成功人士,还是历史学者们,他们对于区域史研究的出发点都是无可厚非的,甚至用心良善的。但是,这种具有明显现实功利主义色彩的区域史研究,就必然使得这些参加搭台捧场的历史学者们有些身不由己起来。

地方政府和地方成功人士组织本区域的文史研究,当然是希望把本区域文史最美好的一面展现给世人,只有这样,才能吸引外商前来投资,吸引国内外游客前来观光旅游,才能把当地的产品推向广阔的市场。这样一来,所谓的区域史学术研究,实际上只能宣扬美好的一面,而不能或者尽可能少地描述比较落后的一面。这种做法是与学术研究的原则不相吻合的。学者们或者是随波逐流,人云亦云,惟主办者的马首是瞻;或者是坚持学术原则,实事求是。然而不幸的是,坚持原则的学者们往往处于一种极为尴尬的两难境地。本人就曾参加过数次类似的"学术讨论会",大概是讨论会中有些学者的论文及高论不能符合主办者的意旨吧,其前后处境大有不同。讨论会尚未开张之时,主办者对与会者奉若上宾,会议结束之后,诸位被弃如敝屣。

尽管历史学者们对于此类区域史研究无所适从、处境两难,但是这并不影响此类区域史研究的不断发展。各个不同的地区想出各种花样翻新的办法,举凡历史上的大事、小事、好人、恶人,只要有一定利用价值的,大多要张扬一番。中国古代的大名人,如诸葛亮、朱熹、陆游、郑成功之属,大家争着奉为老乡;现代革命领袖如毛泽东、邓小平、朱德者辈,人们也纷纷考究联宗,视为血脉。明代后期的古战场,杀人如麻,先辈们血流成河。幸存下来的现代后辈们,也正在为这古战场的归属问题争夺得不可开交,下定决心非把战场搬到自家门口不可,好像只有这样才能证明自己的祖先死得最多也就最光荣似的。敝乡福建有所谓南少林寺的传说,原属小说家言。不料经过近年来"学者的考证""专家的验证鉴定",突然冒出了五六处之多。各处都大兴土木,重塑寺庙金身,开设拳脚科班,俨然成为正宗嫡传的少林寺。而各寺之间的笔墨口水之争,一时还不能停息下来。

地方成功人士热爱中华传统文化,慎终追远,弘扬先祖的非凡业绩,这种举动对于培养家乡宗亲的爱国、爱乡精神,大有益处。但是凡事都有意外,总还是有些成功人士的先祖是举世公认的"坏人",如石敬瑭、秦桧、严嵩、阮大铖之流。这些历史上公认的"坏人""恶人"在进入新时期之后的际遇,就完全要看他们子孙的造化了。子孙要是真"善有善报、恶有恶报",一代不如一代的话,这些"坏人""恶人"就永世不得翻身。但是偏有一些"坏人""恶人"的后代,富而好学,慷慨激昂,鼓励学者重新研究、重新认识。果然是"重赏之下必有勇夫",某某先人的学术研究和学术研讨会办得中规中矩、热闹庄严。还是举敝乡福建的情景为例:宋代参与王安石变法而人品颇受王安石及时人诟骂的吕惠卿、明末清初的洪承畴、清末参加中日甲午海战最后被清政府处以死刑的方伯谦,都已经通过不少学者的重新研究和重新认识,召开了重新评价的学术讨论会。据说这些研究成果把原有的研究水平大大地推进了一大步。

其实,不管是历史上的"好人",还是历史上的所谓"坏人",以及历史上各区域内所发生的其他种种事情,都是可以认真进行学术研究和讨论的。许多严肃负责的历史学者也正是这样做的。他们坚持实事求是的科学精神,不为外部环境因素所左右,对于地方的文化历史、社会经济历史,进行了深入而细致的探讨,从而脚踏实地地把区域史的研究向前逐步推进。然而我们也应当看到,目前从事区域史研究的队伍中,确有一少部分人随波逐流、随风摇摆,把严肃的学术研究当作追求功利的手段。正因为如此,我们在近年的许多报刊、电视等新闻媒体的报道中,经常可以看到许多耸人听闻的所谓新成果、新发现。有的说最新的研究成果已经把某一地区的文明史向前推进了数百年乃至数千年;有的说由于某地区某人的研究,某某定论的历史需要重新改写;有的说连100多万年前"盘古先生"吃饭睡觉生产后代的居室"盘古洞"都在某地被发现并被考证清楚,"盘古洞"的惊天大发现,填补了中华史前没有文字记载的历史断层;有的学者通过先进的中西文化比较研究手段,证实了夏娃、亚当偷食禁果的伊甸园,原来就在中国的云南省某地,从此这里旅游业空前发展,全世界的人们都要前来朝拜;有的说经过文史工作者的不懈努力,发现了某朝农民军遗留下来的类似于金庸小说中所记述的无数宝藏,从此本地区跃进幸福的"小康";有的说从传世秘籍中考证出来孙中山原来是兵家始祖孙武的第六十若干代嫡传血脉。有的地方一时还研究不出令人惊叹的成果来,索性自己动手,制造一些历史遗迹和文献记载出来,再根据这些自己制造的铁一般的证据,细加评说、论证,最终达到"语不惊人誓不休"的"崇高"境界。凡此种种,不一而足。历史学的研究已经进入体育竞赛的阶段,不时有一些令人鼓舞的新记录出现。可惜的是,这些新记录往往是昙花一现,经不起学术的仔细推敲。然而创造这些新成果、新记录的人们并不需要学术上的仔细推敲,"文化搭台"的"轰动效应"已经形成,"社会效益"已经呈现,这个文化的草台也就功德圆满,其他的事情就无须再去理会,随它去了。

## 三、让炒作式的史学研究回归平静吧

以上所举的虽然只是少数极端的例子,但是区域史研究到了这个份上,实际上已经完全脱离了学术研究的范畴,成了宣扬地方优势的一种广告法门和少数人追求名利的手段,我们姑且也可以称之为"炒作式的史学"。本来,学术研究就是学术研究,宣传广告法门就是宣传广告法门,二者应当有所区分。然而奇怪的是,许多地方政府和成功人士总是比较偏爱"学术"的帽子,而不太愿意潇洒地亮出广告法门的底牌。这也使得那大部分严肃而又勤勤恳恳的历史学者们一时无法分清地方政府支持的"学术研究"究竟是属于学术的,还是属于宣传广告法门的。这样就使得许多场合的区域史研究中,严肃的学术和宣传广告式的标榜交错在一起,难以截然分开。许多富有学术事业心的学者所从事的区域史研究,不能不在某种程度上受到外部社会环境和政治因素的影响。这种现象无疑值得我们冷静地思考。

从学术的层面来说,学术应当是实事求是的,应当尽可能地排除主观的和外部的种种干扰,这就是我们常说的"还历史以本来面目"。但是即使是再清高的历史学家,要真正做到这一点,显然也是不可能的。历史学者毕竟生活在现实的社会之中,社会与政治对于每一个人,自然也包括历史学者,都会产生一定潜移默化的影响。而这种影响体现在历史学者的研究成果上,就导致了研究重点的畸重畸轻与历史价值判断的某些移位。正如我在前面所说,区域史研究是最容易受到外部环境因素影响的一个研究领域,那么,区域史研究的同行们,如何恰当地在学术上定位自己,认真地审视自己的研究成果,这无疑是我们进一步推进区域史研究、排除非学术的外部干扰,从而在这一研究领域树立起严肃的叙述规范的一个重要课题。

就目前的一些区域史的研究成果而言,我认为至少有以下几个方面应当引起历史学者们的重视。

(一) 近十余年来,区域文化史研究方兴未艾,引起了历史学、人类学、哲学、民族学、民俗学、社会学、宗教学等许多人文社会科学界的共同关注和参与,研究成果不断出现,研究的对象也不断拓展。大者如《中国文化概论》《中华文化通史》等,洋洋洒洒,捭阖纵横,把博大精深的中国文化描绘得淋漓尽致,令人读后油然而生仰慕自豪之感。小者如楚文化、蜀文化、粤文化、越文化、吴文化、关中文化、中州文化、鲁文化,下至徽州文化、五台山文化、台湾文化、江南市镇文化、洛阳牡丹文化、潍坊风筝文化、福建海交文化以及各地的茶文化、酒文化、巫文化、胡同文化、榕树文化、竹编文化、荔枝文化、石头文化,等等,也无不争奇斗艳、色彩斑斓,相关的研究论著层出不穷,不待名山石匮,足以风行当世,启示后人。

但是我总感到:近十余年来文化史和区域史的研究,存在着一个很明显的缺陷,即大多数论者宁愿把中国的文化以及区域的文化讲得好一些,而不大愿意把其中的不足之处乃至某些糟粕的东西如实地反映出来。这样,我们所能看到的中国文化及其区域文化,几乎是千篇一律的灿烂辉煌。即使偶有涉及某些不足之处，也大多轻描淡写，不肯作比较深入的探讨。区域文化史研究的这一缺陷，并不单单是研究者们的学术取向问题，其背后实际上交织着传统道德的约束与现代社会的价值观念等多种复杂的因素在内。

还是举敝乡福建的例子。热心福建地方文化的朋友们，在有关部门的大力支持下，成立了福建炎黄文化研究会，据说这个研究会还只是中国炎黄研究会的分会而已。敝省炎黄研究会的朋友在其位谋其事，近年在福建各个地区发动了分地区的文化研究运动。从南到北，又从西到东，武夷文化、闽东文化、福州文化、兴化文化、闽南文化、客家文化等，务必把全省各地的文化研究通透不可。福建省内的区域文化研究虽然是处处开花，但是参与各地盛事的学者总是这一班人。这就形成了一种可笑的情况：这班区域文化史的学者是万事通，走到哪里就说哪里的区域文化高明精深，应该好好发扬光大。其实撇开学术、政治与外部环境的因素，中国文化中的人情世故恐怕在这里面发挥了很大的作用。

福建省的不同区域及其民系也罢，全国其他区域的不同民系也罢，他们都有着中华民族所具备的人文文化性格特征，这是毫无疑问的。但是我们还是应当实事求是地看到，无论是中华文化的整体构造，还是各个不同区域文化的具体表象，都存在着落后甚至腐朽的另一个侧面。就福建而言，正像目前许多研究者所指出的那样，福建的士大夫和知识分子们，素有强烈的民族意识和爱国主义精神。那么是不是每一个福建人都是一身浩然正气呢？事实显然也不是这样。著名记者曹聚仁在谈到福建的近代人物时，一方面热情赞颂林则徐等人的丰功伟绩，另一方面也不得不提到郑孝胥等人。他说：

> 在我的意识中，晚清译介欧西自然科学、社会科学的严复（几道），译介欧西文学的林纾（琴南）以及中体西用的辜鸿铭，再加上海军，这都属于新闽学的圈子中事。不过，一般人对于福州人的民族观念颇有微辞。那几位有名的诗人，如郑孝胥、梁鸿志、黄秋岳都是汉字号头儿脑儿，自不免一棒打死一船人……我在福州到处找寻林文忠公的遗迹，

瞻拜林氏的祠庙。林氏毕竟是有关近百年间国家最高政略与战略的决策人。①

曹聚仁先生这种一分为二看问题的立场，无疑对我们从事区域文化史的学术研究有着一定的参考意义。然而，这种一分为二的学术立场，往往不能为人们所认同。如曹聚仁先生还在福州写过一些关于福建人性格的文章，比如说福州人小气、好小便宜等，就一直为许多福建人所不理解，至今仍然有人写文章予以反驳。曹聚仁先生对于福州人的看法，固然值得讨论，但是从不同的角度、不同的层面来审视一个地域的人文性格与文化特征，也未尝不是一件好事。

对于地方乡梓人物的评价也是如此。人们对于自己家乡的古代名人有所偏爱这是可以理解的，但是感情并不能代替严肃的学术研究。我参加过诸如朱熹、李光地、郑成功、施琅以及妈祖等对于中国历史有卓越贡献的历史人物的研讨会，许多人把这些名人描述得几成现代的完人，偶有一些不同的声音，就很容易受到大家的责难。这种做法显然不是很恰当。反之，如果自己的家乡出了个别不太光彩的历史人物，也不必避之惟恐不远。宋代福建兴化出了两个名人，一个是蔡襄，另一个是蔡京。蔡京是大家公认的"奸臣"。于是宋代以后的兴化人，大多对蔡京的事迹遮遮掩掩，而对于蔡襄则津津乐道。甚至连蔡京的后人，也不敢认这位嫡亲的名人祖先，而含混于蔡襄的派下。②这种把"好人归为自家，把坏人推给别人"的研究方法，在近年来的"客家区域文化研究"中表现得尤为突出。上连黄帝、文王、周公、孔子，下延曾参、朱熹，直至现代著名人物毛泽东、邓小平，举凡历史上较有贡献的人物，一概成为客家人的祖宗或后裔。这种攀附名人的研究方法，显然不能客观地反映地域文化的真实面貌。

因此我认为，研究中国的区域社会文化史，不能只讲好的一面，而不顾及不好的一面。应当实事求是地加以综合分析，才能把中国文化和各个不

---

① 曹聚仁：《万里行记》，福州：福建人民出版社 1983 年版，第 354 页。
② 参见陈支平《福建族谱》，福州：福建人民出版社 1996 年版，第 120 页。

同区域的地域文化多姿多彩而又真实全面地呈现出来，才能留给后人一个准确的历史传统的有益启示。回到福建区域及其民系的问题上，经过两千年来历史的洗礼和多种文化整合的福建不同民系及其人文性格，固然有着许多优秀的文化内涵，但是我们也不妨经常检讨一些自身不足的因素，同样也可以催人奋进。举一个例子，在地理位置上，福建终究是偏于东南一隅，与外界的交通，既有便利的一面，也有阻塞的一面。因此从整体上看，还是有些小格局的状态。让我们记取诸如"器小易盈""格局小而好内斗""海纳百川，有容乃大"等的警示，对于更好地发扬福建民系的优良传统不无益处。

不仅福建的区域文化史研究应当如此，国内其他地方的区域文化史研究也都应当如此。一味标榜本区域文化的高明精深而忽视了自身的缺点，不仅大大降低了区域文化史研究的学术价值，而且还在客观上维护了中华文化的糟粕成分使其得以长期保存下去。这显然与我们从事区域史研究的初衷是相互违背的。

（二）以往的区域史研究，还存在一个这样的缺陷，即往往只顾及本区域内的情景，而未能把这一区域的社会文化现象与其他区域的社会文化现象作一个客观的比较分析。中国是一个幅员辽阔的大国，各个不同的区域，自然有着各自多姿多彩的地域文化，这种不同区域的传统和形态各异的地域文化，共同组成中华民族辉煌灿烂的整体文化。但是中华文化的演化过程，无论是道德伦理、政治体制，或是语言文字、风尚习俗等，基本上是从黄河中下游区域向周边区域扩展推进的。因此，各个不同区域的地域文化，其基本要素都离不开中华文化的整体构架。这就使得我们在研究区域社会文化时，只有在把握中华文化整体特征的前提下，进行不同区域间的比较分析，才能得出真正属于本地区的文化特征来。否则，只能是一叶障目，自我陶醉。譬如前几年区域商帮文化史的研究蔚然成风，学者们或深入徽州商人的老家、田野调查，或巡视于晋中大地，追寻山西商人的足迹，或跋涉于九边海角，探究边商边盗的诱人传说，从而写出了不少饶有参考价值的有关地域商帮文化史的论著。然而学者们在归纳各个商帮的特征时，却往往出现惊人的相似之处。比如大家都说这里的商帮是"儒商"一群，商人们都有着诚实无欺、吃苦耐劳、严于律己的优秀品德，他们都热爱家乡、热爱国家，济困行善、急公好义,富有奉献精神,等等。既然所有的商帮都一个样,那就谈不上什么"地域商帮文化特征"。再者,中国历史上的商人,恐怕也不尽是如这些论著中所说的那样可爱的"儒商"吧?

福建区域史的研究,同样也存在着这样的问题。例如闽南人和客家人,都有一些研究论著问世,其中所彰扬的美德,实在是不能由闽南人或客家人独家擅美的。自从罗香林的《客家研究导论》出版以来,许多研究客家的学者,大多津津乐道于客家人的所谓优良美德,称客家人"最有爱国主义精神和革命开拓精神""最富有刻苦耐劳、辛勤创造和诚实朴素作风",或"客家人最重视文化教育""客家是最纯正的汉人民系",等等。①老实说,诸如此类的所谓"客家独具特色"的文化的论述,是一种很不严肃的任意发挥,而不是科学的研究。客家人的这些所谓"独具特色"的优秀品德,同样也可以套用在福建其他各个民系、其他各省的汉人以至中华 56 个民族的身上,这些优秀品德是中华民族的共性,不能说是自己独有的。客家文化史研究的这一偏颇,正是因为忽视了不同民系与不同区域间的比较分析,才会得出这种"井底之蛙"式的结论。举所谓"客家人最重视文化教育"为例。众所周知,文化教育事业的发展,是与社会经济的发展水平紧紧联系在一起的。客家区域是华南地区的后开发区域,自然农业环境又相对恶劣,其社会经济的发展水平,一直到明清时期甚至今日还相对落后于相邻的其他区域。这至少在外部条件上,极大地限制了客家人的文化教育的发展。因此正如我们在前面所论述的那样,客家区域不仅不是福建文化教育最发达的区域,相反,客家区域是整个华南地区文化教育相对落后的地区。毫无疑问,我们研究某一区域的社会经济与文化的发展水平,不能只根据小区域之内的有限资料,就随意演绎出这里的社会经济文化如何如何的结论来。"有比较才能有鉴别",这是大家所熟知的话语,我们何不把它用到学术研究上面来呢? 近年来,随着国家改革开放的发展,许多地区都忙于向联合国教科文组织申报"世界文化遗产",这本来也是一件大好事。但是各地在宣传本区域文化特征的时候,

---

① 参见罗香林《客家研究导论》第 7 章《客家的特性》,上海:上海文艺出版社 1992 年版,第 240—247 页;陈运栋《台湾的客家人》,台北:台原出版社 1991 年版,第 38 页。

就或多或少有某些夸大其词甚至贬抑其他地区的情况,形成了不必要的"内斗"现象。解决这一问题,我认为还是应当如实地进行不同区域间的历史文化比较研究。

(三)导致区域史研究出现许多偏颇的现象,除了社会政治的、地方环境的因素干扰之外,有关的区域史研究文献资料的局限性,也是导致这种研究偏颇的重要因素之一。由于区域史的文献资料大多出自地方人士的手笔,这就必然造成这些文献记载存在着某种程度的感情色彩和乡土乡族意识。早在 20 世纪上半叶,中国的历史学界提倡"新史学"的时候,当时的许多前辈虽然都很重视新史料的发掘,但还是有不少学者对于诸如地方志一类的记述心有存疑,更遑论其他的私家记载了。当然,随着中国历史学研究理论与方法的前进,这些学者轻视地方文献的论述逐渐为人们所淡忘。我们从 21 世纪史学发展的角度来审视 20 世纪前辈们的这些论述,老前辈们的这些疑虑虽然有些偏激,但是如何科学地判断、识别这些地方文献和私家记载的史学价值,仍然是我们必须认真对待的课题。

然而在当前的区域史研究中,却存在着另一种极端的文献资料处理态度。有些人似乎认为越是人们少见的地方文献、民间私家文献,越是具有莫大的史料价值,越是奇货可居。只要在某些尚未为人们所引用的私家文献中找到一些怪异的记载,就大肆渲染,轻者声称在某个领域有了重大发现,甚者唯我独尊,把前人的研究成果贬得一无是处,俨然自己就是历史。更为奇妙的是,这些新发现的不得了的文献资料,大半是神龙见首难见尾,自己说得天花乱坠,别人希望看一看,对不起,正在认真整理之中。整理的期限也如同历史的长河一样,永无休止。有些人抱定"语不惊人誓不休"的宗旨,没有文献资料可以自己创造,创造出来的文献资料一定可以充分印证自己想象中的重大观点。

在近年中最能引起人们重视的地方民间文献资料,莫过于族谱了。民间族谱不仅数量多,分布地域广,而且内容丰富、涉及面多,有许多官方文献、地方志文献中所不具有的资料。因此,族谱文献不仅为中国的宗法制度、家族社会史的研究提供了不可替代的第一手资料,还对经济史、人口史、教育史、民族史、民俗史、宗教史、华侨史、妇女史等诸多方面的研究,都具有十分重要的参考价值。有的同志认为,谱牒学的外延应该是从历史学、社会学、人类学、人口学、民族学、考古学、民俗学、宗教学、法学、教育学、经济学、伦理学、人才学、遗传学等众多学科的视角出发,对中国族谱作综合的、主体的、全面的研究。①我认为这种看法是有道理的,族谱受到区域史研究者的重视,也是理所当然的。同样地,我们也不能因为族谱具有重要的学术研究价值而忽视对于族谱资料的鉴别取舍。因为族谱毕竟是私家所记,不受任何社会和公众的约束,主观随意性很大。因此我们在运用族谱资料时,应当实事求是,有所鉴别,有所选择。那种随意摘取族谱中的某些人物或历史事件的记载,不顾其余,动辄有"新观点""新发现"的做法,是不可取的,也是不严肃的。史学前辈谭其骧先生在运用谱牒研究湖南移民史时指出:"谱牒之不可靠者,官阶也,爵秩也,帝皇作之祖,名人作之宗也。而内地移民史所需求于谱牒者,则并不在乎此,在乎其族姓之何时自何地转徙而来……故谱牒不可靠,然惟此种材料,则为可靠也。"②谭先生对于运用谱牒资料的审慎态度,是值得钦佩和效法的。然而现在有些研究区域史的先生,把族谱的记载当作不二的秘籍,胡乱发挥,任意解说,制造出不少"新闻焦点",哗众取宠。这种对于区域史研究文献资料的运用方式,显然无补于区域史研究的健康发展。

(四)这里,我还是希望与大家再讨论一下这样的问题:为什么许多研究区域史的学者在归纳区域社会文化特征时,往往把中华文化共性的东西当作区域的特征来论述,而把真正属于区域特性的东西迷失了呢? 我认为这里面潜藏着一个由来已久的意识障碍,即大家为了显示某一地区区域文化的历史悠久和优良传统,不知不觉地趋向于中国政治与道德的传统核心,这也是近年大家所说的向心于"文化大传统"。而正是这一与生俱来的政治与道德的向心力,造成了千余年来人们对于自身文化认识的偏差,从而引起人们对于区域历史与文化的许多误解。

我在许多地方一再强调福建族谱及其所描述的族源的不可全信,就是因为近千年来福建居民的修撰族谱,一直受到"中原"这一带有强烈中国政

---

① 参见欧阳宗书《中国家谱》,北京:新华出版社 1992 年版,第 136 页。

② 谭其骧:《湖南人由来考》,载氏著《长水粹编》,石家庄:河北教育出版社 2000 年版,第 228 页。

治与道德象征意义的名词的诱导。人们不在"中原"某一地方找到一个有名的祖先，似乎总是感到不踏实。而一旦有了"中原"的有名祖先之后，哪怕这个名人与自己家族的关系子虚乌有，这个家族似乎也就在福建树立了无可非议的社会地位。在这种具有普遍性的政治与道德向心力的驱动下，绝大多数的福建人，甚至像畲族这样的少数民族中的相当一部分人，通过修族谱、建祠堂、追族源、联宗亲等手段，成了百分之百的"中原"汉人的后裔。而我们现在所讲的福建人也好，广东人也好，或者是其他中国南方的居民也好，实际上就是这样经过附会包装过的"中原后裔"。这种与生俱来的政治道德意识，不但对于现在人们研究区域历史产生影响，也必然对于古代人们记述地方史实产生影响。

我们现在从事区域史的研究工作，只要不是像我们上面所讲的心存功利炒作的动机，相信大家都希望自己的研究会有一个比较客观科学的学术立场。但是政治与道德的影响是潜意识的。因此许多学者在研究区域历史的时候，很可能在不知不觉中拔高了区域文化的优点以及它的普遍意义。例如，中国华南地区的许多学者在研究区域人文结构时，往往试图把自己所研究的华南区域的人文传统讲得越"纯正"越好。20 世纪三四十年代罗香林先生把华南客家人讲成是"中原最纯正的正统汉人的后裔"，是华南地区研究区域民系标榜纯正汉人血统的始作俑者。罗先生的这一论说，据说是为了针对当时社会上存在着某些"客家非汉族论""客家为汉族与苗、瑶、壮、畲等族的混血种说"的偏见。[①]罗香林先生的这一研究方法，对于宣扬客家文化和扩大客家区域文化的社会影响，具有一定的积极意义，但其在学术研究上的误导作用，也是显而易见的。近年来一部分所谓客家的研究著作和姓氏源流的论著，越谈越玄，客家不仅在族源上是古代中原帝王将相和圣贤名士的嫡传血脉，而且动辄声称自己是"中国最优秀的民族""他们的爱国心比任何一族都强"[②]。这样的论著，差不多成了区域民系和姓氏宗亲会的宣传佳品，但它与学术研究的距离却是越来越遥远了。

---

① 参见陈运栋《客家人》，台北：联亚出版社 1981 年第 5 版。
② 见吴泽《建立客家学刍议》，吴泽主编、《客家学研究》编辑委员会编《客家学研究》第 2 辑，上海：上海人民出版社 1990 年版，第 1—10 页。

其实,说南方客家人或其他什么民系的血缘不纯正,并不是一件很不好或很丢面子的事情,而恰恰相反,这种说法正符合南方民族发展的历史事实。从中华民族发展史和区域发展史的角度看,不要说南方的汉人民系,就是中国的整个汉族,从来就不存在什么纯正不纯正的问题。现在中国所有的汉族,都是"胡汉"等多民族混合的产物,所谓"纯正的汉人",本身只是一种文化精神的寄托而已。至于华南的民系,情景更为复杂。不仅客家民系,即使是福州人、闽南人、兴化人、闽北人,以及两广人、浙江人、江西人、江左人、湖湘人,有哪一个民系不存在与古代苗、侗、壮、瑶、越等族属遗民及畲民的血缘混合的问题呢?汉晋以后,固然不断有北方汉人南迁闽中,而原来的大部分南方土著,在南迁汉人的压迫和中原强势的政治、道德、文化的压力面前,经过了多次的反抗失败之后,不得不采用种种的方法,逐渐转化为汉人。民族的融合以及不同民族、不同民系之间的文化融合,才是形成中国各个不同区域人文传统的一条必由之路。

区域史研究与中国整体历史的研究应当是一个相辅相成的有机关系,区域史研究的繁荣可以进一步印证中华历史的光辉灿烂,而区域史研究的深入发掘则可以更客观地剖析中华历史文化的优点和缺点,从而更有助于我们扬弃传统,开拓进取。各个不同的区域历史文化固然是中华历史文化不可或缺的组成部分,但是由于各个不同区域历史文化的形成和演化有其比较独特的历史进程,它们与以中国历代政治中心为代表的中华文化,存在着一定的差异是理所当然的。如华南区域的历史文化,一方面,汉唐时期北方士民南迁所带来的中原文化在华南地区得到了较好的根植,汉唐时期中华文化的某些特征能够在闽粤等"边陲"地带得到较好的传承,如以血缘和地缘相结合的家族制度、剽悍负气和轻生冒险的民风习俗等,多少还保留了一部分上古中原先民的遗风。而在另一方面,自唐宋以来,以中国政治中心为代表的中华主流文化,随着历代政治专制体制和人文格局的演变,日益显露出凝重和保守的性格,特别是到了明清时期,中国的思想文化更加空泛保守,在一定程度上禁锢了新生事物的萌发和成长。而处于"边陲"地带的华南区域文化,也不可避免地要受到中华主流文化演变的影响。但是华南区域较为独特的人文结构和"山高皇帝远"的地理位置,又不能不在一定程度上抵御了主流文化的强制性影响,或者说较少受到中国政治中心日趋空泛保守的社会习气的影响,从而为华南区域文化的演化留下少许自主发展的空间,甚至出现某些背离政治主流文化和中央专制统治的倾向。正因为如此,华南区域才能在宋明以后仍然出现一些在政治主流文化评判下属于"异端"的思想文化学说,才能在远离中国政治中心的环境里,出现文化学术异军突起的局面。而华南区域民间人文性格中所保存的那种开拓进取、不畏艰险、敢于犯禁的作风,也从另一个侧面反映了本区域地域文化所包含的某种离经叛道、抵御大一统专制的意味。虽然说它是很微弱的,但是它毕竟反映了华南区域文化和人文特征与中华整体文化的若干差异。

不仅华南区域的情景如此,中国西北、东北区域以及其他区域的历史文化也都有自己的机遇和发展道路,形成许多富有区域特色的人文传统和文化特征,但是这些区域历史文化又是中华历史文化的各个重要组成部分。这种中华整体文化与区域文化之间以及不同区域文化之间的差异性的深入比较研究,无疑应当引起我们的重视。而如何恰如其分、实事求是地进行区域历史文化的研究,更是我们今后必须时刻警觉并且加以克服的一个难题。随着时代变迁和社会经济的转型,各种外部因素对于历史学的影响是不可避免的,也是十分正常的。但关键是,作为一名历史学者或者区域史研究的学者,必须始终树立学术研究的道德良知,尽可能地排除外部因素对于我们学术研究的干扰,避免陷入广告炒作式的区域历史文化研究的喧哗之中,平心静气地、较为客观地探索区域历史文化的优点、缺点以及它与中国整体历史文化、与其他不同区域历史文化的关系。只有这样,才能使方兴未艾的区域史研究,走上一条繁荣而又严肃科学的康庄之路。

# 民间文献与中国历史与文化研究的反思

所谓民间文献,我们在一般意义上,指的是契约文书、谱牒家乘、碑文账簿、书函信件等属于民间私家所拥有的文字记录材料。自 20 世纪三四十年代以来,以傅衣凌先生为代表的史学前辈们,率先运用契约文书等民间文献来开展中国的历史学研究,取得了引人注目的研究成果,于是这种运用民间文献来进行中国历史学研究的方法,逐渐形成风气。特别是到了 80 年代以后,随着"区域史"研究的兴起,运用民间文献从事区域史研究的史学队伍不断扩大,形成了中国当代历史学的一个重要流派。

近 40 年来,运用民间文献从事中国历史与文化史研究所取得的成果是毋庸置疑的,民间文献的搜集整理与学术研究因而也得到中国历史学界的高度重视。但是值得引起我们注意的是,在这一重视的过程中,似乎出现了某些无限拔高和滥用史料的偏颇现象,有些学者甚至赞誉民间契约文书的发现,是继中国历代典籍、地下考古、敦煌吐鲁番文书、简帛文书之后的"20世纪中国历史文化的第五大发现"①。在这样的文化思维语境之下,我们是否应该对运用民间文献研究历史与文化的过程中所出现的这种无限拔高和滥用史料的偏颇现象,进行必要的反思?

## 一、区域史研究的情感因素

自从 20 世纪 80 年代中国历史学界兴起"区域史研究"或"区域研究"以

---

① 见《明清契约文书与历史研究国际学术研讨会在黄山举行(2013.11.23)》,《黄山日报》2013年 11 月 25 日。

来,"区域史"的概念似乎一直就含混不清,我们实在很难分清什么是"区域史研究",什么是"地方史研究"。为了叙述上的方便,我在这里也只能把"区域史研究"同"地方史研究"暂时地混为一谈了。①

无论是"区域史研究"还是"地方史研究",它们都是有地域界限的。这种天然的地域界限,在很大程度上决定了各个不同的"区域史""地方史"研究队伍的人员结构。换言之,不论是哪个区域或地方的历史与文化研究,从事这种研究的人员,绝大部分是本区域或本地方的人士,基本上是当地人研究当地事;非本籍人士的介入,只能在这些队伍中占有少数。

当地人研究当地事,这就存在着"故乡情感"与"学术客观"相互冲突矛盾的问题。这就同信仰某个宗教而来研究这个宗教的人士,对于自身信仰的宗教持有天然的偏好是一样的。而信仰某一个宗教而来研究这一宗教,其学术研究的客观性和公正性往往受到局外人的质疑。作为区域史研究来说,当地人研究当地事,这种"故乡"情感上的偏好,往往也是无可避免的,其学术的情怀或多或少地带有某些天然的"敝帚自珍"的倾向。即使是学术立场较为严明的学者,在论述故乡的历史与文化时,基本上也是不愿涉及故乡历史文化中所存在的某些不良阴暗的方面,而多多发掘故乡历史文化中的辉煌一面。这种情感因素的影响所及,使得我们现在所能看到的对中国各个不同区域的历史与文化的描述,基本上是正面辉煌的,较少看到某个地域存在着什么不良的记述。举我的家乡福建闽南地区为例。众所周知,明清时期福建的闽南地区是中国著名的海盗之乡,但是在这些年的闽南历史与文化研究中,闽南历史与文化被描述为"爱拼就会赢"的"海洋文化"之区。当地人从事"闽南历史文化"乐此不疲,热情高涨,但是与"海盗"二字,全不相干。

族谱家乘是民间文献最重要的一个组成部分。近年来,全国各地搜集整理和典藏族谱家乘已经蔚然成风,业已公布的族谱目录数以十万计,许多出版社也陆续正式整理出版了各种不同类型的族谱汇编,不下数十种。在

---

① 参见陈支平《历史学的困惑》第4章《区域研究的两难抉择》,北京:人民出版社2004年版,第56—57页。

中国传统的学术认知中,族谱家乘是一些不足为训、难以据为典要的私家杂记。族谱家乘原本固然是属于民间私下传承记录的文献,但是也正是这种不待闻名于世的私家记载,可以在官书要典所忽视的领域里,比较真实地保存下来那些属于社会基层的历史与文化变迁的轨迹。而这种社会基层的历史与文化变迁轨迹,与王朝政治的更替及那些同政治相伴相随的伦理道德,共同构建了中华民族历史与文化的整体面貌。从这点上看,族谱家乘是中华民族历史文献的重要构成之一,是中华文化得以体现的一个极富特色的表现形式。

我们说族谱家乘是中华民族历史文献的重要构成之一,但是这不等于族谱家乘中所有的文字记录都是真实可信的。族谱家乘的确保存了许多属于社会基层的历史与文化变迁的真实轨迹,但是族谱家乘作为乡族的私家文献,它的编撰很少受到公共学术的约束;族谱家乘的编撰,其本身的目的,就在于溯根追源、光宗耀祖、裕育后昆,标榜乡族的门楣是族谱家乘编撰的一项必不可缺的行为。大家比较普遍使用的编撰方法是,尽可能多地把历史上的同姓氏的帝胄贵族、名宦名人与本乡族联系起来,而把同姓氏的奸臣败类排斥在外,或者对其视而不见。这样的族谱家乘编撰方法,造成了族谱家乘在史料价值上的两面性:既有珍贵史料价值的一面,同时又是虚假史料的重要来源地。

关于民间族谱家乘在史料价值上的两面性,前辈学者不断有所指出。谭其骧先生曾论及族谱与移民史研究的关系时说:"谱牒之不可靠者,官阶也,爵秩也,帝王作之祖,名人作之宗也。而内地移民史所需求于谱牒者,则并不在乎此,在乎其族姓之何时至何地转徙而来。时与地既不能损其族之令体,亦不能增其家之荣誉,故谱牒不可靠,然惟此种材料,则为可靠也。"[①]

罗香林先生于 20 世纪三四十年代运用族谱资料研究客家历史,从而开创了客家学研究的先河。然而罗先生过分偏重客家族谱记载的真实性,形成了客家民系是"中原最纯正的正统汉人的后裔""客家人是汉族里头一个

---

① 谭其骧文原载燕京大学《史学年报》第 4 期,转引自罗香林《客家源流考》三,注释 1,载 1950年香港崇正总会三十周年特刊。

系统分明的、富有忠义思想和民族意识的民系"的偏颇论断。这一论断,一直为后来的许多客家人所推崇。以至今日,福建省内的一部分客家人,一看到有学者提出与罗先生观点不同的客家学论文,立即抱团组织,群起而攻之,甚至不惜上纲上线,施予政治棍子。本来,就罗香林先生的论点进行讨论,这是十分正常的学术活动,经过这种活动,才能推进客家学研究的不断进步。但是由族谱家乘资料所引起的这种学术僵化和学术霸道,不能不说是一种学术的反动行为。

近几年来,由于国家政府提倡继承、弘扬中国优秀传统文化,各地也纷纷起来响应,努力寻找本地区值得继承、弘扬的历史与文化。于是,族谱家乘中的记载,再次引起各地人士的高度重视。运用族谱家乘中的私家记载资料夸大地方历史与文化的现象似乎有愈演愈烈的强劲势头。

略举两个例子如下。

南宋状元姚颖、姚勉,分别为浙江鄞县、江西新昌人,见载于浙江、江西二省方志的《选举》《人物》《艺文》等卷目中。姚颖、姚勉的个人文集中亦多有提及。晚清之后,福建地方的一些姚姓家族,为了标榜自己家族的门楣,把姚颖、姚勉的籍贯拉到福建自己的家族谱系之中,成了福建姚姓家族的子孙。这种附会名人为祖宗的族谱编撰方法,本来在福建民间相当普遍,不足为奇,也无可厚非。但是,福建的一些所谓文史专家,竟然依据民间私家族谱的这些记载记述,煞有介事地论证出南宋状元姚颖、姚勉为福建省福州府长乐县籍。前些年,全国各地举办纪念郑和下西洋的活动。由于郑和曾经在长乐县拜祭妈祖海神,留有《天妃灵应之记》的碑文。姚氏族人又把明代前期的名臣姚广孝拉到自己的世系之中,称郑和是奉了姚广孝之命,才屡屡到长乐拜神出海。这种家族杜撰的历史资料,显得相当不妥。

近年来,不少地方的文史专家,出于对故乡的热爱之情,在编撰地方志书时,总是希望家乡的好事越多越好。于是在采择历史文献资料的时候,往往不作认真审慎的考察鉴别,而是一见到有利于光大家乡历史文化的材料,就如获至宝,唯恐遗漏。比如各省各地撰修《教育志》一类的章节,历代举人、进士、状元的人数普遍比旧志呈上升趋势,很少有比旧志有所减少的情况。相比之下,旧志中关于各地举人、进士、状元人数的记载,可能更加具有可靠性;而现今新志的增补,有许多是源自私家族谱的记载,其可靠性是值得怀疑和考订的。现今新志的作者们,也许受到故乡情感因素的干扰,就忘乎所以,把所谓有利于光大家乡历史文化的谱牒资料,匆匆引入地方志书之中。如上述的福建长乐姚氏族谱中的南宋状元姚颖、姚勉,不仅被写入县志,①还被写入省志,①写入专门论述福建省历史上的科举状元的著作之中。②显然,这样的族谱资料,对于中国历史与文化的研究,是有害的。

明朝靖难之役之后,建文帝的去向有所不明。《明史》记载:"宫中火起,帝不知所终。燕王遣中使出帝后尸于火中,越八日壬申葬之。或云帝由地道出亡。正统五年,有僧自云南至广西,诡称建文皇帝。思恩知府岑瑛闻于朝,按问,乃钧州人杨行祥,年已九十余,下狱,阅四月死。同谋僧十二人,皆戍辽东。自后滇、黔、巴、蜀间,相传有帝为僧时往来迹。"③这么一则记载,引发了近年来全国许多地方的研究建文帝的热潮。迄今为止,全国自称有建文帝的地方有十余处。连偏于海边的福建东部地方,也大张旗鼓地营造建文帝的胜迹、举行学术研讨会。

建文帝属于明朝的皇帝,各地为了壮大声威,经常来找中国明史学会参与。本人出于与明史学会的关系和好奇资料的缘故,也应邀到一些地方的所谓建文帝胜迹去考察、参加研讨会。大部分地方的所谓建文帝的文献资料,还是来自族谱家乘。并且这些族谱家乘的记载中,基本上没有直接的证据。当地的热心人士,大多采用了"索隐"加"想象"的办法。不少地方政府相关部门也很肯出钱出力,营造建文帝的种种胜迹,令人叹为观止。这样的族谱家乘资料,就更加让人云里雾里,与所谓的"史料"就相去甚远了。

运用族谱家乘的记载来夸大地方历史事实和光大地方文化,从家族内人士和当地社会人士的角度来说,热爱家乡的情感似乎值得珍惜(当然,这

---

① 福建省地方志编纂委员会编:《福建省志·人物志·历代一甲进士表》,北京:中国社会科学出版社2003年版,第662页。又《福建省志·教育志·福建历代进士前三名表》,北京:方志出版社1998年版,第81—82页。

② 参见卢美松主编《福建历代状元》,福州:福建人民出版社2006年版。

③ 《明史》卷4《恭闵帝》,北京:中华书局1972年版,第66页。

里面还牵涉到旅游经济、文化政绩等诸多因素），因此他们的许多行为也还是有值得理解之处。但是如果我们自身是历史学和文化学的学术研究者，或是地方志书的编撰者，对于民间族谱家乘进行无限夸大而不加以鉴别考察，则显然是不应该的。

## 二、民间文献的雷同性和散乱性

民间文献的另外一个重要组成部分即民间契约文书，近二十年来，民间契约文书的搜集和整理取得了突飞猛进的发展。十余年前，我在一篇短文中评估中国学界"在民间文书的搜集、整理和研究方面取得了十分可喜的成绩，新发现的民间契约文书不下十万件"①。但是十多年过去了，我的这种评估已经大大落伍，根据现今较为保守的估计，新涌现的契约文书，数以百万份计算。仅贵州省清水江契约文书，就多达四五十万份。契约文书发掘的地点，也从早先的华南、山西、河北等区域，扩展到全国各地的大部分地区。以往发现的契约文书，大多集中在传统的汉人区域，现在则扩散到许多少数民族区域。各地的书籍出版部门，也十分愿意为契约文书出版大型的丛刊，一时间，图书馆里有关契约文书的精装册籍，琳琅满目，蔚为壮观。报刊电视等新闻媒体，也经常发布惊人的消息，声称某地某人发现了珍贵的契约文书，其价值无可估量，每张契约文书都饱含着重要的历史文化信息符号，从此某地的历史文化研究将得到空前的提升，等等。

但是学术研究的事实似乎并不是如此乐观。这十多年来，虽然中国各地新发现的民间契约文书数量以成倍、成数十倍的速度增长，但是学界利用民间契约文书进行历史与文化的研究，好像遇到了一个严重的瓶颈，即新发掘的契约文书不断问世，但是有分量的研究新成果却是相对少些，或者说是屈指可数，二者不成比例。

利用民间契约文书进行史学研究跟不上民间契约文书搜集的步伐，根据我的理解，其中一个很重要的原因，是民间契约文书存在较高的雷同性。

① 现收入陈支平《史学水龙头集》，福州：福建人民出版社 2016 年版，第 488 页。

虽然这些契约文书分布于全国各地,但是其中的大部分,书写格式和内容大致相同,基本上是以土地、房产的交易契约文书为主。这种雷同性的契约文书,一叶可以知秋,一张较为典型的契约文书的学术研究价值,也许可以等同于若干张甚至成千上万张的同类契约文书,民间契约文书数量的增多并不等于其学术运用价值的同步增长。

利用民间契约文书进行史学研究跟不上民间契约文书搜集的步伐的另外一个原因,是这些契约文书的来源不一,存在着严重的散乱性。中国大陆改革开放之后,许多民众的商业经济意识大大增强。随着 20 世纪八九十年代民间契约文书学术价值的提升,一些精明的商人也意识到契约文书的奇货可居。从此之后,许多民间收藏的契约文书逐渐转入商人的手中。商人收藏契约文书的目的在于盈利,而不是从事学术研究,因此他们重视的是契约文书的年代与数量,对于契约文书的来源出处并不关心,甚至刻意隐瞒。这样的商业行为,就使得许多契约文书失去了它们赖于存在的社会基础与环境。

1998 年,我在台湾暨南大学授课,其中内容有一部分关于民间文献。台湾的一位朋友带我去见识一位台湾的收藏家,说是家里收藏了许多台湾的契约文书,希望我去结识一下。果然,收藏家家里一捆一捆的契约文书,数量不少。我仔细辨识了一番,竟然发现里面有不少来自福建内地的契约文书。早些年台湾的经济比较好,文物价格较高,大陆则相对低廉,于是台湾的商人们来大陆收购文物,想必福建内地的契约文书就是这样到了台湾收藏家的手中。不料到了近年,大陆的文物行情飙升,居然有台湾商人来到我的办公室,向我推销台湾契约文书。我翻阅之下,里面同样有不少福建及大陆其他省份的契约文书。这两年,我协助广东人民出版社搜集整理出版客家契约文书。客家契约文书的来源,大部分是从客家区域的文物收藏家那里购买。购买之时,收藏家们无不斩钉截铁,声称这些契约文书全部是客家的。但是购回仔细整理,依然发现其中不少是源自非客家区域的。商人们辗转购买贩售的行为,使得契约文书变成了无本之木、无源之水,这就大大削弱了契约文书原有的史料研究价值。这样的契约文书,是很难进行学术性研究的,成了名副其实的文物摆设品。契约文书的学术史料价值,不应该是以数量来衡量的。我们不能因为哪里哪里发现了一大批契约文书，就大呼大吹有了什么重大发现。

再者，从专题性的研究上看，运用族谱家乘、契约文书等民间文献进行区域史的学术研究，这些年来确实取得了不少很好的成果。但是由于许多民间文献具有明显的地域适用性特征，加之它的雷同性和散乱性，许多专题性研究往往陷入就事论事、就地论地的狭隘境地，比较缺乏宏观性的历史审视，甚至出现某些以偏概全、孤芳自赏而又想当然的学术短视。

特别是从 21 世纪以来，中国的研究生招生制度，过多注意于数量。中国历史学科，每年招收的硕士研究生和博士研究生，达数千名。20 世纪七八十年代中国开始恢复招收研究生的时候，每年招收的数量有限，入学的研究生基本上是朝着从事历史学学术研究的目标而来。毕业后的研究生，至少有一半是一直从事历史学的教学和科研工作的。但是到了 90 年代后期以至21 世纪，中国的研究生培养有了大跃进，数量成倍增长。就学的研究生，有相当一部分是冲着硕士、博士学位而来的，并没有作长远历史学学术研究的理想与规划。在这样的动机促使下，不少在读的研究生不愿从历史学的基本做起，而是寻找可以写成学位论文的捷径。这样一来，民间文献就成了一部分研究生及所谓研究者的重要捷径之一。一方面，只要是民间文献，自然就是别人未能见过的"珍贵史料"；另一方面，由于民间文献的狭隘地域性，由此撰写出来的论文，局外人也很难进行评述鉴别。由此撰写出来的论文，就成了"独一无二"了。

正因为如此，近年来，运用民间文献进行中国历史与文化学术研究所涌现出来的一部分成果，往往受到人们所谓"碎片化""雷同化""老鼠打洞"的批评。这些批评有时很难为人接受，但是却也不无道理。由于中国历史学基础学养的缺失，贸然运用民间文献进行地域十分狭窄的空间史研究，势必无法做到"以小见大"，无法较为宏观地把握区域史与细部考察的典型学术意义与历史时代特征。这种"碎片化""雷同化""老鼠打洞"的运用民间文献从事中国历史与文化的研究尝试，从另一个侧面大大降低了民间文献的史料价值。

## 三、运用民间文献进行中国历史与文化研究的两点思考

我认为,以上所述两个方面,都显示了民间文献运用于中国历史与文化的研究,还是具有一定的学术局限性的。我们在从事民间文献的搜集整理和学术研究时,不应过分夸大民间文献的史料价值。为此,我对如何运用民间文献进行中国历史与文化研究,试作若干思考如下。

民间契约文书从表面形式上看,大部分是属于土地、房屋等物权的交易文书,即存在重复性和雷同性。民间契约文书的研究跟不上搜集整理步伐的另一个重要原因,是观察视野和研究方法的单一化。我国学界从事民间契约文书的搜集和学术研究工作,起始于 20 世纪中期。那个时期学者们所关注的史学研究,除了推进学术进步的自身意义之外,更多地注重于学术研究与现实社会的关系。正因为如此,人们的观察视野自然而然地放到当时社会上矛盾最为突出的农村土地占有等生产关系问题的讨论之上。而存世的民间契约文书,大部分是土地等物产的交易文书。这样一来,运用契约文书进行土地关系史的研究,必然成为 20 世纪中期之后很长一段时间内的热门课题。但是到了 20 世纪末,随着改革开放的不断进步和史学理论方法论的日益多元化,历史学者们所关心的研究命题,已经大大突破了以往以生产关系为核心的思考模式,经济史的研究领域,也不断地向社会史、法制史、家族史、宗教史、民俗史以及历史人类学等多方面拓展。相比之下,以前盛极一时的土地占有等生产关系史的研究课题,由于寻求新的创新颇为不易,热过冷却,反而为许多学者所淡忘。从学术发展的规律上看,20 世纪末以来中国土地所有制等生产关系史研究的由热入冷,是一种必然的趋向。因为把丰富多彩的历史现象仅仅局限于生产关系、阶级斗争等狭小的观察视野之中,那么其将逐渐走入困境也是毫无疑问的。因此,要进一步推动明清契约文书与史学研究的发展,就应当尽可能地摆脱旧有的研究框架,放开我们的观察视野,改进我们的研究方法,拓展新的研究局面。

任何一种物权交易形式都依托于那个时代的政治、法律制度以及社会、经济模式和民风习尚的大背景。民间契约文书这样的一种表现形式,将有

助于我们从各个不同的细部来加深考察这个时代的政治、法律制度的形成和运作实态,以及社会、经济模式的演化变迁历程。显然,要做到这一点,单单从生产方式和阶级分析的视野来考察是远远不够的。我们应当借助于诸如社会学、人类学、法学、宗教学、民俗学等多学科的理论和方法论来深化我们的研究工作。正如前面所说,自 20 世纪末以来,许多志在创新的历史学者们,已经在社会史、法制史、家族史、宗教史、民俗史方面进行了一系列有关多学科结合研究的有益尝试,我们何不乘上这股清新的东风,也在民间契约文书的搜集整理和研究上进一步开展多学科结合的深入探索?

事实上,自 20 世纪末学者们通过多学科结合来深化史学研究的探索以来,民间契约文书的运用已经引起了人们的重新认识。如研究社会史、家族史的学者,从契约文书中分析了社会的基层结构和家族的管理模式,提出了许多重要的学术论点;而研究法制史的学者,则从民间契约的书写格式、签订过程、执行状况、纠纷争讼等现象,探究了中国官方法律与民间习惯法的各个不同层面。然而就整体的情景而言,这种运用契约文书进行多学科结合的史学研究还是比较有限的,需要我们作进一步的努力。除了社会史、家族史、法制史之外,我们同样可以借鉴不同学科理论思维方式,从不同的角度和层面充分发挥民间契约文书这一独特的史料的价值,来探索不同区域间民风习尚的演变历程及其文化特征;了解宗教与民间信仰的社会基础和组织形式;解剖政府与民间社会、士绅与乡邻民众错综复杂的相互关系,以及分析商业经济、市场经济、借贷经济、农村经济、乡村共有经济等各个不同领域的经济关系。只有这样,历史的本来面目才能显得更加多姿多彩。尤其是近十多年来大量契约文书的涌现,其中除了大量的土地、房屋等物产交易的文书之外,其他各种不同类型诸如商业市场、聚落开发、乡村变迁、民间信仰、人口变动等的文书也时有出现。这些不同类型的契约文书的出现,为开拓新的研究领域,提供了重要的史料基础。

其次,把社会调查等研究方法与契约文书搜集整理研究工作紧密结合起来。契约文书散落于民间社会,它的搜集和整理,必须通过学者们的辛勤劳动,深入城乡进行社会调查,访谈寻求,这是众所周知的事实。然而,对于民间契约文书的研究工作,同样需要作社会调查,这恰恰是以往学者们所忽视的一个重要环节。我们以往研究契约文书,往往是就契约文书论契约文书,比如研究土地买卖关系,就把同一地区的土地买卖契书搜集在一起,从中寻求带有一些普遍规律性的线索,形成自己的论点。其他如田地、房产以及借贷的交易,也大多通过这样的分析方法,形成论点。这种就契约文书论契约文书的研究方法,必然出现上面所述的那种有了一纸典型文书之后就可以等同于若干纸甚至成千上万纸契约文书的情景。

就契约文书论契约文书的最大缺陷,就是忽视了对产生这些契约文书的社会背景的了解。我们现在搜集民间契约文书,由于与契约文书产生的时代相对遥远,时过境迁,许多契约文书的获见是带有偶然性的,有些甚至是经过商人们辗转交易得来的。但是所有的契约文书在其产生之初,都不是凭空而来的,而是有它的交易签约各方的社会背景以及经济、文化背景的。如果我们完全脱离了契约文书所存在的这个社会背景,那么也就只能是就契约文书论述契约文书。为了弥补这一研究缺陷,我们就应该深入这些契约文书产生的所在地去进行社会调查,尽可能地了解这些地方的经济状况、乡族结构以及民风习俗等各个方面,然后根据这些社会背景材料,结合对于契约文书的分析,才有可能得出更加接近当时历史事实的论述来。比如,当我们通过社会调查知道了这批契约文书的主人是什么身份时,我们就可以有效地利用这些契约文书,分析他们拥有多少土地、房产,有多少租谷收入,有多少市场商品交易,有多少借贷亏损,以及他们的社会关系和人事往来怎样,从而对契约文书的主人乃至他的乡族作比较典型的个案剖析。这样的典型个案剖析,无疑比以往那种缺乏社会背景的就契约文书论契约文书的研究要提高了一个层次;同时也就避免了所谓一张契约文书等同于若干纸甚至成千上万纸契约文书的尴尬境地。

通过社会调查了解契约文书的社会背景,不仅可以更加有效地发挥契约文书的史料价值,而且可以与当地的其他民间文献结合起来进行综合性的考察。契约文书、民事合约等离开了其背后的社会背景,我们就无法对这些契约文书、民事合约作全面的分析。而当我们把社会调查与契约文书的分析结合在一起的时候,我们的考察视野就得到了扩展,研究也就深入了。特别是民间族谱中也保存着大量的契约文书,这就更加需要深入实地调查,对契约文书和实地访谈资料以及族谱、碑刻等民间文献资料作一综合性的考察,这样才能够更加全面地对当地的乡族组织和社会结构进行富有创新的研究。在这方面,目前部分学者运用民间文献所从事的江西鄱阳湖区域、洞庭湖区域、西南边陲区域的区域史研究,都是一些很有学术意义的创新之举。

把社会调查等工作与契约文书搜集整理分析工作紧密结合起来的研究方法,归根到底,也还是如何运用多学科理论方法论的问题。社会调查、数量统计等并不是传统历史学的专业长项,但是史学研究一旦结合了社会学、人类学、统计学等其他学科的研究方法,就有可能可以比较有效地推进中国历史与文化的学术研究。我以为,多学科的综合考察与研究,是今后能够使契约文书、族谱家乘等民间文献得以发挥其更多史料价值的一个重要方向。

民间文献文书所涉及的历史文化内涵虽然十分丰富,但是它毕竟只能反映某一地域范围内的情景,如果把分析某一地域范围内契约文书而得出的论点推广于其他地域,甚至用于说明全国的一般情景,这就未免有些以偏概全了。反过来,如果仅专注于某一地域的研究而不顾及其他地域,特别是相邻区域的情况,同样也会出现"老鼠打洞"式的偏颇。因此,我们在从事民间文献的搜集整理和研究时,应当同时进行一些针对性的比较研究,开展不同区域间民间文献研究的比较分析,这样才能更为全面地把握不同区域间乃至全国范围内历史现象的共性和特殊性。傅衣凌先生是中国较早开展民间契约文书研究的一位学者,他提出的研究民间文献必须"以小见大""以大见小"的方法论,是很值得我们重视和继承的。

民间文献确实成了21世纪以来中国历史学与文化学研究的一个重要资料来源,但是我们对于民间文献的搜集、整理与研究,既不可盲目夸大它的史料价值,无限拔高,也应当避免目前学界所存在的对于民间文献重搜集、轻研究的现象。我们应当在不断尝试多学科综合研究的基础上,尽可能提升民间文献的运用价值和研究水平,从而把这一领域的研究工作,推向一个新的高度。

# 中国南方民族史研究的逆向思考

由于受到百余年来西方文化导向以及国内外政治因素的影响,中国南方民族史研究形成了一系列的思维惯性,这种思维惯性在一定程度上扭曲了中国南方民族史的原有形态。有鉴于此,我们有必要从本土文化的视野出发,尝试着作逆向思考的探索。这种换位思考的探索,或许对于深化中国南方民族史的研究,将有所裨益。

## 一、民族自决权理论的内在缺陷

"民族"一词无论是作为社会政治的,或者是学术的概念,在中国的历史上基本上都是被忽视的。长期以来,中国人只有天下的概念,到 19 世纪末至 20 世纪 20 年代末,才有了民族国家意识的觉醒。当时,中国遭受列强压迫,民族问题显得尤为迫切。从学术角度讲,中国民族国家意识的觉醒是受到西方学术思想的影响,但更重要地还是受到战争失败的刺激。近代的民族国家意识具有反帝与救亡的特点,表现为强烈的民族义愤。正因为如此,近代以来,中国的"民族"理论,更多地是受到西方人类学民族学唯物论的影响。特别是 20 世纪四五十年代之后,苏联列宁和斯大林的民族自决权理论几乎垄断了中国"民族"概念的正统解释权。

在当时的时代背景里,列宁和斯大林的民族自决权理论,主要是针对殖民地、附属国反对帝国主义统治和压迫的民族解放运动。因而这种"民族"理论自然而然地成为中国革命者所信奉的基本原则。中国是一个多民族的国家,在近代沦为半殖民地半封建的社会,外受帝国主义压迫,国内存在民族压迫和民族不平等。旧中国民族问题包括两个方面:一方面是中国各民族从帝国主义压迫下解放出来;另一方面是消灭国内民族压迫,实现民族平等。民族自决权理论因而也在中国的近现代革命中发挥着一定的积极作用。

然而,列宁与斯大林的民族自决权理论就其理论自身及其实践上,都在不同程度上存在着自相矛盾和难于把握的缺陷。首先,在当时的历史时代里,这种民族自决权更多地用于被压迫民族争取国家独立的问题之上,这就有意无意地混淆了国家与民族的界限。列宁曾经说过:"对我们纲领中关于民族自决的那一条,除了从政治自决,即从分离和成立独立国家的权利这个意义上来解释以外,我们决不能作别的解释。"①同时他又认为,民族自决权不应当把分离的权利理解为分离的义务、分离的责任,这种要求"并不就等于要求分离、分裂、建立小国,它只是反对任何民族压迫的斗争的彻底表现"②。

虽然如此,那么所谓"一个民族有权选择分离,也有权选择不分离"的界定与实践,又该有怎么样的标准依据呢? 特别是当国家独立解放的问题得到解决之后,把这种理论延用于国内的民族关系,就不能不产生一系列难于相互适应的问题。因为这种缘于争取民族国家独立自主的民族理论,包含着较多的民族斗争与阶级斗争的成分。这种过分注重民族斗争与阶级斗争的民族自决权理论,多少忽视了民族平等与民族和谐的整体目标,这对于民族与国家的长远发展是有一定的负面影响的。

列宁与斯大林的民族自决权理论缺陷的第二个突出表现,就是在其实践上将不可避免地出现过分强调民族特殊性的现象。就我国的民族实践而言,当新民主主义革命胜利以后,中国共产党领导中国各民族共同建立统一的中华人民共和国,在统一国家内实行民族区域自治,并逐步走上社会主义道路。这是中国各民族近百年来,特别是近 60 年来为争取和实现民族自决权而斗争的历史内容,也是形成我们国家现有 56 个民族格局的基本理论来源。然而不能不看到的是,这一民族区域自治的理论在实践过程中,在国家的民族融合中尚存一些与之不相和谐的特殊印记;并且随着国家体制与

① 《列宁全集》第 23 卷,北京:人民出版社 1990 年版,第 329 页。
② 《列宁全集》第 27 卷,北京:人民出版社 1990 年版,第 257 页。

社会的变迁以及国际形势的变动,这种不相和谐的特殊印记随之有所张扬,从而可能影响到国家的整体稳定与民族和谐。

其三,苏联列宁和斯大林的民族自决权理论的最初适用主体是压迫民族与被压迫民族的对立与斗争,在这种理论下的民族关系基本上是单线性的,它忽视了民族与民族之间的相互影响与相互融合的过程。事实上,不同民族之间的相互关系是多线性的,尤其是民族文化上的影响力,往往超过社会、种族、国家等领域的界限,具有超越时空的永久意义。并且,这种民族文化的影响力,具有不以人们的意志为转移的坚韧力量。当某一种民族文化更具有先进文化特征时,这种民族文化对于其他文化的影响力是毋庸置疑的,也是难于阻挡的。这种趋势,从世界文明发展史的角度来思考是合理的。因为世界文明的发展是全人类的共同财富,当某一个民族拥有更先进的文化形态时,从表面上看,它似乎具有一定的外植性,从而使其他民族产生了文化的变异。然而从长远的历史来观察,则这种外植性无疑推动了其他民族文化的进步,因而也就进一步推动了世界文明的共同进步。相反地,那些囿于狭隘地域性的民族文化观念,抱残守缺,从根本上讲,不利于文化与文明的共同进步。

## 二、不同民族间文化的相互影响及其偏差

"民族学"的理论是近一百年来中国人全新探索思考的学术名词,既然是探索思考,自然就允许有不同的声音和不同的观察视野。我在上面所坚持的一个观点,即是民族的发展以及民族关系的发展是多线性的,民族的发展与民族关系并不仅仅局限在争取民族自决权的方面,民族的发展与民族的和谐关系是离不开文化的相互影响与相互融合的。基于这样的认识,我们可以以中国南方民族的发展历程来作一逆向的印证。

中国上古时期的南方地区,是众多少数民族散居的区域。而北方地区,则在社会经济与文化上均呈现出先进的所谓"华夏文明"。先进的"华夏文明"对于南方少数民族的影响是不可阻挡的。鲁西奇教授近来提出的"中国文化史上的南方脉络"概念,值得引起人们的注意。有关中国古代史的传统

阐述,从总体上看,是以北方中原地区的历史发展为主要阐述脉络的,甚至可以表达为一种"北方中心论"或"中原中心论"。相较而言,中古史的研究,主要是两汉魏晋南北朝隋唐史的研究,虽然也表现出一些多元化的倾向,但总的说来,仍然是以北方地区的历史发展为主要脉络的。长期以来,我们及学界的大部分研究者一样,相信传统文献中有关南方社会、经济、文化乃至环境等方面的记载,借以研究问题。但是在北宋中期以前,有关南方地区历史的记载,可以说主要出自北方士人或持华夏正统观念的南方士人之手,他们对南方地区的描述,主要是立基于华夏正统观念以及中原士人观念的,主要反映这种观念下对南方地区的看法,而并非南方社会经济文化乃至环境的客观实际。正史中的记载尤其如此,其实更主要地仍然是反映中央王朝的观念。①

在这种"中原中心论"文化观念的支配下,宋以来,中国南方的士子们在继承和补强中国正统的伦理文化规范上作出了杰出的贡献,以朱熹为代表的南方理学家群体对于中国后世的文化作出贡献成为众所周知的事实。然而我们在阅读早期南方士子们求道为学的著述时,不难从中看出他们津津乐道于自己已经成为一名"正统文化者"的心态。而这种"正统文化者",自己已经不知不觉地演化成为一名亦步亦趋的北方文化中心标识的追随者。我们在杨龟山的家乡,看到了他立愿逝世后葬身于墓门朝北远望北方师门的坟茔;我们在游酢的乡里,到处可以听到和看到关于他"程门立雪"的传说。这种多少有些矫情的传说,其背后似乎隐藏着一种难于言喻的心态,即以自己变成一名北方式的"士子"为荣耀。正因为如此,我们所看到的唐宋时期许多南方人所留给我们的文献,与其说是"南方人的著述",倒还不如说是"南方人替北方人著述",恐怕更为妥切。即使是到了南宋时期朱子学形成之后,这种局面发生许多的变化,但是我们还是必须看到,朱熹以及同时代的南方知识分子们,一方面依然如他们的前辈一样,不断反复地阐述着来自北方的正统意识,而另一方面,又不能不在南方与北方文化分野的夹缝中

---

① 鲁西奇:《人群·聚落·地域社会:中古南方史地新探》第 1 章,厦门:厦门大学出版社 2011 年版。

表现自己的某些意志。这种两难的行进,需要几代人的努力。我们认为,一直到了明代中后期,像李贽、陈白沙等南方士子,才能够比较明显地表露南方文化的某些价值意愿。①

"中原中心论"的文化影响力并不仅仅局限在南方的士大夫和知识分子层面,它对于中国南方民间社会的演变以及民族关系的调适都产生了不可估量的深刻影响。研究中国家族史的学者都注意到宋明以来中国的家族制度及其组织,南方地区普遍发达于北方地区。朱熹在重构宋以来中国家族制度的理论和实践上都作出了极为重要的贡献,但是他的这一贡献显然被学界普遍低估了。学者们对朱熹最感兴趣的是他的理学与治国平天下的关系,而对于社会基层的文化建设,似乎认为属于下里巴人之类。然而我们翻开中国南方汉人姓氏的族谱,朱熹的文化影响处处可见。而从另一方面看,中国南方汉人的族源追寻,也无不以来自中原世家为自豪。这样的族源追寻,以及南方地区家族制度及其组织的发达,朱子学究竟在其中发挥了怎样的文化影响力,这同样也是我们必须高度重视的,因为社会的基层组织,是文化得以生存和继承的最基本的载体。

现在东南地区的一些家族史研究,在对于族谱资料的执着上,不少人几乎到了迷信的地步。人们根据自家族谱的记载,而不顾及其他文献所呈现的综合史实,就非常自豪地对外声称自己的家族是中国最纯正的中原汉民族世家望族的嫡传血统。研究中国汉族史的学者都知道,即使是中原的汉族,也早已不存在所谓纯正的血统了。中国的汉民族是经过多民族的长期融合而形成的。更不用说中国东南地区的汉民族,除了其北方先祖多民族的融合血统之外,来到南方之后,与当地土著、阿拉伯人后裔的血缘融合也不在少数。所谓的"最纯正的汉民族血统",显然极为不符合中国民族发展的真实历史。②显然,如果说早先的中国南方民族历史文化是由北方中原人基于"中原中心论"而塑造出来的,那么其文化的影响所及,到了宋代以至明清乃至现在,许多南方汉民,便已经在其潜意识里根深蒂固地根植了自己是

---

① 参见陈支平《从历史向文化的演进:闽台家族溯源与中原意识》,《河北学刊》2012年第1期。

② 参见陈支平《福建六大民系》第3章《福建汉人民系之间的相互交融》、第4章《汉人民系与少数民族的血缘文化融合》,福州:福建人民出版社2006年版。

源于中原的文化认同。在这样的文化认同之下，"中原中心论"的南方家族史、民族史以及各种与此相关的历史文化命题，就由南方人自己创造出来，而再也无须由北方中原人代劳了。

不但一些汉民家族史的研究者如此，即使是一部分少数民族家族族源史的研究者，也存在类似的情况。唐宋时期，北方汉民开始大量迁入中国南方地区，挤压原先民族的生存空间，原先民族为了适应突变的社会变迁，开始变更其初，把自己塑造成汉民。南宋时人王象之曾在《舆地纪胜》中说："闽州越地，……今建州亦其地。皆蛇种，有王姓，谓林、黄等是其裔。"①现存于福建及东南地区的许多少数民族家族，从明代以来开始仿效汉民家族修撰族谱。这些地区的少数民族如畲族、疍民，以及唐宋以后从波斯海地区东来的阿拉伯人的后裔，逐渐受到汉民族的影响，加之其生活环境的需求，也不得不把自己的祖先，攀附在中原汉民的世家望族之上。我们现在所阅读到的东南地区畲族、回族的族谱，虽然其中或多或少保存了他们自己族源追溯的某些特征，但是在始祖的塑造上，则是毫无例外地变成了与汉族相关联的共同的祖先，其中有一部分自然而然地也成了光州固始县人的后裔。②再如现在东南地区的蓝氏家族，往往是畲族的后代，改革开放后政府为了落实少数民族政策，把其中一部分蓝姓家族确定为畲族。但是由于族谱已经把自己的族源塑造成中原望族，致使今天的一些蓝姓的族人，特别是那些迁移到台湾的蓝姓族人，很难接受他们少数民族的身份，从而形成了他们在福建的祖家是少数民族畲族而在台湾是汉族的奇怪现象。③同样地，在中国南方的一些关于畲族族性的认定中，也出现了本来源自同一血缘系统的家族如闽西钟氏，因为居住地的不同，在有的地方为畲族，在另外一些地方却为汉族。

这种源于"中原中心论"的文化思维模式，渗透到中国南方社会史、民族史研究的各个主要的层面，包括语言、风俗、艺术、文学、宗教的许多领域，甚至近年来刚刚兴起的民族基因学也在一定程度上受到这种先入为主的思维

---

① 王象之：《舆地纪胜》卷 128《福州景物上》。
② 参见陈支平《福建族谱》，福州：福建人民出版社 1997 年版。
③ 参见陈支平《回归学术主体性：东南民族研究的三个省思》，《思想战线》2012 年第 1 期。

惯性的影响。这种思维惯性一方面体现了不同民族间文化相互影响扩展的必然趋势，而另一方面，它也必然给中国南方民族的研究蒙上重重的文化迷雾，从而导致中国南方民族史、文化史研究过程中的历史与现实的偏离。

## 三、中国民族学理论的建构亟须回归学术主体性

乍看起来，我在以上两个段落中的论述是两个毫不相干的命题。然而我们必须知道，关于中国民族史的学术研究与现实政策，是始终无法分开的一个整体。如果我们有责任使我们的学术研究能够更好地为现实政策提供一定的借鉴价值的话，那么我们就应当透过这两个貌似不相干的命题，作出一个可以相互依存和相互连接的分析。

众所周知，中国改革开放的成功，其根本之道在于既坚持了马克思主义的基本原理，又不拘泥于马克思、恩格斯等人经典的片言只语，从而形成了有中国特色的马克思主义理论，大大推进与丰富了马克思主义的现代意义。实事求是地讲，我们现在赖于遵循的一些改革开放大政方针，在许多层面上与当初经典的论述是有一定差异的，但是这并不影响我们对于马克思主义的继承和发扬。这也正是马克思主义一贯反对机械唯物主义的唯物辩证史观。

从这一唯物辩证史观出发，我们可以发现马克思、恩格斯由于当时的关注点不同，他们很少对于民族问题进行理论上的论述。"民族自决权"理论的发端与运用，基本上局限在苏联区域内。这种理论在苏联的运用，经验与教训并存。特别是苏联的解体，导致了许多不同民族的分裂。苏联在民族政策上的经验与教训，是很值得我们刻不容缓地认真反思的。只有这样，才能更好地继承和发扬马克思主义的民族理论，形成有中国特色的马克思主义民族理论与实践。

列宁、斯大林的"民族自决权"理论除了存在我在前面所谈到的三方面的缺陷之外，其实还与马克思主义的最核心的价值观——平等原则，存在着某些模糊的关系甚至差距。这种平等原则延伸到民族关系上，就是"民族平等"。在当今文化多元化的趋向之下，民族与民族之间的关系，是绝不能允

许存在民族歧视的,但是也不能过分强调某些民族的特殊化,人为地塑造超越社会经济与文化的特殊民族。依照这种民族平等的原则的民族关系及其发展走向,最为合理的推动力应该是民族文化的相互影响与相互交融。这正如前面所言,民族文化的影响力与融合力具有不以人们的意志为转移的坚韧力量。我们运用这一民族平等文化发展的唯物辩证史观来印证中国南方民族史的演变历程时,就不难看出,中国南方地区这种民族文化的相互渗透与影响,其过程是最为温和、理性的,由此所形成的民族关系是最稳当和最和谐的。

即使是从整个中华民族发展史的视野来观察,也是如此。中国民族史的这一发展历程,其中无不体现了历史与文化演进的巨大足迹。正是由于这种超越历史真实感的文化意识的自我追寻与文化的自我认同,这才促成了中华多民族国家的形成与延续。文化意识的超越力量,把不同血缘的中国人连接在一起。假如没有中国民族历史上"历史与文化"的演进,这种大融合的"文化认同"是不可能出现的。同样的道理,我们今天探讨中国南方民族史的发展轨迹,假如非要一意孤行地寻找什么纯正的"中原血统"或少数民族的纯正血统,其结果必然是恰得其反而又纠缠不清。我们只有在文化认同的基础上一道认识中华文化的多样性及其包容性,才能从无限广阔的空间来继承和弘扬我们祖国各民族传统的优秀文化。正是中华传统文化中的多样性和包容性特征,造就了多民族统一的国家的形成与延续,造就了中华民族较少含有种族歧视与民族血统论的偏见。我们完全可以说,文化的超越与文化的认同,是中华民族凝聚与发展的基本要素之一,任何过分强调或刻意彰显不同民族特殊性的做法,都是与中华民族的发展潮流所不相吻合的。①

当然,我们在反思民族学理论以及探索文化的超越与文化的认同的同时,并不意味着民族学的学术研究仅仅是依附于民族现实的派生物。相反地,只有从各个不同角度、不同视野深入探讨中国南方民族史发展历程的方方面面,我们才有可能对于民族历史与文化发展及其演变有全面而客观的

---

① 参见陈支平《从历史向文化的演进:闽台家族溯源与中原意识》,《河北学刊》2012 年第 1 期。

把握,从而加深人们对于中国南方民族文化相互影响与相互融合的认识。譬如,在以往中国南方移民史的研究中,人们过多地关注北方中原士民对于南方区域开发的压倒性作用,中国南方原有土著对于南方区域的开发与贡献被大大忽视了。

再如关于中国南方地区方言的研究,以往的思维惯性模式是,现存的南方方言是北方中原正统语言的传承。绝大多数的研究者几乎都是以现在的东南方言是从北方移植过来的这一前提作为出发点来研究这一问题的。其结果是,不论哪种方言,所得出的研究结论全部是:我们的方言保存了最丰富的上古、中古时期中原的古音;中原古音在中原已经逐渐消失,我们的方言是中原古音的活化石,诸如此类。研究结论上的雷同,本身就失去了学术上的创新意义。北方中原语言作为当时政治核心的语言,对于南方新开发区域的影响是不容置疑的,然而,原先流传在南方各地的地方语言,同样也在现在的东南方言中被部分地传承了下来。[①]最新的研究表明,南方汉语的形成既非完全"土生土长",也绝非完全由"北方迁入"。这是一个多元结构体,它的最底层系以古百越语言为基础的南方"区域共同传统",其中又可划分为若干个文化区系,如福建的闽越,广东的南越,江西的干越,江、浙的吴越等,这是现代南方汉语方言分区的基础。但先汉以前(即秦汉以前),南方与北方及南方各区系之间的语言文化交融已很频繁,例如闽越、吴越与楚关系密切,反映"你中有我,我中有你"的文化特点。秦汉时期,随着汉人中央政权的确立,南北关系实质上表现为一种"中心—边缘""华夏—蛮夷""中央—边陲"的关系。此时的南方土著更多地是在文化和政权上认同北方。随着六朝、唐宋时期大量的北方移民迁移南方,南方民族成分结构发生根本性的变化,大量南方土著变成南方汉人,但这并非意味着北方汉语消灭或同化了南方土著语言,而是南北族群经过长期的语言文化的互动过程,从而形成独具特色的古南方汉语。它的来源是多样、多层次的,包括:(一)古百越语(如古南岛语、南亚语);(二)百越民族后裔——壮侗、苗瑶语(例如由壮

---

① 参见邓晓华《福建境内的闽、客族群及畲族的语言文化关系比较》,日本国立民族学博物馆研究报告 24 卷 1 号,2003 年。

侗、苗瑶语混合而成的畲语);(三)汉、六朝、唐宋各个时期由于科举等"文教传习"作用而南播的北方汉语文读系统,这也包括北人南迁传播的北方汉语。①我们曾经考察东南区域"客家"族群的方言,发现其语言特征与其他汉民方言区的语言差异甚大,反而跟少数民族的畲族语言有诸多相通之处,甚至可以相互交流。这种状况,更说明了南方少数民族的地方语言与东南汉民方言间的相互传承作用。因此,一味地预设文化核心与边缘区域的单线传承前提,会对东南地区民族历史及其文化的研究,产生许多偏颇甚至不切实际的负面作用,不利于民族文化的融合与演进。

中国民族史的学术研究与现实政策,固然是一个无法截然分开的整体。但是民族学的研究,必须具备自身较为独立的学术本体性和科学性,应该尽可能地摆脱西方文化导向、国内外政治因素以及文化思维惯性模式所造成的影响,客观公正地深入研究民族史的各个领域及其问题。只有这样,才有可能把中国南方民族史的研究,扎扎实实地向前推进。并且只有这样,才有可能在科学价值的范畴内,为国家民族政策的制定提供有益的学术借鉴。也正是出于这样的考虑,我认为尝试对中国南方民族史研究进行逆向思考,还是具有刻不容缓的时代意义的。

---

① 参见陈支平、邓晓华所主持的国家社科基金重大项目"中国南方民族的起源与形成"最终成果未刊稿,下编,邓晓华《南方民族语言的起源与形成》。

# 闽台文化的历史构成及其基本特征

　　闽台区域文化是中华文化的一个重要组成部分,同时又是中华文化中的一个极具鲜明特色的地域文化。中华文化的核心价值培育闽台文化茁壮成长,而深具地域特色的闽台文化又使得中华文化的整体性显得更加丰富多彩。

　　福建和台湾,分处台湾海峡的东西岸,我们之所以把隔海相望的福建与台湾,从区域文化的概念上合称为"闽台文化",这是因为闽台文化的形成及其发展,是经过了漫长的历史演变与文化磨合,加之东南沿海地带独特的地理环境、闽台两地的家族血脉相连等多种因素的作用所逐渐造就的。台湾岛内的主流社会文化,无论是社会经济的开发历程、基层社会乡族组织、方言结构、宗教与民间信仰、民风习尚、草根艺术,以至学校教育、儒学教化、民族国家认同等层面,几乎都是从福建传承而来。正因为福建和台湾有着密不可分的文化源与流的关系,海峡两地所呈现出来的文化内涵,无论是其表征还是本质,都有着高度的承继性和共通性,我们也就不能不把福建与台湾的区域文化,统称为"闽台文化"了。

## 一、闽台文化的多源复合

　　文化的主体是人,闽台文化是由祖祖辈辈繁衍生息在这两块土地上的人民所创造、演进和传承的。

　　上古时期的福建称"闽",是土著越人的居住地。秦汉以前,闽中土著居民与中原的交往不多,土著民俗自成体系,史称他们傍水而居,习于水斗,善于用舟,盛行原始巫术。到了汉代,中原人士依然认为闽中及其居民为"方外之地,剪发纹身之民也"。汉晋至五代,中原汉人开始不断向东南沿海迁徙。随着汉人大批入闽,汉文化在闽中由北向南迅速传播,汉族的生产习俗、生活习俗、人生礼仪、岁时节庆、宗教信仰等民俗逐渐取代土著民俗而占主导地位。[①]同时,一些汉族与土著通婚,或土著为适应新的社会环境自动转化为汉族,闽越族的一些习俗风尚及其人文特点也沉淀下来,成为福建区域文化特征的一个重要组成部分。

上古时期的台湾岛内繁衍生息的原住民,即是我们后来称为"高山族"的台湾土著人。目前从考古学的调查研究所知,从距今五万年前的旧石器时代晚期,台湾岛就已经有人类居住;历经新石器时代、金属器及金石并用时代,长时间发展过程中有很多时空分布不一致的史前文化单位。汉人可能早在唐末或唐宋之间便已进入澎湖开发拓殖;公元 1620 年代以来,荷兰、西班牙相继占领台湾,历经南明郑氏政权和清朝时期,以福建为主体的汉民大量移民,逐渐在台湾建立一个完整的社会,并与原住的南岛系民族及高山族之间产生长期的社会与文化互动关系。[②]

闽台现有居民的绝大部分,在追溯先祖的时候,大多声称自己是来源于华夏的中原地区,其实这只是一种对于中华核心文化的向心追寻而已。从民族人类学的角度来考察,福建和台湾等中国南方居民的来源是多方面的。即以最重要的北方来源而言,也并不是如一般研究者所说的那样,来源于河南中州,或来源于所谓的"河洛文化",而是来源于中国的所有区域。[③]这些天南海北不同地域的人民,经历了不同时代的迁移,汇合于福建,成了福建与台湾现有居民最主要的组成部分。而古代闽越人、台湾原住民对闽台两地现有汉民系统形成的重要性,古代闽越族人、台湾原住民以及其他少数民族在现有闽台汉民血缘中所占的重要地位,也是我们研究闽台民系及其文化时所不应忽视的。

---

① 以上均见林国平等主编《福建省志·民俗志·概述》,北京:方志出版社 1997 年版,第 2—3 页。

② 以上参见刘益昌《文化史迹冲击评估》,1988 年度环境影响评估讲习班讲义,台北:"中华环境工程学会"印行。

③ 参见杨绪贤《台湾区姓氏堂号者》,台北:台湾新生报社 1981 年版;陈支平《福建族谱》,福州:福建人民出版社 2009 年修订版。

闽台民系多源的复合,造就了福建地区众多的方言类别。各个民系在南迁定居于福建各地之后,由于各自所处的自然人文环境不同,又各自在不同程度上吸取了当地土著即古代闽越族的一些语言特点,从而形成了各自的方言区域。甚至与其他少数民族的畲语、壮语、瑶语等,也都存在着一定的传承关系和相互渗透影响的关系。[①]语言是民族、民系最能表现自身特征的文化现象之一,而在闽台地域方言中占有重要一席的闽南方言和客家方言,更是联络、凝聚以至于传播闽台区域文化的一条不可替代的人文纽带。

闽台民系的组成部分,还不仅是北方移民与古代闽越族、台湾原住民这两种,复由于福建面临大海,自汉唐以来都是中国海上交通的重要地点,海外民族,尤其是阿拉伯人的内移定居及其血缘在福建汉人中的流播,也应当引起我们的高度重视。海外民族,尤其是阿拉伯人对于福建汉人民系的影响,又集中体现在与台湾关系最为密切的闽南区域之内。因此可以说,福建与台湾的民系血缘复合是多方面的,由此而造就的文化特征与人文性格,无疑是多源的复合体。

研究中国文化史的学者们,往往把中国文化的模式分为中国北方文化与南方文化这两大类型。认为中国文化的南、北之异大于东、西之别的格局,时至今日并没有太大的改变。这种概述,从整体的情景而言,当然有一定的道理。但由于闽台区域民系是一种多源的复合体,它的人文性格吸取了不同的地域、不同民族甚至不同国家的多种文化成分,并经过闽台特定地域和社会的不断磨合、扬弃以及历史时代的千锤百炼,最终形成了一些兼备南北、糅合汉回越各族的人文性格特征。

虽然说闽台两地民系,是由上古时期的闽越人、台湾南岛系民族、来自北方中原的汉人以及阿拉伯人等海外民族的多源因素融合而成,但是由于汉唐以来北方汉人的不断南迁,中原因素毕竟在现有的闽台民系中占有绝大部分的比例。更为重要的是,从汉唐以至宋代,北方南迁的汉民,给边陲地带的闽台区域带来了先进的文化意识和生产方式,迅速地促进了福建地

---

① 参见陈支平《推展客家民系与其他民系的比较研究》,台湾"中研院"民族学研究所主编《第四届国际客家研讨会论文集》,1998 年 11 月。

区的社会经济开发。尤其是唐末五代时期河南固始等地以王审知为代表的北方移民，在福建建立了第一个地方性政权，对福建地区社会经济、文化教育等产生了深远的影响。①在这样的历史背景下，福建的地域文化，基本上成为中国中原文化在边陲地带的复制品，福建地域文化中充满着对于中原文化的崇拜与向心，源自黄河流域的中国传统文化，是福建文化以及明清以来台湾文化的核心结构。

在当今的闽台民间社会，人们在谈论自己家族的演变历史时，大都认同祖先源自中原地区，特别是中原的光州固始县一带。光州固始成了闽台民间社会的一个家族溯源的永久性记号。岂止闽台，在华南的珠江三角洲一带以及散布于中国南方各地的"客家"民系，也都有其各自的家族溯源北方中原的永久性记号，譬如珠玑巷、石壁村、山西洪洞县大槐树下、河洛等。现在东南地区的一些家族史研究，人们根据自家族谱的记载，可以非常自豪地对外声称自己的家族是中国最纯正的中原汉民族世家望族的嫡传血统。我们现在有些区域文化史的研究学者，往往把当地家族变迁史的这一历程，作为本区域文化有别于其他区域文化的主要表征之一。再如关于中国南方地区方言的研究，长期形成的思维惯性模式是，现存的南方方言是北方中原正统语言的传承。绝大多数的研究者们几乎都是以现在的东南方言是从北方移植过来的这一前提作为出发点来研究这一问题的。其结果是，不论哪种方言，所得出的研究结论全部是：我们的方言保存了最丰富的上古、中古时期中原的古音；中原古音在中原已经逐渐消失，我们的方言是中原古音的活化石，诸如此类。北方中原语言作为当时政治核心的语言，对于南方新开发区域的影响是不容置疑的，然而，原先流传在南方各地的地方语言，是否也在现在的东南方言中被部分地传承了下来？

闽台文化史研究中出现类似于以上观点雷同、一厢情愿的研究结论的根本原因，就在于深受文化思维定式和文化情感投入两种因素的干扰。那么，我们应该如何来认识和理解这一文化思维定式在中国南方文化史研究中所产生的历史影响力呢？

---

① 参见陈支平《福建六大民系》，福州：福建人民出版社 2006 年版。

如上所述,中国上古时期的南方地区,是众多少数民族散居的区域。而北方地区则在社会经济与文化上均呈现出先进的所谓"华夏文明"。先进的"华夏文明"对于南方少数民族的影响是不可阻挡的。然而值得引起人们注意的是,有关华夏文明及中国古代史的传统阐述,从总体上看,是以北方中原地区的历史发展为主要阐述脉络的,甚至可以表达为一种"北方中心论"或"中原中心论"。长期以来,我们及学界的大部分研究者一样,相信传统文献中有关南方社会、经济、文化乃至环境等方面的记载,借以研究问题。但是在北宋中期以前,有关南方地区历史的记载,可以说主要出自北方士人或持华夏正统观念的南方士人之手,他们对南方地区的描述,主要是立基于华夏正统观念以及中原士人观念的。①

在这种"中原中心论"文化观念的支配下,宋以来,中国南方的士子及知识分子们在继承和补强中国正统的伦理文化规范上作出了杰出的贡献,以朱熹为代表的南方理学家群体为中国后世的文化作出贡献成为众所周知的事实。然而我们在阅读早期南方士子们求道为学的著述时,不难从中看出他们津津乐道于自己已经成为一名"正统文化者"的心态。而这种"正统文化者",自己已经不知不觉地演化成一名亦步亦趋的北方文化中心标识的追随者。

"中原中心论"的文化影响力并不仅仅局限在南方的士大夫和知识分子层面,它对于中国南方民间社会的演变以及民族关系的调适都产生了不可估量的深刻影响。研究中国家族史的学者都注意到宋明以来中国的家族制度及其组织,南方地区普遍发达于北方地区。朱熹在重构宋以来中国家族制度的理论和实践上都作出了极为重要的贡献。显然,如果说早先的中国南方民族历史文化是由北方中原人基于"中原中心论"而塑造出来的,那么其文化的影响所及,到了宋代以至明清乃至现在,许多南方汉民,便已经在其潜意识里根深蒂固地根植了自己是源于中原的文化认同。在这样的文化认同之下,"中原中心论"的南方家族史、民族史以及各种与此相关的历史文

---

① 参见鲁西奇《人群·聚落·地域社会:中古南方史地新探》,厦门:厦门大学出版社 2011年版。

化命题,就由南方人自己创造出来,而再也无需由北方中原人代劳了。

这种源于"中原中心论"的文化思维定式,渗透到中国南方社会史、民族史研究的各个主要的层面,包括语言、风俗、艺术、文学、宗教的许多领域,甚至近年来刚刚兴起的民族基因学也在一定程度上受到这种先入为主的思维惯性的影响。显然,这种文化思维惯性在很大程度上体现了不同民族间文化相互影响力扩展,特别是北方文化对于闽台区域文化影响力扩展的必然趋势。

由文化崇拜、文化向心所形成的文化思维惯性,或许在一定程度上误导了人们对于中国南方文化史以及闽台文化的本来面目的全面认识,但是它却能够始终引导一代又一代的闽台人,潜意识地坚持弘扬和传承中华文化的核心主流价值观,坚持对于中华民族与国家的认同,从而使得闽台文化虽然历经历史的曲折与磨炼,都不能偏离于中华文化的整体结构之外。而闽台文化的多源复合,则可以更为包容地吸取多元的文化元素,促使闽台文化在遵循中华文化整体价值观的基础上,绽放出更加多姿多彩的光芒。

## 二、闽台文化的二元结构

闽南区域文化乃至福建区域文化的形成,受到中原华夏文明的深刻影响,这是毫无疑问的历史事实。闽南区域文化特征不是一朝一夕形成的,而是经历了一个漫长的历史演化过程。自汉唐以来北方汉人大量迁移入闽之后,汉族文化逐渐取代土著民俗而占主导地位。宋代是福建社会经济得以全面发展的一个重要时期,也是福建区域文化特征的形成和演化的一个重要转折时期。在中国经济重心南移的历史条件下,福建社会经济在短时间内跻身全国发达地区行列。特别是宋代闽学的兴起,对于福建文化以及民间的习俗风尚起到了重要的引导作用。经过唐宋时代的锤炼,具有某些独特性格的福建区域文化已经基本形成。元明时期,福建区域经历了海洋社会经济与文化的强烈冲击。明代中后期,中国商品市场经济繁荣,士农工商的界限渐趋模糊,传统的农业经济更加掺杂混合了多元的经济成分。与此同时,思想文化界酝酿着求新求变的思潮冲动,更是对于福建区域文化特征走向成熟起到了积极的推动作用。明清以来,福建的居民不断向台湾迁移,在台湾岛内形成了与福建祖籍地保留着千丝万缕联系的新的乡族社会,福建的区域文化也随着移民的垦殖和繁衍,迅速在台湾岛内复制并扩散开来,到了清代中期,一个有着共同地域特征的闽台文化圈最终形成。

福建区域文化的形成与成熟定型是伴随着中原文化在福建的传播而向前发展的,中华主流文化对于福建区域文化的形成与成熟定型有着主导性的影响力。中原华夏主流文化由北向南而向各个边陲地带传播的历史,造就了人们认知地域文化的思维惯性与定式,即边陲等晚开发区域的文化是由中原华夏主流文化移植传承而成的。然而我们不能不看到,中原华夏主流文化南传的同时,原来生长于福建以及台湾区域的土著文化、外来的海洋文化等不同源流的文化,对于闽南区域文化的最终形成,同样产生了重要的影响力。由于受到文化思维惯性及其定式的限制,这种土著文化、海洋文化的合力在以往的研究中被有意无意地低估了。人们过多地关注于北方中原士民对于南方区域开发的压倒性作用,中国南方原有土著对于南方区域的开发与贡献被大大忽视了。事实上,所谓核心与边陲的文化概念是相对的,在中国大一统国家的边陲地带,各自的自然地理位置差异很大,文化渊源多样化,因此各个边陲地带接受中原主流文化的程度以及其所形成的地域文化特征也将是各自不同、多姿多彩的。[1]

我们通常所说的中华主流文化,其实是一个比较笼统的宏观性概念。中华的主流文化并不是一成不变的,而是随着时代的变迁在潜移默化之中。先秦时期是中华文化中"诸子百家"争相辉映、充满生机活力的年代,随着秦汉时期大一统中央集权政治体制的确立,儒家文化逐渐成了这种政治体制"独崇"的主流意识形态。儒家文化的独尊地位为维护中华大一统的中央集权政治体制以及融合吸纳多民族的文化因素起到了无可替代的历史作用。唐宋以降,中国的大一统中央集权体制日益朝着极权专制的方向迈进,因循守旧、虚伪逢迎、营私舞弊的官僚恶习,逐渐成为司空见惯的社会风气。与

---

[1] 参见陈支平《中国东南民族史的三大特征》,见拙著《史学碎想录》,福州:福建人民出版社2012年版。

之相对应的思想文化意识形态，也出现了两极分化的严重变异。一方面，空谈高调的道德标准往往令人可望而不可即；而另一方面，迷信权势、唯利是图又成了许多士大夫安身立命的行为准则。可以说，从宋代以后，虽然还有一部分士大夫和知识分子力图坚守先秦儒家的道德规范，但是从整体上看，围绕着政治统治核心的中原主流文化，日益出现了空疏凝重与抱残守缺的异化倾向。

就福建的情景而言，福建地处东南一隅，东面朝海，西北面是武夷山脉，在古代交通工具很不发达的情况下，武夷山把福建与浙江、江西以至北方中原各地天然地阻隔开来，形成一个自成体系的社会经济区域。这是造成福建区域文化特征与浙江、江西、广东等相邻区域有所差异的一个重要的地理因素。而在福建内部，著名的河流闽江、九龙江、晋江、木兰溪等，都发源于西北部山区而流向平原，是北方汉人入闽后定居繁衍的最主要的栖居地。但是这些江溪与江溪之间，大多被山脉隔开，交通比较困难。这种以不同江溪流域形成的相对独立的小经济区域，把福建分隔成许多不同的小民系。这样的地理环境特征，自然而然地使得福建区域有着"天高皇帝远"的潜在意识。①

远离中国的政治文化中心并不一定就可能造就独特变异的区域文化。事实上，正如我们在上面所提到的，随着唐宋时期北方汉族移民文化的大量进入，福建社会一直把接受儒家正统文化放在社会文化建构的核心位置。中华儒家主流文化始终对于闽南区域文化的形成与成熟定型有着主导性的影响力。然而所不同的是，当宋明以来中原主流文化日益走向空疏保守的时候，福建，特别是闽南区域远离政治文化中心的边陲性的自然地理位置，以及面向海洋、勇于接纳外来文化的传统，都使福建与台湾这种边陲性的区域文化，较少或较缓受到中原地区主流文化历史变迁的影响和制约，从而明清时期的闽台区域文化能够较多地体现儒家早期许多具有生命力的因素，甚至许多中原古文化已在其发源地逐渐式微甚至湮没，而在闽台地区却被较完整地保存下来。这种文化变异的历程，大概就具有孔子所说的"礼失求诸野"的意味了。

---

① 参见陈支平《福建六大民系》。

在这样有所差异的历史变迁中,闽台区域文化就显现出一些与中原主流文化不同的独特表现形式。在文化思想方面,科举制度的羁绊及官僚体制的束缚,固然促使许多士大夫和知识分子随波逐流,成为政治文化的殉葬品;但是也有一部分富有社会文化责任心的知识分子,其摒弃因循守旧而追求革新变化的思潮往往能够比中原地区的士大夫和知识分子更能先声夺人。在社会行为方面,不尚空谈高调,脚踏实地,务实做事,努力进取,这是民众的基本价值取向;追求效益,商品意识较强,对外来文化和民俗采取较为宽容的态度,这种情况又与中原内地人民的淳朴、守成和不轻易冒险的保守性格形成了一定的反差。

闽台区域文化作为中华核心与边陲的文化变异的一种产物,在一定程度上大大补强了中华整体文化的多样性。而在其自身的结构上,它能够较好地吸收中华核心文化以及其他区域文化甚至外来文化的精华成分,来强化自身的文化特征。这种潜移默化式的、带有一定文化变异意味的区域文化变迁历程,是闽台区域文化得以在不同的历史时代适应新的时代需求的最本质的力量源泉。

透过对于闽台区域文化历史变迁以及其与中华核心主流文化的相互关系的分析,我们似乎可以对于闽台区域文化的本质作出这样的总结:闽台区域文化是一种二元结构的文化结合体。这种二元文化结合体既向往追寻中华的核心主流文化,又在某种程度上顽固地保持边陲文化的变异体态;既遵循中华民族大一统政治文化体制并积极为之作出贡献,又不时地超越传统与现实的规范与约束;既有步人之后的自卑心理,又有强烈的自我表现和自我欣赏的意识;既力图在边陲区域传承和固守中华文化早期的核心价值观念,却又在潜移默化之中造就了诸如乡族组织、帮派仁义式的社会结构;既坚持慎终追远、以农为本的社会传统观念,又勇于犯难涉险,挑战与包容外来的文化碰撞。这种二元结构的文化结合体,可以把许多看似相互矛盾、相互排斥的人文因素,有机地磨合和交错在一起。也许正是这种二元文化结合体,在一定程度上滋生并维持了闽台区域文化及其社会经济的持续生命力,从而使得闽台社会及其文化影响区域能够在坚守中华文化核心价值的同时,有所发扬,有所开拓。我们对于闽台二元结构文化结合体的研究,应该有助于对于中华文化演化史的宏观审视。

# 三、闽台文化的两大特征：乡族性与国际性

闽台文化的多源复合与二元结构铸就了闽台文化中的乡族性和国际性这两大特征，换言之，乡族性与国际性特征是表现闽台文化最为核心的两大要素。

（一）闽台文化的乡族性

一千多年来北方移民的不断入闽，以及宋明以来福建居民的向台湾迁移，不仅主导了福建与台湾社会的转型与建构，也给闽台社会留下了永远难以磨灭的"移民记忆"，这种历史的记忆促使乡族观念与乡族组织成为闽台社会的坚固基石。

福建民间聚族而居的传统由来已久，这一传统的形成和发展是与福建地区经济、文化的开发紧密地结合在一起的。虽然说，北方士民的南迁促进了福建边陲地带的开发，北方士民迁移福建取得了生存空间和地方上的统治权，但是这一漫长的过程远不是一帆风顺的。在早期的迁居过程中，北方士民的活动往往要遭到当地闽越土著的顽强反抗，即使是北方士民之间，由于缺乏应有的社会秩序，他们为了取得自己的生存空间和政治社会利益，相互之间往往也要经过激烈的争夺甚至相互残杀。正因为如此，北方士民不断移居福建并取得生存空间，在一定程度上，必须以宗族的实力作为后盾。在渡江南迁的过程中，他们每每统率宗族乡里的子弟们，举族、举乡地移徙，在兵荒马乱的恶劣环境和交通困难的条件下，加强了相互扶助，巩固了血缘关系。"当其在新垦地定居下来的时候，又为着从事生产，防御外来者的入侵，常采取军事的组织。"所以在福建的聚落形态，其名为坞、堡、屯、寨者甚多，这正是北方士民入迁福建时的那种浓厚的军事战斗性质在聚落形态上的反映。在这些屯堡寨坞中，有的为一村一姓的村落，也有一村多姓的村落，从而形成了相当牢固的聚族而居的社会习俗。①

① 傅衣凌：《论乡族势力对中国封建经济的干涉》，载《明清社会经济史论文集》，北京：人民出版社1982年版，第80页。

从东汉末至唐末五代,正是北方士民大规模迁居闽中的时代,他们的迁入切断了闽中越人土著的固有文明,带来了中原地区的政治、军事、经济和文化制度,对福建地区社会经济的开发起着决定性的作用。然而,中州士民迁居闽中虽然有相当一部分是为避乱,但在当地濒临灭亡的土著文明面前,因中原先进的文明,他们自然而然地显出了自豪感和优越性。尤其是在迁居福建的三次高潮中,他们都是以统治者的身份进入闽中社会的。这样,正当中原地区门阀士族制度土崩瓦解的时候,福建的巨家大族们却以门第相高,以世阀自豪,其有着十分重要的现实意义和时代使命感。在某种意义上可以说,血缘家族关系促进了福建文明的开发和进步。再加上北方士民入闽之初和福建早期的开发缺乏应有的政府控制和社会秩序,人们获取生产和生活空间大多依仗自身的势力甚至军事实力,弱肉强食,强欺弱,众暴寡,这种局面,不能不进一步加强了血缘家族内部的团结,促使人们借助家族的力量,为谋求更多的政治、经济利益而奋斗。这种历史的因素,无疑是宋明以来福建民间家族制度较中原地区更加严密和完善的一个重要原因。[①]明代中叶以后,福建地区以至整个中国的社会经济开始出现向多元经济转型的趋向,福建民间的贩海垦山等工商业活动得不到政府和法律的应有保护。与此同时,福建沿海的居民迫于生活的压力,逐渐向台湾迁移,寻找新的生产生活空间,这在很长的时间内也完全处于无序的状态之下。在这样的情况下,福建民间所相信的是自身的实力,自身实力的强弱将直接关系到社会、政治、经济诸方面权益的占有。当然,在法制不健全的社会里,人们仅仅依靠自身的力量是远远不够的,于是,福建先民移居福建时那种家族互助的传统又在明中叶以后得到了新的认识。人们迫切地认识到,只有增强家族的团结、发展家族的势力,才能与机械相争、弱肉强食的外部世界作有效的抗争。

历史的积淀为福建地区家族制度和家族组织的盛行创造了坚实的温床,其间又经过宋代理学,特别是以朱熹为代表的"闽学"对于重构宗法制的

---

① 参见陈支平《近 500 年来福建的家族社会与文化》第 1 章,上海:三联书店上海分店 1991 年版。

大力倡导,到了明清时期,福建地区以及由此延伸的台湾地区的民间家族、乡族制度及其组织,就得到了空前的繁盛发展。面对中国王朝的残酷更替和社会的动荡不安,闽台区域的家族制度、乡族制度及其组织几乎成为一种永恒性的社会组织。中国的政治、经济、社会诸方面的身份地位是变幻不定的,中国的家庭经济以及个人贫富荣辱是起落无常的,但是唯有依托于血缘关系和地缘关系的家族制度、乡族制度及其组织是相对稳定的。它不为政治上的风暴所触动,不因频繁的改朝换代而变化,维系纠结而不愈疏,稳似经常摇动的不倒翁。清代理学名臣福建安溪人李光地在告诫子孙时指出:"夫世无百年全盛之家,人无百年平夷之运,兴衰罔极。……吾生七十年间,所闻乡邦旧家,朝者显籍多矣,荣华枯殒,曾不须臾。"①毫无疑问,这种具有相对稳定性的家族制度,既成了社会动荡和阶级矛盾的平衡器与调节器,也是处在升降荣辱富贵贫穷不断激荡变化中的社会各阶层的共同避风港和最终归宿。

现当代学者在谈到中国家族、宗族制度及其组织的时候,往往将其理解为祭祀祖先、敬宗收族的一种社会行为。然而在闽台区域,家族制度、乡族制度及其组织的内涵大多超出了这一以血缘追寻为核心的范围,而是几乎涵盖了基层社会的方方面面。到了近现代时期,闽台地区民间祠堂、族谱、族田等所谓的家族组织三要素之完备,自不待言,家族制度及其组织已经向宗教与民间信仰、社会经济活动、社会控制与管理、民间启蒙教育等各个方面延伸。在闽台地区,崇拜神明的寺庙,教育孩儿的私塾,成人读书的书院,地方水利道路等公共事务的修建,乃至地方事务纠纷、民间械斗,等等,大多是以家族或者乡族的名义进行的。

闽台家族制度、乡族制度及其组织在闽台社会上体现的作用同样是二元结构的,它可以使多种矛盾同时存在并且相互结合在一起。在组织观念上,它既是精神道德的,又是实用功利的;在经济形态上,它既有家族的公共所有制,又有个体家庭的私人所有制,二者界线不清;在阶级关系上,它既奉行和宗睦族的家族平等权利,但又强调"以宗以爵,以年以德",造成族长的

---

① 李光地:《榕村别集》卷5"戒子孙"。

权威及其控制族人的合法化;在对官府的关系上,它既有割据、对抗的一面,又有相互利用、密切配合的一面;在家族的对外关系上,家族间、乡族间的和谐相处与众暴寡、强凌弱交织在一起,等等。这些相互依存而又不可克服的内在矛盾,在其不断斗争和相互牵制中得以运转,从而使家族制度始终处于一种可塑能动的"弹性"状态,①处在一种能够顺应外部社会变化的平衡状态。它不但可以保存许多落后的、陈旧的政治、经济和文化因素,同时又可以吸取、扶植、利用各种新的社会因素来扩充和加强家族组织的社会时代适应性,以保持一定的活力和进取精神。

闽台家族、乡族制度及其组织作为一种基层社会组织,对于地方政治所产生的影响,更是不可忽视的。闽台地区的家族、乡族观念虽然是以血缘、地缘关系为基础的,但是这种界限往往是模糊的,它可以根据现实的需求而变动这种界限,呈现出无限扩大化的趋向,从而使家族制度对整个社会的政治、经济、文化生活各个方面产生深刻的影响。人们可以随时随地根据实用功利的需求,扩展家族和乡族观念的外延:家庭之外,以各房为界;各房以外,家族为界;家族之外,可以扩展为乡族;乡族之外,可以扩展到行政区域、方言区域(但绝少扩展到经济区域);而对外县而言,乡族的观念又可以扩展到全省。其对地方政治的影响体现在封建专制思维和官僚机构的家长式作风以及官僚士绅间的乡土观念、拉党结派,贯穿整个明清以来闽台社会的演变过程。其在思想上的反映则是乡族团伙主义,个人依附于群体,随波逐流,理性屈从于意气。不仅如此,狭隘的家族、乡族观念以及帮派仁义观念,往往使人们囿于一己之利,对国家、民族和人民的最高利益麻木不仁,缺乏应有的社会责任感,从而给社会的进步带来了诸多负面的影响。时至今日,闽台家族、乡族制度及其组织的这种负面效应,依然时有所见。

家族制度及其组织在中国的大部分地区普遍存在,当代学者的研究表明,到了近代,中国南方地区的家族制度及其组织普遍盛于北方地区。即以南方地区言之,当今闽台地区祠堂、族谱之盛并且不时得到修整,乡族所拥

---

① 参见傅衣凌《中国传统社会,多元的结构》,《中国社会经济史研究》1988年第3期。

有的寺庙之多,以及修建装饰之华丽堂皇,显然是其他南方省份所无法比拟的。更有甚者,家族、乡族制度及其组织对于当今闽台社会各个领域的影响力,尤不可等闲视之。我们有充分的理由这样表述:作为闽台社会基石和文化特征的乡族性,还将在今后很长的时期内继续发挥其正、负两个方面的重大作用。

(二) 闽台文化的国际性

长期以来,人们对于世界文明发展史的思考,往往局限于"欧洲中心论"的格局之中。随着 20 世纪下半叶世界多元化进程的加快,近年来,国内外的许多学者都进一步认识到中华文明发展对于世界文明发展史的重要贡献。有一部分学者进而提出了"大中华文化圈"的概念。这些研究和思考,无疑对于继承和弘扬中华文化起到了十分积极的作用。

然而,许多学者也认识到,中华文化的另一个重要特征,是相对内敛型的。从上古社会来考察,中华文明的对外交流主要是通过西域的所谓"丝绸之路"和东南沿海的海上交通。唐宋以后,通西域的"丝绸之路"已经凋零,中华文明的对外窗口就主要集中在东南沿海的海上交通之上。

东南沿海的海上交通史可谓由来已久,但是在唐宋之前,一是以政府的"朝贡"贸易为主,二是其规模数量都比较有限。宋末元代,阿拉伯商人基本控制了世界大港泉州一带的对外贸易,闽台地区的海上贸易活动盛极一时。入明之后,东南沿海地带的海上走私贸易得到空前的发展,东南沿海的商人们,逐渐把经营活动的范围转移到从内地组织货源而走私贩运到东西洋各地。商人们的活动空间结构重心已经不再局限于国内的市场,而是跨越出政治与国家行政的藩篱,寻求着跨地域的经营网络。到了明后期及清代,情景又有了新的变化。一方面,西方殖民势力已经在亚洲建立了比较稳固的商业贸易体制,亚洲的商业贸易格局已经突破了原有的亚洲本土的限制,逐渐被纳入到国际商业贸易的大市场之中;另一方面,大量沿海居民迁移台湾宝岛,促进了台湾社会经济的迅速开发,不仅使得台湾成为中国市场的一个不可或缺的组成部分,同时也使得台湾成为中国市场连接海外东南亚市场乃至西方市场的一个重要据点。在以上国内外经济贸易格局的变化之下,东南区域,特别是福建沿海的商人们,也迅速地顺应着这一变化的趋势,把自身经营活动的空间转移到以闽台海峡两岸间的商业贸易为核心,进而连接国内市场以至国际市场的海洋格局之上。[①]

从比较世界史的立场来观察,明初中国国力的鼎盛时期,正是欧洲"黑暗"的中世纪。西方透露出资本主义的曙光,和明中叶以降中国社会经济与文化思潮的新旧交替的冲动几乎同时。随着欧洲资本主义原始积累的步步推进,早期殖民主义者也跨越大海,来到了亚洲包括中国的沿海,试图打开中国的社会经济大门,谋取原始积累上的最大利润。差不多在同样的时期,伴随着明代中期社会经济,特别是商品市场经济的发展,中国的商人们也开始萌动着突破传统经济格局和官方朝贡贸易的限制,犯禁走出国门,投身到海上贸易的浪潮之中。[②]

16世纪初叶,西方葡萄牙人、西班牙人相继东航,他们各以满剌加、吕宋为根据地,逐渐伸张势力于中国的沿海。这些欧洲人的东来,刺激了福建等东南沿海商人的海上贸易活动。于是嘉靖、万历时期,民间私人海上贸易活动,冲破封建政府的重重阻碍,取代朝贡贸易而迅速兴起。福建等沿海海商的足迹几乎遍及东南亚各国,其中尤以日本、吕宋、暹罗、满剌加等地为当时转口贸易的重要据点。他们把内地的各种商品,其大宗者有生丝、丝织品、瓷器、白糖、果品、鹿皮以及各种日用珍玩等,运销海外,而换取大量白银以及胡椒、苏木、香料等回国出售。由于当时的欧洲商人已经染指东南亚各国及我国沿海地区,因此这一时期的海外贸易活动,实际上也是一场东西方争夺东南亚贸易权的竞争。中国的沿海商人,以积极进取应对的姿态,于海外各地扩展势力。据许多外国商人的记载,17世纪前后,中国的商船曾遍布南海各地,从事各项贸易,执东西洋各国海上贸易的牛耳。嘉靖前后,福建等沿海经商者众多,且分布相当广泛。嘉靖、万历年间,横行于东南沿海的海商海盗集团中,福建商人占有重要部分。到了明代后期,以闽南人郑芝龙为首领的海商集团,更是成为中国海上力量的霸主。郑氏集团不仅掌握了中国对外贸易的大权,而且敢于与荷兰、西班牙等西方殖民者抗衡,屡屡挫败

---

① 参见陈支平、詹石窗《透视中国东南》第5编《海商贸易:东南文化经济的阴阳错综》,厦门:厦门大学出版社2003年版。

② 参见杨国桢、陈支平《明史新编》,北京:人民出版社1993年版。

他们的侵略,积极争夺东方世界贸易的权益,维护本国商人的利益,为维护中国在东方市场上的主动地位作出了重要贡献。[①]

万历时期,即 16 世纪末、17 世纪初,欧洲陷入经济萧条,大西洋贸易衰退,以转贩中国商品为主的太平洋贸易发展为世界市场中最活跃的部分。中国商品大量进入世界市场,在一定程度上缓和了世界市场贵金属相对过剩与生活必需品严重短缺的不平衡状态;由嗜好中国精美商品而掀起的"中国热",刺激和影响了欧洲工业生产技艺的革新,促进了经济的发展。中国商品为 17 世纪西方资本主义的兴起作出了不可磨灭的贡献。

14 世纪至 17 世纪固然是西方殖民主义者向世界各地扩展的时期,从而也逐渐推进了"世界史"的涵盖空间。但是其时东方的明代社会,福建、台湾等东南沿海的商人们也以积极进取应对的姿态,同样把自己的活动范围向海外延伸进展。这种双向碰撞交融的历史进程,无疑在另一个源头促进了"世界史"大概念的形成与发展。因此可以说,14 世纪至 17 世纪的中国明代社会,同样是推进"世界史"格局形成的一个重要组成部分。

明代中后期不仅是中国的商人们积极进取应对"东西方碰撞交融"的时期,而且随着这种碰撞交融的深化,中国的对外移民也形成了一种常态的趋向。唐宋时期,虽然说中国的沿海居民也有迁移海外者,但是一是数量有限而非常态,二是尚不能在迁移的地方形成具有一定规模的华侨聚居地。而具有真正意义上的海外移民并且形成华侨群体的年代,应该说是在明代中后期以后。而这种海外的移民,同样也是以福建、台湾等东南沿海的人民为主体的。根据史料的记载显示,明清时期的福建、台湾等沿海商民,甚至有远到欧洲、美洲定居的。

明清时期福建、台湾等沿海居民的海外移民,同样具有十分明显的乡族性特征。这种带有家族、乡族连带关系的海外移民,必然促使他们在海外新的聚居地较多地保留着祖家的生活方式。于是,家族聚居、乡族聚居的延续,民间宗教信仰的传承,风尚习俗与方言的保存,文化教育与艺能娱乐偏

---

① 参见陈支平《从世界发展史的视野重新认识明代历史》,《学术月刊》2010 年第 6 期,已收入本书。

好的追求,都随着一代又一代移民的言传身教,而得到顽强的生命力。这种由民间传播于海外的一般民众生活方式,逐渐在海外形成了富有中国特色的文化象征。可以说,中国沿海商民,特别是闽台区域商民,向外移民的一个重要特征,就是能够在相当高的程度上保留和传承其在祖籍的生活方式。于是,经过数百年来中华海外移民的艰难挣扎、薪火相传、生生不息,世界各地逐渐形成了具有显著特征而又不可替代的唐人街、中国城。世界各地的唐人街、中国城,其充满着中华文化浓郁气息的建构与特征,几乎都是一致的。这种具有一致性的建构与特征,正显示了由闽台沿海商民迁移海外所传播过去的一般民众生活方式在海外的成功传播与发展。到了 20 世纪上半叶,一般西方人眼里的中华文化,基本上就等同于分布在世界各地的唐人街、中国城了。即使是到了今天,遍布在海外各地的唐人街、中国城,依然在传播中华文化的道路上,发挥着极其重要的桥梁纽带作用。而这一重要桥梁纽带的形成与发展,是由明代社会奠基起来的。因此,我们在回顾中国以儒家经典为核心的意识形态文化在明代后期向西方传播的同时,决不能忽视明代中后期以来一般民众生活方式对外传播的文化作用及其意义。①

从文化传播史的视野,我们或许可以这样表述:明代中后期以来中国文化对外传播具有两个层面与两种途径,即由西方传教士及中国上层知识分子翻译介绍到欧洲的以儒家经典为核心的意识形态文化,以及由沿海商民,特别是福建、台湾等沿海商民迁移海外所传播过去的一般民众生活方式的基层文化。随着时间的推移和世界文明格局的变化,这两种文化传播层面与途径,并没有殊途同归,形成合力,而是经历了不同的艰辛挣扎的发展历程。

以儒家经典为核心的意识形态文化的对外传播,经历了明清易代之后,其开放的局面,还继续维持了一段时间。然而到了清代中期,政府采取了较为保守封闭的对外政策,尤其是对于思想文化领域的交流,逐渐采取压制的

---

① 陈支平:《从文化传播史的角度看明代的历史地位》,《古代文明》2011 年第 3 期,已收入本书。

态势。在这种保守封闭的政策之下,中国文化的对外传播受到了一定的阻碍。更为重要的是,随着西方资本主义革命的不断胜利和工业革命的巨大成功,"欧洲中心论"的文化思维已经在西方社会牢固树立。欧洲一般的政治家和知识分子们也逐渐失去了对于中华文化的那种平等的敬畏之心,延至近代,虽然说仍然有一小部分中外学人继续从事着中国文化经典的对外翻译介绍工作,但是在绝大部分西方人士的眼里,所谓的中华文化,只能是落后民族的低等文化。尽管他们的先哲们,也许在不同的领域提及并且赞美过中国的儒家思想,然而到了这个时候,大概也没有多少人肯承认他们的高度文明思想跟远在东方的中国儒家文化有着什么样的瓜葛。时过境迁,从 19 世纪以后,中国以儒家经典为核心的意识形态文化在世界文化整体格局中的影响力大大下降,其对外传播的作用日益衰微。

反观由沿海商民,特别是由福建、台湾等沿海商民迁移海外传播一般民众基层文化的这一途径,则相对通畅一些。清代政府虽然采取了较为保守封闭的对外政策,但是对于海外贸易,一方面是相对宽容,另一方面也无法予以有效的禁止。在这种情景之下,沿海居民从事海外贸易和移民的活动一直被延续了下来。特别是在向海外移民方面,随着国际间交往的扩大和资本主义市场的网络化,其数量及所涉及的地域均比以往有所增长。到了近现代,中国东南沿海向外移民,特别是福建、台湾人的移民足迹,已经深入到亚洲之外的欧洲和美洲各地,甚至于非洲。当清代以来中国以儒家经典为核心的意识形态文化在世界文化整体格局中的影响力大大下降,在其对外传播的作用日益衰微的艰难时刻,以福建、台湾等东南沿海商民为主体的海外移民所传播的基层文化,成了 17、18 世纪以来中华文化对外传播的主要途径,它在促使中华文化对外传播方面所作的重大贡献,是无论如何不能被长期忽视的。

我们今天探讨闽台文化的历史地位与基本特征,闽台文化的开放性、辐射性、世界性无疑是中国其他大多数区域文化所难于比拟的(当然,广东沿海的一些地区有着相类似的状况,而广东东部的潮州、汕头地区,其文化特征更多地是福建闽南文化的延伸,在早期的行政区划里,二者也往往混淆在一起)。从地理概念上说,所谓闽台区域,指的是现在的福建与台湾这两个行政区划。然而从文化影响力的角度说,闽台文化的影响所及,远远超出了以上区域。由于面临大海的自然特征与文化特征,闽台文化在长期的传承演变历程中,不断地向东南的海洋地带传播。不用说中国大陆的浙江温州沿海、广东南部沿海、海南沿海等区域,深深受到闽台文化的影响,形成了带有变异型的闽南方言社会与乡族社会,即使是在东南亚地区以及海外的许多地区,闽台文化的广泛影响,都是不可忽视的社会现实。因此,闽南文化既是地域性的,同时又带有一定的世界性。这样饱含开放性、包容性又勇于面对世界挑战的文化特征,才是我们今天所值得自豪的本质精神,应当予以继承发扬。在当今世界一体化的趋势之下,深入探索闽台文化的这一国际性特征,无疑深具意义。

# 四、闽台文化氛围下的人文性格

俗话说:一方水土养一方人。闽台地区经过了漫长的历史演变与文化磨合,加之东南沿海地带独特的地理环境、闽台两地的家族血脉相连等多种因素,逐渐造就闽台文化。其所呈现出来的表现形态,虽然从整体上讲是属于中华文化的一个重要组成部分,但是这种表现形态与中国其他区域性文化的表现形态,却也存在着许多特异之处。在这样的文化氛围下,与之相伴相随的是必然会造就出一些有别于其他区域特征的人文性格。我们只有了解了闽台区域的这些富有特色的人文性格之后,才能更为全面地把握闽台文化的多元性。

概略地说,闽台区域的人文性格,可以分为冒险拼搏、求新求变及崇尚科学与鬼神并存的三个基本要素。

(一) 冒险拼搏

闽台文化的形成和发展,在很大程度上是与移民社会联系在一起的。无序的移民迁徙,本身就充满着冒险的因素。一千多年来,无论是从中国北方不断地南迁入闽,还是跨越海峡,垦殖台湾,乃至移居东南亚及世界其他地方,闽台人的足迹所至,无不充满着危险和未知的结局。然而,这就是闽台人的人文性格,它已经成为闽台人生活方式的一个重要组成部分。

中国传统农业社会的一个基本特点是固守家园,与土地结下不解之缘。但是,由于闽台社会的形成与迁徙扩展紧密相连,因此,在福建人,特别是闽台人的社会心理中,安土重迁的观念相对不那么牢固,只要有利于拓展生产和生活的空间,搬迁移民就成了顺理成章的举动。发源于黄河流域的中原文明,一直以农耕经济作为文明发展的经济基础,数千年来始终奉行"以农为本"的立国之道。而边陲地带的福建地区,农业环境相对恶劣,农耕经济所能为社会发展提供的资源比较有限。早期闽越族的土著先民,其生计就不是以农耕为主。汉唐以来,从北方中原等地迁移来的汉人,虽然把农耕传统移植到福建各地,致使福建各地的农业经济得到迅速发展。但是在另一方面,受到农业资源的限制,人们不得不在农业之外寻找更多的生业方式。闽台区域以其面对大海的便利,很早就形成了与海外通商的传统。随着宋代泉州各地海外贸易的发展以及大量阿拉伯人的来闽经商,闽台区域文化习尚中增添了许多新的因素。百姓商品意识较强,为商从贾的意愿比较强烈。一旦有了适宜的社会环境,闽台人可以在农业的困境中迅速崛起,从工商业的领域寻找到更好的生产和生活空间。

福建人多地少,素有"三山六海一分田"之说。明清以来,在福建本地的生产生活空间随着人口的增长而显得日益狭窄的情况下,福建居民便毅然背井离乡,到新的地域去谋求发展。而闽台区域则以其面临大海的便利,向外搬迁移民的情景更为频繁,闽台人扩迁的足迹遍及国内外的许多区域,其中尤以中国南方及东南亚地区为主要的扩迁方向。

在明清时期私人海上贸易兴盛的吸引下,福建沿海居民又纷纷下海谋生,犯禁贾贩海内外。其具有的冒险开拓精神,还体现在"亦商亦盗"的具体行为上。如明代福建海商的兴起,便是与政府的禁海政策所不相容的福建沿海人民所固有的冒险反叛精神,促使他们走上"亦商亦盗"的道路。他们既是做买卖的商人,又是杀人越货的强盗,当海禁较为松弛或开放海禁时,他们往来贩鬻于东西洋之间和中国沿海各地,主要从事商业贸易活动,是商人的身份;一旦禁海,他们当中的一部分人就不得不转商为盗,成为海寇。这种状况虽然有起有伏,但一直到清代后期以至近代也还时有所见,嘉庆年间震动数省的蔡牵之乱及近代福建沿海的大规模走私活动,都是其中较为突出的例子。"亦商亦盗"的行为是福建人民富有的冒险进取精神受到传统政治的压制而异化出来的一种畸形物。激烈的海盗行动,给社会经济的正常发展无疑带来了一定的负面影响。但是在当时的政治社会环境里,这种过激的行为,为冲破传统政治的束缚起到了积极作用。尤其是 15、16 世纪西方殖民者东来,其本身就带有十分明显的海盗性质,西方海盗的出现给中国沿海地区和海商的活动造成了很大的威胁,而中国的政府对此几乎无能为力。以郑芝龙为首的福建海商力量,勇敢地拿起武器,采取武装贸易的方式,一方面继续维持与荷兰人的贸易关系,另一方面又对荷兰海盗行径进行了针锋相对的对抗。一直到 17 世纪上半叶,福建海商依然能够控制住东南海上的贸易权。可惜的是,福建海商的这种强悍而又进取的作风,得不到当时中国政府的正确扶持和引导,而是处于内外交攻的困难境地。终于到了清代中期以后,国际贸易的主导权日益丧失于西方殖民者的手中。然而福建海商并没有因此消沉,而是努力在逆境中寻求新的机遇。时至今日,闽台区域,特别是泉州沿海一带,依然是中国市场经济最为活跃的区域之一。自唐宋明清以来,中国各地出现了不少相当著名的地域性商人,但是大部分地域性商人集团都衰落了,明清时期名盛一时的"徽州商人"和"山西商人",也在近代社会的历史变迁中消失了,唯有闽台区域的海商集团,经历了千年的历史变迁和近现代的种种磨难之后,浴火重生,在当今的改革开放大潮中发挥越来越重要的影响力。

正因为闽台人普遍具有某种冒险开拓的人文性格,所以到了现代,福建籍的华侨华人已经遍布世界各地。据 20 世纪四五十年代的统计,分布于世界各地的中国移民至少有 2 000 万,其中 90% 以上侨居在东南亚。而这数千万的华人华侨,大多数来源于闽台地区。①从这些统计数字中,可以十分清楚地看出闽台人勇于离乡背井、开拓异邦的冒险进取精神和漂泊坚韧的苦难历程。

(二)求新求变

闽台区域文化作为中华核心与边陲的文化变异的一种产物,它能够较

---

① 参见陈支平、詹石窗《透视中国东南》第 14 编《移民侨居:东南文化的网络衍扩》。

好地吸收中华核心文化以及其他区域文化甚至外来文化的精华成分,来强化自身的文化特征。但在另一方面,地处边陲区域的某种自卑感,又往往滋生出某些不安于现状的复杂心态,从而衍生出某些超越传统规范约束的社会心理,特别是边陲变异文化观念中所表现出来的顽固的区域本土认同感、远离政治文化中心的那种自我表现、自我欣赏的社会文化心态,都可能在一定程度养成对于传统与现实的叛逆反抗作风。这种叛逆反抗作风,在特定的社会条件下既可以成为大一统政治文化的某些障碍,同时又可能是突破传统束缚、催发新生事物的思想摇篮。

汉唐时期,福建远离中国的政治文化中心,其文化学术事业理所当然地落后于中原地区。这种状况不能不给边陲地带的移民社会带来一定的自卑心理,由此而产生的直接后果是,素以中原士族后裔相标榜的福建士民,十分珍惜自己的祖先从中原不断南迁带来的重视文化教育的优良传统,把接受和推广儒家文化作为建构福建社会的首要任务。加上唐宋以来中国经济中心的逐渐南移,致使福建地区的文化教育,经过汉晋、唐代的酝酿初创之后,到了宋代,已经迅速赶上中原的先进地区。尤其是闽台地区,在山多地少的福建堪称农业生产环境优良,与海外的经济文化联系密切,发展文化学术事业的条件显得比福建的其他区域优越,儒家文化的教育和普及更是走在福建的前列。这一点从宋明清时期福建中进士及其在全国进士人数中所占的比例较高上可以十分清楚地看出。

但是,福建毕竟偏隅于东南海滨,地方文化教育再怎么发展,也较难成为中国政治文化学术的主流。不过福建山清水秀,其所孕育的灵俊人才与海洋文化所熏陶的进取性格,往往使福建的人才群体在中国人才的群星璀璨中脱颖而出,形成异军突起的局面。步中原之后的自卑心理一方面可以催人奋进,然而边陲文化的变异又往往能够产生一定的自赏自傲的心态。这两极心态的交融作用,在得到其他社会因素的配合下,使闽台区域文化中形成一种耻为人后的领风气之先的思想追求。

唐代的福建处于初开发时期,虽然陆续有一批士子登进士第,但在全国取得突出地位的人物并不多。到了宋代,不必说如兴化的蔡氏、闽北的曾氏、泉州的吕氏,在当时的政治权力舞台上炙手可热、显赫一时;即以文化学术而言,以兴化蔡襄为首的福建书法家群体和以闽北朱熹为首的理学学派,其文化与学术地位在当时无疑足以傲视中华,无人可以与之比肩。应当指出的是,被后世尊奉为"中国理学之集大成者"的朱熹,其在世时是以清议的本色而屹立于闽中的。南宋时期,中央政府偏安于半壁江山,政治、军事、思想、文化学术,均弥漫于腐败昏庸之中,以朱熹为代表的一批福建学人,目击国家的衰败与世道的沉沦而痛心疾首。他们著书立说,批评朝政,很快引起了国内正义之士的注目与拥戴,而朱熹本人也成了一些当权者的眼中钉,被斥为"伪学",屡屡遭到政治迫害。朱熹的学术思想虽然摆脱不了"托古改制"的老路,但是他那种敢于面对权贵,坚持自己的道德标准而与当权者相抗衡的性格,无疑是福建文化学术能够异军突起的精神支柱。至于朱熹生前历经磨难,身后却备受推崇,被明清统治者奉为理学正宗,支配中国思想界达六七百年之久,这是出于后世统治者的政治需要,与朱熹坚持"清议"的人文精神毫不相干。而朱熹本人对于闽台区域的过化及其学说对于闽台区域所产生的巨大影响,至今处处可见。宋明时期闽台区域涌现出来的一批具有全国性影响的理学家和学者,无不与朱熹的影响紧密联系。

明清时期,福建籍人士进中央任政要者不乏其人,这与其他省份的政治人物大同小异,本不足道。难能可贵的是,当明代中叶以后中国的社会经济,特别是商品经济,发展到一个新的阶段时,中国的思想文化界出现了一股反抗传统理学、追求个性解放的思潮,其中最具代表性的人物就是福建泉州的李贽。李贽出身于一个典型的汉回结合的商人家庭,从小在沿海浓厚的海商气氛中受到熏陶。作为一位进步的思想家,他敢于冲破当时传统网罗的束缚,卑孔叛圣,对传统儒家经典著作采取批判态度,重新评价历史人物,提倡童心,要求思想解放,这对于中国传统政治道德的"禁锢人心"是一个大胆的冲击,在严密思想封锁的历史长流中,迸发出一股活泼、开朗、新鲜的时代气息。可是引人注意的是,李贽等人的这种新的人文思想,并不能在当时的时代里得到顺利的滋长,李贽本人被迫害致死,但是他的影响却在外国或在数百年后的祖国发挥进步作用。日本明治维新运动的先驱吉田松阴,自谓在生死观上颇得力于李贽《焚书》的启发,在日本民主革命中发挥一定的作用。后至五四运动时期,吴虞等人也曾引用李贽的学说作为反传统斗争的思想武器。①这一切都说明了作为福建人的李贽，有着极为执着而深远的求新求变的人文性格。在明清易代之时，清兵南下几乎占领了整个中国，而出生于海商、海寇之家的郑成功，毅然弃儒从军，率领福建子弟兵称雄海上，与清王朝周旋达数十年之久，并且果断决策进兵台湾，驱逐荷兰殖民统治者，并把大陆的文化传统传布于台湾岛。不论是抗清，还是收复台湾、开发台湾，尤其是对于台湾宝岛文化教育的提倡和对儒家文化的传播，郑成功及其部属的历史贡献都是无人可以替代的。

闽台人求新求变的性格并不仅仅体现在朱熹、李贽这些在中国思想文化史上具有里程碑创造的高峰人物上，事实上它体现在民间日常生活的方方面面。如前所述，闽台人勇于冒险犯禁，闽台人敢于拓殖于千里之外，宋明以来福建和台湾民间生业的多样化，等等，都从另一个角度反映了求新求变的闽台人文性格。正因为如此，中国试行改革开放之初，福建人很快就成为改革开放的排头兵，为中国的改革开放和外向型经济的发展作出了不懈的努力。这种求新求变的人文性格，是推进闽台社会与文化向前不断进步的重要动力之一。

（三）崇尚科学与鬼神并存

闽台人冒险拼搏和求新求变的性格以及重视文化教育的社会传统，又使得他们有着更为宽阔的胸怀来接受和包容新的文化元素，其中包括来自海外的文化元素。唐宋元时期由于海外贸易的进步，福建沿海吸引了众多的中东阿拉伯人前来经商谋生，福建人从来就不曾排斥过，阿拉伯伊斯兰文化最终成为闽台文化的组成部分之一。②

明代后期，随着西方殖民者的东来，一部分传教士带来了西方较为先进的科学技术，福建由于地理之便，自然而然成为西方先进科学传入中国的首经之地。明代中后期，欧洲耶稣会士东来交流西方科学技术，受到了以中国南方为主体的包括福建地区传统知识分子及士大夫在内的积极回应，其可贵之处就在于当时的福建社会是以一种包容开放的心态来与西方的思想文

---

① 参见傅衣凌《明清社会经济史论文集》卷 1《论明清社会的发展与停滞》，北京：人民出版社1982 年版。

② 参见陈支平《福建六大民系》第 4 章《汉人民系与少数民族的血缘文化融合》。

化科技展开交流的。这种包容开放的接纳心态,即使与中国的盛唐时期相较,也是有过之而无不及。譬如耶稣会士艾儒略在天启年间来到福建的时候,当地集结了几乎所有当时著名的士大夫与学者,与之展开了积极的对话讨论,从而成为明末福建的一宗文化盛事。类似的情景,在中国的古代历史上,屈指可数,难能可贵。与此同时,以郑芝龙、郑成功为代表的福建海商集团,为了抵御西方殖民者的入侵,敢于打破中国传统的军事观念,大力引进和仿造西方的热兵器,增强海上舰队的战斗力,缩短了中国传统水师与掌握热兵器技术的西方军队的差距,并且屡屡打败荷兰、西班牙等东来舰队,维护了国家与沿海海商的海上权益。

到了近代,面对着国家民族的生死存亡,许多有社会责任心的知识分子和士大夫们图强救亡,极力向西方学习并且引进先进的文化思想与科学技术。福建籍的知识分子和士大夫们,更是走在了崇尚科学与民主的前列,为近代中国的思想与科技革新作出了重大的贡献。林则徐的开眼看世界,严复的"物竞天择,适者生存",成了近代中国图强救亡、崇尚科学的永久性符号。

然而,正是这样一个有着崇尚科学和求新求变的地域内,却又同时弥漫着崇拜鬼神的强烈气氛。闽台民间宗教信仰的杂乱无序,与古代闽越土著的信仰崇拜有一定的继承联系。古代闽中社会生产力低下,又远处边远偏僻之地,故土著闽越人有"信巫尚鬼"的习俗。当时的"越巫"颇闻名于中原地区,《史记》载西汉王朝中央盛称:"越人俗信鬼,而其祠皆见鬼,数有效。……乃令越巫立越祝祠,安台无坛,亦祠天神上帝百鬼,而以鸡卜,上信之。"①汉晋时期北方汉民开始入迁闽中,闽中不少地方尚处于山高林深、瘴雾弥漫的原始状态。为了解决生存问题和解释一些难以理解的自然、社会现象,人们在积极开发生产的同时亦不得不寄托、求告于神灵的护佑和指示。这样,闽越土著"信巫事鬼"的传统便被入迁的汉民部分地继承了下来。再加上北方汉民入闽以后的生存竞争以及宋元以后的冒险犯禁活动,使人们普遍产生了功利主义即"有求必应"的宗教观念。于是,就逐渐地形成了福建极为怪异的民

---

① 参见黄仲昭《八闽通志》卷 3《地理·风俗》;《史记》卷 12《孝武本纪》。

间宗教信仰现象。

宋明以来,闽台区域的商品经济继续进步,社会经济有了显著的发展。本来,社会经济的进步将有效地促进文化的进步,但是宋明以来闽台区域社会经济的发展,却为民间的鬼神崇拜提供了更为良好的经济条件,闽台区域的民间宗教信仰有着愈演愈烈的趋向,神灵鬼怪崇拜比比皆是,千奇百怪,荒诞不经。虽然如此,福建各地在修建这些荒诞不经的神灵寺庙时,却是不吝资财,极尽铺张,以致宫庙林立。并且,庙会祭祀的场面招摇壮观,演戏宴饮杂陈并备。而由民间宗教信仰杂乱无序所引起的信风水、祈阴福、信巫不信医等恶习,都表现得十分突出。根据近人的研究,明清以来闽台的民间宗教信仰,大体可以分为自然崇拜、祖先崇拜、道教俗神崇拜、瘟神与王爷崇拜,以及画符念咒、卜告抽签、扶乩降神、跳神问亡、驱邪治病、祈风祝雨、斋醮普渡、迎神赛会等名目。①

就世界宗教发展史而言,宗教信仰的一般发展规律是从多神教发展到一神教,但在福建则不同。人们可以根据自己不同的文化传统和现实功利的需求,随时随地创造出许许多多新的神灵,使鬼神的队伍越来越庞大,越来越繁杂。这其中既有闽越族及其他原始土著残存下来的鬼神崇拜,又有从中原传入的道教、佛教、民间信仰所崇拜的各种神灵,还有从邻省以及印度、阿拉伯国家、欧洲、日本等国家传入的各种神灵。同时,闽台区域及台湾区域土生土长的神灵数量也非常多,构成了十分庞杂混合的神鬼体系。中国再也没有任何一个地区的民间宗教信仰可以与闽台区域相比拟。闽台区域如今可以说是中国经济甚至世界经济最具有生命力的区域之一,但是这个区域却成了中国在民间宗教信仰方面最为繁盛和杂乱无章的区域。

闽台民间宗教信仰的兴盛,在一定程度上反映了闽台民间基层乡族社会的组织形式和文化特征。民间宗教信仰的盛行,固然起到了团结家族内部、乡族内部甚至民系内部的某些社会作用,但是他们之间的割据性和排他性也是十分明显的。明清两代以至于现代,闽台各地因迎神赛会引起的宗族械斗和民间纠纷屡屡发生,它进一步加深了人民狭隘的家族乡土观念,不

---

① 参见林国平《闽台民间信仰源流》,台北:台湾幼狮出版社 1996 年版。

利于民间基层社会的稳定和协作。同时,庞杂而无休止的民间信仰活动,浪费了社会的大量资源。时至今日,福建的一些地方,仍然存在着盖庙拜神一呼百应、建校劝学则冷冷落落的可悲现象。台湾的许多乡族寺庙,往往成为地方势力推行政治意愿和控制地方社会的策划聚集场所。闽台文化的这种特性,必然对这一区域社会经济和文化的进步以至社会的稳定,产生一定的不良影响。

从文化形成史的角度来探讨闽台区域文化中的民间宗教信仰,我们显然不能把闽台区域杂乱无章的民间宗教信仰简单地看成一种社会现象而已。正如我们在上面所讲到的,边陲文化变异的一个重要表现形式,是文化的自卑心理与文化的自我表现、自我欣赏心理的重叠结合。唐宋以来,闽台的士民,固然一方面孜孜不倦地从中华主流文化,特别是儒家文化中吸取塑造自我的文化营养,从而使自己融入中华文化的整体共同圈内;但是在另一方面,文化的自我表现心理又促使自己在不知不觉当中把有别于他人的文化成分显露张扬出来,尽管其中的有些文化成分是相当另类的。我们在探讨闽台的民间宗教信仰的时候,无疑应当通过这种社会现象的表象,从文化特征上去寻求其存在的价值所在。

# 结　　语

以上是我们对于闽台文化的基本情况所作出的一般性概说。正如前面所论述过的,福建特殊的地理环境,各个内部区域之间也多有阻隔,从而形成了若干个相对而言有所差异的小民系,如闽南民系、兴化民系、客家民系、闽都福州民系、闽北民系等,各自的文化表征或多或少有些不同。特别是台湾区域,曾经经历过荷兰、日本等外族的侵占,文化因素较为复杂,与外族文化联系的情况也不同,多少造成了与福建等大陆东南沿海地区之间在文化上呈现出若干差异。尽管如此,我们还要看到,各历史时期外来文化的影响有限,其冲击不足以改变台湾文化的基本内核,台湾文化呈现的种种差异也不足以构成台湾文化的核心和主体部分。各历史时期台湾人民都保存了中华文化传统,台湾文化的内核和文化特质仍然属于闽台文化的范畴,建立在共同文化基础之上的民族意识成为台湾同胞之间及台湾与大陆联系的精神纽带。

显而易见,闽台文化中包含的积极向上的因素是主流,但是我们也不能因此就忽视了它的负面成分。文化的伟大意义,就在于它能够在一定程度上超越政治、经济、社会的种种局限性,呈现出其较有永恒性的跨时空的功能。文化的传承及其弘扬,虽然也将受到不同时期政治、经济及社会等种种因素的干扰,但是其所承载的中华文化的核心价值观,却往往能够穿越政治、经济、社会等因素的干扰,沿着自己发展的应有轨道向前迈进。正因为如此,我们今天来探讨闽台传统文化的当代意义,无疑具有十分积极的时代必要性与紧迫性。

当然,我们在谈到文化传承的时候,往往会有意无意地忽视文化的负面成分。闽台区域文化也不例外,需要我们予以正视。例如,宗族乡族观念是保持和加强大陆与台湾交流的无形纽带,宗族乡族组织在闽台地方事务中发挥着重要的积极作用,这是值得肯定的一面,但是它毕竟还有愚昧、落后的一面。每当其消极面恶性膨胀时,各势力经常为了局部的、小集团的荣誉、权益而大动干戈,形成危害地方社会经济的械斗。闽台人民的文化心理还包含着重义气、急相助的内容。崇尚义气是中华民族传统文化的一部分,应该说这种文化心理在移民互助协作开发建设台湾中发挥了积极作用。但是当族群义气受到家庭、乡族利益局限时,便有可能朝极端化的方向发展,暴露出消极的一面。我们需要清醒认识的是,闽台区域文化中存在着某些负面的内容,但毕竟只是闽台文化中的非主流因素,我们需要予以正视,更需要予以正确的引导。特别是我们对台政策的制定者和执行者们,应该深入了解闽台文化的方方面面,包括其中负面的内容,因势利导。切不可高高在上,以一成不变的面孔,指责台湾当今政治与社会所表现出来的奇异现象,其效果必然适得其反。而只有在充分理解闽台文化的基本特征之后,才能对当今的台湾政治、经济与社会,做出符合区域文化实情的决策,从而推进海峡两岸社会经济的繁荣与祖国的统一大业。

# 后　记

　　这本集子里面所收录的文章，从发表的时间看，前后相差近 40 年。那时候还不流行电脑，全靠手写，也不可能留备份；加上我本人至今对于电脑还是半生不熟，因此此次整理出版，颇有麻烦。幸亏现在的年轻人，电脑玩得溜，又碍于老师的情面，肯于仗义出来帮忙。这样才完成了全书的整理编辑。因此，我在这里要特别感谢赵庆华博士和张金林、蔡少辉两位博士生的相助。再者，早期国内刊物、出版社等通行发表论文的注释标准，比起现今要简单一些，为了体现半个世纪来中国学术规范的发展历程，此次整理出版的文章，还是尽可能地保持原样。这种做法是否妥当，恐怕只有见仁见智了。

　　最后，我感到这些年来的读书和研究工作，得到老师、父母的悉心教诲，得到众多朋友的全力支持，至今萦绕心怀，难于忘却，我由衷地向他们表示感谢和祝福。

陈支平

2020 年 1 月 20 日

于厦门大学国学研究院

**图书在版编目（CIP）数据**

史学的思辨与明清的时代探寻/陈支平著.—上海：中西书局,2020

（博闻自选文丛.史学）

ISBN 978-7-5475-1718-5

Ⅰ.①史… Ⅱ.①陈… Ⅲ.①中国经济史-明清时代-文集 Ⅳ.①F129.48-53

中国版本图书馆 CIP 数据核字(2020)第 100772 号

博闻自选文丛·史学

# 史学的思辨与明清的时代探寻

陈支平 著

责任编辑 伍珺涵

装帧设计 黄 骏

出　版　上海世纪出版集团
　　　　　中西书局（www.zxpress.com.cn）

地　址　上海市陕西北路 457 号(邮编 200040)

印　刷　上海天地海设计印刷有限公司

开　本　700×1000 毫米　1/16

印　张　29.25

字　数　429 000

版　次　2020 年 7 月第 1 版　2020 年 7 月第 1 次印刷

书　号　ISBN 978-7-5475-1718-5/F·027

定　价　108.00 元

本书如有质量问题,请与承印厂联系。电话:021-64709974